はしがき

本書は，公認心理師試験対策として作成された１問１答形式の知識チェック問題集です。公認心理師試験は，５肢あるいは４肢から１つあるいは２つの解答を求められる国家試験です。細部についても問われ，受験者には正確な知識が要求されます。そこで，本書では１つひとつの肢を○×でチェックすることによって，受験生の皆さんに正確な知識を蓄えてもらうことを企図しています。

本書は２部構成です。**第１部は，主に心理系の試験分野別肢別チェック 872 肢です。**心理系の知識をよくチェックしてください。**第２部は「法律問題の特盛」と称し，公認心理師法や関係行政法令に関する知識のまとめと肢別チェック 226 肢を並べました。**取っ付きにくい法律の知識が得られるようになっています。

本書の元となったのは，第１回の公認心理師試験直前に出版した「ハイローヤー2018 年８月号臨時増刊　公認心理師試験　これ１冊で！　最後の肢別ドリル」でした。当時はまだ試験対策書籍が少なく，なんと２万５千人以上の公認心理師受験生にご利用いただき大好評を得ました。その後，改訂版にて，初版をお持ちの方にも利用いただけるように第１部の肢の内容を丸ごと入れ替え，第２部は大幅に肢を増やしました。おかげ様で改訂版も大変好評を博し，今回の第３版を発刊することとなりました。この第３版では，改訂版をベースに第１部の内容を倍増して充実させ，第２部の内容を法改正に対応して update させました。よって，初版や改訂版をお持ちの方であっても役に立つようになっています。

本書の「最後の」という形容は，初版の出版時期が本試験直前だったため“本試験直前の最後にチェックする”という意味合いで使用していましたが，その後の改訂版及び本書ではあまり大きな意味はありません。本書を最後に勉強しなければならないということはありません。できるだけ早期から勉強を始め，直前になったらまた最後にチェックするというのが理想です。
ただ，令和４年は，別の意味での「最後」があります。特例として認められていた「Ｇルート」という受験資格からの受験は令和４年が最後となり，Ｇルート受験生にとっては最後のチャンスとなるのです。Ｇルートの皆様は，仕事をお持ちで忙しい方が多いことでしょう。試験勉強に十分な時間を割けないという場合もあることと思いますが，最後の受験機会を生かす合格ツールとして本書を有効活用いただければ幸甚の至と存じます。

本書は，公認心理師試験対策のフロントランナー【京都コムニタス】と法律系資格予備校【辰已法律研究所】が，ガッチリとタッグを組んで作成した公認心理師試験対策問題集です。予備校が作る書籍ですから，本試験をよく分析し，何よりも皆さんの合格に役立つように考えています。是非本書を利用して合格を果たしてください！

令和４年１月
京都コムニタス
辰已法律研究所

目　次

第１部　公認心理師試験　試験分野別　肢別問題　872 肢（作成：京都コムニタス）

第２部　法律問題の特盛　226 肢（作成：辰已法律研究所）

公認心理師試験本試験直前になったら　身の回り Check

●入室時刻は，午前 8:30 から 9:20 の間と指定されています。

□ 試験会場までのルート，所要時間（交通機関の時間＋最寄り駅から徒歩の時間）は確認してありますか。地図を紙で準備してありますか。

□ 大きな会場では，入口から教室まで相当時間がかかる可能性があります。できれば数日前までに，常識の範囲内で，下見をされておくことをお勧めします。

□ 会場までの交通経路を複数確認してありますか（電車事故等で急遽経路変更の必要が生じる可能性もあります）。

●受験票関係 Check

※受験票が届いていない場合は，（財）日本心理研修センターにメール（fuchaku@jcpp.or.jp）でお問い合わせください。

□ 受験票はきちんと手許にありますか。直ぐに取り出せるところにありますか。

□ 受験票は，雨等で水にぬれる事態も想定して，クリアファイルなどに入れておく。

□ 受験票は，必ずカラーコピーをとっておいて，原本の受験票と違う保管場所（例えば，かばんと背広のポケットなど別々に保管しておくこと。いざという時はそのコピーを提示することで手続時間を短縮できるかもしれません）。

●試験会場への携行品 Check

□ HB（BやHは NG）の鉛筆又はシャープペンシル（ボールペンは不可）とプラスチック消しゴムをそれぞれ複数準備しましたか。

□ 試験日当日の気候はわかりません。全国の会場によっても異なるでしょう。どのような空調設備かもわかりません。クーラーの冷気が直撃する席かもしれません。自己防衛のため，ひざ掛けやベスト・カーディガンなど着脱が楽な服装を準備しましょう。

□ 履いていく靴，試験中楽にするために履きかえるサンダルなどは準備しましたか。

□ あなたの会場は上履きが必要な会場ですか。

□ 常備薬がある方は，当日慌てないように，事前に十分な準備をしておきましょう。

□ 眼鏡を複数お持ちでしたら，万が一のためにレンズの度数が合っているものを2つ持っていく。

□ ミネラルウォーターは現地調達を避け，前日までに2本準備。常温の物を。

□ 試験会場に食堂はありません。昼食・飲物は各自用意する必要があります。

□ 念のため携帯用の傘など簡単な雨具を準備。

□ 小腹が空いたときのために，スナックなど軽食類を準備しておきましょう。

□ ハンカチ2枚以上，ポケットティッシュ数個，乾いたタオルやぬれタオル，ビニール袋などを用意しましたか。

□ 電池式の時計の場合，電池は前日までに新しい物に替えておく。予備の時計も準備。

□ 公共交通機関の事故等で当日タクシーを使うこともあるかもしれません。クレジットカードが使えないタクシーもあるので，現金を各金種を適当な量準備しておくことをお勧めします。

□ 携帯電話・スマホの緊急用の充電器を準備しておきましょう。なお，試験時には通信機器の使用は禁止され電源を切らされます。

□ 最後に，直前まで会場で読む，参考書・ノート等を準備しましたか。気持ちが落ち着きますよ。

本書の利用法

第１部，第２部ともに肢別問題のページは見開きで左側に問題，右側に解答が記載されており，複数ページを跨がないように構成されています（右側の解説量が多いと左側の問題数の掲載は少ない）。そこで，Ｂ５のコピー用紙などで右側を隠しながら左側の問題を解き，解いたらすぐに右側を読んで解説を確認するというスピーディーな学習ができます。紙幅の関係上，解説の分量は限定されます。心理系の学習に慣れていない方は，用語の意味をチェックできるように心理系の辞典とともに学習されることをお勧めします。

間違えた問題や当てずっぽうで正解した問題には問題の左側に付いているマスにチェックを入れておきます。２巡目以降はチェックのついた問題だけを解いていき，正解できれば×あるいは○などでチェックを消し，また間違えたら２つめのマスにチェックを入れていきます。同じように３巡目４巡目と繰り返し，チェックを減らしていってください。最初は時間がかかりますが，チェックの数が減ってくれば１巡するのにそれほど時間がかからなくなるでしょう。

このように，繰り返すことで正確な知識を身に着けることを目指してください。短答式の試験は，あやふやな知識があるとその場で迷ってしまうことになります。焦って全範囲を適当に終わらせるよりは，自信を持てる知識を付けることを目指してください。公認心理師試験の合格ラインは総得点230点の60％程度を基準とすることになっています。よって，100％を目指す必要はありません。出題範囲が広い試験なのでどうしても苦手な分野は捨てて，80％位を目指して学習してはいかがでしょうか。その代わり捨てない分野はできるだけ正確な知識を身に着けてください。

仮に知識を身に着けられても，問題文の問い方が異なると間違えてしまうことがよくあります。本書で一定の知識をつけながら，過去問はもちろん模擬試験等他の問題にもチャレンジして，色々な問われ方を経験すると知識の使い方がわかります。

知識を付けなければと考えるとテキスト等を読んで覚える，講義を聞いて覚える，というインプットに重きを置こうとしがちですが，知識があっても問題に解答すること（アウトプット）ができなければ徒労に終わります。アウトプットに重心をおいて知識を身に着けることを目指すのが本書です。どのように問われても解答できる柔軟な知識を身に着けてください。

第1部

公認心理師試験

試験分野別　肢別問題

872肢

作成：京都コムニタス

1．公認心理師の職責

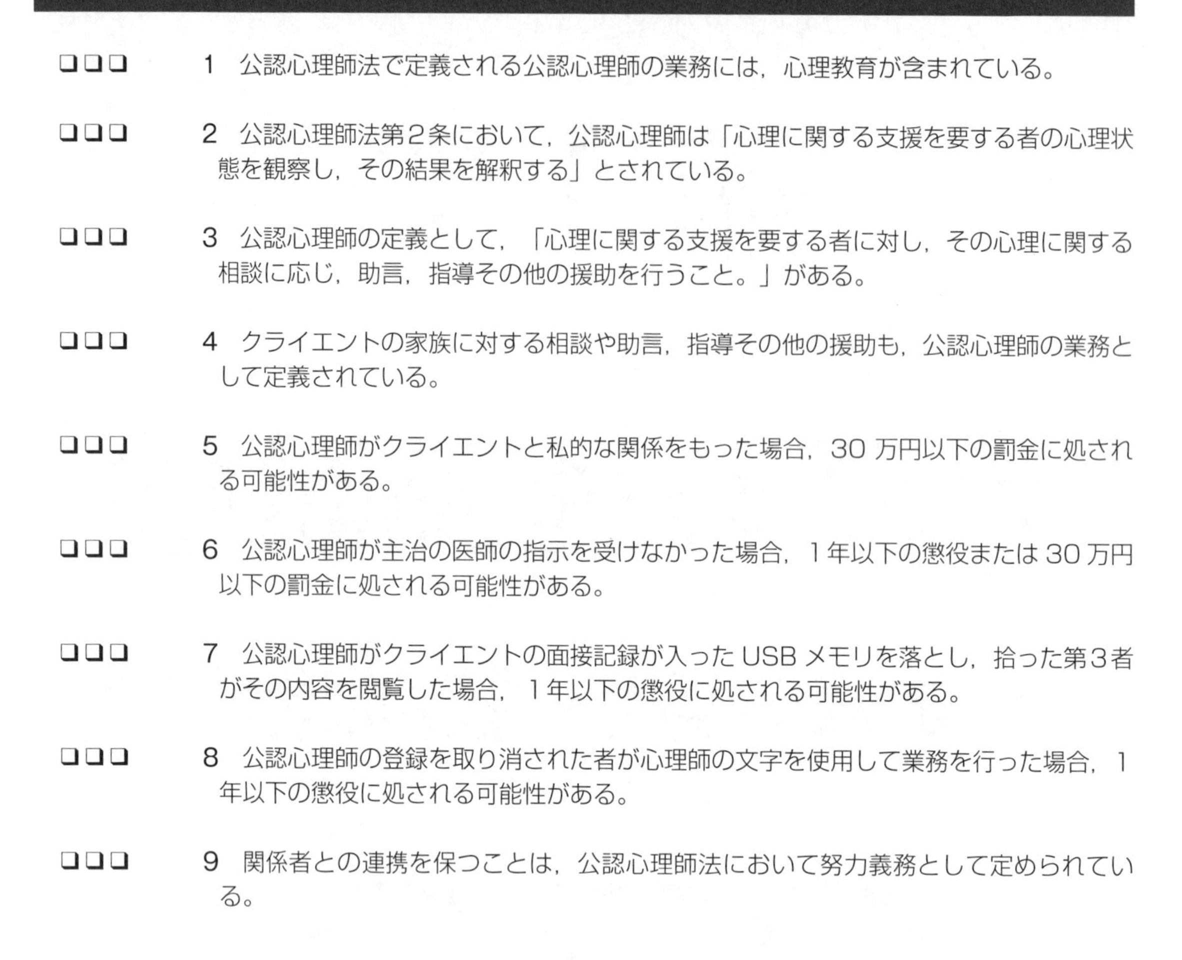

❑❑❑　1　公認心理師法で定義される公認心理師の業務には，心理教育が含まれている。

❑❑❑　2　公認心理師法第2条において，公認心理師は「心理に関する支援を要する者の心理状態を観察し，その結果を解釈する」とされている。

❑❑❑　3　公認心理師の定義として，「心理に関する支援を要する者に対し，その心理に関する相談に応じ，助言，指導その他の援助を行うこと。」がある。

❑❑❑　4　クライエントの家族に対する相談や助言，指導その他の援助も，公認心理師の業務として定義されている。

❑❑❑　5　公認心理師がクライエントと私的な関係をもった場合，30万円以下の罰金に処される可能性がある。

❑❑❑　6　公認心理師が主治の医師の指示を受けなかった場合，1年以下の懲役または30万円以下の罰金に処される可能性がある。

❑❑❑　7　公認心理師がクライエントの面接記録が入ったUSBメモリを落とし，拾った第3者がその内容を閲覧した場合，1年以下の懲役に処される可能性がある。

❑❑❑　8　公認心理師の登録を取り消された者が心理師の文字を使用して業務を行った場合，1年以下の懲役に処される可能性がある。

❑❑❑　9　関係者との連携を保つことは，公認心理師法において努力義務として定められている。

1 ○ 公認心理師法第２条第４号に「心の健康に関する知識の普及を図るための教育及び情報の提供を行うこと。」と規定されている。

2 × 第２条第１号は「心理に関する支援を要する者の心理状態を観察し，その結果を分析すること。」である。このような問われ方の場合，条文の文言そのままでないと正しい（あるいは適切な）選択肢にはならないので，注意しよう。

3 ○ 公認心理師法第２条第２号の内容である。

4 ○ 公認心理師法第２条第３号に「心理に関する支援を要する者の関係者に対し，その相談に応じ，助言，指導その他の援助を行うこと。」と規定されている。

5 × これは，公認心理師法第 40 条（信用失墜行為の禁止）に該当する多重関係である。同法第 32 条第２項に「文部科学大臣及び厚生労働大臣は，公認心理師が第 40 条，第 41 条又は第 42 条第２項の規定に違反したときは，その登録を取り消し，又は期間を定めて公認心理師の名称及びその名称中における心理師という文字の使用の停止を命ずることができる。」とあるため，公認心理師の登録を取り消される可能性があるが，懲役や罰金に処されるとは規定されていない。

6 × これは，公認心理師法第 42 条第２項（主治の医師の指示）に該当する違反行為である。公認心理師の登録を取り消される等可能性がある（第 32 条第２項）が，懲役や罰金に処されるとは規定されていない。

7 × 公認心理師法第 46 条「第 41 条の規定に違反した者は，１年以下の懲役又は 30 万円以下の罰金に処する。２ 前項の罪は，告訴がなければ公訴を提起することができない。」とある。ただし，「クライエントの面接記録が入った USB メモリを落とした」場合，これは「過失」であり，「故意」に行った行為ではない。刑罰に関しては「知っていてやった」「わざとやった」場合，つまり故意犯のみを罰するのが刑法上の大原則である。つまり，過失で秘密を漏らしてしまった場合は刑罰を受けることはないため，懲役や罰金になることはない。ただし，クライエントとの契約違反（守秘義務違反）として損害賠償義務を負う可能性や，秘密保持義務違反による行政上の処分として登録の取消し等になる可能性もある（第 32 条第２項）。

8 × 公認心理師法第 49 条「次の各号のいずれかに該当する者は，30 万円以下の罰金に処する。１ 第 32 条第２項の規定により公認心理師の名称及びその名称中における心理師という文字の使用の停止を命ぜられた者で，当該停止を命ぜられた期間中に，公認心理師の名称を使用し，又はその名称中に心理師という文字を用いたもの」とある。問題文は同法第 32 条第２項（公認心理師の名称の使用停止期間中の使用）に該当するので，30 万円以下の罰金に処される可能性はあるが，懲役に処されることはない。

9 × 公認心理師法第 42 条第１項「公認心理師は，その業務を行うに当たっては，その担当する者に対し，保健医療，福祉，教育等が密接な連携の下で総合的かつ適切に提供されるよう，これらを提供する者その他の関係者等との連携を保たなければならない。」とある。この条文において「～しなければならない」と規定されるのは「義務」である。対して，「努力義務」は「～するよう努めるものとする」「～するよう努めなければならない」と表現される。ちなみに，第 42 条第２項（主治の医師の指示）に違反した場合は，登録を取り消される可能性がある（第 32 条第２項）。

❑❑❑　10　公認心理師が秘密保持義務違反により罰金刑に処せられ，その刑の執行を受けた場合，その後，再び公認心理師になることはできない。

❑❑❑　11　被保佐人は公認心理師の欠格事由に該当する。

❑❑❑　12　公認心理師の登録を取り消された者は，取り消された日から起算して2年が経過すれば公認心理師の欠格事由に該当しない。

❑❑❑　13　知的障害者は公認心理師の欠格事由に該当する。

❑❑❑　14　公認心理師の信用を傷つけるような行為をした者は，30 万円以下の罰金に処される可能性がある。

❑❑❑　15　クライエントの秘密を正当な理由なく漏らした者は，1年以下の懲役又は 30 万円以下の罰金に処される可能性がある。

❑❑❑　16　公認心理師の登録取消し後であれば，クライエントの秘密を故意に第三者に漏らしても，公認心理師法違反には該当しない。

❑❑❑　17　公認心理師がその登録後に成年被後見人になった場合，必ずしも登録が取り消されるとは限らない。

❑❑❑　18　公認心理師が虚偽の事実によって登録を受けていた場合，1年以内に訂正の届出を行わなければならないと規定されている。

10　×　公認心理師法第３条（欠格事由）第３号で，「この法律の規定その他保健医療，福祉又は教育に関する法律の規定であって政令で定めるものにより，罰金の刑に処せられ，その執行を終わり，又は執行を受けることがなくなった日から起算して２年を経過しない者」は公認心理師となることができないとされている。また，秘密保持義務違反は公認心理師法第 41 条違反に該当し，それによる罰金刑の執行が終わってから２年を経過しない者は欠格事由に該当する。しかし，２年を経過すれば欠格事由に該当しないため，「その後，再び公認心理師になることはできない」は誤り。

11　×　公認心理師法第３条（欠格事由）第１号については，成年被後見人等の権利の制限に係る措置の適正化等を図るための関係法律の整備に関する法律（令和元年法律第 37 号）が成立し，2019 年 12 月 14 日から施行されることにより，この条文も改正された。改正以前は「成年被後見人又は被保佐人」を一律に欠格事由としていたが，改正後は「心身の故障により公認心理師の業務を適正に行うことができない者として文部科学省令･厚生労働省令で定めるもの」が欠格事由として規定されている。この変更点は，押さえておく必要がある。

12　○　公認心理師法第３条（欠格事由）第４号で，「第 32 条第１項第２号又は第２項の規定により登録を取り消され，その取消しの日から起算して２年を経過しない者」は公認心理師になることができないと規定されている。第 32 条第１項第２号とは，虚偽又は不正の事実に基づいて登録を受けた場合であり，第２項は，公認心理師が第 40 条（信用失墜行為の禁止），第 41 条（秘密保持義務）又は第 42 条第２項（医師の指示を受ける）の規定に違反した場合である。

13　×　11.の解説参照。公認心理師法が改正される以前は成年被後見人が欠格事由に含まれていたため，重度の知的障害者が該当する場合も考えられたが，改正されたことも踏まえると知的障害者であることだけでは欠格事由には当たらない。

14　×　公認心理師法第 40 条に規定される信用失墜行為の禁止に該当する者であるが，その場合においては，第 32 条第２項に定められる公認心理師の登録の取消し等に該当する可能性はあるものの，公認心理師法における罰則の対象には該当しない。

15　○　秘密保持義務は公認心理師法第 41 条に定められている。また，それに違反した場合の罰則については，第 46 条に「第 41 条の規定に違反した者は，１年以下の懲役又は 30 万円以下の罰金に処する。２　前項の罪は，告訴がなければ公訴を提起することができない。」と規定されている。公認心理師法では，秘密保持義務違反のみが「１年以下の懲役又は 30 万円以下の罰金」と他の罰則よりも重くなっている，ということは覚えておこう。

16　×　15. の解説参照。公認心理師法第 41 条には，「公認心理師は，正答な理由がなく，その業務に関して知り得た人の秘密を漏らしてはならない。公認心理師でなくなった後においても，同様とする。」とあるので，登録取り消し後であっても，第 41 条に違反したとして罰則が科される可能性がある。

17　○　11. の解説参照。成年被後見人になったというだけでは，公認心理師の登録は取り消されない。

18　×　そのような規定はない。公認心理師法第 32 条（登録の取消し等）第１項「文部科学大臣及び厚生労働大臣は，公認心理師が次の各号のいずれかに該当する場合には，その登録を取り消さなければならない。１　第３条各号（第４号を除く。）のいずれかに該当するに至った場合　２　虚偽又は不正の事実に基づいて登録を受けた場合」とあり，問題文は第２号に該当するため，登録が取り消される。

❑❑❑　19　クライエントに直接関わる専門家同士でケースカンファレンスを行う場合は，秘密保持義務の例外状況に該当する。

❑❑❑　20　公認心理師が内縁の夫からの暴力を受けている被害者を発見した際，それを当事者の許可を得ずに通報した場合，秘密保持義務違反にあたる。

❑❑❑　21　小学生の子どもの母親が「父親が子どもを叩くことがある」と話した場合は，秘密保持義務の例外状況に該当する。

❑❑❑　22　公認心理師でない者がクライエントに対して心理療法を行った場合，30 万円以下の罰金に処される可能性がある。

❑❑❑　23　公認心理師試験に合格した者が登録前に，クライエントに対して「公認心理師です」と自己紹介をした場合，30 万円以下の罰金に処される可能性がある。

❑❑❑　24　公認心理師の名称の使用の停止期間中に，名刺に「心理師」の文字を使用した場合，30 万円以下の罰金に処される可能性がある。

19　○

①明確で差し迫った生命の危険があり、攻撃される相手が特定されている場合
②自殺等、自分自身に対して深刻な危害を加えるおそれのある緊急事態
③虐待が疑われる場合
④そのクライエントのケア等に直接かかわっている専門家同士で話し合う場合（相談室内のケースカンファレンス等）
⑤法による定めがある場合
⑥医療保険による支払いが行われる場合
⑦クライエントが、自分自身の精神状態や心理的な問題に関連する訴えを裁判等によって提起した場合
⑧クライエントによる明示的な意思表示がある場合
表．秘密保持の例外状況（金沢吉展：公認心理師の基礎と実践① 公認心理師の職責 p.56 遠見書房 2018による）

上記の表にある通り，ケースカンファレンスなど，そのクライエントのケア等に直接関わっている専門家同士で情報を共有することは，秘密保持義務違反に当たらない。

20　×　配偶者からの暴力の防止及び被害者の保護等に関する法律（通称：DV 防止法）第6条「配偶者からの暴力（配偶者又は配偶者であった者からの身体に対する暴力に限る。）を受けている者を発見した者は，その旨を配偶者暴力相談支援センター又は警察官に通報するよう努めなければならない。」とある。また，同条第3項に，「刑法の秘密漏示罪の規定その他の守秘義務に関する法律の規定は，前2項の規定により通報することを妨げるものと解釈してはならない。」とあるため，問題文の場合は秘密保持義務違反には当たらない。

21　○　19.の解説参照。49.と異なり，父親による暴力の可能性が言及されているので，虐待が疑われると判断できる。

22　×　公認心理師は業務独占資格でないため，公認心理師の資格を持たない者が，公認心理師を名乗らない限り，心理の支援を要する者に対して心理的アセスメントや認知行動療法などの心理療法，心の健康教育等を行うことは，公認心理師法上の問題はない。ただし，公認心理師であろうとなかろうと，心理の支援を要する者に対して不利益を被ることのないように努めなければならない。

23　○　公認心理師法第 28 条「公認心理師となる資格を有する者が公認心理師となるには，公認心理師登録簿に，氏名，生年月日その他文部科学省令・厚生労働省令で定める事項の登録を受けなければならない。」とある。つまり，試験に合格しただけでは公認心理師になったとは言えない。また，公認心理師法第 44 条（名称の使用制限）「公認心理師でない者は，公認心理師という名称を使用してはならない。　2　前項に規定するもののほか，公認心理師でない者は，その名称中に心理師という文字を用いてはならない。」とあり，第 49 条に「次の各号のいずれかに該当する者は，30 万円以下の罰金に処する。（中略）2　第 44 条第1項又は第2項の規定に違反した者」とあるため，問題文の場合は 30 万円以下の罰金に処される可能性がある。

24　○　公認心理師法第 49 条では，「次の各号のいずれかに該当する者は，30 万円以下の罰金に処する。1　第 32 条第2項の規定により公認心理師の名称及びその名称中における心理師という文字の使用の停止を命ぜられた者で，当該停止を命ぜられた期間中に，公認心理師の名称を使用し，又はその名称中に心理師という文字を用いたもの　2　第 44 条第1項又は第2項の規定に違反した者」と規定されている。

❑❑❑　25　公認心理師法第２条に，公認心理師は「国民の心の健康の保持増進に寄与する」とされている。

❑❑❑　26　公認心理師法においては，秘密保持義務違反の罰則として１年以下の懲役又は30万円以下の罰金が規定されている。加えて，秘密保持義務に違反した公認心理師は，登録を取り消される可能性がある。

❑❑❑　27　クライエントに主治医がいる場合，公認心理師は必ずその指示を受けなければならない。

❑❑❑　28　公認心理師法において「公認心理師は資質向上のためにスーパービジョンを受けなければならない」と規定されている。

❑❑❑　29　スーパービジョンの第１の目的は，スーパーバイジーの人格の成長である。

❑❑❑　30　公認心理師がスーパービジョンを受ける相手は，公認心理師である必要はない。

❑❑❑　31　スーパービジョンにおいて，スーパーバイジーは書面の逐語録による報告をする。

❑❑❑　32　スーパービジョンの際，心理面接場面を録画したものを使用してはならない。

❑❑❑　33　スーパーバイジー個人の心理的傾向がクライエントとの心理面接に影響を与える場合，その心理的傾向もスーパービジョンの場で扱う。

❑❑❑　34　スーパービジョンは，通常１回のみで行われる。

❑❑❑　35　スーパーバイザーとスーパーバイジーは同じオリエンテーションでなくてもよい。

25 ×　これは公認心理師法第１条（目的）の条文である。「第１条　この法律は，公認心理師の資格を定めて，その業務の適正を図り，もって国民の心の健康の保持増進に寄与することを目的とする。」第１条も重要な条文であるので，覚えておこう。

26 ○　公認心理師法第46条には，第41条（秘密保持義務）の規定に違反した者は，１年以下の懲役又は30万円以下の罰金に処する，となっている。ただし，第46条第2項に，告訴がなければ公訴を提起することができない，とあるため親告罪である。また，第32条第2項「文部科学大臣及び厚生労働大臣は，公認心理師が第40条，第41条又は第42条第2項の規定に違反したときは，その登録を取り消し，又は期間を定めて公認心理師の名称及びその名称中における心理師という文字の使用の停止を命ずることができる。」とあるため，登録取消しの事由にも当てはまる。

27 ×　第42条（連携等）第2項（主治の医師の指示）に違反したときは，その登録を取り消し，又は期間を定めて公認心理師の名称及びその名称中における心理師という文字の使用の停止を命ずることができると規定されている。しかし，クライエントが公認心理師と異なる事柄について相談をしている主治医の場合，公認心理師が指示を受けるべき主治医には当たらないと判断することは差し支えないため，「必ず」とまでは言えない。

28 ×　公認心理師法第43条には，公認心理師はその資質向上に努めなければならないと規定されている。スーパービジョンは受けた方がよいが，受けなければならないと義務になっているものではない。

29 ×　スーパービジョンの第1の目的は，スーパーバイジーの職業的技能の向上や成長を通して，クライエントの利益や福祉に貢献することである。スーパーバイジーの「人格」の成長を目的としたものではない。

30 ○　スーパーバイザーは，公認心理師の資格の有無を問わず，精神科医や臨床心理士として専門性を有している心理臨床家であっても構わない。

31 ×　逐語録以外にも，音声テープなどでも構わない。

32 ×　クライエントの許可を得て，心理面接場面のビデオ録画を行い，それを基にスーパービジョンを行うこともある。他にも，逐語録や音声テープなどを使用する方法が用いられることもある。

33 ○　第2回公認心理師試験の問121選択肢②にもあるように，スーパーバイザーはスーパーバイジーの心理療法を行うべきではない。しかし，この選択肢のように「スーパーバイジー個人の心理的傾向がクライエントの心理面接に影響を与える場合」，つまり，スーパーバイジーに無意識に生じている逆転移感情がクライエントに向けられている場合などにおいては，その逆転移感情がなぜ生じているのかといったことに関して，その心理的傾向をスーパービジョンで扱うことが必要である。

34 ×　スーパービジョンは，スーパーバイジーが担当しているケースをスーパーバイザーに定期的に報告することで学習の機会を得ることが通常である。スーパービジョンの頻度については，両者の合意によって，週に１回や2週に１回，１か月に１回などの形式もある。

35 ○　オリエンテーションとは，専門とする心理療法学派等を指すが，両者で一致していなければならないものではなく，異なるオリエンテーションのスーパーバイザーから学ぶことで得られるものがある。

❑❑❑　36　心理検査を実施するにあたっては，分かりやすいよう実際の検査用紙などを見せながらクライエントに説明するのが良い。

❑❑❑　37　インフォームド・コンセントのために，心理支援の内容については，クライエントにとって多少難解になったとしても，専門用語を使用して正確に説明すべきである。

❑❑❑　38　どのような心理支援が受けられるかクライエントに聞かれたときは，専門用語を使わずに説明する方が良い。

❑❑❑　39　インフォームド・コンセントの観点から，クライエントに「支援について質問があれば聞いてください」と伝えることは大切である。

❑❑❑　40　高校生のクライエントに対して心理検査を実施する場合，保護者への説明と同意を得る必要がある。

❑❑❑　41　心理検査を実施する際，過去に同じ心理検査を受けたことがあったクライエントであっても，検査の説明を省略してはいけない。

❑❑❑　42　公認心理師が，心理支援の関係が終結した後であれば，そのクライエントと SNS（ソーシャルネットワーキングサービス）上で会話をすることは問題ない。

❑❑❑　43　友人に家族の心理支援を依頼され，その相談を受けることは，多重関係にあたる。

36 × クライエントに心理検査について理解してもらうためであったとしても，検査用紙を見せながら説明することは検査の実施や検査結果に影響が生じる可能性がある。

37 × インフォームド・コンセントは，要支援者の「接近権（知る権利）の保障」，「自己決定権（決める権利）の保障」と，支援者の「還元義務（伝える義務）の遂行」からなる。簡単なものであっても専門用語は使用せず，クライエントが理解可能な言葉で説明することが重要である。このうち，「還元義務（伝える義務）の遂行」は，心理支援の場面において，公認心理師が支援の内容に関して，要支援者に適切な説明を行うことである。「適切な説明」の基準は，要支援者の年齢や職種，知的理解などレベルに沿ったものであることが求められる。つまり，公認心理師がどれだけ時間をかけて専門的な説明をしても「理解できなかった」「そんな話は聞いていない」となってしまっては，最終的に説明不足ということにつながってしまう。そのようにならないためにも，公認心理師として要支援者の理解可能な言葉で説明ができるトレーニングも必要である。

38 ○ クライエントの知る権利を保障するためにも，クライエントに分かりやすい言葉で説明することが必要とされている。

39 ○ これはクライエントの知る権利を保障する行為である。クライエントの中には尋ねたくても尋ねてもよいかと思っている場合もあるため，クライエントが質問しやすいように公認心理師からこのようなことを伝えておくことも大切である。

40 ○ クライエントが未成年の場合は基本的に保護者の同意を得ることも必要である。

41 ○ インフォームド・コンセントのうち，「接近権（知る権利）の保障」として，心理支援の場面においては，時間，場所，料金などの外的治療構造，守秘義務などの内的治療構造，どのような心理検査を行うのか，どのような心理療法やカウンセリングが行えるのか，どのような仮説・目標を立てているか，など心理支援の内容に関して，支援者に説明を求めることが保障されている。過去に同じ心理検査を受けたことがあったとしても，今回の検査実施の目的は前回とは異なることもあるため，今回はどのような目的で実施するのかを事前に説明することが必要である。

42 × 公認心理師の信用失墜行為に当たる多重関係とは，「心理臨床家が，複数の専門的関係の中で業務を行っている状況だけではなく，心理臨床家が，専門家としての役割とそれ以外の明確かつ意図的に行われた役割（偶発的な遭遇から生じた限定的な役割ではないもの）の両方の役割をとっている状況を指す。これらの役割・関係が同時に行われる場合も，相前後して行われる場合も，両方が多重関係に含まれる」（金沢吉展：臨床心理学の倫理をまなぶ p.107 東京大学出版会 2006）。具体的には，公認心理師とクライエントの関係にある２人が，学生時代の友人関係でもある，職場の上司と部下・同僚関係でもあるといった場合や，相談室以外の場で会う，食事をする，旅行に行く，性的関係にあるなどが多重関係に該当する。たとえ心理支援の関係が終結したとしても，そのクライエントと私的な状況でコンタクトを取っている場合は，多重関係とみなされる。

43 ○ 友人の家族であったとしても，友人との関係に心理支援の関係が影響を及ぼすことが想定されるため多重関係とみなされる。

❑❑❑　44　公認心理師がスクールカウンセラーとして関わった中学生が卒業する際，最終面接時に連絡先を受け取ったが，受け取るだけで連絡をしなければ多重関係にあたるとは言い難い。

❑❑❑　45　クライエントと偶然外出中に出会い，挨拶をして軽く言葉を交わした程度は多重関係にあたらない。

❑❑❑　46　心理支援の関係が終結したクライエントと食事に行った場合も，多重関係にあたる。

❑❑❑　47　支援期間中，公認心理師がクライエントから贈り物を受け取ることは，対応として不適切である。

❑❑❑　48　面接中にクライエントがリストカットをしていると話した場合，まずはクライエントにどうしてそのようなことをしたのか尋ねることが望ましい。

❑❑❑　49　公認心理師がクライエント（22歳，女性）から長男（2歳）の育児について，「私の言うことを聞かないことが多く，長男を好きになれない」という話を聴いた場合，公認心理師はクライエントの許可を得た上で，児童相談所に通報しなくてはならない。

❑❑❑　50　M. Rønnestad と T. Skovholt による6期発達モデルにおいて，上級生期とは，一人前の専門家として機能することを目標とするため，間違いを恐れ，完璧主義的になりがちであり，何でも教科書通りにこなそうとする時期である。

2．心理学・臨床心理学概論

❑❑❑　1　S. Freud は神経症的性格の概念を提唱した。

❑❑❑　2　古典的行動主義は，本人の意識していない感情や欲求が精神症状と関連しているとした。

44 ○ スクールカウンセラーとして関わった中学生と卒業後に受け取った連絡先を使って，公認心理師から何らかの連絡をしたのであれば多重関係に当たるが，現段階では最終面接時に連絡先を受け取っただけであるため，多重関係とまでは言い難い。ただし，このように連絡先をクライエントから受け取らざるを得ない状況であって受け取ったとしても「必ず連絡する」というようなことを言わないようにしなければならない。

45 ○ 偶発的な遭遇は時として仕方がないものであり，その際に挨拶をするという行為は人間として自然な行為である。ただし，クライエントが誰かと一緒にいる場合や，クライエントと目が合いクライエントもこちらに気付いていることが分かる場合において，クライエントが挨拶をすることも避けるような言動を見せた場合には，挨拶をしないことも自然な流れのやり取りであるため，クライエントの反応に応じて対応することも必要である。

46 ○ 多重関係とは，「心理臨床家が，複数の専門的関係の中で業務を行っている状況だけではなく，心理臨床家が，専門家としての役割とそれ以外の明確かつ意図的に行われた役割（偶発的な遭遇から生じた限定的な役割ではないもの）の両方の役割をとっている状況を指す。これらの役割・関係が同時に行われる場合も，相前後して行われる場合も，両方が多重関係に含まれる」（金沢吉展：臨床心理学の倫理をまなぶ p.107 東京大学出版会 2006）。例え心理支援の関係が終結したとしても，そのクライエントと私的な状況で意図的に出会ったりする場合は，多重関係とみなされる。

47 ○ 支援関係が継続している期間においては，その贈り物が特別な対応を求めるという意味が含意されている可能性もあるため，受け取ることでこれまでと違う関係性が生じることも考えられるため，不適切である。

48 × 面接中にクライエントがリストカットをしていると話すことはある。しかし，問題文のような原因を尋ねる質問を最初にすることはクライエントを責めるような印象を与え，話したくないという思いを強める可能性があるため，不適切である。

49 × 「私の言うことを聞かないことが多く，長男を好きになれない」という内容だけでは，クライエントが長男に暴力や暴言，養育放棄を行っているというところまでは確認が出来ず，虐待をしていると疑われるほどの情報がない。そのため，現時点では児童相談所に通告するレベルの内容とは言えない。まずは，より具体的に状況や感情をアセスメントすることが必要な段階である。

50 ○ 心理職の成長モデルである M. Rønnestad と T. Skovholt による6期発達モデルについて，各時期を明確に記憶できなくとも，それぞれがどのような時期かの内容は押さえておく必要がある。

---

1 × 神経症的性格は，W. Reich や K. Horney によって提唱されている。W. Reich は神経症的性格と性器的性格という2つの理念を用いて，神経症の発生機序を説明している。また，新フロイト派の K. Horney は，パーソナリティ形成における社会的・文化的要因の影響を重視する立場をとり，対人関係における不安という観点から神経症的性格という概念を説明している。

2 × 精神分析学の説明である。精神分析では無意識の領域を仮定しており，その無意識が個人のパーソナリティや行動，また精神症状と密接に関連していると考える。古典的行動主義では，刺激と反応（行動）の関係を明らかにしようとした。

❑❑❑　3　J. B. Watsonの行動主義では，個人のパーソナリティは，幼少期からの経験によって獲得された習慣によって成り立つと考える。

❑❑❑　4　新行動主義は，視知覚の体制化について研究を行った。

❑❑❑　5　新行動主義のK. Hullは，生活体は行動に先立って環境に関する「認知地図」を構成しており，それに即した期待や仮説に基づいて行動すると考えた。

❑❑❑　6　W. Wundtは，被験者に自己の意識の思い浮かぶままを記述してもらう内観法を用いて，意識的経験を明らかにしようとした。

❑❑❑　7　精神力動論では，幼少期における養育者との関係と現在の対人関係との関連については重要視することはない。

❑❑❑　8　メタ認知とは，自己の認知的活動を評価したり，コントロールしたりしようとする機能である。

❑❑❑　9　認知心理学は，コンピュータや人工知能の研究等に影響を受けて，より高次の心的活動を理解しようとする心理学として，20世紀半ば以降に発展した。

❑❑❑　10　C. R. Rogersの自己理論では，誕生から現在にいたるまでの多様な個人の体験は，客観的情報として，現象的場に蓄積され，自己概念が形作られると考える。

❑❑❑　11　C. R. Rogersの自己理論では，個人の心理的不適応は，幼少期の心的外傷が原因となって生じる。

❑❑❑　12　C. R. Rogersの自己理論では，個人が経験する世界は，個人的な現象的場として知覚されているため，個人を理解するためには，その人の外的準拠枠にしたがって理解する必要がある。

❑❑❑　13　C. R. Rogersの自己理論では，無意識の世界は仮定されない。

❑❑❑　14　A. H. Maslowの欲求階層説において，「長年の夢であった富士登山を実現したい」というのは，自己実現欲求に当てはまる。

3　○　J. B. Watson は習慣形成や習慣統合という側面を重視しており，パーソナリティは系統発生的習慣である本能や情動が社会的に規制された習慣の集まり，習慣機構と考えた。さらにパーソナリティの発達には，幼少時の経験の差異が大きな効果を持つとし，その時期の習慣の学習過程を明らかにする必要性を強調した。

4　×　視知覚の体制化はゲシュタルト心理学の主要な研究領域である。ゲシュタルト心理学では要素主義・構成主義的な考えを批判し，人間の知覚体験は個別の感覚要素に還元できないことを，様々な実験によって明らかにした。特に視知覚に関する研究が数多く行われ，知覚全体をできるだけ簡潔で，よい形に成立させせようとするプレグナンツの法則に基づいて知覚の体制化が成立していることを示した。新行動主義では，行動を規定する生体内の諸要因を考慮する必要性が指摘されてきた。例えば C. L. Hull の動因低減説や，E. C. Tolman の認知地図の研究などでは，習慣や認知といった生体内要因を媒介変数として重視している。

5　×　「認知地図」の概念を示したのは，E. Tolman である。K. Hull は，J. B. Watson の S-R 理論について，刺激と反応の関係の間に習慣強度や欲求，誘因といった媒介変数を仮定した。

6　×　W. Wundt が行った内観法は，実験的に統制された刺激を与え，そのときに経験された内容を，自分自身で観察し，分析し，報告させるというものである。

7　×　精神力動論では，幼少期における養育者との関係，つまり愛着やその回避などが，後の対人関係パターンを修正したり，歪曲したりしながら人間関係が形成されると考える。

8　○　メタ認知とは，高次の認知機能，認知に関する認知のことである。意図的・計画的な行動を遂行するために，自らの認知活動を監視し，行動目標に沿って評価・制御することを指す。認知心理学における概念である。

9　○　認知心理学は，1950 年代以降に発展した心理学の 1 分野である。20 世紀前半に発展した行動主義では，観察可能性と論理実証性を重視し，観察可能な刺激と反応（行動）を研究対象としていたが，認知心理学はその科学的側面を重視しながら，言語使用，思考，問題解決能力，創造性など，より高次の心的活動のプロセスを解明しようとする学問分野である。

10　×　自己理論では，個人の多様な体験は，客観的情報と主観的情報の両方を含む形で，現象的場に蓄積される。

11　×　自己理論では，個人の心理的不適応は，重要な経験を認識することを拒否したり，あるいは歪曲したりすることによって，その経験が正確に取り込まれないことによって生じるとされる。

12　×　前半は適切である。現象的場とは，客観的・絶対的に実在している世界ではなく，その人個人が経験している私的な世界である。従って，個人の行動の意味や原因を理解するためには，その人が外界からの刺激をどのように経験し知覚しているかという，内的準拠枠にしたがって理解する必要がある。つまり，後半が不適切である。

13　○　C. R. Rogers の自己理論においては精神分析のように無意識の世界は仮定していない。そのため，自己概念と一致しない経験は，意識することを否認するか，歪曲して知覚される，と説明される。

14　○　自分自身の目標を達成したいという欲求なので，自己実現欲求に当てはまる。

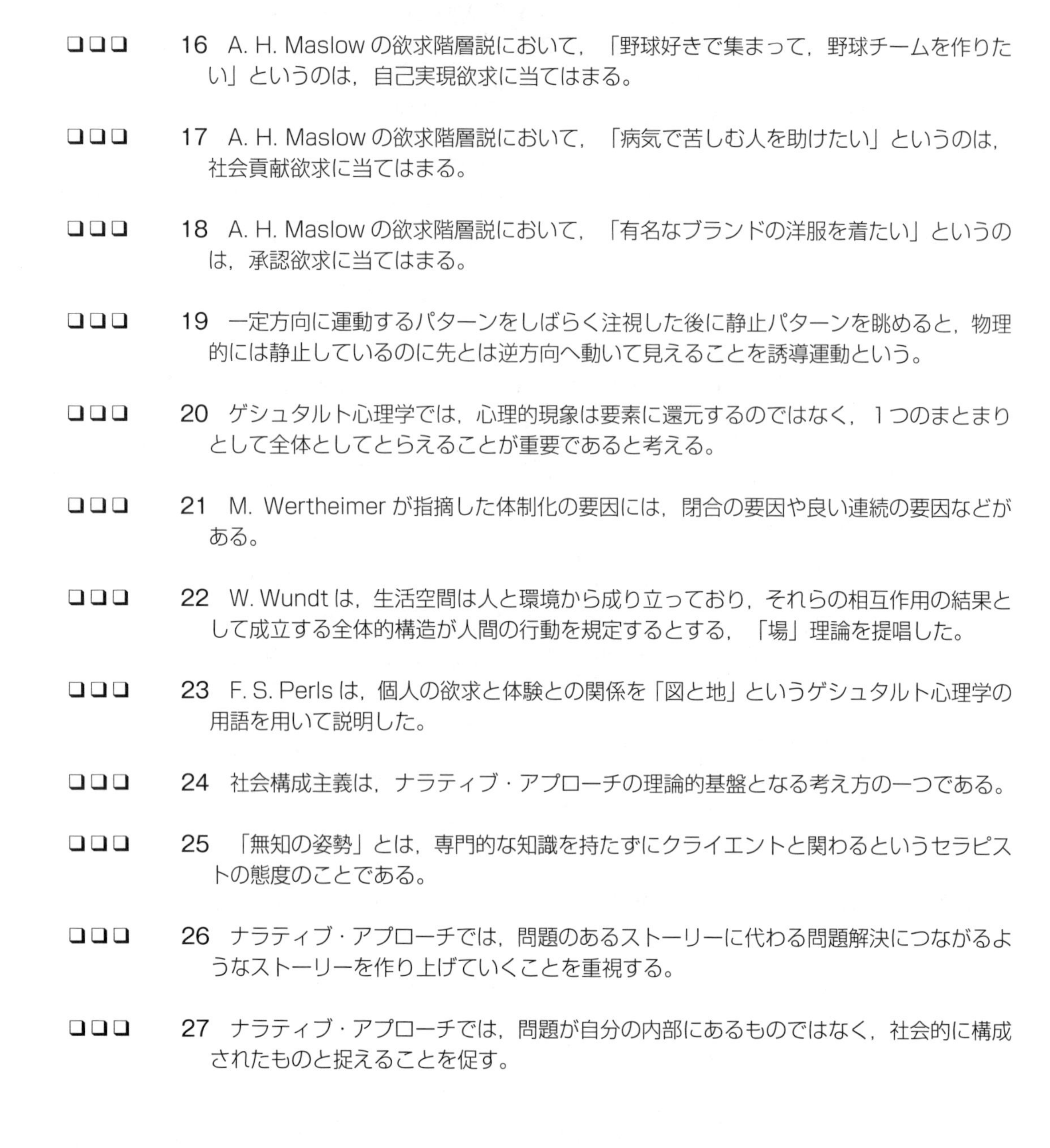

❑❑❑　15　A. H. Maslow の欲求階層説において，「昨日は徹夜したので，今日は早く寝たい」というのは，安全の欲求に当てはまる。

❑❑❑　16　A. H. Maslow の欲求階層説において，「野球好きで集まって，野球チームを作りたい」というのは，自己実現欲求に当てはまる。

❑❑❑　17　A. H. Maslow の欲求階層説において，「病気で苦しむ人を助けたい」というのは，社会貢献欲求に当てはまる。

❑❑❑　18　A. H. Maslow の欲求階層説において，「有名なブランドの洋服を着たい」というのは，承認欲求に当てはまる。

❑❑❑　19　一定方向に運動するパターンをしばらく注視した後に静止パターンを眺めると，物理的には静止しているのに先とは逆方向へ動いて見えることを誘導運動という。

❑❑❑　20　ゲシュタルト心理学では，心理的現象は要素に還元するのではなく，1つのまとまりとして全体としてとらえることが重要であると考える。

❑❑❑　21　M. Wertheimer が指摘した体制化の要因には，閉合の要因や良い連続の要因などがある。

❑❑❑　22　W. Wundt は，生活空間は人と環境から成り立っており，それらの相互作用の結果として成立する全体的構造が人間の行動を規定するとする，「場」理論を提唱した。

❑❑❑　23　F. S. Perls は，個人の欲求と体験との関係を「図と地」というゲシュタルト心理学の用語を用いて説明した。

❑❑❑　24　社会構成主義は，ナラティブ・アプローチの理論的基盤となる考え方の一つである。

❑❑❑　25　「無知の姿勢」とは，専門的な知識を持たずにクライエントと関わるというセラピストの態度のことである。

❑❑❑　26　ナラティブ・アプローチでは，問題のあるストーリーに代わる問題解決につながるようなストーリーを作り上げていくことを重視する。

❑❑❑　27　ナラティブ・アプローチでは，問題が自分の内部にあるものではなく，社会的に構成されたものと捉えることを促す。

15　×　睡眠は生理現象であるため，生理的欲求に当てはまる。

16　×　自分の好きなものを共有できる仲間を作りたいという，所属と愛の欲求である。

17　×　欲求階層説に「社会貢献欲求」は存在しない。自分の能力を活かして社会の役に立ちたいという欲求なので，自己実現欲求に当てはまる。

18　○　目立ちたい，称賛されたいという欲求なので，承認欲求に当てはまる。

19　×　これは，運動残効の説明である。実際には対象が運動していないのに，運動しているように見える場合の現象を広義の仮現運動と呼ぶ。広義の仮現運動には，誘導運動，運動残効，自動運動が含まれる。誘導運動とは，実際には静止している対象が，その周辺の動きによって，あたかも運動しているように見える現象をいう。自動運動とは，暗闇の中で，小さな光点を注視している時のように，光点の空間的なよりどころ，すなわち空間的な枠組みが存在しない場合に，静止している光点が動いて見える現象のことを指す。

20　○　ゲシュタルトとは，「要素に還元できない，1つの全体がもつ構造特性」を意味している。

21　○　体制化（群化）とは，いくつかの領域に分離した図が，ばらばらなものとしてではなく，まとまりをもったものとして知覚されることで，近接，類洞，閉合，良い形，良い連続，共通運命等の各要因があるとされる。

22　×　ゲシュタルト心理学では，力学的「場」が基本的な前提となるが，それを個人の生活空間をめぐる諸問題や集団行動の分野にまで拡張したのはK. Lewinである。W. Wundtは実験心理学の提唱者であり，ゲシュタルト心理学とは関係ない。

23　○　F. S. Perlsが創始したゲシュタルト療法では，クライエントの「今ここで」の体験と関係性の全体に重点をおく。彼は，これまで気づいてこなかった自己の部分が統合されることで，個人のゲシュタルトが完成すると考えた。

24　○　社会構成主義は，現実は言語行為によって社会的に構成され，維持されると考えるものである。

25　×　「無知の姿勢」とは，ナラティブ・アプローチにおいて重視されるセラピストの態度である。無知とは専門的知識を持たないことでなく，クライエントについては無知であるという意味であり，セラピストは専門的知識や経験に基づいて解釈せず，クライエントについて真摯に学ぼうとする姿勢で関わることを求められるものである。

26　○　問題のあるストーリーをドミナント・ストーリーと呼び，これがクライエントを支配している。ナラティブ・アプローチではこれを，より適応的・問題解決的なオルタナティブ・ストーリーに書き換え，生き直していくように介入する。

27　○　ナラティブ・アプローチでは「外在化」という技法を用いる。これは，クライエントが抱える問題について，それが自分の内部にあるものではなく，社会的に構成されたものとして，自分の外側にあるものと捉えることによって，その問題への意味づけやアプローチが変わることを目指すものである。

❑❑❑　28　ナラティブ・セラピーでは，面接で用いられる言語は臨床的介入のための道具と位置付けられる。

❑❑❑　29　リフレクティング・プロセスとは，治療者同士の会話をクライエントが聞くことで，新たな視点をもたらそうというものである。

３．心理学研究

❑❑❑　1　中央値は，最大値と最小値を平均した値になる。

❑❑❑　2　平均値は，中央値に比べて極端な方向に引っ張られる傾向をもつ。

❑❑❑　3　観測値を増やしていくと，中央値と平均値は互いに近づいていく。

❑❑❑　4　総データ数が偶数の場合，中央値は二分のＮ番目の値になる。

❑❑❑　5　最頻値は外れ値の影響を受けにくい。

❑❑❑　6　質問項目数が多くなればなるほど，尺度の信頼性は低くなる。

28　×　社会構成主義の考えは，ナラティブ・アプローチの基盤となるものである。この社会構成主義とは，社会における客観的な現実は，個人の主観から独立して存在するとはみなさず，会話を通じて現実と個人とが相互に影響を与え合う循環的な関係にあると主張するものである。ナラティブ・セラピーでは，「クライエントやセラピストが使う言語こそが，研究すべき全てである」ため，面接で用いられる言語は，臨床的介入のための道具ではなく，臨床的介入そのものであると考える。

29　○　リフレクティング・プロセスとは，家族療法などで用いられる方法で，治療者チームが対象となる家族についてディスカッションを行っている場面を家族に見せ，さらにそれを踏まえて家族に新たな会話が生まれる，といった相互のリフレクションを行う実践である。これは家族が自分たちの肯定的な側面や，これまでのとは異なる新しい視点に気づいたり，さらにそれによって新たな会話（物語）が発展していくことを目指すものである。

1　×　中央値とは，得られた値を小さいものから大きいものへと順に並べたときに，ちょうど中央に位置する値である。例えば，5人の小テストの得点として，{3，6，10，12，12}という5つの値が得られた場合，10 が中央値である。最大値と最小値の平均は 7.5 であり，中央値は最大値と最小値の平均と一致するとは限らないため，誤りである。

2　○　平均値は，分布が歪んでいるときや外れ値が存在するときにそのデータに引っ張られることになる。外れ値とは，データ全体の中で他のデータに比べて極端に大きかったり，小さかったりする少数のデータのことである。中央値は平均値と比べると，歪みの方向に引っ張られる度合いが小さく，外れ値の影響を受けにくくなる。また，最頻値も同様に外れ値の影響を受けにくい。

3　×　元の分布が歪んでいる場合，いくら観測変数の値を増やしても，分布の歪みが解消されるわけではなく，中央値と平均値が近づいていくことは期待できないため，誤りである。

4　×　中央値の出し方は偶数と奇数で異なり，総データ数が偶数の場合の中央値は $\frac{N}{2}$ 番目の値と $\frac{N}{2}+1$ 番目の値の平均値となる。例えば，6人の小テストの得点として｛3，6，10，12，12，13｝という値が得られた場合，総データ数 N＝6 のため，中央値は，$\frac{6}{2}$ 番目，つまり 3 番目の値 10 と，$\frac{6}{2}+1$ 番目，つまり 4 番目の値 12 の平均値になる。つまり，中央値は $\frac{10+12}{2}=11$ になる。また，総データ数が奇数の場合の中央値は $\frac{N+1}{2}$ 番目の値になる。

5　○　2. の解説参照。最頻値とは，最も度数の多い測定値およびカテゴリーのことである。例えば，100 点満点のテストを受けた 10 人の得点が {0，45，48，53，55，60，60，60，62，100} の場合，度数の最も多い 60 が最頻値となる。このテストの場合，0，100 が外れ値に当たる。平均値の場合は外れ値の影響を受けやすく，中央値や最頻値は外れ値の影響を受けにくい。

6　×　尺度の信頼性とは，測定を繰り返しても安定してほぼ同様の値が得られる程度を指す。一般的には，尺度の質問項目数が多くなるほど信頼性は高くなる傾向にある。

❑❑❑　7　尺度の併存的妥当性を検討するために，類似した構成概念を測定している別の尺度得点との相関係数を計算することは妥当である。

❑❑❑　8　尺度項目全体について内的整合性を確認するためにクロンバックのα係数を算出する。

❑❑❑　9　因果関係が確かに示されている場合を内的妥当性が高いと言う。

❑❑❑　10　生態学的妥当性とは外的妥当性に含まれる。

❑❑❑　11　併存的妥当性と予測的妥当性は，内的妥当性に含まれる。

❑❑❑　12　尺度の信頼性を確認するために，尺度項目の前半と後半の合計点を算出し，2つの合計点の相関係数を計算した。この方法は平行検査法と呼ばれる。

❑❑❑　13　参加観察法はある程度環境を統制できるため，ある程度交絡変数を統制することが可能である。

❑❑❑　14　実験的観察法は自然観察法と比べて目的となる行動の観察に要する時間が長くなる。

❑❑❑　15　自然観察法は客観的な観察者でいることが難しいため，評定者間信頼性を確認することが一般的である。

7　○　尺度の妥当性とは，その尺度の得点や解釈が測定したい特性の強弱を正しく反映している程度を指す。併存的妥当性とは，基準関連妥当性（既存の尺度などの類似した構成概念を測定している外的基準との間に高い相関が認められる程度）の一種であり，記述は正しい。

8　○　内的整合性とは，多項目の尺度における各項目が一貫して同じ特性を測定している程度を指し，尺度の信頼性における重要な要素である。内的整合性を確認するためには，クロンバックのα係数を計算する。

9　○　あらゆる研究において，実際に測定していると思っているものが実際に測定されていることが重要であり，それを示すのが妥当性である。妥当性には以下の３つの側面がある。内的妥当性，外的妥当性，テスト妥当性である。内的妥当性とは，妥当性の３つの側面の１つであり，研究から導き出された結果の正当性，独立変数と従属変数の因果関係の確かさの程度のことを指す。

10　○　外的妥当性とは，研究結果を他の集団，他の状況，他の時代の人々に応用することができるかどうか，一般化可能性の程度のことを指す。母集団妥当性とも呼ばれる。生態学的妥当性とは，その中でも特に，ある研究で得られた結果を，その状況を離れた別の状況に一般化できるかどうかの程度のことを指す。例えば，自然な状況では同じ結果が得られないかもしれないという点で，実験室研究は生態学的妥当性が低いと言える。

11　×　両者はテスト妥当性に含まれる。テスト妥当性とは，あるテストが測定すると想定されているものを測定しているかどうかを指す。テスト妥当性は，さらに，下位分類として基準関連妥当性，構成概念妥当性，内容的妥当性がある。基準関連妥当性は，併存的妥当性と予測的妥当性に分類される。併存的妥当性とは，外的基準がテストとほぼ同時に得られる場合に複数のテストの相関係数として表現される。例えば，不安尺度を新たに作成した場合，その妥当性を確かめるためには，同一の心理特性を測定していると考えられる基準となる尺度も同時に回答してもらい，両者の相関係数を考察する。また，予測的妥当性とは，テストの結果が，将来の行動をよく予測しているかどうかの指標である。例えば，14 歳のときに受けた英語の検定試験が 16 歳のときに受けた英語の試験の良い予測材料となる場合，予測的妥当性が高いといえる。

12　×　平行検査法とは，同じ特性を測定するための２つの等質の尺度間の相関係数を算出することで，信頼性を検討するための検査法である。問題文は，折半法の記述である。

13　×　これは実験的観察法の長所の説明である。参加観察法は参与観察法とも呼ばれる。参加観察法とは観察者が観察されているグループに加わり，積極的に参加する観察法である。参加観察法は，研究者が対象集団に入り込むことで，その集団がなんらかの形で変化してしまう可能性がある。

14　×　実験的観察法は実験場面を設定し，独立変数（要因）を操作して，従属変数の行動を観察する。自然観察法では目的となる行動の観察に時間がかかり，必要以外の記録をしなければならない。このような弱点を補うために，実験的操作によりその行動を引き起こす実験的観察法を行う。

15　○　評定者間信頼性/ 観察者間信頼性/ 判定者間信頼性（inter-rater/inter-observer/ inter-judge reliability）とは，２人以上の評定者または観察者から得られた測定値がどの程度一致あるいは相関しているかの程度である。

❑❑❑　16　参加観察法の基本的プロセスであるフィールドエントリーでは，観察者は観察対象に対し完全にとけこみ同一化することが求められる。

❑❑❑　17　時間見本法とはある一定の時間間隔で観察すべき行動を観察する方法である。

❑❑❑　18　心理学実験における内的妥当性では，実験において独立変数と従属変数との因果関係が明確に検証されているかが問題となる。

❑❑❑　19　従属変数に影響を及ぼす独立変数を水準，水準の取り得る値を要因という。

❑❑❑　20　実験参加者が実験者の期待に沿うような反応を示すことをプラセボ効果という。

❑❑❑　21　他者を認知・評価する際に生じやすい歪みであり，望ましい側面はより強調され，望ましくない側面は控えめに評価されやすい傾向のことを黙従傾向という。

❑❑❑　22　心理学実験においては，インフォームド・コンセントの観点から，実験者も実験参加者も実験群，統制群のどちらの群に割り付けられたのか把握しておく必要がある。

❑❑❑　23　因子分析とは，共通因子を仮定し，共通因子が各項目からどのような影響を受けているかを分析する手法である。

❑❑❑　24　因子分析における因子軸の直交回転にプロマックス法がある。

❑❑❑　25　名義尺度と順序尺度は因子分析に適さない。

❑❑❑　26　因子間の相関が仮定される場合，因子軸の直交回転が利用される。

16 × 参加観察法において，観察者が観察対象に対し完全にとけこみ同一化することは，オーバーラポール（過剰な感情移入）になる可能性があり，観察者としての立ち位置を見失う恐れがある。

17 ○ 記述の通りである。一方で，事象見本法（イベントサンプリング）とはあらかじめ記録する事象を決めておき，それを観察するときに記録する方法である。

観察方法	サンプリング	記録方法	分析方法
時間見本法	時間	行動目録法	量的（統計的）分析
場面見本法	場面	評定尺度法	質的（記述的）分析
事象見本法	事象	行動描写法	質的（記述的）分析
日誌法	特徴的な行動	行動描写法	量的（統計的）分析

表．下山晴彦・能智正博（2015）心理学の実践的研究法を学ぶ，p.142，新曜社

18 ○ 記述の通りである。加えて，外的妥当性では，実験で得られた結果が，その実験以外の状況下においてもあてはまるかどうかを問題としている。外的妥当性のうち独立変数の操作が日常場面にどの程度あてはまるかに関する妥当性を生態学的妥当性と呼ぶ。

19 × 従属変数に影響を及ぼす独立変数を要因，要因の取り得る値を水準という。

20 × これは要求特性の説明である。意図しない実験者の行動や属性が被験者の反応に影響を及ぼす人為的なバイアスである実験者効果が指摘されている。実験者効果のうち，意図的ではないが，実験者が何らかの期待を参加者に伝えている場合がある。その結果，参加者が実験者の期待に沿うような反応を要求特性という。プラセボ（placebo）とは偽薬の意味であり，特異的な効果を引き起こさない物質である。それにも関わらず偽薬によって症状が改善することをプラセボ効果という。

21 × これは寛大効果の説明である。黙従傾向とは，特に諾否法において，「はい」「賛成」と回答しやすい傾向のことである。

22 × バイアスを防ぐため参加者は自分がどの群か知らされない単一盲検法や実験者にも参加者の群を知らせない二重盲検法がとられる。実験者も参加者の群を知っていることで行動が変化し，結果が歪められることがある。実験者と参加者の両者を二重で盲検化することにより，これらを防ぎ，判定の客観性を高めることができる。

23 × 因子分析とは，尺度の各項目に共通の原因となる潜在変数（共通因子）を仮定し，項目間の相関係数から共通因子が各項目に対して与える影響度合い（因子負荷量）を分析する手法である。

24 × プロマックス法とは，因子分析における因子軸の斜交回転の一つである。なお，直交回転ではバリマックス法がよく使用される。

25 ○ 因子分析で使用可能な尺度は，観測変数間の間隔が一定でなければならないため，間隔尺度，比例尺度であることが必要になる。名義尺度（クラスの出席番号等）は因子分析には使用できず，順序尺度（成績順位等，数字の大小関係のみが意味を持つ尺度）は因子分析には適さない。

26 × 因子間の相関が仮定される場合には，斜交回転が使用される。

❏❏❏　27　因子分析において，ある項目の共通性が高ければ，その項目の独自性は低くなる。

❏❏❏　28　標本分布とは，実際に得られたデータに基づいて作成される分布である。

❏❏❏　29　標本分布の標準偏差のことを標準誤差という。

❏❏❏　30　関心のある対象者全体を標本と呼ぶ。

❏❏❏　31　関心のある対象者全員に対して調査することを標本調査と呼ぶ。

❏❏❏　32　メタ分析は，統計的手法を用いて集計・分析を行う。

❏❏❏　33　ランダム化比較試験（RCT）は，交絡バイアスを防ぐのに効果的である。

❏❏❏　34　アナログ研究は，心理検査の標準化に適した研究法である。

❏❏❏　35　記述的レビューは，研究結果をデータとした統計的分析を行う。

４．心理学実験

❏❏❏　1　大学生 120 人を男女別に二つの群に分け，一方の群には英語の学習法Ｘを実行させ，もう一方には英語の学習法Ｙを実行させた。その後英語の試験を実施したところ，男女ともに学習法Ｘで勉強した群の方が有意に成績が良かった。また，全体の得点では男女差は見られなかったが，学習法Ｘを実行した群と学習法Ｙを実行した群の成績の差は男性の方が有意に大きかった。この実験計画は二要因配置である。

27 ○ 共通性とは，共通因子が項目に対して及ぼす影響度合いを表す数値である。また，独自性とは，その項目独自の性質が項目に及ぼす影響を表しており，共通性と独自性の和は1となっている。したがって，ある項目の共通性が高ければ独自性は低くなる。

28 × 実際に得られたデータに基づいて作成される分布は度数分布である。標本分布という名称から実際に得られたデータとして収集した標本について作成された度数分布のイメージを持ちやすいが，標本分布は標本統計量の分布であり，理論的に導かれた分布である。

名称	意味	利用される文脈
度数分布	実際に得られたデータについて作成される。データの値と度数を対応させたもの。	記述統計
標本分布	標本統計量の分布。母集団の分布の仮定より，理論的に導かれる確率分布。	推測統計

29 ○ 標本分布，標本統計量の分布の標準偏差を標準誤差（SE）という。標準誤差は，標本統計量のばらつきの程度を示す指標である。このばらつきの程度が小さいということは，母数を推測する際の精度が高いことを意味する。

30 × 関心のある対象者全体は，母集団と呼ばれる。標本（サンプル）とは，母集団の一部であり，実際に調査・実験をした集団のことを指す。

31 × これは全数調査に関する説明である。標本に基づいた調査を標本調査と呼ぶ。

32 ○ メタ分析は，同じテーマに関する複数の研究結果について統合し，統計的に集計し，分析する方法である。

33 ○ ランダム化比較試験（RCT）とは，新しい支援法や薬の効果を調べるために，研究協力者を支援や薬による介入を行う群と介入を行わない群に割り当てる方法である。交絡バイアスとは，介入方法の効果を明らかにしたい場合に，別の要因がその効果に影響を与えてしまうことである。例えば，研究協力者の性別や年齢，重症度，研究者（支援者）との関係などの要因が結果に影響を及ぼす可能性があり，これを防ぐために，研究協力者のランダム化は有効である。

34 ○ アナログ研究とは，非臨床群の研究協力者を対象に行う研究のことである。アナログ研究には，一度に多数の研究協力者を対象として研究することができる利点がある。心理検査の標準化の作業では，多数の研究協力者を対象として検査を実施する必要があるため，アナログ研究は適している。

35 × 記述的レビューとは，研究者が個々の研究の結果を精読してまとめる方法であり，統計的手法を用いた分析は行わない。メタ分析は記述的レビューの問題点を克服する方法と言われている。

1 ○ 性別と学習法の二つの要因が成績に対して及ぼす効果に関して検討されているため，二要因配置である。

❑❑❑　2　大学生 120 人を男女別に二つの群に分け，一方の群には英語の学習法Xを実行させ，もう一方には英語の学習法Yを実行させた。その後英語の試験を実施したところ，男女ともに学習法Xで勉強した群の方が有意に成績が良かった。また，全体の得点では男女差は見られなかったが，学習法Xを実行した群と学習法Yを実行した群の成績の差は男性の方が有意に大きかった。この実験において，性別は実験参加者内要因，学習法は実験参加者間要因である。

❑❑❑　3　大学生 120 人を男女別に二つの群に分け，一方の群には英語の学習法Xを実行させ，もう一方には英語の学習法Yを実行させた。その後英語の試験を実施したところ，男女ともに学習法Xで勉強した群の方が有意に成績が良かった。また，全体の得点では男女差は見られなかったが，学習法Xを実行した群と学習法Yを実行した群の成績の差は男性の方が有意に大きかった。この実験において，性別と学習法の交互作用は有意である。

❑❑❑　4　大学生 120 人を男女別に二つの群に分け，一方の群には英語の学習法Xを実行させ，もう一方には英語の学習法Yを実行させた。その後英語の試験を実施したところ，男女ともに学習法Xで勉強した群の方が有意に成績が良かった。また，全体の得点では男女差は見られなかったが，学習法Xを実行した群と学習法Yを実行した群の成績の差は男性の方が有意に大きかった。この実験における性別の主効果は有意である。

❑❑❑　5　質問紙調査法は，集団実施が難しく，大量のデータ収集には不向きである。

❑❑❑　6　標準化された質問紙の結果の解釈には，マニュアルがあることが多い。

❑❑❑　7　質問紙調査法は数量化が難しく，統計処理には不向きである。

❑❑❑　8　質問紙調査法は，回答者の言語化しにくい感情や無意識的な欲求を明らかにすることに適した手法である。

❑❑❑　9　質問紙調査法では，回答者が作成者の意図しない方向に質問文の意味を解釈してしまう可能性がある。

❑❑❑　10　被験者内計画で実験を行う場合に生じ得る順序効果を相殺する手続きを，カウンターバランスという。

❑❑❑　11　無作為割り付けは，交絡を防ぐことを目的の一つとして行われる。

2 × 実験参加者内要因とは，全ての実験参加者が全ての条件に参加する要因を指し，実験参加者間要因とは，異なる実験参加者を異なる条件に割り当てる要因を指す。この実験計画では性別も学習法も異なる実験参加者群間で比較されているため，いずれも実験参加者間要因である。

3 ○ 交互作用とは，複数の要因の組み合わせによる効果を指す。この実験計画では，学習法Xを実行した場合と学習法Ｙを実行した場合の成績の差について，男性の方が大きかったため，性別と学習法の交互作用は有意であると考えられる。

4 × 主効果とは，ある要因単独の効果を指す。学習法Xで勉強した群は，男女いずれの群も学習法Ｙで勉強した群より有意に成績が良かったため，学習法の主効果は有意であると考えられる。一方，全体の得点で男女差は見られなかったことから，性別の主効果は有意でないと考えられる。

5 × 質問紙調査は集団実施が容易であり，一度に大量のデータの収集が可能である。

6 ○ 質問紙調査では回答者は複数の選択肢の中から回答を選ぶ形式になっていることが多く，標準化された質問紙（YG 性格検査など）であれば結果を分析・解釈するためのマニュアルもあることが多い。そのような場合，実施者によって結果の解釈に違いが生じることは少ないため，実施者の熟練は必要としないこともある。

7 × 質問紙調査では，質問文に対して数量的な回答を求めること（例：「全くそう思わない」—「非常にそう思う」の間で，１～5のどれかを選択させる）が可能であるため，統計処理に適した手法である。

8 × これは投影法に関する記述である。質問紙調査法はそのような目的には適さない。

9 ○ 記述の通りである。したがって，質問文を作成する際には質問文の意味が明確に伝わるような工夫が必要である。また，標準化された質問紙の場合であっても，回答者が意図的に回答を操作する（全ての質問に対して「はい」のみで答える，「どちらでもない」で答えるなど）場合もあり，結果の分析・解釈が困難なこともある。

10 ○ カウンターバランスとは，被験者内計画で実験する場合に生じ得る順序効果を相殺するために行われる手続きである。方法としては，実験参加者の半分は逆の順番にするなどが挙げられる。例えば，全ての参加者に条件Aの後に条件Bを行う場合，条件Aを行ったことが条件Bの結果に影響を及ぼす順序効果が生じるため，実験参加者の半分は条件Aの後に条件Bを行い，もう半分の参加者は条件Bの後に条件Aを行う，などして順序効果を相殺する。

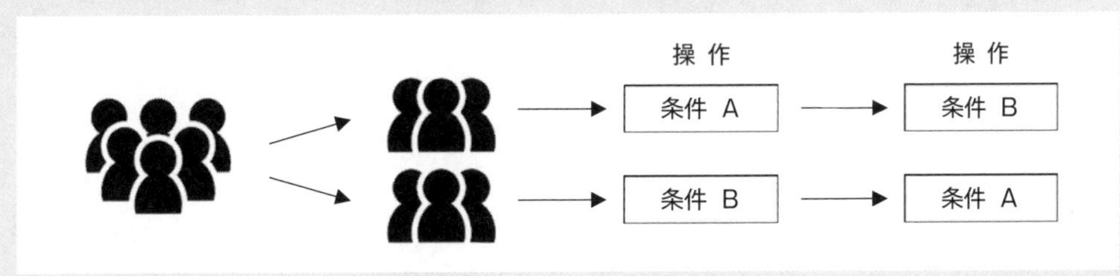

11 ○ 無作為割り付けは，被験者間計画において，独立変数以外の変数が関連しながら従属変数に影響を及ぼすという交絡を防ぎ，実際に因果関係が成立している可能性の程度を表す内的妥当性を高めるための手続きである。

❑❑❑　12　無作為抽出は内的妥当性を高めるための手続きである。

❑❑❑　13　層別化とは，治験薬の評価を正確に行うことを目的に，治験を開始する前にそれまで投与していた薬の影響を排除するため，薬を何も投与しないことを指す。

❑❑❑　14　実験の参加者を無作為割り付けした後に，各要因に偏りがあることに気が付いた場合，群の間で入れ替えをして偏りを減少させる方がよい。

❑❑❑　15　実験において性別の影響を統制する場合，各群における男女の割合が同一になるように参加者を割り付けるマッチングの手続を行うことで，性別の影響をそれぞれの条件で等質にする。

❑❑❑　16　実験において母集団を代表するようなバイアスの低いサンプルを選択するために，参加者のサンプリングでは雪だるま式サンプリングを行った方がよい。

❑❑❑　17　無作為化比較試験においては，厳密な無作為化を行うために，参加者を名簿順に割り付ける。

5．知覚・認知心理学

❑❑❑　1　系列位置効果において，最初に提示された情報の再生成績が良くなることを親近性効果という。

❑❑❑　2　長期記憶に送られない情報は，3分程度で忘却される。

❑❑❑　3　長期記憶の宣言的記憶は，エピソード記憶と意味記憶に分けられる。

12 × 無作為抽出は，実験参加者（標本）を無作為に選ぶことで，実験の結果を実験参加者である標本だけでなく，母集団にもあてはまる一般化可能性の程度を示す外的妥当性を高める方法である。

13 × これはウォッシュアウト期間の説明である。層別化とは，被験者間計画において，無作為に割り付けした結果，群分けの際の性別や年齢の偏りが研究結果に影響を与えることが想定される交絡要因になる可能性がある場合，そのような偏りを避けるために，あらかじめ性別や年齢で分類しておき，分類されたサブグループにおいてランダムな割り付けを行う手続きである。

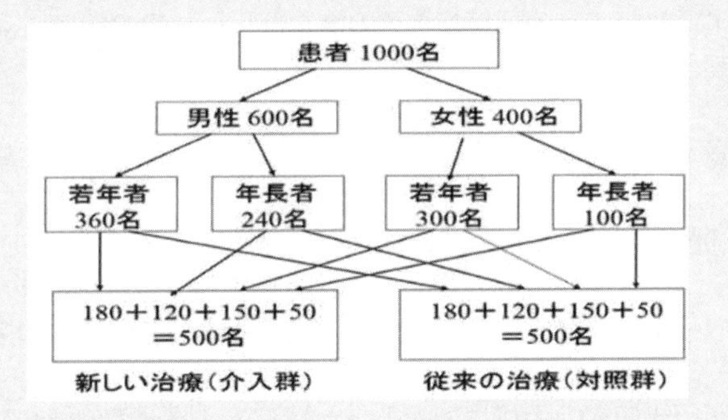

14 × 無作為化比較試験（randomized controlled trial: RCT）は無作為（ランダム）割り付けという「手続」そのものによって科学的根拠が保障されている。したがって，偏った群分けになったからといって手を加えては，無作為割り付けという手続が崩れてしまうため，手を加えるべきではない。そのため，無作為割り付けを行う前に層別化の手続を行うことが推奨される。

15 ○ マッチングは等質化ともいわれ，統制する変数の影響を，それぞれの条件下で等質にする手続である。一卵性双生児の双子をそれぞれ実験群，統制群に割り当てる場合もある。

16 × 雪だるま式サンプリングとは何名かの人物に参加を依頼し，その人々から次々と依頼していく方法である。ある種の特別な母集団から参加者を探すとき，この方法がとられる。しかしバイアスがかからないという点では無作為サンプリングが理想的である。

17 × 無作為化比較試験では対象者のランダムな割り当てを，乱数表やコンピュータの乱数発生機能を用いて厳密に行うことが原則とされている。

1 × 系列位置効果とは，順番に提示されるいくつかの情報を記銘してから再生した場合，最初の方と最後の方で記名した情報の再生成績が高くなり，中間部分の成績が低くなる現象を指す。最初の方の再生成績が優れていることを初頭効果，終末部の成績が優れていることを親近性効果と呼ぶ。初頭効果は長期記憶，親近性効果は短期記憶の影響を反映していると考えられている。

2 × 長期記憶に送られない情報とは，短期記憶における情報の保持時間のことであり，リハーサルなどが行われない限り，15～30 秒程度で忘却される。

3 ○ 長期記憶は，宣言的記憶と非宣言的記憶に分けられる。長期記憶の宣言的記憶はエピソード記憶と意味記憶に分類される。また，非宣言的記憶は，技能・習慣，プライミング，古典的条件づけ，その他に分類される。

❑❑❑　4　記銘項目を口頭や筆記で再生する方法を再認法と呼ぶ。

❑❑❑　5　A. D. Baddeley によるワーキングメモリのモデルでは，中心的な役割を担うエピソードバッファが視空間スケッチパッドと音韻ループの２種の従属システムを制御する。

❑❑❑　6　長期記憶は永続的な記憶であり，容量もほぼ無限である。

❑❑❑　7　学習したことの記憶が，その後学習したものの記憶によって干渉を受けることを逆向抑制という。

❑❑❑　8　覚えるべき情報に別の情報を付加して理解する記銘方略を精緻化リハーサルと呼ぶ。

❑❑❑　9　加齢の影響を受けやすい記憶に，意味記憶とプライミングがある。

❑❑❑　10　ワーキングメモリの容量は，注意の個人差を生む要因になる。

❑❑❑　11　奥行き知覚の手がかりの１つとして，「肌理の勾配」がある。

4 × 記銘項目を口頭や筆記で再生する方法は再生法と呼ばれる。例えば，試験で選択項目なしに空欄に正しい言葉を入れる場合のように，貯蔵された内容をそのままの形で思い出すというものである。また，マークシート方式のように，貯蔵された情報にそうでない情報を加えたいくつかの情報の中から，貯蔵された情報を選び出す方法を再認法と呼ぶ。一般に，再認法でテストしたときの方が，再生法でテストしたときよりも検索の成績がよい。

5 × Baddeley のモデルでは，ワーキングメモリの中で中心的な役割を担い従属システムを制御するのは中央実行系であり，その下に３種の従属システムとして視空間スケッチパッド，音韻ループ，エピソードバッファが存在すると仮定している。視空間スケッチパッドは視空間的情報，音韻ループは言語のような音韻情報を一時的に保持するシステムである。エピソードバッファは複数の統合的な情報を保持し，長期記憶とワーキングメモリをつなぐインターフェースのような役割を担う。

6 ○ 記述の通りである。一方，感覚記憶は，提示された刺激情報が，ほとんど何の処理も受けずに提示されたままの形で非常に短い時間保持され，短期記憶は，容量が小さく数秒～30秒程度といった短時間しか覚えておくことができない。

7 ○ 忘却には複数の仮説が考えられており，その１つが干渉説である。ある事柄の記憶が，その後に経験した事柄の記憶によって干渉を受ける場合を逆向抑制といい，その前に経験した事柄の記憶によって干渉を受ける場合を順向抑制という。

8 ○ 記銘情報を長期記憶として保持する認知活動を記銘方略という。記銘方略には，覚えるべき情報を繰り返し想起する維持リハーサルのほか，語呂合わせのように覚えるべき情報に関連する別の情報を加えて覚える精緻化リハーサル，記銘すべき情報を視覚的イメージに置き換えるイメージ化などがある。

9 × 意味記憶とは，教科書・百科事典・辞書などに書いてある一般的な知識の記憶をいう。意味記憶は加齢の影響を受けにくいことが知られており，シンガーら（Singer, et al., 2003）は，意味記憶は年齢とともに低下するどころか，むしろ増えることを指摘している。プライミングは潜在記憶の１つであり，先行する刺激が後続する反応に無意識的に影響を及ぼすことを指す。プライミングも高齢者では低下しないことが複数の研究で報告されている。一方加齢による影響を受けやすい記憶として，エピソード記憶，ワーキングメモリ，展望記憶がある。

10 ○ ワーキングメモリは，ある課題の遂行中に情報を蓄積し，操作する場として働いており，この容量が注意の個人差を生む要因の１つであると考えられている。例えば，視覚ワーキングメモリの容量が小さい場合，不必要な情報を分類し排除する効率がよくないことによって，ワーキングメモリの容量を使い切っている可能性が指摘されている。学校の教室場面において，多くの掲示物などの視覚刺激に曝されていることによって，児童生徒が必要な情報に注意を向けにくくなるなどである。

11 ○ 私たちが奥行きを知覚する際には，感覚情報に含まれる奥行き手がかりを用いて，奥行き知覚を再構成している。代表的な奥行き手がかりは，①絵画的手がかり（重なり，線遠近，大きさ，陰影，肌理の勾配など），②眼球の筋運動による手がかり（輻輳，調節など），③両眼視差の手がかり，④運動視差の手がかり，などが挙げられる。また，これらは左右両眼で生じる両眼性手がかり，単眼のみでも生じる単眼性手がかりに分類されることもある。問題文にある「肌理の勾配」は，奥行き知覚における絵画的手がかりの１つである。これは肌理が粗いほど近くに見え，細かいほど遠くに見えるというものである。

❑❑❑　12　「逆さめがね」を着用し続けている間，視覚－運動協応は崩れ続ける。

❑❑❑　13　高音域の音は低音域の音によってかき消されやすい。

❑❑❑　14　一般的に高い周波数の聴力は加齢に伴い低下していく。

❑❑❑　15　ドップラー効果とは，遠くから音が近づいてくるときは低く聞こえ，遠ざかるときには高く聞こえる現象である。

❑❑❑　16　脳損傷などによって音楽を聞いても理解できなくなる現象は感覚性失音楽とよばれる。

❑❑❑　17　聴覚マスキングとは，ある音の存在が後続の音の知覚を妨害する現象である。

❑❑❑　18　生後15か月頃までの乳児は，多様な言語音の弁別力が高い。

❑❑❑　19　2m前方にいる人物が4m離れると，その姿は半分に縮んでみえる。

❑❑❑　20　滝の落下をしばらく見つめた後，横の静止している木や岩などに目を移すとそれらが滝の落下と逆方向に動いているように見える。

12　×　逆さめがねを着用して，実験的に網膜像を上下逆転させた場合，視覚と触覚・運動知覚・自己受容感覚との不調和が生じ，視覚－運動協応が崩れ，視覚優位性や知覚恒常性が失われる。しかし，着用したまま数日が経過すると，順応が生じて視覚－運動協応が成立し，外界の状況を自然なものとして感じるようになり，自転車に乗るなどの行動が可能となる。

13　○　ある刺激の存在が，他の刺激に妨害効果をもつ現象をマスキングと呼ぶ。マスキングは感覚の相互作用によって生じる現象であり，嗅覚，味覚，聴覚，視覚などの領域で生じる。この問題文は，1つの音の存在が他の音を聞こえにくくする聴覚マスキングが生じている。そのマスキング量は周波数が低い音が高い音をマスクするほうが，その逆の場合よりも大きくなることが知られている。

14　○　高い周波数の聴力は加齢に伴って低下していく。周波数は音の高低に関する数値であり，周波数が高いほど音は高くなり，周波数が低いほど音は低くなる。なお，音の大小に使用されている基準は dB（デシベル）であり，最小可聴値が数十 dB 大きくなった状態は難聴と呼ばれる。

15　×　ドップラー効果とは，遠くから音が近づいてくるときは高く聞こえ，遠ざかるときには低く聞こえる現象である。例えば，救急車や消防車が近づいてきたり，遠ざかる際に生じやすい現象である。

16　○　一方，聞き取りは可能だが，これまで弾けていた音楽が引けなくなったり，歌えなくなったりする現象は表出性〈運動性〉失音楽と呼ばれる。

17　○　マスキングとは，ある刺激の存在が，他の刺激に妨害効果をもつ現象のことである。マスキングは感覚の相互作用によって生じる現象であり，聴覚，視覚，嗅覚，味覚などの領域で生じる。

18　×　多様な言語音の弁別力が高いのは生後6～8か月頃までの乳児である。一般的に母国語を英語としない日本人の大人がRとLの発音を聞いたとき，それを弁別することが困難であるが，生後6～8か月頃までの乳児は弁別することが可能である。

19　×　観察者や刺激対象の移動によって，感覚受容器に与えられる刺激の強度や特性が変化しても，その刺激に対して生じる知覚があまり変化せず，比較的安定を保つことを知覚の恒常性と呼ぶ。知覚の恒常性には，大きさの恒常性，形の恒常性，色の恒常性，明るさの恒常性，などが挙げられる。4m 先の人物の網膜像は，2m 先の人物のそれの半分であるが，実際に半分に縮んだとは感じない。これは大きさの恒常性が生じているためである。

20　○　実際には対象が運動していないのに，運動しているように見える現象を広義の仮現運動と呼び，誘導運動，運動残効，自動運動が含まれる。①誘導運動は，周囲にあるものが動いているために，静止したものが動いて見える現象を指す。②運動残効は，一定方向に運動するパターンをしばらく注視した後に，静止パターンを眺めると，物理的には静止しているのに，先とは逆方向へ動いて見える現象を指す。③自動運動は，暗室で静止した光点をしばらく見ていると，その光点が不規則に動いているように見える現象を指す。この問題文は，滝の錯覚ともよばれる運動残効である。

❑❑❑　21　視覚探索のうち特徴探索では逐次的処理が行われる。

❑❑❑　22　多くの情報を得ているが知識が不足している場合，ボトムアップ処理が生じやすい。

❑❑❑　23　カクテル・パーティ効果は選択的注意の１つである。

❑❑❑　24　分割的注意が生じている場面において，注意資源の分割は生じない。

21　×　視覚探索とは，複数の視覚刺激の中からある刺激を探す行為をいう。例えば，本棚から探している本を見つける場合や，下図から一つだけ異なる図形を見つけるような場合である。下図（a）は図形が一つだけ周りから抜き出ており，ポップアウトとよばれる。このようにある特徴のみが異なる刺激を探すことを特徴探索あるいは単純探索という。一方，複数の特徴の組合せで定義される刺激を探すことは結合探索という。A. M. Treisman の特徴統合理論では，特徴探索では並列的処理が行われ，結合探索では逐次的処理が行われる。つまり，前者では同時並行で刺激を処理しているため，すぐに異なる図形を発見できるが，結合探索では刺激の一つ一つに対して順番に処理をしているため，図形が増えれば増えるほど探索に要する時間がかかる。よって，視覚探索のうち特徴探索では並列的処理が行われるため，誤りである。

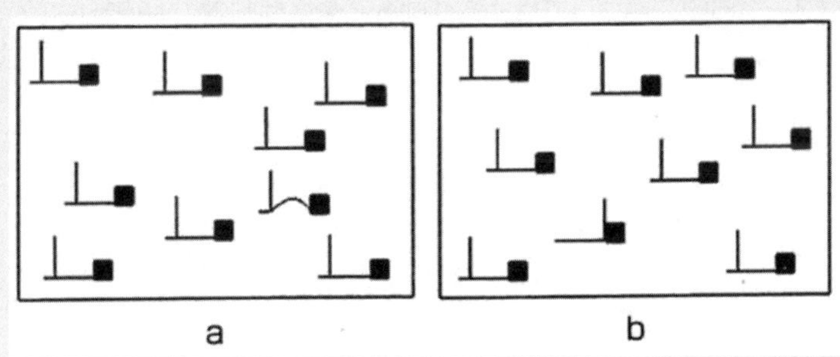

図．ポップアウトする図形（a）としない図形（b）の例
（東北文教大学心理学研究会編（2016）心理学のエッセンス p.79 日本評論社）

22　○　D. A. Norman らは人間の知覚過程を能動的な情報処理過程とみなし，対極的な2つの様式，ボトムアップ処理〈データ駆動型処理〉，トップダウン処理〈概念駆動型処理〉を提唱した。ボトムアップ処理〈データ駆動型処理〉は感覚情報に基づいた部分処理が行われ，より高次なレベルへと処理が進んでいく。トップダウン処理とは異なり，知識や期待に依存しないという側面がある。トップダウン処理〈概念駆動型処理〉は既存の知識や記憶に基づいて，理解・判断していく情報処理の過程である。多くの情報を得ているが知識が不足している場合はボトムアップ処理〈データ駆動型処理〉が生じやすく，逆の場合にはトップダウン処理〈概念駆動型処理〉が生じやすい。

23　○　選択的注意とは，複数の情報からある情報を選択する機能であり，ヒトは聴覚，視覚，嗅覚，触覚といった様々な感覚から得る情報の中から，自らにとって必要な情報を取捨選択する機能をもっている。

カクテル・パーティ効果とはその1つの例で，マスキング（ある刺激の存在が他の刺激に妨害効果を持つ現象）が起こるまでに至らない大きさの多数の音源を空間的に別々に聞き分けて，特定の人の話を聞くことができる現象である。例えば，パーティなどの騒々しい場所であっても話している相手の声は聞き取ることができる。

24　×　分割的注意とは，複数の対象に同時に注意を向けることを指す。注意資源とは，我々が何かに注意を払うときに用いられる心的な資源の総量のことである。この資源には限りがあり，複数に注意を向ける場面では，注意資源が分割され，正確さや効率が落ちるとされる。例えば，何かをしながらの「ながら勉強」や「ながら仕事」は同時に複数に注意を向けているため，効率が下がりやすい。

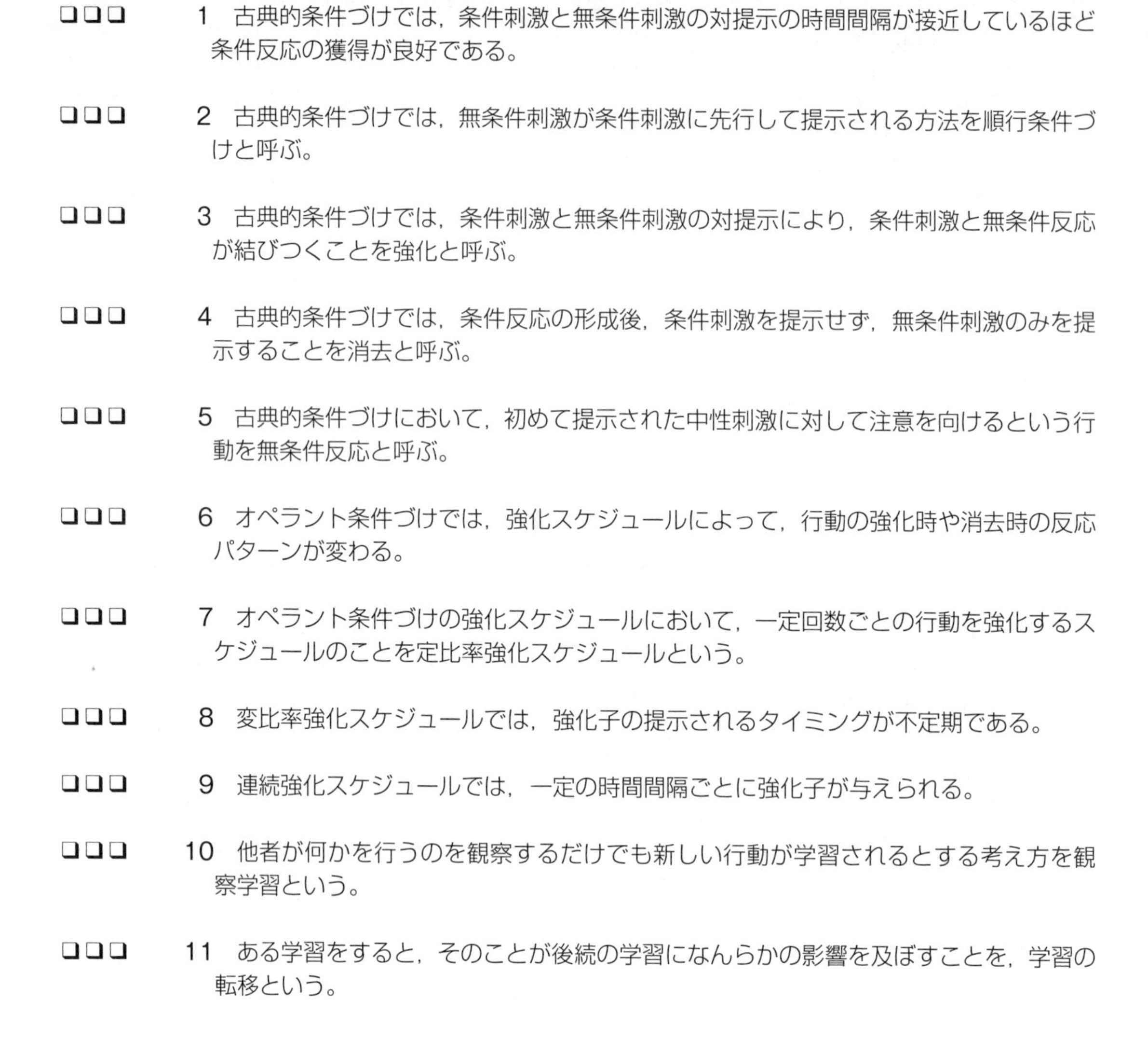

6．学習・言語心理学

❑❑❑　1　古典的条件づけでは，条件刺激と無条件刺激の対提示の時間間隔が接近しているほど条件反応の獲得が良好である。

❑❑❑　2　古典的条件づけでは，無条件刺激が条件刺激に先行して提示される方法を順行条件づけと呼ぶ。

❑❑❑　3　古典的条件づけでは，条件刺激と無条件刺激の対提示により，条件刺激と無条件反応が結びつくことを強化と呼ぶ。

❑❑❑　4　古典的条件づけでは，条件反応の形成後，条件刺激を提示せず，無条件刺激のみを提示することを消去と呼ぶ。

❑❑❑　5　古典的条件づけにおいて，初めて提示された中性刺激に対して注意を向けるという行動を無条件反応と呼ぶ。

❑❑❑　6　オペラント条件づけでは，強化スケジュールによって，行動の強化時や消去時の反応パターンが変わる。

❑❑❑　7　オペラント条件づけの強化スケジュールにおいて，一定回数ごとの行動を強化するスケジュールのことを定比率強化スケジュールという。

❑❑❑　8　変比率強化スケジュールでは，強化子の提示されるタイミングが不定期である。

❑❑❑　9　連続強化スケジュールでは，一定の時間間隔ごとに強化子が与えられる。

❑❑❑　10　他者が何かを行うのを観察するだけでも新しい行動が学習されるとする考え方を観察学習という。

❑❑❑　11　ある学習をすると，そのことが後続の学習になんらかの影響を及ぼすことを，学習の転移という。

1　○　これを接近の法則と呼ぶ。

2　×　これは逆行条件づけの説明である。反対に順行条件づけとは，条件刺激が無条件刺激に先行して提示される方法を指す。

3　×　条件刺激と条件反応が結びつくことを強化と呼ぶ。

4　×　消去とは，無条件刺激を提示せず，条件刺激のみを提示することで，獲得された条件反応が生じなくなる手続きである。

5　×　パブロフの犬の実験において，犬に初めて提示されるメトロノームの音は，その音の方を向き，耳をそばだてるというような定位反応を生じさせる。我々の日常生活においても，例えば自分の部屋で本を読んでいるときに，視界の外側で何か物音がすると，そちらの方を見て，その音が「何であるか，なぜ生じたのか」を確かめようとする。このような新奇刺激に対して，そのときにしている活動を停止し，新奇なものが何であるのか確かめようとする反応を定位反応と呼ぶ。無条件反応とは，無条件刺激が提示されることで生じる反応である。

6　○　オペラント条件づけでは，学習させたい反応の自発的生起に対して報酬を与えることを強化という。B. F. Skinner はこの強化の組み合わせ方を強化スケジュールと呼んでいる。強化スケジュールは，その行動の反応率に対して強力な統制力をもち，どのような強化スケジュールで維持されているかによって，その行動の強化時や消去時の反応パターンが変わってくる。所定のオペラント反応の生起に対して必ず正の強化子が随伴提示される場合を連続強化スケジュールという。一方，所定の反応の生起に対して時々にしか強化子が随伴提示されない場合を部分強化スケジュールという。

7　○　定比率強化スケジュールとは，一定回数の反応の後に強化子が与えられる。例えば，3回の反応ごとに1回というように一定数の割合で強化子を与える。この場合，連続強化スケジュールに比べて，反応の効率が高くなることが示されている。

8　○　変比率強化スケジュールとは，強化子の提示されるタイミングが，定比率強化スケジュールのように一定の反応回数ごとではなく，不定期である。例えば，ある時には3回目，ある時には7回目というように，強化子の提示のタイミングは定まっていないが，平均して3回ごとに強化子が与えられるというスケジュールである。

9　×　連続スケジュールとは，一回の反応のたびに強化子が与えられる。一定の時間間隔ごとに強化子が与えられるのは，定時隔強化スケジュールである。例えば，反応して強化子が与えられた後，30 秒間はたとえ反応しても強化されない。30 秒後の最初の反応に対して強化子が与えられる。このスケジュールの場合，30 秒間の最初の時間帯では反応しないが，30 秒が近づくほどに反応の頻度が高まる。

10　○　記述の通りである。A. Bandura が提唱した概念である。

11　○　先の学習が後の学習に促進的に作用する場合（正の転移）と，阻害的に作用する場合（負の転移）とがある。例えば，前者は卓球の経験があるとバドミントンの上達が早くなる，後者はバスケットボールをしていた人が，体の使い方，ルールなどの違いでサッカーの上達に時間がかかったりする，などが挙げられる。

❏❏❏　12　同じような法則を持つ課題をあたえ，解かせていくうちに，最初は低かった正答率が上がっていき確実に正解できるようになっていくことをH. F. Harlowはシェイピングという概念で説明した。

❏❏❏　13　プレマックの原理とは，後続する行動の自発を制限し，その行動の発現の機会を与えるような随伴性を用意すれば，先行する行動の出現頻度を増やすことができるというものである。

❏❏❏　14　E. C. Tolmanが提唱した認知地図に関連する概念として，潜在学習がある。

❏❏❏　15　試行錯誤学習とは，ネコ，イヌなどの動物の知能に関する実験研究を行う中で提唱された。

❏❏❏　16　社会的学習はモデリングと関連する概念である。

❏❏❏　17　他者が何かを行うのを観察するだけでも新しい行動が学習されるとする考え方を，洞察学習という。

12 × 問題文のような過程は，学習の構え，または学習セットと呼ばれ，学習すること自体の学習，つまり，コツのようなものをつかんだという考え方である。H. F. Harlow がアカゲザルに行った実験をもとに提唱した。シェイピングは，形成化とも呼ばれる。B. F. Skinner によって提唱された行動療法におけるオペラント技法の１つである。複雑で新しい行動を獲得させるために，標的行動をスモールステップにわけ，達成が容易なものから順に形成していく方法である。

13 ○ 記述の通りである。例えば，サッカーが好きな子どもに親が「勉強が終わったらサッカーをしてもいいよ」などが挙げられる。

14 ○ E. C. Tolman は行動主義を出発点としながらゲシュタルト心理学の影響も受けており，環境の刺激には目標に導く手がかりが存在し，その手がかりに対して生活体の側に期待が生じることによって学習が成立するとした。例えば，ネズミを用いた迷路学習の実験において，ネズミは単に刺激に対して反応を形成しているのではなく，方向や距離などの空間情報を含んだ認知地図を形成すると考えた。認知地図は，我々が目的地にたどり着く際に手掛かりにするような頭の中で作られた地図を指す。これは，目に見える形では直接現れない認知過程に生じる学習と考えられており，潜在学習と呼ばれる。

15 ○ 試行錯誤学習とは，E. L. Thorndike が，ネコ，イヌなどの動物の知能に関する実験研究を行う中で提唱した概念である。E. L. Thorndike は，箱の中の輪を引っ張れば，紐が引っ張られてボルトが上がり，扉が開く問題箱を作成し，ネコを用いた実験を行った。空腹なネコをこの箱の中に入れ，箱の外側にエサを置いておく。ネコはエサを取ろうとして，柵を引っかいたり，柵から手を伸ばしたりするが，エサは取れない。そのうち，偶然に箱の中の輪に手がかかって，紐が引かれ扉が開き，ネコは外に出てエサを食べることが出来る。このようにして，ネコが扉を開けて外のエサを獲得するまでの行動を試行とし，この試行を反復すると，問題箱から出てエサを獲得するまでの時間が短縮されていく。次第に，ネコは試行を繰り返すうちに無駄な誤反応がなくなり，エサを獲得するために必要な反応（正反応）のみが生じるようになる。このような学習が試行錯誤学習と呼ばれる。

16 ○ 社会的学習とは，A. Bandura が発見した観察学習やモデリング，社会的学習理論などに関連する概念である。古典的条件づけやオペラント条件づけにおいては，学習者自身の経験によってのみ条件づけが成立すると考える。つまり，無条件刺激に中性刺激が対提示されたり，何らかの反応に強化子が与えられたりする直接経験によって学習が生じるとする考え方である。一方，日常生活の中では直接経験をせずとも学習をしている場面がある。例えば，幼児が教育番組を見て踊りや歌を真似したり，お手伝いをして親にほめられているきょうだいを見て自分もお手伝いをするなどである。このような他者の行動を通じて経験することを間接経験と呼び，この間接経験による学習を社会的学習と呼ぶ。

17 × これは観察学習の説明である。観察学習は社会的学習の１つで，他者が何かを行うのを観察するだけでも新しい行動が学習されるとする考え方であり，直接的な報酬や罰がない無強化学習やモデルと同じ行動を訓練しない無試行学習を特徴としている。洞察学習は，W. Köhler が「類人猿の知恵試験」という著書において，チンパンジーの問題解決の様子について観察する中で提唱した概念である。実験では，チンパンジーを檻の中に入れ，一緒に短い棒を置いておく。檻の外には手の届かないところに，長い棒とバナナを置いておき，長い棒は短い棒を使えば届くところに置いておく。チンパンジーは檻の外にあるバナナを手に入れるために，最初は手を伸ばすが，取れないために諦める。次に，短い棒でバナナを取ろうとするが取れないため，長い棒を引き寄せて，その長い棒でバナナを取ることが出来た。W. Köhler は，この実験からチンパンジーは，試行錯誤的に課題を解決したのではなく，棒や箱が道具として使えるという洞察に基づく，洞察学習であると考えた。

❑❑❑　18　A. Banduraの社会的学習理論による観察学習が成立するまでの順序は，①動機づけ過程→②注意過程→③保持過程→④運動再生過程である。

❑❑❑　19　N. A. Chomskyは言語獲得において言語生得論を唱えた。

❑❑❑　20　幼児期の言語発達と言語環境との関連は乏しい。

❑❑❑　21　ヒトの言語発達では，1語発話が出現した後に，音の遊びともいわれる喃語が生じてくる。

❑❑❑　22　2～3か月を過ぎた頃から乳児に見られる「アーアー」「ウーウー」といった母音の表出を，規準喃語という。

❑❑❑　23　一般的に多語期は2歳以降である。

❑❑❑　24　子どもは言語能力の発達につれて，個体内コミュニケーションが生じてくる。

18　×　A. Bandura が社会的学習理論において提唱した，観察学習を成立させる過程は，①モデルに対して注意を向け，観察し，知覚する注意過程，②モデルの行動観察を記憶として保持する保持過程，③モデルを観察し記憶したことを実際に行動に移す運動再生過程，④これら３つの過程の生起を動機づける動機づけ過程，である。

19　○　言語の獲得，発達における要因は大きく分けて，環境的・経験的要因と遺伝的・生得的な要因に分類できる。そのうち前者に重点を置くものを言語学習論，後者に重点をおくものを言語生得論という。言語学習論は行動主義心理学的な観点から言語獲得を説明する立場であり，言語生得論は N. A. Chomsky の提唱した人間には文法が生まれつき備わっているという立場である。この文法はあらゆる言語に共通する普遍文法と考えられている。

20　×　幼児期に自然な言語環境が与えられないと，言語の発達に著しい支障をきたすと考えられている。例えば，「アヴェロンの野生児」や「狼に育てられた子」など，何らかの理由により人間的生活から隔離された環境で育った子どもは，言語を含む知的発達の遅れ，情緒的発達の未熟，直立歩行の困難などの特徴を示す。よって，幼児期の言語発達に言語環境は大きく関連がある。

21　×　順序が逆である。ヒトは生後２～３か月頃になると，顎や舌などの構音（調音）器官を動かして［e］［a］［o］のような音を発音しそれを聞くことを繰り返す，といった「音の遊び」と言われる喃語が始まる。そして生後６～８か月頃になると複雑な子音を交えた多音節の音の反復喃語となる。１歳前後になるとことばを習得し始め，１歳半ごろになると１語発話ないし２語発話の音声言語によるコミュニケーション行動が始まっていく。

22　×　２～３か月を過ぎた頃から見られる生理的に快の状態の時の発声（非叫喚）をクーイングという。クーイングは「アーアー」「ウーウー」といった母音の表出を指す。更に，生後６か月を過ぎると乳児は規準喃語と呼ばれる「マママー」「ダダダダ」などの子音と母音の連続の出現が見られるようになる。

23　○　１歳前後になると，一語文と呼ばれる「ママ」「パパ」「ワンワン」などの初語が見られるようになり，これを一語期という。これは，単語でありながら「パパが行った」などのように文としての機能を持つ。１歳半頃になると，語彙爆発と呼ばれる言葉の数が急に増えるようになり，２つの単語を組み合わせた二語文が見られるようになり，これを二語期という。その後，２歳以降に三語文以上の言葉を話すようになるのが多語期である。

24　○　個体間コミュニケーションに加えて，個体内部でやりとりするなどの個体内コミュニケーションも行っていく。そのことによって，人間は，言語を用いて外界の事物・事象を代表させ，それを内的に保持したり操作したりして問題解決を行うとともに，自己の行動の意図的な制御・調整（自己調整機能）が可能になる。

7．感情・人格心理学

❑❑❑　1　人格や社会的行動を司る脳の部位は，前頭葉である。

❑❑❑　2　タイプCパーソナリティは，情熱的な完全主義者である。

❑❑❑　3　タイプDパーソナリティは，タイプAパーソナリティに代わるものとして提唱された概念である。

❑❑❑　4　感情と身体的健康の関連が研究において示されたことはない。

❑❑❑　5　アレキシサイミア傾向が弱い場合，感情を自覚して言語化することが困難である。

❑❑❑　6　感情労働における感情不協和は，バーンアウトを引き起こす要因の一つである。

1 ○ 大脳皮質は，前頭葉，頭頂葉，後頭葉，側頭葉の４つに主に分類される。これらは脳溝を境に分かれており，特定の部位が特定の機能をもつという機能局在の考え方がとられている。これらのうち，前頭葉に含まれる前頭前野は，最も高次な行動制御に関与し，人格や社会的行動など，人間らしくあるための重要な役割を担っている。

2 × タイプCパーソナリティはL. Temoshokによって提唱された概念であり，がんに罹患しやすい行動傾向や心理特性を見出したものである。その特徴は，ネガティブ感情の未経験および未表出，仕事や友人，家族関係において忍耐強く控えめ，協力的，権威に対しての従順さ，自分の要求は満たそうとせず自己犠牲的に気を遣う，などである。これらの特徴は慢性的なストレスにさらされやすく，免疫機能が抑制されるために，がんに罹患しやすくなると考えられている。一方，情熱的な完全主義者は，M. Friedmanらによって提唱されたタイプA行動パターン（タイプAパーソナリティ）の特徴である。他にも，仕事や余暇においても常に先を競い，常に時間に追われているという行動パターンも特徴に挙げられる。タイプA行動パターンの人は血圧や血中コレステロール値，中性脂肪が高く，狭心症や心筋梗塞の発症率が高い。

3 ○ タイプAパーソナリティとは，M. Friedmanらによって提唱された概念であり，その特徴は，情熱的な完全主義者，仕事や余暇においても常に先を競う，常に時間に追われている，などである。J. DenolletらはタイプAパーソナリティに代わる心疾患の発症要因としてタイプDパーソナリティという概念を提唱しており，医学的な危険因子よりも再発や死亡率に影響を与えると示唆されている。タイプDパーソナリティの特徴は，ネガティブ感情を経験しやすい，他者からの拒絶を恐れるためにネガティブ感情を抑制しやすいといった傾向がみられる。

4 × D. WatsonらはPositive and Negative Affect Schedule（PANAS）において，ポジティブ感情とネガティブ感情を独立した因子として抽出している。ポジティブ感情は，活気のある，誇らしい，強気な，気合の入った，わくわくした，熱狂した，などの項目で示され，ネガティブ感情は，びくびくした，おびえた，うろたえた，心配した，恥じた，いらだった，などの項目で示される。S. D. Pressman & S. Cohenはポジティブ感情と身体的健康の関連を検討した研究を概観し，普段ポジティブ感情を感じやすい人は風邪をひきにくい，痛みを感じにくい，脳梗塞を起こしにくい，心臓血管系疾患の予後が良いという特徴があるということを示している。

5 × アレキシサイミアとは，失感情症とも呼ばれ，P. E. Sifneosによって提唱された，心身症に特徴的な行動傾向や心理的特徴のことを指す。アレキシサイミア傾向が強い人は，想像力が乏しい，感情を自覚し言語化することが難しい，事実に関する言及が多く，その出来事に伴う感情が表現されにくい，ストレスを自覚しにくい，対人関係が一般的に貧困であるといった特徴がみられる。

6 ○ 感情労働とは，他者に特定の感情を喚起させるために，自らの表情や態度で特定の感情を表出することを職業上要求され，それに対価が生じる労働のことである。感情不協和は，自分自身が実際に抱いている感情とは異なる場合においても特定の感情を表出することである。例えば，コンビニの店員が理不尽なクレームをつけているお客相手に嫌な気持ちを抱きつつ，にこやかに接するなどである。感情不協和の伴う感情労働はバーンアウトを引き起こす要因の一つであると考えられている。なお，バーンアウトは燃え尽き症候群とも呼ばれ，中核的な特徴は，情緒的消耗感，脱人格化，個人的達成感の低下である。

❑❑❑　7　対人場面の曖昧さに耐えられない人は，不健康になりやすい。

❑❑❑　8　アレキシソミアとは，アレキシサイミア傾向が特に強い場合を指す。

❑❑❑　9　境界性パーソナリティ障害者はネガティブ感情を喚起した際，自傷行為を行いやすい。

❑❑❑　10　内発的欲求に基づく行動に対して，報酬を与えると意欲が高まる。

❑❑❑　11　情動的喚起は自己効力感を高める要因の一つである。

❑❑❑　12　外部の目標に到達するための道具として特定の行動をすることを一次的欲求という。

7　○　曖昧さに対する捉え方の個人差を表すものとして曖昧さ耐性という概念があり，この耐性が低いことは曖昧さへの非寛容ともよばれる。友野と橋本（2005）は，「対人場面における曖昧さへの非寛容」という概念を提唱し，他者との相互作用において生じるあいまいな事態を恐れの源泉として知覚（解釈）する傾向と定義している。その後の研究で対人場面の曖昧さに耐えられない人は，精神的に不健康であることが示唆されている。

8　×　アレキシソミアとは，失体感症とも呼ばれ，池見（1997）によって提唱された，身体感覚に対する気づきの乏しさが大きな特徴となる概念である。この傾向が強い人は，自分の身体感覚への気づくことができず，他者に伝えることが難しい，身体感覚に従った行動をとりにくい，不健康で自己破壊的なライフスタイルをもつ，感受性に乏しい，自然に接する機会が乏しいといった特徴がみられる。よって，アレキシソミアとアレキシサイミアは別の概念である。

9　○　S. P. Whiteside & D. R. Lynam は，衝動性に関してネガティブな緊急性という因子を抽出している。これはネガティブ感情が生じた際に軽率な行動を行ってしまう傾向のことである。この得点が高いとネガティブ感情を喚起した際，その感情を抑えるために自傷行為やギャンブル，違法な薬物使用，問題のある飲酒，不適切な性行為，過食や不適切な代償行動，衝動買いをしやすいという報告がなされている。境界性パーソナリティ障害やギャンブル障害者では，ネガティブな緊急性が強いことが示されている。

10　×　生理的欲求にも社会的欲求にも属さない欲求を総称して内発的欲求と呼ぶ。内発的欲求には，好奇欲求（新しいことを知りたい），感性欲求（美しいものに触れたい），探索欲求（探求心）などが含まれ，行動それ自体が目標となっている。こういった内発的欲求に基づく行動に対して，報酬を与えると意欲が低下してしまうことは，アンダーマイニング効果とよばれている。

11　○　A. Bandura は動機づけについて，結果予期と効力予期という概念を唱えている。結果予期は，行動をするとどのような結果が得られるかという期待であり，効力予期は，結果を生み出すための行動がどの程度うまくできるかという期待のことである。この効力予期が高い状態，すなわち「私はやればできる」という感覚が自己効力感と呼ばれる。たとえば，公認心理師試験に合格したい人が国家試験に向けて勉強している場合，公認心理師試験に合格することが結果予期，そのための試験勉強がうまくできるかが効力予期，自分がその勉強をやりぬく自信があることが自己効力感に相当する。結果予期が低く効力予期が高い場合と，結果予期が高く効力予期が低い場合では，前者の動機づけが高くなるため，自己効力感が動機づけを高めるうえで重要となっている。この自己効力感を高める要因には，①遂行行動の達成，②代理的経験，③言語的説得，④情動的喚起，が挙げられている。

12　×　外部の目標に到達するための道具として特定の行動をする場合は，外発的動機づけと呼ばれる。一方，活動それ自体が目標になっている場合は，内発的動機づけと呼ばれる。内発的動機づけの決定因として，自己決定感が重要視されている。一次的欲求は，個体の生命維持や種の存続に重要な役割を果たす生得的行動の欲求を指し，基礎的欲求，生理的欲求とも呼ばれる。個体保存の欲求である渇きや呼吸，種の保存の欲求などが挙げられる。

❑❑❑　13　結果をコントロールできない経験をしても，学習性無力感に陥らない場合がある。

❑❑❑　14　激しいネガティブ感情を伴うインパクトの強い出来事を経験した際，その時の状況を鮮明かつ詳細に長期にわたって覚えている現象を，フラッシュバルブ･メモリーという。

❑❑❑　15　手続き的記憶とは，短い時間にあることを記憶したり，その記憶情報に基づいて認知的な作業を頭の中で行う記憶のことを指す。

❑❑❑　16　ポジティブな感情のときに覚えた出来事はポジティブなときに思い出しやすい，という事象を，気分状態依存記憶という。

❑❑❑　17　ポジティブな感情のときにはポジティブな出来事を覚えやすかったり，思い出しやすくなることを，気分一致記憶という。

❑❑❑　18　R. S. Lazarus は，感情反応の生起は認知に媒介されずに説明できるとした。

13　○　M. E. P. Seligman と S. F. Maier らの実験によって，避けられない嫌悪刺激を何度も経験すると，「自分が何をしても状況が変わらない」ことを学習し，逃げたり避けたりすることが可能な事態でも逃避反応が生じなくなることが示された。このことは学習性無力感と呼ばれている。しかし，研究が進むにつれ，結果をコントロールできない経験をしても，学習性無力感に陥る場合と陥らない場合があることが明らかになった。これを改訂学習性無力感理論といい，それまでの学習性無力感理論に「コントロール不可能の認知」と「原因帰属」を加えることで説明している。

14　○　フラッシュバルブ・メモリーとは，感情の中でも特に激しいネガティブな感情を伴ったショッキングな体験でインパクトの強い出来事を経験すると，長時間が経過した後でもその出来事やその瞬間の周囲の状況を鮮明かつ詳細にわたって覚えている現象である。ただし，この記憶に関して当事者は鮮明に覚えていると時間が経っても認識するが，実際の正確さは時間が経つほど失われていくことが知られている。

15　×　これはワーキング・メモリ（作動記憶）の説明である。加齢の影響が著しくみられることが特徴の一つである。手続き的記憶は長期記憶の非宣言的記憶に含まれる概念である。長期記憶とは，宣言的記憶と非宣言的記憶に分類される。文字通り，宣言的記憶は記憶内容を言語によって記述できる事実に関する情報の記憶であるのに対し，非宣言的記憶は言語化できないという違いがある。手続き的記憶は，知覚された情報に基づいて，どのような筋肉運動を表出するのかについての記憶を指す。例えば，車や自転車の運転の仕方や箸の使い方など，動作や習慣が身についているという記憶である。

16　○　気分状態依存記憶とは気分状態依存効果による記憶を指す。気分状態依存効果とは，ある特定の感情状態で符号化した事象は，検索時の感情状態が異なる場合よりも符号化時と同様の感情状態で再生した場合の方が検索の成績がよくなることをいう。例えば，ポジティブな感情のときに覚えた出来事はポジティブなときに思い出しやすく，ネガティブな感情のときに覚えた出来事はネガティブな感情のときに思い出しやすくなる。

17　○　気分一致記憶は気分一致効果による記憶を指す。気分一致効果とは，特定の気分が生じていることによって，その気分の有する評価的性質に一致する知覚，判断，記憶，行動などが促進される現象である。例えば，ポジティブな感情のときにはポジティブな出来事を覚えやすかったり，思い出しやすかったり，ネガティブな感情のときにはネガティブな出来事を覚えやすかったり，思い出しやすくなる。気分一致効果と 16. に出てくる気分状態依存効果との違いは，刺激の有する感情価によるか，よらないかである。感情価とは，情報がもつ感情的情報量のことで，例えば，人が遊園地で楽しそうな顔をしている写真などが該当する。つまり，気分一致効果ではポジティブな感情のときにポジティブな出来事を思い出しやすい（感情価による）が，気分状態依存効果ではポジティブな感情状態のときに覚えた出来事を，ポジティブな感情のときに思い出しやすくなり，出来事自体がポジティブかどうかに左右されない（感情価によらない）。

18　×　感情反応の生起は認知に媒介されずに説明できると唱えたのは R. B. Zajonc である。これは認知－感情独立仮説と呼ばれ，感情反応が生じるのに認知的評価は必要ないとする説である。なお，R. S. Lazarus は，感情が生じる前に認知過程が存在することを前提とした認知的評価理論を提唱しており，R. B. Zajonc はこの説を批判している。

❑❑❑　19　J. LeDoux は，感情反応の生起は低次回路と高次回路の２つの要因が大きく関与すると唱えた。

❑❑❑　20　J. A. Russell は，ヒトは文化によらない普遍的な基本感情を生得的に有していると唱えた。

❑❑❑　21　J. A. Russell は，感情は快－不快と覚醒度によって円環状に分布すると唱えた。

❑❑❑　22　W. James と C. Lange は，感情反応の生起は生理的覚醒と認知的評価の２つの要因が大きく関与すると唱えた。

8．神経・生理心理学

❑❑❑　1　大脳は前頭葉，側頭葉，後頭葉に大別される。

❑❑❑　2　障害によって人格変化を来たすのは，大脳の後頭葉である。

❑❑❑　3　小脳は筋緊張に関与し，姿勢・運動の協調などを司り，平衡運動を調整する。

❑❑❑　4　小脳は，ホメオスタシスの維持に関与する。

❑❑❑　5　脳幹は小脳，橋，延髄から構成され，生命維持の中心的役割を担っている。

19 ○ これは2過程説と呼ばれる。知覚された情報処理の経路は低次回路と高次回路があると仮定し，低次回路は視床の内側膝状体から直接扁桃体へと至る経路であり，生存にとって重要であれば潜在的な危険性に対して即座に対応される。例えば，クマに遭遇した際，瞬間的に驚いたり，恐怖を感じるなどが挙げられる。一方，高次回路では，内側膝状体から皮質感覚領域や連合野などで複雑な処理がなされた後，扁桃体へと送られる。この回路の場合，様々な要因を考慮した上での判断が可能となる。また，低次回路での処理が高次回路に影響を及ぼすことも知られている。例えば，オレオレ詐欺などの場合，最初の電話によって低次回路で心配や不安が喚起され，そのことが高次回路の情報処理を方向づけ，振り込みをするなどの行動につながると考えられている。

20 × ヒトは文化によらない普遍的な基本感情を生得的に有していると唱えたのは P. Ekman である。これは基本感情論と呼ばれる。この基本感情は進化の過程で備わった適応システムであり，特定の感情に対応する特異的な生理反応や表出パターンをもつ。つまり，感情は危険に対する回避行動や克服など生存に必要なため，備わってきたという考え方である。P. Ekman は「怒り」，「嫌悪」，「恐怖」，「喜び」，「悲しみ」，「驚き」の6つを基本感情とし，基本感情と判断するための基準を9点挙げている。例えば，特定の感情に対応する普遍的な表出信号，いわゆる泣いたり怒ったりすることや持続時間が短いことなどである。また，A. Scarantino は基本感情論を包括してまとめている。例えば，基本感情が進化論の観点から適応的であること，基本感情は個別の感情ごとに特異的な反応と結びついていること，文化によらず発達の初期に発生すること，などを挙げている。

21 ○ これは次元論と呼ばれる。基本感情論に対して研究方法や解釈に問題があると考え，感情は“快－不快”と“覚醒－睡眠”の2つの次元の組合せで説明できるとした。さらに，それらは円環状に分布するとした円環モデルを提唱している。

22 × 感情反応の生起は生理的覚醒と認知的評価の2つの要因によって説明されると唱えたのは，S. Schachter＆J. E. Singer である。これは2要因説と呼ばれ，感情の主観的体験は生理的覚醒によって生じた感情の量，興奮それだけでは決定せず，そこにどのような認知的解釈をするかによって感情の質が決まるとする考え方である。

---

1 × 大脳は，前頭葉，側頭葉，頭頂葉，後頭葉に大別される。

2 × 障害によって人格変化がおこるのは，大脳の前頭葉である。後頭葉は視覚を司っているので，障害した場合，視覚を通して認識できたことが認識できなくなる視覚失認が生じる。

3 ○ 記述の通りである。

4 × ホメオスタシスの維持に関与するのは視床下部である。視床下部は体内の環境を調整する役割を担っており，個体の生存や種の保存に直接に関わる摂食，水分調節，体温維持，性行動，攻撃行動をコントロールしている。小脳には四肢の動きの調節や言語に関わる大脳小脳，体幹の動きの調節や姿勢・歩行に関わる脊髄小脳，眼球運動の調節や平衡感覚に関わる前庭小脳が存在する。

5 × 脳幹は橋と延髄から構成される。広義では間脳，中脳を含めることもあるが，小脳は含まれない。

❑❑❑　6　延髄には呼吸中枢が存在する。

❑❑❑　7　サーカディアンリズムの周期は約 12 時間である。

❑❑❑　8　扁桃体は，恐怖条件づけの形成に関与する。

❑❑❑　9　γアミノ酪酸（GABA）は興奮性の神経伝達物質である。

❑❑❑　10　グルタミン酸の受容体は海馬に多く分布する。

❑❑❑　11　ノルアドレナリンとアドレナリンの受容体は，2種類の受容体が存在する。

❑❑❑　12　セロトニンはアスパラギン酸から合成される。

❑❑❑　13　モルヒネはオピオイドの受容体と結合する。

❑❑❑　14　選択的セロトニン再取り込み阻害薬〈SSRI〉は，セロトニンの再取り込みを阻害するため，セロトニンの機能を低下させる。

6 ○ 記述の通りである。

7 × サーカディアンリズムとは概日リズムとも呼ばれ，覚醒と睡眠，体温やホルモンなどの約24時間のリズムのことである。自然と朝に目が覚め，夜になると眠くなるのはこの機能によるものと考えられている。日照から遮断され，時間が分からない状態だと人間は24-26時間のリズムで暮らすと言われており，体内のこの時間と1日24時間とのずれは，日照時間，温度変化，気温など時間同調因子と呼ばれるものを手掛かりに体内時計によって調節されている。なお，サーカディアンリズム〈概日リズム〉の調節を行っているのは，視床上部の松果体である。ここでメラトニンの合成・分泌によるサーカディアンリズムの調節を担っている。日光を浴びると網膜から視床上部の松果体に光刺激の情報が送られ，メラトニンの合成が抑制される。一方，夜間になると合成が活発となる。ホルモンの一つであるメラトニンは睡眠導入作用があるため，メラトニンの合成が抑制されることは活動性の増加につながり，合成が活発となることは睡眠を促す作用がある。朝，日光を浴びると目が覚めたように感じるのはこれらの機能によるものと考えられている。

8 ○ 扁桃体とは，情動と本能行動の中枢機能を担う大脳辺縁系の一部である。外界からの感覚情報に対して有益・有害，快・不快などの判断を行い，自律神経・内分泌・骨格筋系による身体的な反応や行動，喜怒哀楽などの感情的な反応を引き起こす。扁桃体の損傷や切除が行われると様々な異常が起こることが知られている。例えば，扁桃体を切除したサルが異常な性欲を示したり，天敵である蛇に近づくといった行動をとることがみられ，これはクリューバー・ビューシー症候群とよばれている。また，恐怖反応自体が起こらないことや，恐怖条件づけが形成されないことが知られている。恐怖条件づけは古典的条件づけの1つである。子どもが中性刺激である白ねずみを触ったときに大きな音を鳴らす（無条件刺激）とその音に子どもは恐怖反応（無条件反応）を示す。これを繰り返すと，白ねずみを怖がることはなかった子どもが白ねずみを見ただけでも怖がるようになった。この時，白ねずみが条件刺激，白ねずみによる恐怖反応が条件反応となり，このような条件づけを恐怖条件づけと呼ぶ。

9 × γアミノ酪酸（GABA）は抑制性の神経伝達物質である。

10 × グルタミン酸の受容体は脳神経のシナプスに広く分布している。そのため，海馬など特定の部位に限局しているわけではない。

11 ○ ノルアドレナリンとアドレナリンの受容体はα，βの2種類の受容体が存在する。

12 × トリプトファンから合成される。

13 ○ オピオイド受容体はモルヒネが結合して鎮痛作用を発現する受容体である。

14 × 選択的セロトニン再取り込み阻害薬〈SSRI〉は，抗うつ薬として使用されることが多い向精神薬である。通常，脳内ではセロトニンは神経細胞の末端からシナプス間隙に放出され，次の神経細胞の受容体に結合し，刺激を伝える。このとき，シナプス小胞から放出されたすべてのセロトニンが，シナプス間隙の先にある受容体に結合するわけではなく，かなりの割合で受容体に結合しないまま，シナプス間隙を漂って，元の神経細胞に吸収される。しかし，SSRIはシナプス前部にあるセロトニンが戻っていく入口（再取り込み口）をブロックする。そのため，受容体にたどり着けなかったセロトニンは元の神経細胞に戻ることができず，シナプス間隙をさまようことになる。つまり，SSRIはセロトニンの再取り込みを阻害するため，結果的にセロトニンの機能を増加させる作用がある。

❑❑❑　15　中枢神経刺激薬であるメチルフェニデートは，シナプス間隙のドパミン量を増加させる。

❑❑❑　16　脳内に広く存在する興奮性の神経伝達物質は，グルタミン酸である。

❑❑❑　17　ドパミンは，神経ペプチドの神経伝達物質であり愛着に関連する。

❑❑❑　18　オキシトシンは，モノアミン系の神経伝達物質であり意欲や学習に関連する。

❑❑❑　19　Broca 失語では，音韻性錯語が生じる。

❑❑❑　20　Wernicke 失語では，聴覚理解が困難となる。

❑❑❑　21　伝導性失語では，単語の理解が困難となる。

❑❑❑　22　超皮質性失語の超皮質性感覚失語は，復唱ができなくなる。

15　○　メチルフェニデートは中枢神経刺激薬の１つであり，主に注意欠如多動症／注意欠如多動性障害〈AD/HD〉に用いられる。これはシナプス間隙からドパミンやノルアドレナリンの再取り込みを阻害するため，シナプス間隙のドパミン量を増加させる。なお，メチルフェニデートは多動や不注意などの改善効果が示されているが，使用期間が長いほど依存が形成されやすくなる点は注意する必要がある。

16　○　神経伝達物質には，それぞれ活動電位を促進させる興奮性シナプスと活動電位を生じさせないように働く抑制性シナプスとがある。活動電位が発生し興奮が生じるかどうかは，このバランスによって決まる。また，神経伝達物質は，前神経細胞から後神経細胞に必ずしも１対１で伝達されない。つまり，複数の前神経細胞から複数の興奮性神経伝達物質と抑制性神経伝達物質とがシナプス間隙で放出され，１つの後細胞が複数の受容体でこれらを受け取り，細胞体と軸索との間にある軸索小丘で結合され，興奮性（活動電位生じる方向）か抑制性（活動電位生じない方向）のバランスのどちらが強いかにより最終的に活動電位を生じさせるかが決まる。グルタミン酸は，脳内に広く存在するアミノ酸系の興奮系神経伝達物質である。なお，脳内に広く存在するアミノ酸系の抑制性神経伝達物質はGABAである。

17　×　ドパミンはモノアミン系の神経伝達物質であり，身体運動，意欲，学習などに影響すると考えられている。神経ペプチドの伝達物質であり愛着に関連するのはオキシトシンであり，信頼感などの感情にも関わっている。

18　×　オキシトシンは神経ペプチドの神経伝達物質であり，視床下部・辺縁系で作用し愛着や信頼などの感情に関与していると考えられている。モノアミン系の神経伝達物質であり意欲や学習に関連するのはドパミンである。

19　○　Broca失語は運動性失語ともよばれ，比較的話を聞いて理解することは保たれるが，主に話すことが重度に障害される失語症である。特徴は話し方が流暢でなくなる，言葉が出にくくなる，単語の理解は比較的保たれるが文章など複雑な話の理解が困難となる，音韻性錯語が生じる，などである。音韻性錯語とは，“つくえ”を“くくえ”と話すなど単語の一部分の音が置換されるような場合をいう。

20　○　Wernicke失語は感覚性失語ともよばれ，話し方は滑らかだが聴覚理解が困難となる失語症である。特徴は話し方が流暢である，質問に対する的外れな返答がみられる，意味性錯語やジャーゴンがみられる，などである。意味性錯語とは“いす”を“つくえ”と話すなど言いたい言葉そのものが別の言葉になってしまうような場合をいう。

21　×　伝導性失語は流暢な話し方，聴覚性言語性短期記憶障害と音韻性錯語が特徴的な失語症である。聴覚性言語性短期記憶障害により，単語の理解は比較的保たれるが，複雑な話や長文の理解，復唱が困難となる。また，自分の話した言葉が間違っていることに気づくため，それを訂正するために何度も言い直そうとする接近行為という行動がよくみられる。

22　×　超皮質性失語は，超皮質性運動失語，超皮質性感覚失語，超皮質性混合失語の３つのタイプに分類されるが，どのタイプも復唱が可能である失語症である。超皮質性運動失語は比較的言語理解は良好だが，自発話の減少や発話開始困難など会話の非流暢さ，句の短縮化などがみられる。超皮質性感覚失語は聴覚理解の障害や反響言語がみられる。超皮質性混同失語は重度の理解障害や発話障害など会話の非流暢さがみられる。

❏❏❏　23　失名辞失語は，喚語障害が特徴の一つである。

9．社会心理学

❏❏❏　1　自身の行動が成功した時にはそれを内的に帰属し，失敗した場合にはそれを外的に帰属する傾向を，セルフサービングバイアスという。

❏❏❏　2　ある集団において課題を遂行する場合，成員1人当たりの作業量が単独でするよりも増加することがある。この現象を説明する理論として社会的インパクト理論がある。

❏❏❏　3　社会的交換理論では，付き合っている人がどのような場合に別れを選択するのかといったモデルが仮定されている。

❏❏❏　4　社会的推論とは，集団の構成員全員が共有する集合知のことである。

❏❏❏　5　SVR理論では，対人関係の進展を4段階から捉えて説明する。

23　○　失名辞失語は健忘失語ともよばれ，喚語障害が特徴的な失語症である。喚語障害とは，いわゆる言葉のど忘れのことであり，話そうとしても言いたい言葉が見つからず，浮かんでこない状態をいう。そのため，指示代名詞が増えたり，遠回しな表現が増えるということがみられやすい。私たちも言いたい言葉が出て来なくなることは日常経験するが，その頻度が頻繁にみられるような状態が喚語障害である。

1　○　セルフサービングバイアスは自己奉仕バイアスとも呼ばれる。一般に人は自尊心を維持しようとするため，自身を好意的な観点からみることを好む。そのため，自身の行動が成功したときにはそれを内的に帰属し，失敗した場合にはそれを外的に帰属する傾向がある。

2　○　社会的インパクト理論は B. Latané によって提唱された理論である。これは観察者の存在がある個人の遂行に与える影響力（impact）は，観察者が有している権力，直接性や近接性，観察者と被観察者の人数によって規定されるとするものである。例えば，多くの観察者が１人を観察するとき，集中して見られるのでインパクトは大きくなり，社会的促進が生じる。逆に観察者１人が複数の人を見るときは，それぞれの被観察者に対するインパクトは分散され弱くなるため，社会的手抜きが生じると考えられている。

3　○　社会的交換理論とは，報酬やコストといった概念から対人関係の維持や崩壊を説明する理論である。これは，人間の社会行動や対人間の相互作用にみられる様々な行動のやりとりを理論化したものであり，例えば，付き合っている人がどのような場合に別れを選択するのかといったモデルが仮定されている。

4　×　社会的推論とは，自己や他者の内的状況や特徴，集団の特徴，社会的状況に関して，既知の前提から新しい結論を導き出す心的過程を指す。つまり，元々持っている知識や経験に基づいて，他者や集団に関する出来事の発生の意味や理由を考えていくことである。例えば，B. Weiner や H. H. Kelley による帰属理論などが含まれる。正確な社会的推論をしていくことは対人関係や集団関係を良好なものとするが，人間の行う推論には誤りやバイアスが生じることが報告されている。例えば，帰属のエラーである根本的帰属の過誤や行為者－観察者バイアス，セルフ－サービングバイアスなどである。

5　×　SVR 理論（stimulus-value-role theory）とは，B. I. Murnstein によって提唱された対人関係の進展を初期，中期，後期の３段階から捉えて説明する理論である。初期段階〈S 段階〉は相手から受け取る刺激に魅力を感じるかどうか，中期段階〈V 段階〉は相手と価値観が似ているかどうか，後期段階〈R 段階〉はお互いに役割を分担し合えるかどうか，などの要因が重要となる。

❑❑❑　6　社会的絆理論では，人が犯罪や非行を抑制する４つの絆を設定している。

❑❑❑　7　投資モデルでは，選択比較水準の質が低くなるほど関係を維持する方向に作用する。

❑❑❑　8　親密な関係性では，交換的関係が優勢となりやすい。

❑❑❑　9　関係葛藤に対する破壊的行動の影響は建設的行動よりも大きい。

❑❑❑　10　社会的浸透理論は，対人関係の親密性への発展がごく初期に規定されると説明する。

❑❑❑　11　類似性は対人関係の中期から後期へと至る過程において重要な要因である。

6　○　社会的絆理論とは，T. Hirschi による，それまでの「人はなぜ犯罪や非行を行うのか」という観点ではなく，「人はなぜ犯罪や非行を行わないのか」という観点から提唱された理論である。この理論では，人は「愛着（attachment）」「投資（commitment）」「巻き込み（involvement）」「規範（belief）」の４つの絆によって，犯罪や非行を抑制していると考えている。「愛着」とは，両親や友人，学校との愛着が犯罪や非行を抑制するという考え方である。「投資」とは，これまで勉強や仕事に多くの時間やお金を投入してきたことで今の自分が形成されているが，犯罪を実行してしまえば今までの投資が無駄になってしまうため，犯罪や非行を抑制しているという考え方である。「巻き込み」とは，時間的に暇があるかどうかであり，仕事をしていれば仕事に時間が取られてわざわざ犯罪をしている暇がなくなるという考え方である。無職者に犯罪が多いのはこの要因が関係していると考えられている。「規範」とは，法律や社会のルールを尊重しているかについての意識の強さであり，規範の強さが犯罪や非行を抑制するという考え方である。

7　○　投資モデルとは，関係維持にどのような影響が考慮されて決定されるのか説明する理論である。この理論では，関係を維持しようとする意志（関与度）は，⑴関係満足度，⑵投資量，⑶選択比較水準の質という３つの影響を受けるとしている。⑴関係満足度はネガティブ感情よりポジティブ感情を経験する程度を示している。⑵投資量はこれまでに費やした労力や時間などのコストを示しており，関係を解消した場合に失う報酬もここに含まれる。⑶選択比較水準の質は現在の関係に代わる魅力的な代替関係を示している。このモデルでは，関係満足度が高くなるほど，投資量が多くなるほど，選択比較水準の質が低くなるほど，関係を維持しようとする意志が高まると考えられている。

8　×　Clark＆Mills は，見返りを期待せずに相手の要求に応えようとする関係を共同的関係と呼んだ。このような関係は恋人や家族などの親密な関係で生じやすい。一方，相手から受け取った利益に対する見返りや今後生じる見返りを期待して相手の要求に応えようとする関係は交換的関係とよばれる。交換的関係は親密ではない対人関係で優勢となり，共同的関係は親密な関係で優勢となりやすい。

9　○　C. E. Rusbult らは関係葛藤に対する対処法を，消極的－積極的行動と建設的－破壊的行動の次元で分類している。このうち，建設的行動である“話し合い行動”“忠誠行動”は関係性にポジティブな影響を及ぼしやすく，破壊的行動である“別れ行動”“無視行動”はネガティブな影響を及ぼしやすい。なお，これまでの研究により前者の行動による影響よりも後者の影響の方が大きいことが知られている。

10　×　対人関係の親密性への発展がごく初期に規定されると説明するのは J. H. Berg＆M. S. Clark による初期分化説である。社会的浸透理論とは，対人関係の発展を段階的に捉えた説であり，初期は自己開示の内容が狭く，浅い領域に留まるが，関係が進展するにしたがって，広く深くなっていくという理論である。

11　○　類似性は対人関係の中期から後期にかけて対人魅力に影響を与えやすい要因の１つである。一般的に私たちは類似性のある人に好意を抱きやすいことが示されており，類似性－魅力仮説とよばれる。これは，自分と似ている人の場合，合意的妥当化によってポジティブな感情を得やすくなったり，相手の考えや行動を予期しやすくなるためと考えられている。なお，親密な対人関係においては，仮定された類似性が生じやすいことが知られている。仮定された類似性とは，類似性を実際よりも高く見積もる傾向のことである。

❑❑❑　12　援助が必要とされる状況において，自分以外の他者が存在することを認知した結果，介入が抑制される現象を傍観者効果という。

❑❑❑　13　一貫して肯定的な評価をした人よりも否定的な評価から肯定的な評価へ変化した人の方が好かれる利得効果のことを心理的リアクタンスという。

❑❑❑　14　ある課題を遂行する際に，その課題の困難さを過度に認識することでその遂行に影響が出ることを，セルフ・ハンディキャッピングという。

❑❑❑　15　自己呈示の手段は，戦術的－戦略的と防衛的－主張的の２軸によって分類される。

❑❑❑　16　向社会的行動やセルフ・ハンディキャッピングは，防衛的自己呈示に分類される。

❑❑❑　17　コミュニケーションにおいては，メッセージの送り手に伴う信憑性や魅力が高ければ説得効果が高まり，信憑性や魅力が低いほど説得効果は常に低くなる。

❑❑❑　18　コミュニケーションにおいては，強い恐怖を引き起こす説得の方が，中程度の恐怖を引き起こす説得よりも効果的である。

12　○　B. Latané &J. M. Darleyにより明らかにされた。一般には，傍観者の数が増えるほど，また自分より有能と思われる他者が存在するほど，介入は抑制される。この現象が生起する理由は，責任の分散，多数の無知，評価懸念で説明されている。

13　×　これはゲイン・ロス効果の説明の一部である。一貫して肯定的な評価をした人よりも否定的な評価から肯定的な評価へ変化した人の方が好かれる利得効果と，一貫して否定的な評価をした人よりも肯定的な評価から否定的な評価へと変化した人の方が嫌われる損失効果を合わせてゲイン・ロス効果という。心理的リアクタンス理論とは，個人が自由を制限される場合に，自由の回復を望む方向へ動機づけが喚起されるというものである。心理的リアクタンスの大きさは，制限される自由の重要度，割合，脅威の程度によって決まると考えられている。

14　×　セルフ・ハンディキャッピングとは，その遂行結果の評価的な意味をあいまいにするために，課題遂行の妨害となる障害を自ら作り出す行為のことである。

15　○　自己呈示とは，自分にとっての望ましい印象を他者に与えるために行う行動のことを指す。自己呈示には，利得の獲得と損失の回避，自尊心の高揚と維持，自己概念を確立し，アイデンティティを守るなどの機能がある。自己呈示の手段は，戦術的－戦略的と防衛的－主張的の２軸によって分類される。戦術的自己呈示は短期的な効果を目指して行われる手段であり，戦略的自己呈示はより長期の効果が続くことを目指して行われる手段である。防衛的自己呈示は他者からの自分の印象が悪くならないようにという意図で行われる手段であり，主張的自己呈示は他者に特定の印象を与えようと意図して行われる手段である。なお，自分のことを表現する際，聞き手に対して意図をもたず，誠実に自分自身に関する情報を伝えること，およびその内容は自己開示とよばれる。

16　○　15.の解説参照。

防衛的－戦術的自己呈示には弁解，正当化，セルフ・ハンディキャッピング，謝罪，向社会的行動が含まれる。

防衛的－戦略的自己呈示にはアルコール依存，薬物乱用，恐怖症，心気症，精神病，学習性無力感が含まれる。

主張的－戦術的自己呈示には取り入り，威嚇，自己宣伝，示範，哀願，賞賛付与，価値高揚が含まれる。

主張的－戦略的自己呈示には魅力，尊敬，威信，地位，信憑性，信頼性が含まれる。

17　×　信憑性とは，メッセージの送り手が専門的知識を備えており，そのメッセージが信頼できる程度のことをいう。魅力とは，送り手の個人的な好感や親しみやすさの程度である。送り手の信憑性も魅力も高いほど説得効果は高まる。しかし，その両方が低い場合でも時間経過とともに説得効果が高まることがある。これはスリーパー効果と呼ばれている。

18　×　中程度の恐怖を引き起こす説得の方が，強い恐怖を引き起こす説得よりも効果的であることが知られている。これは，強い恐怖を引き起こすメッセージを与えられると，被説得者が自分ではどうすることもできないと考え，メッセージを無視したりメッセージの送り手を拒否することで，恐怖を緩和しようとするためである。例として，タバコの危険性を警告する説得の際に，「肺がんになる」などよりも「恋人に嫌われる」などの方が効果的になりやすいことが挙げられる。

❑❑❑　19　周辺的態度変容には持続性がなく，容易に態度変容が生じる。

❑❑❑　20　M. Argyle と M. Cook の親密性平衡モデルでは，親密さを回復するために言語的コミュニケーションが増大する。

❑❑❑　21　説得をする際，両面提示の方が片面提示より効果的である。

❑❑❑　22　ドア・イン・ザ・フェイス・テクニックとは，はじめに承諾の得られやすい小さな要請をして承諾してもらった後に，段階的に大きな要請を承諾してもらおうとする方法である。

❑❑❑　23　ロー・ボール・テクニックとは，はじめに好条件での要請を承諾してもらった後に，何らかの理由や謝罪を行い，好条件をなくした要請を承諾してもらう方法である。

❑❑❑　24　ザッツ・ノット・オール・テクニックとは，承諾を迷っている人に対して，好条件を徐々に減らして決断を迫る方法である。

❑❑❑　25　攻撃行動は，相手に悪意があるかどうかより受けた被害の大きさによって決定される。

❑❑❑　26　権威主義的人格と攻撃性との間には正の相関がある。

19 ○ R. E. Petty と J. T. Cacioppo による精緻化可能性モデルでは，受け手はメッセージを入念に検討する精緻化可能性の程度によって，中心ルートと周辺ルートの情報処理過程を経て態度変容が生じると考えた。中心ルートによる態度変容を中心的態度変容といい，これは内容を熟慮したうえで生じるものであり，持続性があり，新たな説得に対しても抵抗が高い。一方，周辺ルートによる態度変容は周辺的態度変容といい，これは「みんなが言っているから大丈夫だろう」などの安易な判断に基づいて生じるものであり，持続性がなく，容易に態度変容が生じる。

20 × M. Argyle と M. Cook の親密性平衡モデルとは，個々の対人関係に応じた親密さを保持するために非言語的コミュニケーションのチャネルを相補的に用いる現象を説明する，親和葛藤理論を拡張したものである。例えば，相手との距離が遠くなったときにジェスチャーや視線を多く用いることによって相手との親密さを保つなどが挙げられる。しかし，その後の研究で関係やチャネルによっては相補性がみられないとも言われている。

21 × 肯定的な側面だけでなく否定的な側面を含めたメッセージを伝えることを両面提示と呼び，肯定的な側面のみの場合を片面提示と呼ぶ。このうち両面提示が効果的なのは受け手の教育の程度が高い場合に限られる。よって，両面提示の方が片面提示より効果的と断定はできない。

22 × これは段階的要請法〈フット・イン・ザ・ドア・テクニック〉の説明である。例えば，お金を借りる時に最初は 100 円だけだったのが 500 円，1000 円と少しずつ借りる金額を上げていくと，10000 円と高額になっても貸してもらいやすくなる。譲歩的要請法〈ドア・イン・ザ・フェイス・テクニック〉とは，あらかじめわざと断られそうな大きい要請をして断られた後に，譲歩したかのように小さい要請をする方法である。相手が譲歩したのだから自分もしなければいけないという返報性の原理が作用している。例えば，「1 万円貸してほしい」と頼んで断られた後，「1000 円でいいから貸してほしい」と頼むことで承諾されやすくなる。

23 ○ 特典除去法〈ロー・ボール・テクニック〉とは，はじめに好条件での要請を承諾してもらった後に，何らかの理由や謝罪を行い，好条件をなくした要請を承諾してもらう方法である。最初に低めの取りやすい球を投げると，その後に高めの取りにくい球が来ても受けてしまいやすいという傾向から，ロー・ボールという名称がつけられている。例えば，自分が気になっているCさんが来るからと承諾した食事会が，後になって「その日Cさんは来れなくなったけど2人でもいい？」と言われると断りづらくなり，結局行ってしまう，などが挙げられる。

24 × 特典付加法〈ザッツ・ノット・オール・テクニック〉は，承諾を迷っている人に対して，好条件や特典を追加で提示する方法である。例えば，通販 CM の“今だけの特別割引”や“今ならもう 1 つ追加でつけます”などである。

25 × 攻撃行動は他者に悪意があると推測された場合に増大することが知られている。実験によって，攻撃行動は受けた被害の大きさよりも相手に悪意があるかどうかの判断によって決定されることが明らかになっている。

26 ○ 攻撃行動を支える人格的変数として攻撃性が考えられており，それは身体的攻撃性と言語的攻撃性に分けられる。これらの攻撃性と正の相関を示すのが，タイプA人格，支配欲求，権威主義的人格，パラノイド的人格などである。

❑❑❑　27　匿名性の条件下では攻撃性が高まる。

❑❑❑　28　怒りの感情は攻撃行動における主要な原因である。

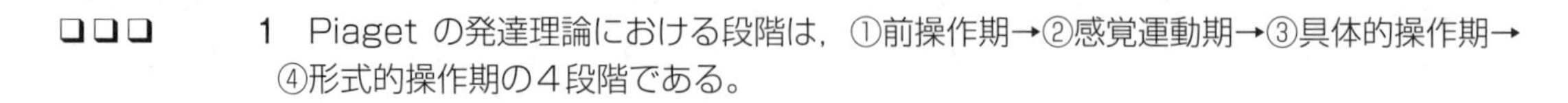

10. 発達心理学

❑❑❑　1　Piaget の発達理論における段階は，①前操作期→②感覚運動期→③具体的操作期→④形式的操作期の４段階である。

❑❑❑　2　Piaget の発達理論において，感覚運動期は「外的活動」によって外界を知る段階である。

❑❑❑　3　Piaget の発達理論において，具体的操作期は，事物に対する認識の仕方が「操作」（頭の中で外界の事象を処理すること）へと発達していく時期である。

❑❑❑　4　Piaget の発達理論において，形式的操作期とは，11，12 歳から 18 歳頃までの時期を指す。

❑❑❑　5　J. Piaget は，子どもが認知的葛藤の中でシェマの同化・調節を繰り返し，新しいシェマが獲得されると考えた。

❑❑❑　6　L. S. Vygotsky は，社会的文脈を限りなく除外し，個体発達を重要視した。

❑❑❑　7　J. Bowlby は，ストレンジ・シチュエーション法を開発し，アタッチメントの研究を行った。

❑❑❑　8　高次精神機能とは，他の哺乳類と同じような知覚や記憶といった個別的な認知機能を指す。

27　○　P. Zimbardo は，集団における個人の匿名性が，攻撃性を促進することを示している。例えば，ネット上における匿名性の掲示板などの誹謗・中傷などが挙げられる。

28　○　怒りの感情は攻撃行動においての主要な原因となっていることが示されている。さらに怒りの感情はネガティブな感情によって促進されることも知られており，例えば，気温が高い不快な環境では攻撃行動が促進される。

1　×　Piaget の発達理論は，①感覚運動期→②前操作期→③具体的操作期→④形式的操作期の４段階である。

2　○　感覚運動期は生後から２歳頃までの時期である。「外的活動」とは，乳児が見たり，聞いたり，触ったり，つかんだり，落としたり，噛んだりといった運動を指す。

3　×　これは前操作期（2～6歳）の説明である。前操作期における第１段階は前概念的思考の段階（2～4歳）で，「大きさ」「重さ」などの概念は理解するが，コップの高さに注目するとコップの幅の広さに注目できないというように，１つの概念次元でしか事物を捉えることができない（中心化）。したがって，自己の視点からのみ外界を認知し，対象を自己と同化する傾向が強く，自己中心性は，この同化が支配的で調節がそれに伴わない不均衡な心性である。第2段階は，直観的思考の段階（4～6歳）で，この段階の子どもは，見かけが変わると，物の数や量，長さ，体積，重さなどが変化すると信じており，見かけに左右され正しい判断ができない。例えば，子どもの前で円柱形の粘土を球形に変化させると，子どもは，形の変化のみに注目して量や重さまで変化したと直観的判断を下してしまい，量の不変性（保存）を認識することができない段階にある。具体的操作期（6～11，12 歳）は，具体的な事象に関する操作が可能になる時期である。見かけが変わっても数や量，長さなどは同じであるという保存の概念が確立される。また，現象を１つの側面からしか捉えることができない状態（中心化）から，調節が可能になり，その現象を受け止めている自分の位置や見方をも考慮に入れて，多くの側面からその現象を捉えることができるようになる，脱中心化が生じる。

4　×　形式的操作期は，11，12 歳から 14，15 歳までの時期を指す。11 歳以降では，具体的な現実から離れて，言葉や記号などを用いて抽象的，仮説的，論理的な思考が可能になっていく。数学の証明のように，「AはBである。BはCである。よってAはCである」といった命題的思考や「もし～ならば，～である」といった仮説演繹的思考が可能になる。

5　○　Piaget は「シェマ」を外界の事象を捉える際に使われる一定の枠組みと，「同化」を外界の事象を自分のシェマに合致するように取り込むことと，「調節」を外界の事象を取り込む際に自分のシェマを修正することと考えた。子どもは様々な認知的葛藤を経験する中で，シェマの同化・調節を繰り返し，新しいシェマを獲得していくことが認知発達につながると考えた。

6　×　Vygotsky は彼の発達理論において，社会的文脈を重視し，高次精神機能の起源は，社会的活動の中にあると考えた。

7　×　ストレンジ・シチュエーション法を開発したのは，M. Ainsworth である。

8　×　他の哺乳類と同じような，知覚や記憶といった個別的な認知機能は，低次精神機能を指す。一方，高次精神機能とは，ヒト特有の，個別的な認知機能が互いに作用し合い協働している統合的な認知機能の状態を指す。

❑❑❑　9　発達の最近接領域とは，子どもが誰の力も借りずにできるようになった領域のことを指す。

❑❑❑　10　L. S. Vygotsky は，認知発達においては精神間機能が徐々に個人に内在化していくと考えた。

❑❑❑　11　L. Kohlberg は８つの道徳性発達段階を提唱した。

❑❑❑　12　L. Kohlberg の道徳性発達段階における脱慣習的水準の社会的契約への志向性段階は，道徳的な価値基準が自律化し個人の権利などを志向することを指す。

❑❑❑　13　J. Piaget の発達理論は，感覚運動期→前操作期→具体的操作期→形式的操作期の順で４つの段階に分類され，さらに形式的操作期は前概念的思考段階（象徴的思考段階）と直観的思考段階に分けられる。

❑❑❑　14　J. Piaget の発達理論では，第２次循環反応や対象の永続性は，感覚運動期に成立すると考えられる。

❑❑❑　15　H. Gardner の多重知能理論に言語的知能が含まれる。

9　×　L. S. Vygotsky は，発達の水準を２つに分けて考えた。１つは「現在の発達の水準」であり，もう１つは「発達の最近接領域」である。現在の発達の水準は，ある子どもが１人の力で解くことができる課題がどの程度かによって定義される。発達の最近接領域は，まだ１人の力では解くことはできないが，他者の助けによって解答・解決することが可能になり，しかもそれを１人の力で解決まで発展させていく可能性をもった発達の範囲である。

10　○　Vygotsky は子どもの意図的な注意や記憶，言語を用いて思考するといった高次精神機能は，まず人と人との間の精神間機能として現れ，その後，徐々にその子ども個人の精神内機能として内在化していくと考えた。

11　×　L. Kohlberg の道徳性発達段階は，第１水準として前慣習的段階，第２水準として慣習的段階，第３水準として脱慣習的段階に分けられる。さらに，第１水準の前慣習的段階は「罰と服従への志向性段階」と「報酬と取引への志向性段階」に，第２水準の慣習的段階は「対人的同調への志向性段階」と「法と秩序への志向性段階」に，第３水準の脱慣習的段階は「社会的契約への志向性段階」と「普遍的契約への志向性段階」に，全６つの段階に分けられる。

12　○　第３水準の脱慣習的段階の「社会的契約への志向性段階」は，法律や規則などは社会の一般的な福祉のためにあると考える傾向が見られる。自分や他者の権利について考え，社会的契約に志向するため，法と多数の者の意思によって成り立っている基準に従う義務があると考えるようになる。

13　×　J. Piaget の発達理論は主に４つの段階に分類される。はじめの感覚運動期は，概ね０歳から２歳頃までを指し，見る・聞く・触るなどの感覚的な理解や，自分の身体を使って運動を通して理解するとされる。こういった理解を通して外界の事柄を認識していくと考えられる。次の前操作期は，２歳以降６，７歳頃までを指す。この段階は４歳頃を境に，前概念的思考段階（象徴的思考段階）と直観的思考段階に分けられる。前概念的思考段階では，言葉やイメージといったものを頭の中で考え，それぞれの物事をつなげて考える傾向が強い。ただし自他の区別がしっかりとできていないため，主観的なものの捉え方や未分化な思考を見せる。一方，直観的思考段階では，より洗練された形で物事を想起したりつなげて考えたりできるようになり少しずつ論理的な思考や操作ができるようになるが，見かけが変わると物の数や量，長さ，体積，重さなどが変化すると信じており，まだ見かけに左右され正しい判断が出来ない時期である。次の具体的操作期は，脱中心化された思考ができるようになったり，具体的な事柄に対して論理的な操作ができるようになる。保存の概念もこの段階で獲得するとされている。最後の形式的操作期では，具体的な事柄だけではなく抽象的な事柄にも対応できるようになり，経験や知識に反するようなことも思考できるようになる。

14　○　第２次循環反応は，乳児がおもちゃのガラガラを手に持って鳴らすといったように，自分の身体活動がもたらす外界の変化を再生させるための身体活動の繰り返しが見られることを指す。対象の永続性は，物が目の前から無くなってしまっても，その物は同じ実体としてこの世界に存在し続けていると考えられることである。

15　○　H. Gardner の多重知能理論における知能は，言語的知能，論理数学的知能，音楽的知能，空間的知能，身体運動的知能，内省的知能，対人的知能，博物的知能の８つが挙げられる。これらの８つの知能が相互に独立して影響し合い知的活動を構成していると考える。Gardner の多重知能理論では，知能検査で測定できるとされる知能だけでなく，内省的知能や音楽的知能という自己理解に関するものや芸術的な事柄に関するものまでを知能に含まれると考える。

❑❑❑　16　R. B. Cattell は，一般知能因子を結晶性知能と流動性知能の２つの知能因子に区別した。

❑❑❑　17　J. E. Marcia のアイデンティティステイタス理論は，⑴アイデンティティ達成，⑵モラトリアム，⑶早期完了の３つに類型化されている。

❑❑❑　18　アイデンティティステイタス理論におけるモラトリアムとは，価値を探求していないにも関わらず，責任を持って関わる価値に積極的に関わっている段階である。

❑❑❑　19　M. B. Parten は，社会的な参加という視点で遊びを６つに分類している。

❑❑❑　20　ストレンジ・シチュエーション法は，アタッチメントの個人差を測定するための実験的手法である。

❑❑❑　21　ストレンジ・シチュエーション法において，安定型は養育者との分離に際しても混乱を示さない。

❑❑❑　22　養育者が子どもの安全基地として機能することで，子どもの探索活動は次第に抑制される。

❑❑❑　23　アダルト・アタッチメント・インタビューは，保護者への面接により子どものアタッチメントを測定するための手法として知られている。

❑❑❑　24　アタッチメントは養育者との関係に限られるものではなく，その後の発達における人間関係の構築に影響を及ぼす。

16 ○ Cattell は人間が育つ文化との関わりという観点から，一般知能因子を結晶性知能と流動性知能の２つの知能因子に区別した。結晶性知能とは，過去の学習経験により蓄積された知能を指す。経験により蓄積されるため文化の影響を受けて形成されると考えられている。一方，流動性知能は，新奇な情報の記憶や処理をする過程で発揮される知能を指す。脳などの器質的な影響が強く，神経心理学的な要因に大きく影響を受けて形成される。つまり，結晶性知能は文化の影響を，流動性知能は神経心理学的な影響を大きく受けるため，加齢の影響を受けにくいのは結晶性知能であり，加齢の影響を受け低下するのは流動性知能である。

17 × Marcia は，アイデンティティが混乱から統合していく変化のプロセス，発達段階からアイデンティティステイタス理論を提唱している。このアイデンティティステイタス理論では，対象となる青年が「価値や信念を探求したか否か」「責任を持って関わる価値に積極的に関わっているか否か」という２点に着目し，⑴アイデンティティ達成，⑵モラトリアム，⑶早期完了，⑷アイデンティティ拡散の４つに類型化されている。

18 × これは早期完了の説明である。モラトリアムとは，価値の探求を今現在している最中であり，責任を持って関わる価値に積極的に関わっているか否か曖昧な段階をいう。また，価値の探求をすでに経験しており，責任を持って関わる価値に積極的に関わっている段階がアイデンティティ達成である。この段階では，すでに探求した末に，ある一定の職業などを自分の意志で選び，それに積極的に関わっている。そして，アイデンティティ拡散では，価値の探求を経験している場合と経験していない場合がある。いずれの場合にしても，責任を持って関わる価値に積極的に関わってはいないのがこの段階の特徴である。

19 ○ ６つの遊びとは，何もしていない行動，一人遊び，傍観，平行遊び，連合遊び，協同遊びである。平行遊びとは児が１人で遊んでいるがそのそばで他児も同じ遊びを展開している状態を指し，連合遊びとは他児と一緒に１つの遊びをしており交流があるがそれぞれが独自にイメージを持っているため役割分担やルールが組織化されていない状態を指す。協同遊びとは，他者と共通の目的を達成するため遊びの中で役割分担や共通のルールがあり，それを認識し合って組織化されている状態を指す。

20 ○ M. D. S. Ainsworth がストレンジ・シチュエーション法を開発した。このストレンジ・シチュエーション法とは，主に 12 か月から 18 か月くらいの幼児を対象に，アタッチメントの個人差を測定するための方法である。この方法により，アタッチメントのタイプとして，回避型のＡタイプ，安定型のＢタイプ，アンヴィバレント型のＣタイプ，無秩序・無方向型のＤタイプの４つのタイプに分類される。

21 × 安定型は，養育者と一緒の場面においては安定した様子で過ごすことができるが，養育者との分離に際しては泣くなどの反応を示す。

22 × 養育者が子どもの安全基地として機能することにより，子どもの探索活動が促進され自律性の発達を促す。

23 × アダルト・アタッチメント・インタビューは，成人に対する半構造化面接であり，自分の子ども時代の養育者との関係について語ってもらい，アタッチメントの特質を測定・分類する手法である。

24 ○ 日々のアタッチメント経験は，養育者のみならず他者一般に対する主観的確信や，自他への基本的信頼感の核となる内的作業モデルを構成し，人間関係のテンプレートとして用いられるようになると考えられている。

❑❑❑　25　マターナル・ディプリベーションは，長期間家庭から離れて施設に収容されていた乳児に心身発達の遅滞や障害等が生じることを指す。

❑❑❑　26　養育者が目の当たりにしている子どもの状態に意図を見出そうとする態度を，マインド・マインデッドネスという。

❑❑❑　27　自閉スペクトラム症／自閉症スペクトラム障害〈ASD〉は男児よりも女児に多く見られる。

❑❑❑　28　自閉スペクトラム症／自閉症スペクトラム障害〈ASD〉のある児童に対する防災訓練として，避難生活に備えた自宅以外での宿泊学習をする。

❑❑❑　29　注意欠如多動症／注意欠如多動性障害〈AD/HD〉は小児期では男児が多いが，成人になると性差は認められない。

❑❑❑　30　発達性協調運動症／発達性協調運動障害は，他の発達障害と併存することがある。

25 × これはホスピタリズムの説明である。マターナル・ディプリベーション（母性的養育の剥奪）は J. Bowlby により提唱された。マターナル・ディプリベーションとは，乳幼児期に特定の養育者，特に母親的な存在による養育が十分になされない状態を指し，それによってその子どもの心身発達に深刻な遅滞や歪曲が生じるとする考えである。一方，R. Spitz によって提唱されたホスピタリズムとは，施設環境の劣悪さから，そのような環境で育った子どもの発育に影響が与えられ，無気力さや覚醒状態の低さ，感情表出の乏しさなどが確認できるとした概念である。

26 ○ マインド・マインデッドネスとは，養育者が乳児に対して大人と同様に心を持った存在であるとみなし，養育者が目の当たりにしている子どもの状態に意図や感情等の心的状態を絡めて，関わろうとする傾向のことである。例えば，子どもが泣いているときに「寂しがっている」と解釈し，関わろうとすることである。このマインド・マインデッドネスの傾向の高さは，子どものアタッチメントの安定性や心の理論の獲得につながることが示唆されている。

27 × 自閉スペクトラム症／自閉症スペクトラム障害〈ASD〉は男児に多い。

28 ○ 文部科学省 平成 22 年 7 月 子どもの心のケアのために－災害や事件・事故発生時を中心に－ 第 5 章 自然災害時における心のケアの進め方 4 障害のある子どもの心のケア ⑷災害等に対処することが難しい自閉症（及びそれに類するもの）のある子どもへの対応 イ 事前の訓練等 において

「（ア）自閉症のある子どもは，日常と異なる状況に対して不安や抵抗が強く，臨機応変に動くことは難しい。このため，日ごろから，避難に当たっての適切な行動を，学校や地域での防災訓練や家庭を通じて繰り返し練習しておく。

＜具体例＞

・具体的な避難行動の方法を教える。

・一人でいるときに災害等に遭遇する場合に備えて，事前に「助けてほしい」という意思を表示するためのカードを渡し，使用方法を練習する。

・「助けて」と周りの人に伝えることや，携帯電話で家族に知らせること，安全な場所へ連れて行ってもらうことなどを練習する。

・避難所生活に備えて，自宅以外で宿泊学習をする。

・エレベーターを利用しているときや，海や山などに外出しているときに災害等に遭遇する場面など，あらゆる場面を想定して自分の身を守る方法を練習する。」（p.60,61）

とある。

29 ○ 注意欠如多動症／注意欠如多動性障害〈AD/HD〉は小児期では，4～6：1と男児に多いが，成人になると性差は認められない。

30 ○ 発達性協調運動症／発達性協調運動障害は，DSM-5の神経発達症／神経発達障害群に位置づけられる障害である。この障害は「生活年齢や知的発達に比し，協調運動が著しく不器用で，学業や日常生活に支障をきたしている状態」（下山晴彦編 2014 誠信 心理学辞典［新版］ p.430 誠信書房）であり，脳性まひ等の運動機能の疾患によるものではない。運動のぎこちなさ，不器用さが顕著なことを特徴として持っている障害であり，ボールを投げる，歩くといった粗大運動，字を書く，ボタンをはめるといった手先を使うことや口の動きなどの微細運動にも困難さが生じる。自閉スペクトラム症／自閉症スペクトラム障害〈ASD〉や注意欠如多動症／注意欠如多動性障害〈AD/HD〉，限局性学習症／限局性学習障害〈SLD〉といった他の発達障害との併存がしばしば認められる。単に運動技能に焦点をあてるだけでなく，認知特性や情緒特性に応じた対応が必要とされる。

❑❑❑　31　知的発達症／知的障害は，知能検査の数値によって診断される。

❑❑❑　32　M-CHATは，16か月から30か月の乳幼児を対象としている。

❑❑❑　33　CARSは，自閉スペクトラム症／自閉症スペクトラム障害〈ASD〉のスクリーニングや，重症度をアセスメントできる検査である。

❑❑❑　34　ADOS-2は，主に養育者への聞き取りによって検査を行う。

❑❑❑　35　新版K式発達検査の適用年齢は，おおよそ0歳3か月から成人とされている。

❑❑❑　36　CHEDYの対象は，保育機関に在籍する4歳から6歳までの就学前児童である。

❑❑❑　37　高齢期においては，結晶性知能に比べて流動性知能は比較的保たれる。

❑❑❑　38　高齢期における自伝的記憶については，10〜20代に経験した出来事が想起されやすい。

❑❑❑　39　補償を伴う選択的最適化理論では，加齢に伴う能力の低下に対し，活動の領域を選択し，そこでのパフォーマンスの維持や向上に注力し，時には代替的な方略を用いながら能力の低下を補うと考えられている。

31　×　知的発達症／知的障害は，標準化された知能検査の IQ に加え，日常生活における適応度を合わせて評価する。

32　○　M-CHAT は，乳幼児期自閉症チェックリスト修正版（Modified Checklist for Autism in Toddlers）のことである。16 か月から 30 か月の乳幼児を対象としている。乳幼児に対して質問紙に応えてもらうのは不可能であるため，保護者記入式の質問紙検査である。この検査の目的としては，自閉スペクトラム症／自閉症スペクトラム障害〈ASD〉の一次スクリーニング検査に用いられる。つまり，まだ発達障害であると断定されていない一般対象児に用いる。

33　○　CARS とは，新装版 CARS-小児自閉症評定尺度-（Childhood Autism Rating Scale）を指す。自閉スペクトラム症／自閉症スペクトラム障害〈ASD〉のスクリーニングや，重症度をアセスメントできる検査である。TEACCH プログラムに合わせて開発された。適用年齢は特にない。主に，対象児の行動を観察してアセスメントするか，対象者の生育歴や行動の様子を母親などから聞き取るか，どちらかの方法で実施される。

34　×　ADOS-2（Autism Diagnostic Observation Schedule Second Edition：自閉症診断観察検査第２版）は，場面を設定し，検査者は行動の有無だけでなく行動の質から，やりとり行動，象徴遊び，非言語性及び言語性スキルを３段階で評定する。ADOS-2は，前版と同様に診断の信頼性を高めるため，あらかじめ決められた用具や玩具を用いて一定の手続で検査を実施し，その行動観察の結果を数量的に段階評価する。対象者の表出言語能力と年齢によって，５つのモジュールに分けられており，月齢が 12～30 か月の幼児には，幼児用モジュール（Toddler module）を用いる。

35　○　新版Ｋ式発達検査は，対象者に検査課題へ取り組んでもらい，課題が通過か不通過かによって判定する個別式発達検査である。適用年齢は，おおよそ０歳３か月から成人とされている。

36　○　CHEDY とは，幼児用発達障害チェックリスト（Checklist for Developmental Disabilities in Young Children）のことである。子どもの保育者が評価する検査である。発達障害のスクリーニングを目的としている。対象は，保育機関に在籍する４歳から６歳までの就学前児童である。

37　×　結晶性知能は比較的保たれる一方で，流動性知能は 20 歳前後をピークとして低下していくと考えられている。

38　○　これはレミニッセンス・バンプと呼ばれる。

39　○　補償を伴う選択的最適化理論（SOC 理論）は，P. B. Baltes らによって提唱された理論である。この理論は目標を達成する過程を，目標の選択（Selection），資源の最適化（Optimization），補償（Compensation）の３つの要素に分けて説明する。この考え方は高齢期だけに限らず，人生のどの時期においても適用できる。ただし，高齢期は様々な喪失体験をするため，これまでの目標水準を維持するだけでなく，目標を切り替えたり，目標の達成のための方法を検討したりと，この SOC 理論の方略が重要になる。

❑❑❑　40　社会情動的選択性理論では，高齢期になると，肯定的な情報よりも否定的な情報を選好すると考えられている。

❑❑❑　41　人の発達は，子どもが成人に至るまでの期間における変化と考えられ，その後は喪失や衰退による下降的変化が中心と考えられている。

❑❑❑　42　Alzheimer型認知症は，アミロイドβの蓄積が原因のひとつである。

❑❑❑　43　正常圧水頭症は治療によって回復を見込める。

❑❑❑　44　認知症患者の失禁は認知症における中核症状である。

❑❑❑　45　脳血管性認知症は時間経過で症状が進行する。

❑❑❑　46　lewy小体型認知症ではパーキンソン様症状は起こらない。

11．障害者（児）心理学

❑❑❑　1　PECS（Picture Exchange Communication System）は，注意欠如多動症／注意欠如多動性障害〈AD/HD〉の子どもを対象に開発された。

❑❑❑　2　TEACCHは，自閉スペクトラム症／自閉症スペクトラム障害〈ASD〉のための支援プログラムである。

40 × 人は誰でも高齢期になると，身体機能の衰えや健康状態の悪化，配偶者や友人などの人間関係や社会的役割の喪失などの喪失体験が生じる。しかし，このような経験の中で高齢者が幸福を感じていないかと言えばそうではない。このような現象をエイジングパラドクスと呼ぶ。このエイジングパラドクスを将来の時間的見通しによる動機づけの変化という視点から説明する理論として社会情動的選択性理論がある。若年者は残された時間に意識を向けることが少なく，どちらかと言えば無限に時間があるという感覚で生活していることが多い。そのような中で将来に焦点を当て，新しいことに挑戦したり，新たな情報を得たりしながら，視野を広げることに時間とエネルギーを費やす。しかし，高齢者は残された時間が限られていると認識する結果，感情的に価値のある行動をするように動機づけられる。高齢者が上述のような経験をしながらもポジティブな人生を歩むことができるのは，感情的な満足を重視し，それらを得るために時間とエネルギーを投資するからであるという考え方である。よって，社会情動的選択性理論では，高齢期になると，否定的な情報よりも肯定的な情報を選好すると考えられている。

41 × 人は生涯にわたって発達する存在として捉えられ，獲得や成長のみならず，喪失や衰退といった側面も発達における重要な要素であると考えられている。

42 ○ アミロイドβの蓄積とタウタンパクのリン酸化が原因のひとつである。

43 ○ 正常圧水頭症では，頭蓋内異常状態になる。そのため，認知症の症状を呈することがある。この場合，正常圧水頭症を適切に治療すると頭蓋内の状態が良好になるため，認知症の症状の改善や回復を見込める場合がある。

44 × 認知症における中核症状とは，記憶障害・見当識障害・注意力低下など，認知症の病理の進行と共に症状が進む，脳機能低下を直接反映した症状である。失禁は，中核症状に加えて環境や生活背景などが関係して引き起こされる周辺症状（Behavioral and Psychological Symptoms of Dementia：BPSD）である。BPSD は他に，徘徊やもの取られ妄想などがある。

45 × 脳血管性認知症は，進行性の神経変性疾患ではなく，脳卒中や脳梗塞，脳梗塞の再発によって新たに脳組織が損傷されることで，認知症症状が進行するため，適切な治療とリハビリテーションを行うことで脳血管疾患の再発を防げれば，症状の進行を防ぐことができる。

46 × lewy 小体型認知症ではパーキンソン病と同じくαシヌクレインが原因タンパクで海馬などに沈着することで起こる。そのため，パーキンソン様症状を関連して発症することが多い。

---

1 × PECS（Picture Exchange Communication System＝絵カード交換式コミュニケーションシステム）はアメリカのデラウェア州の特別支援教育制度の中で開発された，自閉スペクトラム症／自閉症スペクトラム障害〈ASD〉の子どもを対象に開発されたコミュニケーション指導法である。絵カードを主な意思伝達の手段として用いる。ASD の子どもに対して効果的であるということで，世界中で普及している。

2 ○ TEACCH（Treatment and Education of Autistic and related Communication handicapped Children）とは，自閉症および関連領域のコミュニケーション障害をもつ子どものための治療と教育のことであり，アメリカのノースカロライナ大学 E. Schopler らにより開発された ASD のための包括的支援プログラムである。

❑❑❑　3　TEACCHは，構造化が支援の中心にある。

❑❑❑　4　TEACCHの主な方法論は，認知理論，精神分析学的理論，心理言語学である。

❑❑❑　5　TEACCHでは，対象者のできること，できないことのみを客観的にアセスメントする。

❑❑❑　6　TEACCHでは基本理念として，ノーマライゼーションの概念を強調している。

❑❑❑　7　Structured TEACCHing とは，自閉スペクトラム症／自閉症スペクトラム障害〈ASD〉者の視覚的情報処理優位という特性を生かす支援方略である。

❑❑❑　8　国際生活機能分類〈ICF〉における障害とは，心身機能・身体構造，及び活動で構成される生活機能に支障がある状態である。

❑❑❑　9　国際生活機能分類〈ICF〉は，国際障害分類〈ICIDH〉の改訂版として発表された。

❑❑❑　10　国際生活機能分類〈ICF〉は，社会モデルではなく医学モデルに基づいている。

❑❑❑　11　国際生活機能分類〈ICF〉において，身体構造は「器官」とみなされる。

❑❑❑　12　国際生活機能分類〈ICF〉における個人的環境因子には，よく知らない人などの他者との直接的な接触が含まれる。

3　○　TEACCHの特徴は，ASDの子どもの取り巻く環境を変えることで，子どもの困難の取り除き，環境への適応力を向上させることにある。構造化には，空間と活動を対応させる物理的構造化，「いつ」「何をするのか」などを視覚的に伝えるスケジュール，「何をどれくらいやれば終わるのか」が視覚的に分かるように課題を入れた箱と終わったら入れる箱を使ったりするワークシステムなどがある。

4　×　TEACCHの原則において，認知理論と行動理論を組み合わせて使う。この考えは，当初精神分析的な理論がASDの理解や治療教育に効果を見せなかったという事実の反省からきている。また，コミュニケーションの指導には心理言語学を取り入れている。つまり，精神分析学的理論を主な方法論とはしていない。

5　×　TEACCHでは，対象者のできること，できないことのみではなく，伸びようとしているところも含めて客観的にアセスメントする。合格・不合格というアセスメント基準以外に，芽生え反応という評価基準を設定してアセスメントしていく。

6　×　TEACCHでは，ノーマライゼーションの概念を単純に実行するよりも，まず自閉スペクトラム症／自閉症スペクトラム障害〈ASD〉の特性やその人の個性を尊重すること，周囲の人や環境がその人の特性や機能に対して歩み寄ること，自閉スペクトラム症／自閉症スペクトラム障害〈ASD〉者それぞれの適応機能の向上を図ること，これら3点をTEACCHプログラムによるアプローチの基本理念であるとしている。

7　○　Structured TEACCHingとは，自閉スペクトラム症／自閉症スペクトラム障害〈ASD〉者の機能の特性に対する支援方略として整理されたものである。特性として挙げられるのは，視覚的情報処理優位，実行機能の障害，心の理論機能の障害，中枢性統合の弱さである。これらに対して，視覚的支援とワークシステムなどを駆使することで，自閉スペクトラム症／自閉症スペクトラム障害〈ASD〉者の脳機能をサポートする有効な方略と考えられている。

8　×　生活機能（functioning）には，心身機能・身体構造（body functions and structures），活動（activities），参加（participation）の3つの次元がある。問題文には参加が含まれていない。

9　○　障害に関する国際的な分類としては，世界保健機関〈WHO〉が1980年に国際疾病分類〈ICD〉の補助として発表した国際障害分類〈ICIDH〉が用いられてきたが，WHOでは，2001年5月の第54回総会において，その改訂版として国際生活機能分類〈ICF〉を採択した。

10　×　国際生活機能分類〈ICF〉は，医学モデルと社会モデルという2つの対立するモデルを統合する。生活機能の様々な観点の統合を図る上で「生物・心理・社会的」アプローチを用いる。

11　×　身体構造は「器官」とはみなされない。国際障害分類〈ICIDH〉1980年版では，器官レベルという言葉が使われていたが，「器官」の定義が明瞭ではなかった。そこで，身体の中に独立した部位や単位があるかのような「器官」別の考え方に代わり，国際生活機能分類〈ICF〉では「身体構造」の用語を用いるようになった。

12　○　個人的環境因子とは，家庭や職場，学校などの場面を含む個人のとって身近な環境のことを指す。これは，人が直接接触するような物的・物質的な環境や，家族，知人，仲間，よく知らない人などの他者との直接的な接触を含む。

❑❑❑　13　国際生活機能分類〈ICF〉とICD-10は，双方とも国際分類ファミリーに属している。

❑❑❑　14　国際生活機能分類〈ICF〉における参加制約とは，個人が活動を行うときに生じる困難さを指す。

❑❑❑　15　国際生活機能分類〈ICF〉では，身体機能の障害による生活機能の障害が考え方の中心である。

❑❑❑　16　国際生活機能分類〈ICF〉において，個人的環境因子とは，家庭や職場など個人にとっての身近な環境を指す。

❑❑❑　17　ソーシャルスキルは，具体的な対人場面で発揮される目標指向的なスキルである。

❑❑❑　18　ソーシャルスキルは，どのように反応（行動）するかという実行過程に焦点を当てる。

❑❑❑　19　ソーシャルスキルの低さは，精神症状に影響を与える。

❑❑❑　20　ソーシャル・スキルズ・トレーニング〈SST〉では，モデリングの技法が用いられる。

❑❑❑　21　自閉スペクトラム症／自閉症スペクトラム障害〈ASD〉の約70%の人は，1つの精神疾患が併存している。

❑❑❑　22　知的障害の有病率は，一般人口の約5%である。

13 ○ 国際生活機能分類〈ICF〉は，健康の諸側面に関して世界保健機関〈WHO〉が開発した「国際分類ファミリー」に属している。WHO 国際分類ファミリーは，健康に関する幅広い情報として，診断，生活機能と障害，保健サービスの受診理由などをコード化するための枠組みを提供し，健康と保健に関する諸専門分野および諸科学分野にまたがる国際的な情報交換を可能とする標準的な共通言語を提供するものである。つまり，健康状態に関連する生活機能と障害は国際生活機能分類〈ICF〉によって分類される。一方，この国際分類では，病気や疾病，傷害などの健康状態は，主に ICD-10 によって分類される。これらのことから，ICD-10 と ICF とは相互補完的であり，利用者にはこの２つの WHO 国際分類ファミリーメンバーを一緒に利用することが奨められる。

14 × 参加制約とは，正しくは，個人が何らかの人生や生活の場面において経験する困難さのことを指す。個人が活動を行う時に生じる困難さを指すのは，活動制限である。

15 × これは国際障害分類〈ICIDH〉の説明である。国際生活機能分類〈ICF〉は 2001 年に国際障害分類〈ICIDH〉を改定してできたものであるが，ICIDH が身体機能の障害による生活機能の障害（社会的不利を分類する）という考え方が中心であったのに対し，ICF はこれらの環境因子という観点を加え，例えば，バリアフリー等の環境を評価できるように構成されている。

16 ○ 個人的環境因子とは，家庭や職場，学校などの場面を含む個人にとっての身近な環境を指す。人が直接接触するような物的・物質的な環境や，家族，知人，仲間，よく知らない人などの他者との直接的な接触を含む。

17 ○ ソーシャルスキルは，対人場面において相手の反応を解読し，それに応じて目標と反応を決定し，感情を統制した上で反応を実行するまでの循環的な過程である。これは，具体的対人場面において，目標を達成するために発揮されるスキルであり，他者と自分との相互影響過程であるといえる。

18 × ソーシャルスキルは，どのように反応するかという実行過程と，相手の言語的・非言語的反応を解読したり，対人場面での反応目標を決定する等，認知的過程によって成立しているため，「実行過程に焦点を当てる」という説明は不適切である。

19 ○ 例えば，抑うつに関してはソーシャルスキルが低いほど抑うつ状態が深まることを示すことがいくつかの研究によって示されている。

20 ○ トレーニングの対象となる行動・スキルをモデルによって示し，それを観察することで学習するモデリングは，ソーシャル・スキルズ・トレーニング〈SST〉で用いられる技法の１つである。

21 ○ 厚生労働省 HP e-ヘルスネット ASD（自閉スペクトラム症，アスペルガー症候群）について において，自閉スペクトラムの併存症として，「約 70%以上の人が１つの精神疾患を，40%以上の人が２つ以上の精神疾患をもっているといわれています。特に知的能力障害（知的障害）が多く，その他，ADHD（注意欠如・多動症），発達性協調運動症（DCD），不安症，抑うつ障害，学習障害（限局性学習症，LD）がしばしば併存します。」とある。

22 × 厚生労働省 HP e-ヘルスネット 知的障害（精神遅滞） において，「有病率は一般人口の約１%であり，年齢によって変動します。男女比はおよそ 1.6：1（軽度）～1.2：1（重度）です。」とある。

❑❑❑　23　注意欠如多動症／注意欠如多動性障害〈AD/HD〉の有病率は，学齢期の小児の3-7％である。

❑❑❑　24　ひらがなの学習障害の有病率は約 10%である。

❑❑❑　25　障害のある子どもに対する合理的配慮には，基礎的環境整備が含まれる。

❑❑❑　26　障害のある子どもに対する合理的配慮の1つとして，学習内容の変更・調整がある。

❑❑❑　27　障害のある子どもに対する基礎的環境整備には，個別の教育支援計画や個別の指導計画の作成等による指導が含まれる。

❑❑❑　28　応用行動分析では，行動の原因を神経生理学的な出来事に求める。

❑❑❑　29　応用行動分析は，古典的条件づけに基づいた理論である。

❑❑❑　30　free operant 場面とは，個体がいつでも任意に行動を自発できる場面を指す。

23 ○ 厚生労働省 HP e-ヘルスネット ADHD（注意欠如・多動症）の診断と治療 において，「ADHD の有病率は報告によって差がありますが，学齢期の小児の3-7％程度と考えられています。」とある。

24 × 厚生労働省 HP e-ヘルスネット 学習障害（限局性学習症）において，「日本語はひらがな・カタカナ・漢字の3つの文字表記がありますが，ひらがなの学習障害は 0.8％～2.1％の有病率とされます。」とあるため，約 10％は誤りである。

25 × 厚生労働省（2012 年7月）初等中等教育分科会（第 80 回）配付資料1 特別支援教育の在り方に関する特別委員会報告 1．共生社会の形成に向けたインクルーシブ教育システム構築のための特別支援教育の推進 3．障害のある子どもが十分に教育を受けられるための合理的配慮及びその基礎となる環境整備 において，合理的配慮は「障害のある子どもが，他の子どもと平等に『教育を受ける権利』を享有・行使することを確保するために，学校の設置者及び学校が必要かつ適当な変更・調整を行うことであり，障害のある子どもに対し，その状況に応じて，学校教育を受ける場合に個別に必要とされるもの」と定義されている。

一方，基礎的環境整備に関しては，「障害のある子どもに対する支援については，法令に基づき又は財政措置により，国は全国規模で，都道府県は各都道府県内で，市町村は各市町村内で，教育環境の整備をそれぞれ行う。これらは，『合理的配慮』の基礎となる環境整備であり，それを『基礎的環境整備』と呼ぶこととする。」とあり，合理的配慮と基礎的環境整備は分けて定義されている。

26．，27．の解説から分かるように，内容としては重複する部分もあるが，実施する主体が異なる。合理的配慮は学校現場が行うものであり，基礎的環境整備は国や自治体が行うものと整理しよう。

26 ○ 25.に挙げた資料中で，合理的配慮として，教育内容・方法として教育内容における「学習上又は生活上の困難を改善・克服するための配慮」「学習内容の変更・調整」，教育方法における「情報・コミュニケーション及び教材の配慮」「学習機会や体験の確保」「心理面・健康面の配慮」，支援体制として「専門性のある指導体制の整備」「幼児児童生徒，教職員，保護者，地域の理解啓発を図るための配慮」「災害時等の支援体制の整備」，施設・設備として「校内環境のバリアフリー化」「発達・障害の状態及び特性等に応じた指導ができる施設・設備の配慮」「災害時等への対応に必要な施設・設備の配慮」の3観点 11 項目が挙げられている。

27 ○ 25.に挙げた資料中で，基礎的環境整備として，「1．ネットワークの形成・連続性のある多様な学びの場の活用 2．専門性のある指導体制の確保 3．個別の教育支援計画や個別の指導計画の作成等による指導 4．教材の確保 5．施設・設備の整備 6．専門性のある教員，支援員等の人的配置 7．個に応じた指導や学びの場の設定等による特別な指導 8．交流及び共同学習の推進」の8つの観点が挙げられている。

28 × 応用行動分析は，行動分析学の立場から応用された分野である。応用行動分析や行動分析学の立場では，行動の原因を「神経生理学的な出来事」「心的出来事」「実態のない概念（無意識や動機づけなど）」といった内的概念によって説明することはしない。行動の原因を，内的概念を生じさせたり変化させたりすることを含めた行動を生じさせる外的環境要因に求めることに特徴がある。

29 × 基本的なことであるが，応用行動分析はオペラント条件づけに基づいた理論である。

30 ○ 応用行動分析では，この free operant 場面において，対象となる個体の行動を観察することで，その行動が生じるに至る外的環境要因を解明しようとする。

❑❑❑　31　発達障害者支援法において，発達支援とは，発達障害者への発達特性に応じた医療的，社会的及び教育的援助をいう。

❑❑❑　32　発達障害者支援法に，保育所における発達障害児への適切な配慮は規定されていない。

❑❑❑　33　発達障害者支援法において，発達障害者支援センターの業務として，発達障害者の就労支援が含まれる。

❑❑❑　34　発達障害者支援法では，注意欠如多動症／注意欠如多動性障害〈AD/HD〉は支援の対象に含まれない。

❑❑❑　35　発達障害者支援法には，放課後児童クラブにおける発達障害児への配慮についても規定されている。

❑❑❑　36　障害者総合支援法では「障害者」を定義している。

31　×　発達障害者支援法（定義）第２条第４項において「この法律において『発達支援』とは，発達障害者に対し，その心理機能の適正な発達を支援し，及び円滑な社会生活を促進するため行う個々の発達障害者の特性に対応した医療的，福祉的及び教育的援助をいう。」と規定されている。つまり，発達特性に応じた医療的，福祉的及び教育的援助を発達支援といい，「社会的」ではない。

32　×　発達障害者支援法（保育）第７条において「市町村は，児童福祉法（昭和 22 年法律第 164 号）第 24 条第１項の規定により保育所における保育を行う場合又は同条第２項の規定による必要な保育を確保するための措置を講じる場合は，発達障害児の健全な発達が他の児童と共に生活することを通じて図られるよう適切な配慮をするものとする。」と規定されている。つまり，保育所における配慮も規定されている。

33　○　発達障害者支援法（発達障害者支援センター等）第 14 条において「都道府県知事は，次に掲げる業務を，社会福祉法人その他の政令で定める法人であって当該業務を適正かつ確実に行うことができると認めて指定した者に行わせ，又は自ら行うことができる。１　発達障害の早期発見，早期の発達支援等に資するよう，発達障害者及びその家族その他の関係者に対し，専門的に，その相談に応じ，又は情報の提供若しくは助言を行うこと。２　発達障害者に対し，専門的な発達支援及び就労の支援を行うこと。３　医療，保健，福祉，教育，労働等に関する業務を行う関係機関及び民間団体並びにこれに従事する者に対し発達障害についての情報の提供及び研修を行うこと。４　発達障害に関して，医療，保健，福祉，教育，労働等に関する業務を行う関係機関及び民間団体との連絡調整を行うこと。５　前各号に掲げる業務に附帯する業務」と規定されている。つまり，発達障害者に対する就労支援は発達障害者支援センターの業務の１つに規定されている。

34　×　発達障害者支援法（定義）第２条第１項において「この法律において『発達障害』とは，自閉症，アスペルガー症候群その他の広汎性発達障害，学習障害，注意欠陥多動性障害その他これに類する脳機能の障害であってその症状が通常低年齢において発現するものとして政令で定めるものをいう。」とある。つまり，発達障害の定義に注意欠如多動症／注意欠如多動性障害〈AD/HD〉が挙げられており，支援の対象に含まれる。

35　○　発達障害者支援法（放課後児童健全育成事業の利用）第９条において「市町村は，放課後児童健全育成事業について，発達障害児の利用の機会の確保を図るため，適切な配慮をするものとする。」と規定されている。

36　○　障害者総合支援法（定義）第４条第１項において「この法律において『障害者』とは，身体障害者福祉法第４条に規定する身体障害者，知的障害者福祉法にいう知的障害者のうち 18 歳以上である者及び精神保健及び精神障害者福祉に関する法律第５条に規定する精神障害者（発達障害者支援法第２条第２項に規定する発達障害者を含み，知的障害者福祉法にいう知的障害者を除く。以下「精神障害者」という。）のうち 18 歳以上である者並びに治療方法が確立していない疾病その他の特殊の疾病であって政令で定めるものによる障害の程度が厚生労働大臣が定める程度である者であって 18 歳以上であるものをいう。」と規定されている。ちなみに，身体障害者福祉法では，「身体障害者」は，「別表に掲げる身体上の障害がある 18 歳以上の者であって，都道府県知事から身体障害者手帳の交付を受けたものをいう。」（同法第４条）とある。

❑❑❑　37　発達障害者支援法では「発達障害」と「発達障害者」をそれぞれ定義している。

❑❑❑　38　知的障害者福祉法では「知的障害者」を定義している。

❑❑❑　39　障害者基本法の「障害者」の定義に発達障害は含まれない。

❑❑❑　40　精神保健福祉法における「精神障害者」の定義に精神作用物質による依存症が含まれる。

12．心理的アセスメント

❑❑❑　1　クライエントの問題は，単一の事柄と直線的な因果関係で説明できることが少ない。

❑❑❑　2　心理的アセスメントにおいては，客観的事実に対して適切にアプローチすることが最も重要である。

❑❑❑　3　心理的アセスメントにおいては，事実をどう収集し，評価をいかにするかが重要である。

❑❑❑　4　機能分析においては，言語的－認知的反応に重点をおき，問題の成り立ちについて分析を行う。

❑❑❑　5　ケース・フォーミュレーションにおいては，精神医学的診断に基づき，情報を分類，類型化して問題を理解する。

37 ○ 発達障害者支援法第２条第１項において，「発達障害」の定義として「自閉症，アスペルガー症候群その他の広汎性発達障害，学習障害，注意欠陥多動性障害その他これに類する脳機能の障害であってその症状が通常低年齢において発現するものとして政令で定めるもの」と規定されている。また，同法第２条第２項において，「発達障害者」とは「発達障害がある者であって発達障害及び社会的障壁により日常生活又は社会生活に制限を受けるもの」と規定されている。

38 × 知的障害者福祉法において「知的障害者」は定義されていない。ちなみに，2005 年の「知的障害児（者）基礎調査」においては，「知的機能の障害が発達期（概ね 18 歳まで）にあらわれ，日常生活に支障が生じているため,何らかの特別の援助を必要とする状態にある者」とされている。また，療育手帳の交付対象者は「児童相談所又は知的障害者更生相談所において知的障害であると判定された者」とされている（厚生事務次官通知「療育手帳制度について」昭和 48 年９月 27 日厚生省発児第 156 号）。

39 × 障害者基本法（定義）第２条第１号において，「障害者」とは「身体障害，知的障害，精神障害（発達障害を含む。）その他の心身の機能の障害（以下「障害」と総称する。）がある者であって，障害及び社会的障壁により継続的に日常生活又は社会生活に相当な制限を受ける状態にあるものをいう」と定義されている。

40 ○ 精神保健福祉法（定義）第５条において，「精神障害者」とは「統合失調症，精神作用物質による急性中毒又はその依存症，知的障害，精神病質その他の精神疾患を有する者をいう。」と定義されている。

---

1 ○ クライエントの問題は，生物心理社会モデルのように多元的な視点から情報を収集し，クライエントの核心となることにつながりや関係を見出し理解していこうとすることが必要である。

2 × 「最も重要」の部分が不適切である。公認心理師は，クライエントを取り巻く客観的事実と，クライエント本人だけが抱いている主観的事実の両方に適切にアプローチをする必要がある。特に，公認心理師がクライエントに出会った当初は客観的事実と主観的事実が錯綜していたり，クライエントの真意や本当の主訴が理解しにくいことも多い。

3 ○ 記述の通りである。クライエント個々人の問題がなぜ生じたのか，問題はどのように変化しているのか，問題が消失せずに続いているのはなぜか，問題を改善するためにはどのような介入が必要かといったことに関する仮説を立て，介入に反映させることをケースフォーミュレーションと呼ぶ。心理的アセスメントにおいては，このケースフォーミュレーションの視点が重要である。

4 × 機能分析においては，クライエントの反応を，言語的－認知的反応，生理的－身体的反応，行為的―動作的反応の３反応が相互に関連するシステムとして問題を維持していると考え，多面的にデータを収集する。

5 × ケース・フォーミュレーションとは，問題がどのように発現し，維持されているかを説明する仮説と定義される。精神医学とは異なり，病気や障害の診断を行うものではない。クライエントの生活を含めた心理的援助を目指す臨床心理的介入の方針を定め，問題についての臨床的見解を作成することを目的とする。

❑❑❑　6　ケース・フォーミュレーションでは，抽象的な問題もあるがままに受容し，曖昧さを尊重する。

❑❑❑　7　ケース・フォーミュレーションでは，仮説を反駁する情報も探し検証する。

❑❑❑　8　公認心理師は，科学者－実践家モデルに基づき，科学的姿勢をもって実践を行うことが求められる。

❑❑❑　9　公認心理師は，生物心理社会モデルに基づいた支援を行うことが期待されている。

❑❑❑　10　公認心理師の介入方法の選択は，効果が実証されているかを最重視して行われる必要がある。

❑❑❑　11　実証的研究においては，その再現性が担保されていることが重要である。

❑❑❑　12　公認心理師は，生物心理社会モデルの中でも特に心理的な側面を重視する。

❑❑❑　13　MMPI は，精神医学的診断の客観化を目的に作成された。

❑❑❑　14　MMPI における F 尺度は青年期に低い傾向がある。

6　×　ケース・フォーミュレーションでは，クライエントの語りや表現が具体的にどのような事態を示しているのか説明してもらい，丁寧に話を聴いていくことで具体的にその状況を明らかにしていく。そして，特定化された問題を介入の標的とする。

7　○　ケース・フォーミュレーションをクライエントに合わせるのであって，クライエントをケース・フォーミュレーションに当てはめるものではない。そのため，ケース・フォーミュレーションを支持しない情報も探し，それが存在すれば，ケース・フォーミュレーションによって立てた仮説を修正して妥当性を高める必要がある。

8　○　科学者－実践家モデルとは，心理臨床の実践家は同時に科学的研究者であることを求めるものであり，科学的な方法論を用いて実践を行うことが必要であることを指している。

9　○　生物心理社会モデルは，1977 年にロチェスター大学の精神科医であった G. L. Engel が提案した精神医療のモデルである。それまでの医療分野では，病気に対して生物学的（身体）なことだけを治療対象とする生物医学モデルが用いられていたが，その代わりに提案されたのが，生物心理社会モデルである。このモデルが主張された背景には，生活習慣病や痛みに対するケアや心理社会的なストレスによる疾患など，医学が取り扱う問題が多様化し，生物学的な視点の考え方のみでは限界や偏りが生じ，対応が難しくなってきたことが挙げられる。そのため，生物心理社会モデルは，医療現場において患者を理解する際に生物医学的側面だけでなく，心理的，社会的側面からもアプローチすることで，より多面的・統合的理解を目指そうとするものである。公認心理師においても，このモデルに基づいた理解や介入が期待されている。

10　×　アメリカ心理学会によるエビデンス・ベイスド・プラクティスの定義によると，「心理学におけるエビデンスに基づく実践は，患者の特性・文化・選択に即して，入手可能な最善のリサーチを臨床技能と統合する」とある。つまり，介入方法を選択する際には，その方法の効果の実証性と，患者の価値観，考え方，背景等の双方を考慮して選択することが求められている。

11　○　臨床心理学の科学的研究の要件として，公共客観性，追体験可能性，測定可能性，操作的定義，理論的説明の５つの重要性が指摘されている。再現性とはすなわち追体験可能性のことであり，同じ手続きを取れば誰でも同様の体験が可能であることである。

12　×　公認心理師は心理師であるからと言って，生物心理社会モデルの心理的な側面だけを重視すればよいというものではない。生物的・心理的・社会的側面からクライエントをアセスメントし，多面的に理解するだけでなく，介入・支援においても同様に，多職種と連携し多面的なアプローチの視点を持つことが求められる。

13　○　MMPI は 1930 年代後半から開発が進められ，1943 年に最初の手引きが刊行された。当初の目的は，精神医学的診断の客観化をすることであった。しかし，その後多くの研究者により標準化や質問項目が再検討され，コンピュータによる自動解釈システムが導入される中で，数多くの追加尺度の研究が行われてきた。今日では臨床心理学的観点からパーソナリティを叙述する研究手段として，及び心理アセスメントの方法として幅広く用いられている。

14　×　F 尺度は，頻度尺度と呼ぶ。F 尺度が高得点の場合，教示や文章の誤解，非協力，詐病，援助を得ようとする態度，精神障害の急性症状などを示している。また，青年期には高い傾向があることが知られている。

❑❑❑　15　MMPIにおける？尺度は，？≧20以上をもって妥当性を欠く。

❑❑❑　16　MMPIにおけるK尺度は防衛的な受検態度を検出することができる。

❑❑❑　17　MMPIの妥当性尺度には，？，L，F，Kの４種がある。

❑❑❑　18　SCTは言語連想検査から派生してきた。

❑❑❑　19　SCTをパーソナリティ査定のために用いたのはH. Ebbinghausが最初である。

❑❑❑　20　SCTは検査の目的に応じて質問項目を作成して実施することができる。

❑❑❑　21　SCTは無意識にあるコンプレックスを探ることを目的としている。

❑❑❑　22　SCTは，質問項目に対して選択肢を選び回答する質問紙検査である。

❑❑❑　23　LSAS-Jは，社交不安症を対象とした質問紙である。

❑❑❑　24　LSAS-Jは，自己評価式と面接に基づく評価の２つの方法で実施できる。

15 × ？尺度は「Cannot say scale」，疑問尺度と呼ぶ。高得点の場合，理解力不足，防衛的・拒否的態度があると見立てることができる。特に，？≧30 以上をもって妥当性を欠くと見なされる。

16 ○ K 尺度は，修正尺度と呼ぶ。高得点の場合は，防衛的態度が強いと考えられる。低得点の場合，率直さ，自己批判的態度が考えられる。4つの妥当性尺度の1つである。

17 ○ 妥当性尺度には，「どちらでもない」と回答した数が多すぎると解釈の妥当性が低くなる？尺度，社会的に望ましい方向に答える傾向を示すL尺度，あり得ない質問に「はい」と回答した数が多すぎると受検態度の歪みや精神障害が疑われるF尺度，検査に対する防衛的態度を示すK尺度がある。臨床尺度は健常群と臨床群の間で有意差が認められた質問項目で構成されているため，スクリーニング検査として有効なこと，妥当性尺度を備えていることが長所として挙げられる。

18 ○ 歴史的には，C. G. Jung による言語連想検査から影響を受けて，派生して作られたと言われている。言語連想検査とは，提示された刺激語に対して，被検者が思いついた反応語を答える投影法の心理検査である。その後，SCT を H. Ebbinghaus が知能を測定するために使ったのをはじめとし，それ以降，職業指導やパーソナリティのアセスメントを目的として使用されたりしている。

19 × H. Ebbinghaus は被検者の知能を測定する道具として文章完成法という方法を使用した。パーソナリティの査定の道具として最初に用いたのは，A. F. Payne や A. D. Tendler と言われている。

20 ○ もともと言語連想検査から作成されたことにより，「私は……」「私の母は……」といった不完全でどのようにも捉えやすい短い刺激語の後に文章を回答するという形式の検査である。SCT には，多くの種類があり，日本版では精研式，法務省式文章完成法などがある。目的に応じて文章の項目を作成し実施することができる。

21 × 言語連想検査は無意識にあるコンプレックスを探ることを目的としているが，SCT は被検者のパーソナリティや知能，環境，対人関係など広汎な情報収集を目的としている。内容を客観的に分析することや，知的側面，感情側面，社会的側面など，さまざまな視点でアセスメントできるため，検査者の主観が入りやすく注意が必要である。

22 × SCT は文章完成法と呼ばれ検査方法は質問紙を用いるが，分類としては投影法検査に含まれる。あらかじめ「私は……」「世の中は……」「職場は……」などといった未完成の状態で文章を刺激文として，その続きを被検者に考えてもらい，文章を完成させる。完成された文章の内容，構成，書き方などからパーソナリティをアセスメントする。

23 ○ 社交不安症（social anxiety disorder:SAD）は，有病率が高く，発症年齢が早いため，児童青年期における不登校の要因としても重要であり，治療的介入がなされないと長期間持続し，のちに他の精神疾患が併存することの多い要注意な精神疾患である。そこで，社交不安症の評価に用いられるのが LSAS-J（Liebowitz Social Anxiety Scale 日本語版）であり，信頼性や妥当性が確認されている質問紙検査である。

24 ○ LSAS は，面接により評価者が評価する尺度として開発されたが，自己記入式での評価についても検討されている。また，LSAS-J は，面接に基づく評価および自己記入式による評価いずれにおいても内的整合性は保たれ，収束的妥当性が認められている。

❑❑❑　25　LSAS-J の評価は，被検者が過去1か月に経験したことをもとに行う。

❑❑❑　26　LSAS-J は 12 の項目からなる質問紙である。

❑❑❑　27　LSAS-J は4件法の質問紙である。

❑❑❑　28　WHOQOL の生活の質の定義は，WHO の健康の定義と合致する。

❑❑❑　29　WHOQOL26 は，日本国内の QOL に関する研究から開発された。

❑❑❑　30　WHOQOL26 において，被検者は過去2か月を振り返って質問に答える。

❑❑❑　31　WHOQOL26 の全項目は，身体的領域，心理的領域，環境領域の3つに分けられる。

❑❑❑　32　WHOQOL26 においては，各質問において3件法で答える。

❑❑❑　33　ロールシャッハ・テストでは，ΣF+%≧60 が平均である。

❑❑❑　34　ロールシャッハ・テストにおけるおおよその平均反応数は 15～45 の範囲と考えられている。

25　×　評価は，過去１週間に経験したことをもとに恐怖感／不安感の程度，回避行動の程度を行う。もし項目の状況を経験しなかった場合は，項目の状況におかれたことを想像してもらい評価をする。

26　×　LSAS-J では，24 の項目について恐怖感／不安感の程度と回避行動の程度を４段階で評価する。ちなみに，１項目ごとに，最初に恐怖感／不安感の程度を評価し，次に回避行動の程度を評価する。必ず１項目ごとに恐怖感／不安感の程度，回避行動の程度の順番で評価するようにする。

27　○　LSAS 英語版を日本語に翻訳し，その内容がわが国において SAD 患者の臨床症状出現状況として適していることを北海道大学病院精神科神経科の診療録をもとに検討し確認している。恐怖感／不安感の程度の評価については，LSAS 英語版では，０=none，１=mild，２=moderate，３=severe の評価基準となっているが，日本語版作成においては評価のしやすさを考慮し，０=全く感じない，１=少しは感じる，２=はっきりと感じる，３=非常に強く感じる，とされている。

28　○　WHOQOL では，生活の質（QOL）を「個人が生活する文化や価値観の中で，目標や期待，基準および関心に関わる自分自身の人生の状況についての認識」と定義している。これは，人の身体的・精神的な自立のレベル，社会関係，信念，環境などの重要な側面との関わりという複雑なあり方を取り入れた広範囲な概念である。これは，WHO の健康の定義である「健康とは，身体的，精神的，社会的に良好な状態であり，単に疾病に罹患しておらず，衰弱していない状態ということではない」とも合致するものである。

29　×　WHOQOL26 は 1990 年に世界中の QOL 研究を集め検討するところから始まり，1997 年に WHOQOL26 調査票が完成した。翌年の 1998 年に WHOQOL26 日本語版が発表され，開発までに約８年かかっている。

30　×　各質問において，過去２週間の生活の中で，望んだこと，喜んだこと，関心を持ったことを思い出すように教示がなされる。

31　×　身体的領域，心理的領域，社会的関係領域，環境領域の４つである。身体的領域は，日常生活動作，医薬品と医療への依存，活力と疲労，移動能力，痛みと不快，睡眠と休養，仕事の能力である。心理的領域は，ボディ・イメージ，否定的感情，肯定的感情，自己評価，精神性・宗教・信念，思考・学習・記憶・集中力である。社会的関係領域は，人間関係，社会的支え，性的活動である。環境領域は，金銭関係，自由・安全と治安，健康と社会的ケア：利用のしやすさと質，居住環境，新しい情報・技術の獲得の機会，余暇活動への参加と機会，生活圏の環境，交通手段である。

32　×　３件法ではなく５件法である。26 項目について，「過去２週間にどのように感じたか」，「過去２週間にどのくらい満足したか」，あるいは「過去２週間にどのくらいの頻度で経験したか」を，「まったくない（まったく悪い，まったく不満）」「少しだけ（悪い，少し不満）」「多少は（ふつう，どちらでもない）」「かなり（良い，満足，かなり頻繁に）」「非常に（非常によい，非常に満足，常に）」の５段階で回答してもらう。

33　×　ΣF+%≧70 が平均である。F+%と同様に，ΣF+%は，純粋良形態反応の割合とされる。ΣF+%はより開かれた変化に富んだ状況における，自己統制や現実吟味の程度を示す。

34　○　反応数が多いと野心的・緊張過度・協力的傾向を表す。反対に反応数が少ないと非生産的・非協力的・抑うつ的傾向を表す。

❑❑❑　35　ロールシャッハ・テストにおいて，M は内的緊張や葛藤の指標になる。

❑❑❑　36　ロールシャッハ・テストにおける Dd の平均値は 20%以下である。

❑❑❑　37　SRS-2は，DSM-5の注意欠如多動症／注意欠如多動性障害〈AD/HD〉の診断基準に対応している。

❑❑❑　38　SRS-2は，質問 65 項目，4件法のリッカート尺度である。

❑❑❑　39　SRS-2の成人版では，本人が評定を行うこともできる。

❑❑❑　40　SRS-2は，知的発達に障害がある者にも適応できる検査である。

❑❑❑　41　SRS-2の実施や結果の解釈は簡便であるため，基本的な心理検査の訓練を受けていない者でも使用できる。

❑❑❑　42　SDS は 20 項目の質問で構成されている。

35 × 内的緊張や葛藤の指標になるのはmである。m は，非生物運動反応のことである。m≧2 で緊張が強いと考えられる。M は人間運動反応のことであり，知能や想像力，内的安定性，共感性などを示す。

36 × Dd の平均値は 10%以下である。Dd は特殊部分反応のことである。インクブロットの領域を用いているが，全体反応，部分反応のいずれにも分類できない反応のことを指す。形態水準が高いと知的だが，不安，強迫的な傾向も表す。また，物事の特異な見方を反映する指標と考えられている。

37 × SRS-2は，DSM-5の自閉スペクトラム症／自閉症スペクトラム障害〈ASD〉の2つの症状，社会的コミュニケーションと対人的相互交流（Social Communication and Interaction）と興味の限局と反復行動（Restricted Interests and Repetitive Behavior）に対応する２つの下位尺度が構成されている。注意欠如多動症／注意欠如多動性障害〈AD/HD〉に対応したものではない。

38 ○ SRS-２とは，対人応答性尺度第２版（Social Responsiveness Scale, Second Edition）のことである。主に，自閉スペクトラム症／自閉症スペクトラム障害〈ASD〉と関連した社会性の症状を客観的に測定する。全 65 項目からなり，「あてはまらない」「ときどきあてはまる」「たいていあてはまる」「ほとんどいつもあてはまる」の４件法によるリッカート尺度である。

39 ○ SRS-2は，２歳半から成人までを対象に評定できる４種類のフォームがある。すべて評定は，平均的な読解能力をもつ成人が行う。幼児版（２歳半～４歳半）と児童版（４歳～18 歳）は，保護者や教師が評定し，成人版（他者評定用）（19 歳以上）は，両親，配偶者，他の親戚，あるいは友人が評定する。成人の場合，オプションの成人版（自己評定用）（19 歳以上）を使えば，本人が評定することもできる。

40 × SRS-2のマニュアルには，SRS-2の総合得点は一般知能とわずかに相関しているが，正規分布から外れる子どもに必ずしもあてはまらない，とある。また，得点範囲についての検討は，IQ70 以上を対象とした研究に基づいていたため，知的能力がそれ以下の人に関する研究はまだないとされている。そのため，例えば知的障害のある子どもの SRS-２得点が高い時は，臨床的な判断を要する場合があるとされている。

41 × SRS-2は，心理や教育の検査に精通した専門家およびそれに準ずる人なら，容易に実施と採点ができる。しかし，信頼性および妥当性の高い結果を得るためには，少なくとも基本的な心理検査の訓練を受けていることが必要である。結果の解釈や適用を行うためには，子どもの発達，心理学，教育学における訓練や経験をもった専門家によるスーパービジョンを受けなければならないとされている。

42 ○ SDS（うつ性自己評価尺度）は 20 項目の質問で構成されている。所要時間は約 10 分程度と，短時間で回答できるため，診断補助のスクリーニングや治療過程における改善の指標として使用されている。

❑❑❑　43　新版K式発達検査では，基本的に検査の順序は決まっていない。

❑❑❑　44　新版K式発達検査では，やむを得ない場合，項目の達成を保護者からの聴取により判定することがある。

❑❑❑　45　新版K式発達検査は，0歳から4歳7か月を適用年齢としている。

❑❑❑　46　新版K式発達検査は流動性知能尺度と結晶性知能尺度から構成される。

❑❑❑　47　新版K式発達検査では個別指導計画作成のため，課題達成を3件法で評価する。

❑❑❑　48　新版K式発達検査で，姿勢・運動領域は乳幼児のみに検査項目がある。

❑❑❑　49　日本語版 KABC-Ⅱは，17歳の学生にも実施できる。

❑❑❑　50　日本語版 KABC-Ⅱは，10分程度で終わる簡便な検査である。

❑❑❑　51　日本語版 KABC-Ⅱは，自閉スペクトラム症／自閉スペクトラム障害〈ASD〉のスクリーニング検査である。

43 ○ 新版K式発達検査は，Buhler, C.や Gesell, A.の発達理論を参考に開発されている。個別式検査ではあるが，被検者である子どもと検査者が自然な流れで，一緒に関わりながら検査を実施できることを大切にするため，基本的には検査の順序は決まっていない（ただし，0歳児を対象とした場合，仰臥位，座位，這い這い，立位，腹臥位など，実施法に従って施行する）。問題は，「姿勢・運動領域（Postural-Motor；P-M）」「認知・適応領域（Cognitive-Adaptive；C-A）」「言語・社会領域（Language-Social；L-S）」の３領域から成る。結果は，各領域で，生活年齢（CA）と発達年齢（DA）から発達指数（DQ）を算出する。

44 ○ 新版K式発達検査は，主に乳幼児や児童などに対して行われる個別式検査である。規定の検査用具を使い，規定の教示のもとで被検者の反応を観察し記録する。ただし，保護者からの聴取による判定は推奨されてはいないが，やむを得ない場合に限り行う。

45 × 新版K式発達検査では適用年齢を０歳３か月から成人としている。０歳から４歳７か月を適用年齢としているのは，遠城寺式乳幼児分析的発達検査法である。

46 × 新版K式発達検査に流動性知能尺度と結晶性知能尺度は設定されていない。上記にあるように，新版K式発達検査の問題は，「姿勢・運動領域（Postural-Motor；P-M）」「認知・適応領域（Cognitive-Adaptive；C-A）」「言語・社会領域（Language-Social；L-S）」の３領域から成る。

47 × 新版K式発達検査 2001 では，主に課題を達成できたか否かという２件法で評価する。課題達成の場合「＋」，課題が達成できなかった場合は「－」を検査用紙に記入していく。ちなみに，自閉症児の発達のばらつきと自閉症特有の行動をアセスメントすることを通して教育の手がかりを得ることを主な目的としている PEP-3 （Psychoeducational Profile-Third Edition）は，採点結果を合格（２点），芽生え反応（１点），不合格（０点）に数値化し，総合点が求められると同時に，発達の各領域の得点が求められる。

48 ○ 姿勢・運動領域（Postural-Motor；P-M）の検査項目は３歳６か月未満の乳幼児に設定されているが，３歳６か月以降は設定されていない。

49 ○ 日本版 KABC-Ⅱは 2013 年に，Kaufman 夫妻によって作られたK-ABC が改訂され，刊行された。学習障害児やその他の障害児の心理・教育的アセスメント，学習計画などの作成に活かすことを意図として作成された。この検査の特徴は，全般的な知能をアセスメントできることに加えて，学習の習得度をアセスメントできるところが挙げられる。適用年齢は，２歳６か月～18 歳 11 か月である。

50 × 日本版 KABC-Ⅱでは，認知尺度と習得尺度の２つの総合尺度に分けられている。下位検査として，認知尺度は，継次尺度，同時尺度，学習尺度，計画尺度で構成されており，習得尺度は，語彙尺度，読み尺度，書き尺度，算数尺度から構成される。これらのことから，検査項目は多岐にわたる。そのため，検査実施のための所要時間はおよそ 30 分から 120 分と開きが大きい。具体的には，２歳６か月から４歳までの被検者では認知尺度に約 20 分，習得尺度に約 10 分かかり，合計 30 分ほど要する。５歳から６歳までの被検者では認知尺度に約 50 分，習得尺度に約 20 分かかり，合計 70 分ほど要する。７歳から 18 歳までの被検者では認知尺度に約 70 分，習得尺度に約 50 分かかり，合計 120 分ほど要する。

51 × 日本版 KABC-Ⅱは，教育における学力をアセスメントできる特徴を持ち，教育場面において指導に活かしやすいものとなっている。つまり，自閉スペクトラム症／自閉スペクトラム障害〈ASD〉のスクリーニング検査としての役割はない。

❑❑❑　52　日本語版 KABC-Ⅱでは，被検者である児童の主たる養育者から聴き取りを行う項目がある。

❑❑❑　53　日本語版 KABC-Ⅱは，米国版 KABC-Ⅱの翻訳版である。

❑❑❑　54　WISC-Ⅳは，被検者の認知特性を捉えることを目的としている。

❑❑❑　55　WISC-IV では，言語性 IQ と動作性 IQ を算出することができる。

❑❑❑　56　WISC-IV は，発達障害のスクリーニング検査として用いることができる。

❑❑❑　57　WISC-IV には，視覚的な短期記憶を評価する指標が存在する。

❑❑❑　58　WISC-IV におけるパーセンタイル順位とは，ある得点の上に何%の児童が位置するかを示し，同年齢集団における被検者の位置を示す。

52　×　日本語版 KABC-Ⅱは，被検者である児童に実施する検査である。そのため，被検者である児童の主たる保護者から聴き取りを行い，その結果を評価する項目は存在しない。

53　×　日本の心理・教育アセスメントの現状を踏まえ，米国版 KABC-Ⅱとは異なる構成となっているため，日本語版 KABC-Ⅱは米国版 KABC-Ⅱの翻訳版ではない。例えば，習得尺度の語彙尺度では，日本語版 KABC-Ⅱの項目は米国版 KABC-Ⅱをもとに作成されているが，欧米文化における一般的語彙に関しては，日本文化における一般的語彙に変更するなど一部項目を替える配慮がなされている。

54　○　WISC-Ⅳは，被検者となる児童に対して個別的環境において実施する個別式検査である。全体的な認知能力を表す全検査 IQ（FSIQ）と，それを構成する４つの指標得点である言語理解指標（VCI）・知覚推理指標（PRI）・ワーキングメモリー指標（WMI）・処理速度指標（PSI）のそれぞれの認知能力をアセスメントする。認知特性を捉えることを目的としており，被検者の認知能力やその偏りを捉えることができる。また，適用年齢は５歳０か月から 16 歳 11 か月となっている。

55　×　WISC-Ⅳは，４つの指標得点「言語理解指標（Verbal Comprehension Index：VCI），知覚推理指標（Perceptual Reasoning Index：PRI），ワーキングメモリー指標（Working Memory index：WMI），処理速度指標（Processing Speed Index：PSI）」と，その下位検査で構成される。下位検査は，10 の基本検査と５の補助検査で成り立つ。結果は，基本的には，全検査 IQ（FSIQ）と４つの指標得点として，５つの合成得点を算出する。WISC-Ⅳの前版である WISC-Ⅲでは言語性 IQ と動作性 IQ を算出することで結果が出されていたが，WISC-Ⅳへの改訂を機に，言語性 IQ や動作性 IQ を算出することは廃止された。

56　×　WISC-Ⅳは４つの指標得点から個人内差（ディスクレパンシー）を検討できることが大きな特徴である。これは，被検者の強い力と弱い力を明らかにして，その差があるか，どの程度の差なのかを検討することである。これらは被検者の認知特性を明らかにすることであり，その結果は被検者に対する支援に生かされる。発達障害をスクリーニングすることがWISC-Ⅳの目的はなく，そのような解釈を行うことは直接的にはできない。

57　×　WISC-Ⅳにおける指標では，視覚的な短期記憶を測定する指標は存在しない。WISC-Ⅳのワーキングメモリー指標は，聞いた情報を記憶に一時的にとどめ，その情報を操作する能力を測定するものである。つまり，聴覚的な短期記憶を評価することが可能である。また，言語理解指標は，主に言語理解能力を測定し，言葉の概念を捉え，言葉を使って推論する能力を測定する。知覚推理指標は，非言語的な情報をもとに推論する力や，新奇な情報に基づく課題処理能力を測定する。処理速度指標は，単純な視覚情報を素早く正確に，順序良く処理，あるいは識別する能力を測定する。

58　×　パーセンタイル順位とは，ある得点の「下」に何%の児童が位置するかを示し，同年齢集団における被検者の位置を示す。

❏❏❏　59　WISC-IV では，下位検査を実施することで７つの合成得点を使用することが可能である。

❏❏❏　60　DN-CAS 認知評価システムは，PASS 理論を基礎としている。

❏❏❏　61　DN-CAS 認知評価システムでは，イプサティブな方法により強い力と弱い力を評価する。

❏❏❏　62　DN-CAS 認知評価システムは，１回目と２回目の検査結果を比較することができる。

❏❏❏　63　DN-CAS 認知評価システムにおける下位検査である「系列つなぎ」は，TMT と類似している。

❏❏❏　64　DN-CAS 認知評価システムにおける下位検査である「表出の制御」に，ストループテストとの類似点はない。

59 ○ WISC-Ⅳは7つの合成得点を算出することができる。基本的には，全検査 IQ（FSIQ）と4つの指標得点を合わせた5つの合成得点を算出するが，この5つに加えて一般知的能力指標（General Ability Index：GAI）と認知熟達度指標（Cognitive Proficiency Index：CPI）の2つの合成得点を算出し評価することができるため，合計で7つの合成得点を算出することができる。GAI 指標とは，言語理解指標及び知覚推理指標の下位検査に基づいて算出されるため，知能の核心部分に関わる指標と考えることができる。一方，CPI 指標とは，ワーキングメモリー指標と処理速度指標の下位検査に基づいて算出されるため，短期記憶や単調な筆記作業といった，熟達して自動化され情報を流暢に処理する能力を反映していると考えることができる。

60 ○ DN-CAS 認知評価システムとは，2007 年に日本版が刊行された認知機能をアセスメントする検査である。全検査標準得点と，プランニング，注意，同時処理，継次処理のそれぞれの認知処理過程を評価できる。ロシアの心理学者 A. R. Luria の神経心理学モデルから導き出された J. P. Das による知能の PASS 理論を基礎とする。J. A. Naglieri と Das によって開発された個別式検査である。適用年齢は5歳0か月から17歳11か月までとなっている。

61 ○ DN-CAS 認知評価システムでは，PASS 標準得点として PASS 尺度ごとに4つの標準得点を算出するだけでなく，標準得点の平均と各 PASS 尺度の標準得点との差が有意であるかを評価することで，強い認知面と弱い認知面とを把握することができる。これは標準得点だけでなく下位検査における評価点でも同様である。J. A. Naglieri はこれらの分析プロセスをイプサティブな方法（Ipsative method）と呼び，DN-CAS 認知評価システムの記録用紙上のワークシートにおいて分析を可能にした。

62 ○ DN-CAS 認知評価システムは，1回目と2回目の検査結果を比較することができ，時間経過による変化を検証することができる。この時間経過とは，1年ないし2年の間隔を置いて行うことが望ましいとされる。ちなみに，WISC-Ⅳでは2回以上検査を実施する際には1年ないし1年半の間隔を空けることが望ましいとされる。

63 ○ 下位検査の系列つなぎは，数，あるいは数と文字を交互に順番に線でつなぐ課題である。また，TMT（Trail Making Test）はA4紙に数字やひらがなが記載されていて，それをルールに沿って鉛筆の線で結ぶ。数字のみが書かれた円を順に線で結んだり，数字とひらがなを交互に順に結んだりといったように進めていく。

64 × 下位検査の表出の制御は，5〜7歳を対象とする課題では絵の大きさに関わらず実際の動物の大きさを答えるものであり，8〜17 歳を対象とする課題では色の名前の文字を読まずに印刷された色を答えるものである。また，ストループテストは色の名前が示す色とは異なる色で実際には印字された色の名前の単語を読み上げるという状況の中で選択的注意能力を評価するものである。各研究者によって刺激する色の数や語の数，課題の数などは異なるが，概ね共通しているのは日常的に習慣化されたステレオタイプ的な反応を抑制する能力を評価するものである。

❑❑❑　65　P-Fスタディは，S. Freudの精神分析学を実験的に研究するために創始された。

❑❑❑　66　P-Fスタディでは，攻撃性の方向が内外ともに向けられずに回避される反応を自責反応と解釈する。

❑❑❑　67　P-Fスタディにおいて GCR値が低い場合，ステレオタイプな性格傾向と評価することができる。

❑❑❑　68　P-Fスタディにおける Aggressionは，生理学的水準である食物補給までを含む。

❑❑❑　69　YG性格検査の質問項目数は MPIよりも多い。

❑❑❑　70　YG性格検査は 10の尺度からなり，妥当性尺度が含まれている。

❑❑❑　71　YG性格検査の性格類型におけるB型は Black List Type，C型は Calm Typeである。

65 ○ P-Fスタディは，P-Fスタディ（Picture-Frustration Study）は，S. Rosenzweigが，自らのフラストレーション耐性理論に基づいて開発した投影法検査である。S. Freudの精神分析学を実験的に研究するため創始されたのが始まりであると言われている。24種類の漫画風に描かれた絵場面から構成され，各場面で2人の人物が描かれており，左側の人物が発している言葉に対し，右側の人物の応答を空欄に記入するようになっている。それらの場面は，欲求不満場面として，自我阻害場面と超自我阻害場面の2つに大別される。日常的に遭遇しそうなフラストレーション場面に対する被検者の反応を分析することで，フラストレーションやストレスに対する耐性，あるいは集団場面での適応力や自己主張，攻撃性などを予測することができる。

66 × 攻撃性，つまりアグレッションが内外ともに向けられない場合を無責的と解釈する。アグレッションが内に向く場合を自責的とする。また，アグレッションが外に向く場合を他責的とする。

67 × GCR値とは全体との一致率である。つまり，GCR値が低い場合は不適応の可能性を解釈する。ただし，GCR値が高い場合は適応度が高いと考えるが，高すぎる場合は紋切り型の反応をするステレオタイプな性格傾向と評価することができる。

68 ○ Aggressionという用語に関しては，Rosenzweig, S.の広義の意味では⑴普通の生活状態における一般的な主張性（assertiveness），⑵そのような行動のもとになる神経系のメカニズム，⑶これらの行動を伝達あるいは促進する生理学的条件を含んだものと定義されている。つまり，Aggressionの広義の意味は主張性である。この主張性とは，最も原始的なものとしては生存に必要な空気や食物をとるという生理学的水準のものまでを含む。これらのことからAggressionという用語は全ての目標を志向する行動に含まれていると考えることができるため，単に「攻撃」「攻撃性」と訳すよりも，「アグレッション」「Aggression」という用語を用いることが妥当であると考えられている。

69 ○ YG性格検査（矢田部ギルフォード性格検査）は，J.P. Guilford（ギルフォード）らが作成した人格目録を踏まえて，日本において矢田部達郎・園原太郎らが原型を作成し，辻岡美延によって改訂された検査である。つまり，日本によって開発された，日本人用に標準化された質問紙法の性格検査である。質問項目は，全120項目である。一方，モーズレイ性格検査（Maudsley Personality Inventory：MPI）の項目数は80である。神経質的傾向（N尺度）および外向性（E尺度）を測るための2つの尺度があり，それぞれの項目は24ずつである。このほかに虚偽発見尺度（L尺度）20項目が含まれている。また，E・N・Lの3尺度の他に，採点されない項目12を加え，全体の項目数を80にしてある。

70 × YG性格検査は12の尺度からなり，妥当性尺度は存在しない。12の尺度とは，D（抑うつ性）尺度，C（回帰性傾向）尺度，I（劣等感）尺度，N（神経質）尺度，O（客観性のなさ）尺度，Co（協調性のなさ）尺度，Ag（愛想の悪さ，あるいは攻撃性）尺度，G（一般的活動性）尺度，R（のんきさ）尺度，T（思考的外向）尺度，A（支配性）尺度，S（社会的外向）尺度である。

71 ○ 上述の12の尺度の得点状況により，プロフィールを描き，5つの性格類型から結果を判断する。5つの性格類型は，A型（Average Type），B型（Blacklist Type），C型（Calm Type），D型（Director Type），E型（Eccentric Type）である。この5つは典型とされるが，典型のほかに準型，亜型（混合型）が存在する。準型はA'，B'，C'，D'，E'の5つ，亜型はA''，AB，AC，AD，AEの5つである。

❏❏❏　72　YG性格検査は，被検者の精神面と身体面の自覚症状を短時間で測定できる。

❏❏❏　73　CARS2日本語版は，6歳以上には実施できない。

❏❏❏　74　CHEDYは，子どもの保育者が評価する検査である。

❏❏❏　75　TSCCは，成人のトラウマ体験後に呈する精神症状などを評価するための尺度である。

❏❏❏　76　田中ビネー知能検査Ⅴは，成人も対象としている。

❏❏❏　77　PARS-TRは，自閉スペクトラム症／自閉症スペクトラム障害〈ASD〉のアセスメントに特化している。

❏❏❏　78　テストバッテリーを組んだ心理検査を分析するにあたっては，実施した心理検査の中で最も重視する心理検査を1つ決め，それを中心に分析するのが一般的である。

❏❏❏　79　心理検査の結果をフィードバックする際は，クライエントの長所を伝えることも重要である。

❏❏❏　80　HAM-Dは，うつ病を診断するためには使われない。

72 × YG 性格検査は，被検者の性格をアセスメントするものであるため，被検者の精神面と身体面の自覚症状を短時間で測定できない。ちなみに，被検者の精神面と身体面の自覚症状を短時間で測定できるのは，コーネル・メディカル・インデックス健康調査票（Cornell Medical Index：CMI）である。CMI は，医師が診察の中で患者に対して尋ねるような項目を質問項目としている。

73 × CARS２日本語版とは，小児自閉症評定尺度（Childhood Autism Rating Scale）第２版日本語版のことである。この検査は，自閉スペクトラム症／自閉症スペクトラム障害〈ASD〉の診断評価とその重症度が測定でき，適用年齢は２歳から成人となっている。検査用紙は標準版（CARS２-ST），高機能版（CARS２-HF），保護者用質問紙（CARS２-QPC）の３種類存在する。標準版（CARS２-ST）の対象となるのは「２歳以上６歳未満の被検者」，もしくは「６歳以上であるが IQ が 79 以下，または意思疎通に困難さがある被検者」である。一方，IQ80 以上で流暢に話しができ意思疎通が行える被検者に関しては高機能版（CARS２-HF）を使用する。

74 ○ CHEDY とは，幼児用発達障害チェックリスト（Checklist for Developmental Disabilities in Young Children）のことである。子どもの保育者が評価する検査である。発達障害のスクリーニングを目的としている。対象は，保育機関に在籍する４歳から６歳までの就学前児童である。

75 × TSCC（Trauma Symptom Checklist for Children）は，子ども用トラウマ症状チェックリストのことである。８歳から 16 歳の子どもを対象とした自記式評価尺度であり，トラウマ体験後に呈する精神症状などを評価するための尺度である。

76 ○ 田中ビネー知能検査Ⅴは，田中寛一によって日本で標準化されたビネー式知能検査であり，全般的な知的水準をアセスメントすることができる。対象年齢を２歳～成人までとしている。結果は，２歳～13 歳 11 か月までは，精神年齢（MA）を算出し，そこから知能指数を「精神年齢÷生活年齢×100」で示す。14 歳０か月以上では，精神年齢は算出せず，偏差知能指数（DIQ）を算出することになっている。

77 ○ PARS-TR（Parent-interview ASD Rating Scale-Text Revision）は，PARS のテキスト改定版のことであり，親面接式自閉スペクトラム症評定尺度と訳される。この検査は自閉スペクトラム症／自閉症スペクトラム障害〈ASD〉のアセスメントに特化している。

78 × テストバッテリーとは，クライエントを多面的に理解し，今後の支援の方向性を検討するために，複数の心理検査を組み合わせて実施することである。テストバッテリーを組んだ心理検査のどちらかに重点を置いて分析することは，公認心理師の主観や先入観が検査結果の解釈に影響を与える可能性があるため，適切な分析とは言えない。

79 ○ 心理検査の結果をクライエントやその保護者にフィードバックする際は，クライエントの強みなどポジティブな情報も本人や周囲に伝えることも重要な要素であり，それにより，今後，継続して心理支援を受けることや変化へのモチベーションの向上につながることが期待される。

80 ○ HAM-D（Hamilton Depression Rating Scale）とは，ハミルトンうつ病評価尺度を指す。現在では，うつ病の重症度を測定する際に最も広く用いられているが，この尺度はうつ病を診断するためのものではなく，すでにうつ病と診断された患者に対して，その重症度の推移を観察するために開発された。

❑❑❑　81　BDI は所要時間が長いため，診断補助のスクリーニングには不向きである。

❑❑❑　82　CMI は４件法の質問紙である。

❑❑❑　83　CES-D は，過去１か月間の症状の頻度を問うものである。

❑❑❑　84　心理検査の結果報告の際は，検査者の主観が入るのを避けるため，観察によるアセスメントは含まない。

❑❑❑　85　心理検査の項目内容や構成，採点内容，分析方法は専門的な内容であるため，非専門家に露出してはならない。

❑❑❑　86　心理検査は専門的な業務であるため，専門的な用語を使用して報告書を作成する。

❑❑❑　87　クライエントが未成年の場合，心理検査の結果は保護者にだけ伝える。

13. 心理学的支援法

❑❑❑　1　認知再構成法では，幼少期の体験を再体験してもらう。

❑❑❑　2　認知再構成法の思考記録表では，その状況で生じた感情も記録する。

❑❑❑　3　行動療法は，学習理論，行動論を基礎理論として計画された実験的研究から導かれている。

❑❑❑　4　行動療法において，治癒は症状それ自体を統制すること，つまり，不適応な条件反応を消去し，望ましい条件反応を確立することによって達せられると考える。

81 × BDI（ベック抑うつ質問票）はDSM-Ⅳの診断基準に沿って21項目の質問で構成されている。所要時間は約5-10分程度と，短時間で回答でき，診断補助のスクリーニングや治療過程における改善の指標として使用されている。

82 × CMI（コーネル・メディカル・インデックス）は，男性211項目/女性213項目の身体的・精神的症状に関する質問に「はい」「いいえ」の2件法で回答する。初診時の問診の補助やスクリーニングテストとして使用されているが，所要時間は約30分程度である。

83 × CES-D（うつ病自己評価記入尺度）は過去1週間の症状の頻度を問う20項目の質問で構成されている。既存尺度の項目を参考にして作成され，特異性や陽性的中率の高さが確認されている。所要時間は約10-15分程度である。

84 × 検査結果と観察法による所見は，明確に分けて報告する必要がある。しかし，検査結果のみならず，検査場面で観察されたクライエントの非言語的な情報を含めた多角的なアセスメントは，心理支援に有益な影響を与えると考えられる。また，検査に対する被検者の取組の様子などを踏まえて検査結果を分析・解釈することは，より適確なアセスメントにつながる。

85 ○ 検査項目の露出は，検査自体の価値を損なう恐れがあるため，あってはならないことである。例えば，WISC-Ⅳ知能検査では，出版元である日本文化科学社からテクニカルレポートとして，検査項目を露出してはならないと明確に示されている。

86 × 検査の報告書は，報告を受ける読み手が理解できるようなわかりやすい表現を用いなければならない。専門的な用語を不用意に用いることは，検査結果の誤解につながりやすい。万が一，専門的な用語を用いる際は，正確な理解ができるように丁寧な説明を行う必要がある。

87 × クライエントが未成年の場合とはいえ，クライエント本人にも結果を伝えることは必要である。特に，学齢期や思春期のクライエントの場合，自分自身が受けた検査結果がどのような結果であったのか，それを知ることで自己理解につながり，それがクライエントの変容につながる可能性もある。

---

1 × 認知再構成法は認知行動療法で用いられる技法の1つで，クライエントの認知の歪みを修正し，新たな思考の獲得を目指すものである。認知再構成法では，まず，クライエントの歪んだ自動思考がどのような状況で起こるのかを詳しく確認するところから始まる。自分の考えのパターンに気づいてもらうために，現在クライエントが経験している状況に基づいて検証するため，幼少期の頃の過去の体験を積極的に取り上げることはしない。

2 ○ 思考記録表はクライエントのゆがんだ自動思考がどのような状況で起こるのかを客観的に確認しやすくするための記録である。ある状況で生じた感情，考えやイメージ，そのときの行動などをクライエントが記録し，それを基にセラピストとともに検証していく。

3 ○ 行動療法は1959年にH. J. Eysenckが「学習理論に基づき，実験によって基礎づけられた全ての行動変容法」と定義した。一方で精神分析療法は，必要な統制的観察，または実験なしに行われた臨床的観察から導かれている，とされている。

4 ○ 記述の通りである。一方で精神分析療法は，治癒は無意識の力動を統制することによって達せられるのであって，症状それ自体を統制することによって達せられるのではない，としている。

❑❑❑　5　行動療法において，転移関係は神経症の治癒に欠くことのできないものである。

❑❑❑　6　行動療法において，解釈はたとえ完全に主観的でも誤りでもない場合にも，無関係なものである。

❑❑❑　7　ソーシャルスキルトレーニングでは，モデリングは用いない。

❑❑❑　8　アクセプタンス・アンド・コミットメントセラピーでは，クライエントの不適応状態の背景に心理的非柔軟性を想定している。

❑❑❑　9　トークン・エコノミー法はバックアップ強化子を用いて望ましい行動の強化を図る。

❑❑❑　10　曝露反応妨害法は，うつ病に効果が高い治療法として適用される。

❑❑❑　11　機能分析では，問題行動を持続させている循環を分析する。

❑❑❑　12　精神分析的心理療法において，行動化は抵抗の一種として解釈される。

❑❑❑　13　精神分析的心理療法における治療抵抗は，心理療法のプロセスにおいて，中期以降に現れる。

❑❑❑　14　精神分析療法における転移とは，クライエントの幼少期の親子関係が現在の親子関係において再現されることをいう。

❑❑❑　15　精神分析療法においては，セラピストが解釈をすることで，クライエントは不安やその結果としての防衛を洞察し，防衛されている内容を言語化できるようになっていく。

❑❑❑　16　P. Fonagy らが開発したメンタライゼーション精神力動療法は，回避性パーソナリティ障害の治療法として有効性が示されている。

5 × これは精神分析療法の記述である。行動療法は，転移関係（個人的関係）は，ある状況では有用であることもあるが，神経症の治癒に欠くことのできないものではない，としている。

6 ○ 記述の通りである。一方で精神分析療法は，症状，夢などの解釈は重要な処置の要素である，としている。

7 × ソーシャルスキルトレーニングは，社会的スキルの獲得を目指し，教示やモデリング，リハーサルといった方法を用いる，認知行動療法の技法である。

8 ○ アクセプタンス・アンド・コミットメントセラピーは，関係フレーム理論を基盤とした心理療法である。心理的非柔軟性とは，脆弱な自己知識，体験の回避，認知的フュージョン，回避の持続，価値の明確化の不足などを指し，このような状態から脱することを目標とするものである。

9 ○ トークンは代理貨幣であり，それ自体は価値のあるものではない。トークンを集めて，クライエントにとって価値のあるもの＝バックアップ強化子と交換できることで，行動の強化を図る。

10 × 曝露反応妨害法は，主に不安症や強迫症の治療法として用いられる技法である。不安や緊張が喚起される刺激に曝露し，それに対する反応を抑えることで反応の鎮静化を図る方法である。

11 ○ 機能分析の考え方の基本は，行動分析にある。行動分析では，行動（反応）が生じるきっかけとなる刺激と，その行動が生じた後に起こる結果を整理し，刺激－行動（反応）－結果の三項随伴性の分析を行う。機能分析では，「生理的－身体的」反応，「認知的－言語的」反応，「行為的－動作的」反応の３つの反応を分析したうえで，その関連性を検討し，問題を維持させている悪循環を明らかにすることを目的としている。

12 ○ 行動化とは，クライエントの不安や葛藤などの無意識的衝動を行動に移すことで解消しようとすることである。これは精神分析的心理療法において自分の気持ちに向き合う作業を妨害する行為と解釈される。

13 × 抵抗は心理療法プロセスの中期以降に顕在化することも多いが，あらゆる時期に生じる可能性がある。

14 × 転移は本来，精神分析療法において生じるクライエントのセラピストに対する態度を指したが，現在では広く心理的援助の場面でクライエントが援助者に対して示す，ある種の非現実的態度のことを指す。

15 ○ 解釈とは，早期の対人関係や防衛のパターンが転移関係の中で働いている精神力動を理解して，それを修正するためにセラピストが言葉で介入する行為をいう。

16 × メンタライゼーションとは自他の行為が個人的な欲求，感情，信念などの心的状態に基づいてなされるものとして，黙示的または明示的に解釈する心的プロセスのことである。メンタライゼーション精神力動療法は，境界性パーソナリティ障害の治療法として有効性が示されている。

❏❏❏　17　精神分析療法において，逆転移はクライエントの転移感情を受けてセラピスト側に起こる感情のことで，治療関係に悪影響を及ぼすため，セラピストは逆転移を起こさないよう訓練しなければならない。

❏❏❏　18　心理療法の比較的初期に，治療者に対して信頼や依存心を持つことによって，一時的に症状が改善・消失した状態になることを早期性治癒という。

❏❏❏　19　負の相補性とは，カウンセラーとクライエントが互いに敵意や怒りといった感情を持つことをさす。

❏❏❏　20　負の相補性はカウンセリングの中断や失敗につながるので，避けるべきである。

❏❏❏　21　作業同盟とは，カウンセラーとクライエントが治療という共通の目的のために協力し合う関係であり，インテーク面接の契約時に構築されるものである。

❏❏❏　22　カウンセリングの目標を確認することは，作業同盟の構築に有効である。

❏❏❏　23　心理療法の効果を左右する要因として，治療関係はあまり影響しないことが明らかにされている。

❏❏❏　24　時間や場所といった心理療法の枠組みをクライエントが破った場合，セラピストはその意味を探ることよりも，枠組みを守らせることを優先する。

❏❏❏　25　クライエントが症状を失うことを恐れる心理が働くことを，疾病利得抵抗という。

❏❏❏　26　カウンセラーには，抵抗せざるを得ないクライエントの気持ちに共感することが求められる。

17 × 逆転移感情は古典的には治療の妨げになると考えられていたが，現在では転移感情に気づく手がかり等として，その有効性について指摘されており，必ずしも有害なものではないと考えられている。

18 × 心理療法の比較的初期に，治療者に対して信頼や依存心を持つことによって，一時的に症状が改善・消失した状態になることを，転移性治癒という。

19 ○ 負の相補性とは，クライエントがこれまで培ってきた対人関係パターンの反復としてセラピストに陰性の反応をし，それに対してセラピストが怒りで対応することで，互いの怒りを増幅させてしまうことである。

20 × 負の相補性とは，クライエントがセラピストに向ける怒りや敵意といったネガティブな感情に対して，セラピストが怒りで反応することで，互いの感情が増幅してしまうことである。このような現象は，転移や逆転移よりも一般的に起こるとされており，心理療法の中断や失敗につながるものである。クライエントのセラピストに対するネガティブな感情は，その人の不適応的な対人関係パターンを反映しているものと捉えられるため，適切に扱うことができれば心理支援を進めるきっかけになり得る。クライエントにとっては潜在的・無意識的なプロセスであるため，まずはクライエントの感情を表出したり，探索したりすることを促し，クライエントが自分自身の対人関係上の問題に気づくように働きかけることが，心理支援を行う上で有効である。

21 × インテーク面接の契約の際に作業同盟について，クライエントに伝えることは必要ではあるが，作業同盟はその一度の面接で構築されるものではない。互いに一定の心理的距離を保ちながら信頼関係を維持し，治療に取り組んでいくものであり，困難なケースであればあるほど，時間をかけて構築していくものである。また，作業同盟の関係は，カウンセラー側の枠組みや必要性から形成しようとするのではない。クライエントにとってもカウンセラーとの作業同盟の関係において，クライエントが自身の問題にカウンセラーと取り組んでいくために重要な関係である。

22 ○ 作業同盟とは，クライエントと治療者の協働的な関係の質と絆の強さを表す概念であり，治療目標についての合意，目標達成のための作業に関する合意，相互の感情的なつながりの経験の度合いを反映して構成されているものである。

23 × 例えば M. Lambert の心理療法の成果に関するメタ分析によれば，様々なセラピーに共通する治療的要因として，影響の大きい順に，治療外要因，治療関係要因，期待（プラセボ効果）要因，技法要因の４つが指摘されている。

24 × セラピーにおける枠組みやルールを破る制限破りについては，単に制止すればよいということではなく，患者の内的世界をより深く理解したり，面接で起こっていることを顧みる機会となるため，必ずしもルールを守らせることが優先されるものではない。

25 ○ クライエントにとって症状がもはや自分の一部であるかのように体験されている場合，それを失うことに恐れを感じ，症状を解消することを目的とする治療に抵抗することがある。これを疾病利得抵抗という。

26 ○ 抵抗はクライエントの無意識的な葛藤や治療への恐怖心，不安感の現れであるため，カウンセラーはそれらの感情や葛藤に共感し，クライエントがその抵抗に気づくことができるようになるまで，待つ姿勢が求められる。

❑❑❑　27　C. G. Jung は劣等感が生じた場合に承認や優越への欲求の代償的な充足を図ることを補償と呼んだ。

❑❑❑　28　C. R. Rogers の「治療的人格変化の必要十分条件」論文に挙げられているセラピストに関わる中核条件とは，心理的接触，自己一致，共感的理解，の3つである。

❑❑❑　29　グループ・セラピーでは，参加者が体験したことは一人ひとり異なるので，自分の感じたことを大切にするために，他の参加者の感じたことなどはあまり知らない方がよい。

❑❑❑　30　ある枠組みで捉えられている事柄について，その文脈や意味づけを変えたり，拡げたりすることで，新しい枠組みで捉えられるようになることを，チェンジ・トークという。

❑❑❑　31　システムズ・アプローチは，L. V. Bertalanffy が提唱した一般システム理論の影響を受けている。

❑❑❑　32　ナラティヴ・セラピーでは，これまでのストーリーからそれに代わる新たなドミナント・ストーリーを構築することを目指す。

❑❑❑　33　エビデンスベイスド・アプローチは，心理的介入の際の当事者の変化を客観的に評価することを含む。

27 × C. G. Jung の分析心理学においては「補償」の働きは重要視されている。夢や無意識，パーソナリティにおいて，現実での認知の在り方とは異なる在り方や見方が生じてくることで，新たな方向性を得ることができると考える。問題文は A. Adler の防衛機制における補償の考え方である。A. Adler の補償とは，身体的，性格的な欠陥などに基づいて劣等感が生じた場合，劣等感の基になっている欠陥そのものを克服する，欠陥とは対照的な価値を実現する，劣等感の基になる価値そのものを否定する，などの形で承認や優越への欲求の代償的な充足を図ることを指す。例えば，学業に劣る学生がスポーツに集中して優れた成績を残すことなどが挙げられる。

28 × 1957 年に発表した論文「治療的人格変化の必要十分条件」において，C. R. Rogers はクライエントに治療的な人格変化が生じるためには，以下の６つの条件が必要であると仮説的に提示した。

⑴２人の人が心理的接触をもっていること。
⑵クライエントは，不一致の状態にあり，傷つきやすく，不安の状態にあること。
⑶セラピストは，その関係の中で一致しており，統合していること。
⑷セラピストは，クライエントに対して無条件の肯定的配慮を経験していること。
⑸セラピストは，クライエントの内的照合枠に共感的に理解しており，この経験をクライエントに伝えようと努めていること。
⑹セラピストの共感的理解と無条件の肯定的配慮が，最低限クライエントに伝わっていること。

このうちの⑶，⑷，⑸がセラピストに関わる中核条件であり，セラピスト（カウンセラー）の３条件と呼ばれている。⑶は自己一致，⑷は無条件の肯定的配慮，⑸は共感的理解と呼ばれる。今日において，これらの態度条件は学派を超えて，心理療法やカウンセリングを実践する上で重要な態度であると位置づけられている。

29 × グループ・セラピーでは，参加者が体験したこと，感じたことを互いに共有し合い，受容し合うことが治療的効果につながるため，シェアリングが重視されている。

30 × これはリフレーミングの説明である。家族療法で用いられる技法の１つであり，家族の問題に対する認知的枠組みの変容を目指す。

31 ○ 記述の通りである。システムズ・アプローチとは，家族療法やブリーフセラピーなどに特徴づけられる，システム理論に基づく見立てと介入を行うアプローチである。

32 × ナラティブ・セラピーは M. White と D. Epston によって創始された家族療法の一学派であり，事実の正確さを目的とする年代記的な生育歴聴取よりも，語り手が個々の事実や出来事をどのように述べるか，どの文脈でとらえようとするかという点に焦点を当てる。傾聴よりも質問に精力を傾けるところに特徴があり，クライエントの語る問題の浸透したドミナント・ストーリーをクライエント自身が再構築して新たなオルタナティブ・ストーリーにすることで問題の解決を目指す。M. White はナラティブ実践地図を提示しているが，これは会話において従うべき厳密なステップないし厳格なガイドではなく，会話の最中に道に迷った人を援助したり，コラボレーションを未知の志向行為領域に導くための道具であるとされている。

33 ○ エビデンスベイスド・アプローチは実証的なデータに基づいた実践のことであり，研究においても実践においても実証的なデータを重視する。つまり，実践において主観的評価をできるだけ排し，客観的評価を行うことは，エビデンスベイスド・アプローチに含まれる。

❑❑❑　34　ブリーフ・セラピーは，問題の原因を探ることで現実的な変化を促して問題解決を図る。

❑❑❑　35　催眠療法で用いられる間接暗示とは，直接言葉で意図を伝えるのではなくイメージなどを利用して間接的に暗示する方法で，対象者の抵抗が起こりにくいという利点がある。

❑❑❑　36　ゲシュタルト療法では「今ここで」の関わりを重視し，自己の欲求や感情を意識化し，まとまりのある方向へと人格の統合を図っていく。

❑❑❑　37　遊戯療法におけるアクスラインの8原則には「子どもが自由に感情を表現できる非日常的な空間を作ること」が含まれる。

❑❑❑　38　森田療法では，治療者は不問的態度でクライエントと関わる。

❑❑❑　39　動機づけ面接においては，クライエントの行動につながる気づきを明確に得るために，クライエントの「変わりたいが変わりたくない」という気持ちの矛盾を指摘し，それを全て解消していくことが重要である。

❑❑❑　40　地域包括ケアシステムは，認知症等，介護が必要な高齢者が地域で生活していけるよう支援していくことを目的とする。

34 × ブリーフ・セラピーは，不適応症状や問題に対する解決行動に関して，その当事者間で用いている特定のコミュニケーションパターンに戦略的に焦点化して，それを変容させることを目的とした短期の心理療法である。問題に関するコミュニケーションあるいは解決行動に関するコミュニケーションという特定のコミュニケーションパターンに戦略的に焦点化し介入する。

35 ○ 催眠療法において暗示の与え方には２種類あり，求める状態を直接的に暗示する直接暗示が多かったが，M. H. Erickson の影響によって間接暗示が用いられるようになってきている。間接暗示は，直接に求める状態を暗示するのではなく，別の状態を媒介させることによって求める状態にもっていこうという考え方で，簡単に言うと遠回しに伝える言い方を用いてクライエントが自ら気づくような形を取るため，対象者の抵抗が起こりにくい。

36 ○ F. S. Perls が提唱した心理療法である。ゲシュタルトは「形」「全体」「統合」などを意味する。ゲシュタルト療法では，クライエントの「今，ここ」の体験と関係の全体性に重点を置く。クライエントの自己への気づきにより始まり，新たな気づきの連続を経て，まとまりのある全体の気づきへと展開されていく。

37 × アクスラインの８原則は以下である。

①子どもとの間に良い関係を成立させること。
②子どものあるがままを受容すること。
③子どもが自由に感情を表現できる許容的な雰囲気を作ること。
④子どもの表出している感情を敏感に察知し，適切な情緒的反射を行い，自らの行動を洞察しやすいようにすること。
⑤子どもの中にある成長する力を信頼し，自分の力で問題を解決していく能力を大切にする。
⑥非指示的な態度を取り，子どもの後に従う。
⑦治療はゆっくり進む過程であるから，じっくり待つ。
⑧現実世界に根付く，必要な制限を与える。

したがって，「非日常的な空間」ではなく「許容的な雰囲気」が正しい。

38 ○ 森田療法では，治療者が患者の症状の訴えを敢えて取り上げない不問的態度をとることで，患者が不安を抱えながらも，目の前の作業に取り組むことを促す。

39 × 動機づけ面接とは，依存症などの治療で用いられる心理面接であり，変化に対するその人自身への動機づけとコミットメントを強めるための協働的な会話スタイルのことである。相談者が語ってくれる会話を通して，面接者の「正したい反射」を抑え，行動変容に伴う「変わりたい，一方で変わりたくない」という相談者の気持ちや状況を丁寧に引き出して受容し，標的とする行動や変化に関する発言を強化することで，相談者自らが気づき，行動につながる，というプロセスを支える。動機づけ面接における具体的なスキルとして，開かれた質問，是認，聞き返し，要約がある。これらを用いながら，面接者が行動の変化に向かっている言動＝チェンジトークを増やしたり，より具体化し，面接者の動機づけを高めていく。そのため，矛盾点を指摘するのではなく，相反する気持ちを丁寧に引き出し，受容することが大切である。

40 ○ 厚生労働省 HP 地域包括ケアシステム において，「団塊の世代が 75 歳以上となる 2025 年を目途に，重度な要介護状態となっても住み慣れた地域で自分らしい生活を人生の最後まで続けることができるよう，住まい・医療・介護・予防・生活支援が一体的に提供される地域包括ケアシステムの構築を実現していきます。」とある。

❑❑❑　41　地域包括ケアシステムでは，地域によって支援システムの違いが生じないように，各自治体のシステムの共通化を目指す。

❑❑❑　42　地域包括支援センターは，各市町村が設置している。

❑❑❑　43　地域ケア会議は，個別のケースを検討するのではなく，地域における支援体制の課題を検討するために開催される。

❑❑❑　44　公認心理師が地域援助を行うにあたっては，地域における心理援助に関わるものとして，その専門性や独自性を最も重視する。

❑❑❑　45　地域援助においては，問題が生じる前に介入し，問題が起こるのを未然に防ぐことを目指す。

❑❑❑　46　地域援助においては，クライエントの病理性よりも適応的な側面に注目する。

❑❑❑　47　地域援助においては，個人だけなく，それを取り巻く環境にも積極的に介入していく。

❑❑❑　48　地域援助においては，エンパワメントはそれほど重視されない。

41 × 40.の資料において，「地域包括ケアシステムは，保険者である市町村や都道府県が，地域の自主性や主体性に基づき，地域の特性に応じて作り上げていくことが必要です。」とある。

42 ○ 40.の資料の 2.地域包括支援センターについて において，「地域包括支援センターは，地域の高齢者の総合相談，権利擁護や地域の支援体制づくり，介護予防の必要な援助などを行い，高齢者の保健医療の向上及び福祉の増進を包括的に支援することを目的とし，地域包括ケア実現に向けた中核的な機関として市町村が設置しています。」とある。

43 × 厚生労働省老健局 平成 26（2014）年3月 地域包括ケアの実現に向けた 地域ケア会議実践事例集 ～地域の特色を活かした実践のために～ において，「地域ケア会議は，その実現に向けた手法として，高齢者個人に対する支援の充実（在宅生活の限界点の引き上げ）とそれを支える社会基盤の整備（地域づくり）を同時に図っていくことを目的としています。具体的には，地域の支援者を含めた多職種による専門的視点を交えて，適切なサービスにつながっていない高齢者の支援や地域で活動する介護支援専門員の自立支援に資するケアマネジメントを支援するとともに，個別ケースの課題分析等を通じて地域課題を発見し，地域に必要な資源開発や地域づくり，さらには介護保険事業計画への反映などの政策形成につなげることを目指すものです。」とある。つまり，地域ケア会議は，介護や医療等多職種が協働して，高齢者の個別的課題の解決を図ることと，それらの支援を実現するためのシステムの整備とを，同時に進めていくために行われる。

44 × 地域援助を行う際に重要な視点として，コミュニティ感覚が挙げられる。これは，他者との類似性の知覚したり，他者が期待するものを与えたり，自分が期待するものを他者から得たりすることで，他者との相互依存を進んで維持しようとする気持ちや，自分は依存可能な安定した構造の一部であるという感覚と定義される。つまり，公認心理師は心理援助の専門家でありながら，地域成員の一員であるという感覚を持ちながら，様々な職種の人たちと仲間意識をもって連携していくことが求められる。

45 ○ 地域援助においては予防的観点が重視される。すなわち問題が生じてからだけではなく，問題が生じる前に介入することで，問題の発生を防ごうとする。このような観点は，コストの面においても，また支援の対象が一般の人々へも拡がるという点でも有益な視点であるといえる。

46 ○ 地域援助では，支援の対象者のコンピテンスを高めることを重視する。コンピテンスとは，人間が環境と相互に関わる中で，問題や困難を効果的で適切に処理をする能力を指す。この考えにおいては，クライエントの問題点や弱い部分よりも，健康な側面や強い部分に注目し，働きかける。

47 ○ 地域援助においては，環境要因を重視する。つまり，クライエントが抱える悩みや不適応を個人の内的な問題と捉えるのではなく，個人を取り巻く環境との相互作用の中で捉えようとする。したがって，個人に対してだけでなく，職場や学校，地域社会などその環境にも働きかけることで問題を解決しようとする。

48 × 地域援助において重視される視点の1つとして，エンパワメントがある。これは，個人が本来もっている力を取り戻し，自らが主体的に環境に働きかけ，生活をコントロールできるようになる過程，と定義される。この視点に立てば，クライエントは自ら環境に積極的に働きかけていく存在であり，それを公認心理師が支援していくことは重要である。

❑❑❑　49　災害時の支援で，子どもの心理面の影響を心配する保護者に対しては，これ以上不安を煽らないよう，正確な情報を伝えることよりも，保護者の不安に対して傾聴することを重視する。

❑❑❑　50　災害や事件・事故発生時における子どものストレス反応は珍しいことではなく，ストレスが強くない場合には，心身に現れる症状は悪化せず数日以内で消失することが多い。

14.　健康・医療心理学

❑❑❑　1　行動変容ステージモデルでは，４つのステージが設定されている。

❑❑❑　2　生活習慣病の予防・改善のために運動することを医師より勧められたため，スポーツクラブの体験入会に申し込んだ。このような行動は行動変容ステージモデルの準備期にあたる。

❑❑❑　3　受療行動を説明する自己調節モデルでは，「人は自己に心身が病的であると認知すると，健康を回復しようとする」と考える。

❑❑❑　4　疾患に関する認知や偏見は，患者の受療行動に影響する。

49 × 文部科学省 平成22年7月 子どもの心のケアのために－災害や事件・事故発生時を中心に－ 第1章 災害や事件・事故発生時における子どもの心のケア，第5章 自然災害時における心のケアの進め方 において，「自然災害の状況や学校の被害状況を正しく伝えることは，保護者が子どもの学校生活再開への見通しをもち，学習の遅れなど過度の不安や心配を軽減できる。生活回復においても，ライフラインの復旧の見通しなどの正しい情報を知ることで，不安や不満が軽減され，保護者の心の安定につながる」（p.63）とある。よって，保護者の不安について傾聴することは適切な対応であるが，正確な情報も伝える必要がある。

50 ○ 49.の資料において，「小学校の高学年以降（中学校，高等学校を含む）になると，身体症状とともに，元気がなくなって引きこもりがちになる（うつ状態），ささいなことで驚く，夜間に何度も目覚めるなどの症状が目立つようになり，大人と同じような症状が現れやすくなる。災害や事件・事故発生時における子どものストレス反応はだれでも起こり得ることであり，ストレスが強くない場合には，心身に現れる症状は悪化せず数日以内で消失することが多い」（p.1），「自然災害によって受ける強いストレスにより，子どもの心身に起こる変化について，保護者がだれにでも起こり得るストレス反応であることを知っていると，動揺することなく冷静に対応することができる。また，保護者も，自分に起こる心身の変化を冷静に受け止めて，対処することができる」（p.63）とある。

---

1 × 行動変容ステージモデルとは，1980年代前半に禁煙に関する研究によって提唱されたモデルであり，現在では禁煙だけでなく，運動や食事など健康に関する様々な行動変容について，幅広く研究と実践が行われている。このモデルでは，無関心期（6か月以内に行動を変えようと思っていない），関心期（6か月以内に行動を変えようと思っている），準備期（1か月以内に行動を変えようと思っている），実行期（行動を変えて6か月未満である），維持期（行動を変えて6か月以上である），の5つのステージが設定されている。

2 ○ 行動変容ステージモデルのステージは，

無関心期…6か月以内に行動を変えようと思っていない
関心期…6か月以内に行動を変えようと思っている
準備期…1か月以内に行動を変えようと思っている
実行期…行動を変えて6か月未満である
維持期…行動を変えて6か月以上である

の5つである。

「スポーツクラブに体験入会に申し込んだ」という状況は，運動を始めるための行動を起こした状態と捉えられるため，1か月以内に行動を変えようと思っている「準備期」に当てはまると考えることが妥当である。

3 ○ 受療行動の過程を説明するモデルの1つとして，病気行動の自己調節モデルがある。このモデルは健康回復の段階として「解釈」「対処」「評価」で説明している。これは，自分が病気であるという知覚をすると，それが問題として「解釈」され，健康な状態を取り戻すために問題に対する「対処」をし，それがどの程度上手くいっているかを「評価」するという3段階である。

4 ○ 例えば精神疾患やAIDSなどの場合，一般的な認知傾向が受療行動に影響し，受診の遅れにつながることがある。

❑❑❑　5　病者役割期待には，病気の責任を問われない権利が含まれる。

❑❑❑　6　インフォームド・コンセントは，基本的に治療開始時にのみ必要となるものである。

❑❑❑　7　フラストレーション状態では，しばしば攻撃性の高まりがみられる。

❑❑❑　8　ストレスとは，生体に歪みを生じさせる刺激のことをいう。

❑❑❑　9　一般適応症候群の反応の時間的経過は，警告反応期－疲憊期－抵抗期の各段階を順に経る。

❑❑❑　10　コーピングには，問題焦点型と情動焦点型がある。

❑❑❑　11　ある刺激をストレスだと感じるとき，認知的プロセスは介入しない。

❑❑❑　12　患者が治療を継続して行う場合の姿勢としては，コンプライアンスが重要とされる。

❑❑❑　13　アドヒアランスが低下すると病気の発症や悪化につながる可能性がある。

❑❑❑　14　アレキシサイミアとは，他者の感情について適切な認知ができない状態をいう。

5 ○ 病者役割期待については，Parsons が２つの権利と２つの義務を提示している。⑴病気の責任を問われない権利，⑵社会的義務を一時的に免除される権利，⑶病気が回復するように努める義務，⑷回復するために専門的援助を求め，かつ援助者に協力する義務，である。

6 × インフォームド・コンセントとは，患者の知る権利を尊重し，治療者は患者に対して十分な説明を行う義務があり，患者はその説明を聞いた上で，その治療を受けるか否かを決定する権利があることを指す。そのため，治療に対する同意だけではなく，拒否をする権利も含まれている。これは，治療開始時に必要になるのは当然のこととして，治療を継続する過程においても，その都度患者が治療を納得し，受け入れているかどうかを確認しておく必要がある。

7 ○ 動機づけられた目標行動の遂行を阻止している状況を，フラストレーションと呼ぶ。そのような状態では，攻撃行動，行動の退行と固着，無感動状態などが生じ，適切なストレス対処行動が困難になる場合がある。

8 × 生体に歪みを生じさせる刺激のことをストレッサーと呼び，それによって生じた歪みのことをストレス（状態）とよぶ。

9 × 一般適応症候群とは H. Selye によって提唱された概念で，汎適応症候群ともいう。身体にストレッサーが加わった際の身体的反応のことで，警告反応期－抵抗期－疲憊期という時間的経過を経るとされる。

10 ○ コーピングとは，ストレッサーを処理しようとして意識的に行われる認知的努力（行動及び思考）のことである。どのようなコーピングを用いるかによって，結果として生じるストレス反応に違いが生じる。コーピングには，問題焦点型コーピングと情動焦点型コーピングがある。問題焦点型コーピングとは，目の前の課題について有効な手立てを考え，問題となるストレッサーに対して直接的な働きかけを行うコーピングである（試験勉強をするなど）。一方，情動焦点型コーピングは，怒りや不安といった一時的な感情や気分を抑えようとするコーピングである（気晴らしにゲームをするなど）。情動を抑えることによって，本来やるべきことに集中できたり，能力を発揮できない状況を避けるといったことが可能になる。

11 × R. S. Lazarus らが提唱したトランスアクショナル・モデルによれば，何らかの刺激に対して意味づけが行われることによってストレッサーになり，ストレス反応が生じるとされる。

12 × コンプライアンスとは，患者が医師の指示に従って治療に取り組めていることを示している。現在では，治療を継続して行う場合，患者が積極的・主体的に関与することが望ましいとされており，アドヒアランス（患者が積極的に治療方針の決定に関与すること）やコンコーダンス（患者と医師が合意した治療を共同作業として行うこと）が重視されている。

13 ○ アドヒアランスとは，患者が主体的に治療に取り組み，選択した治療を遵守する程度を示す概念で，これが低下すると，病気を悪化させたり，新たに病気を発症したりする可能性がある。

14 × アレキシサイミアとは，P. E. Sifneos によって提唱された心身症の症状を説明する概念である。想像力や空想力に乏しい，自分の感情や葛藤状態を言語化することができない，対人関係が貧困などの特徴がある。

❑❑❑　15　タイプA行動パターンは，脳血管性認知症の発症に影響するといわれている。

❑❑❑　16　燃え尽き症候群は，対人援助職に多くみられる。

❑❑❑　17　燃え尽き症候群には，エネルギッシュで，熱意をもって仕事に取り組む人がなりやすい。

❑❑❑　18　燃え尽き症候群の症状としては，他人への関心を持てなくなるなどの精神的なものが主であり，身体症状は伴わない。

❑❑❑　19　ストレスの脆弱性には，先天的要因の他，後天的に獲得されるストレスへの対応力などが関連する。

❑❑❑　20　精神科コンサルテーションとは，精神科に入院している患者や家族の問題について，公認心理師が精神科のスタッフに助言や指導を行うことである。

❑❑❑　21　チーム医療において，公認心理師はクライエントの利益の代弁者として，守秘義務を何よりも優先して行動する必要がある。

❑❑❑　22　公認心理師が精神科に入院している患者について，個人心理療法の必要性を判断した場合，主治医の指示を受ける必要がある。

❑❑❑　23　インフォームド・コンセントは治療に関する説明をし，同意を得るものなので，チーム医療においては混乱を避けるために主治の医師が行うこととし，公認心理師は関与しない。

❑❑❑　24　チーム医療での公認心理師の役割には，医療スタッフのバーンアウトを防ぐといったチーム運営そのものへのサポートの役割も含まれる。

❑❑❑　25　ストレス・チェックによって，高ストレス者を早期発見することは，2次予防に分類される。

❑❑❑　26　ストレスやうつ病などについて，労働者に対して心理教育を行うことは，0次予防に分類される。

❑❑❑　27　うつ病の発症を疑われる人に対して，専門医の受診を勧めるのは，3次予防に分類される。

15 × タイプA行動パターンは，攻撃的，せっかち，野心的，能率優先，結果重視といった性格的特徴を持ち，自らストレスの多い生活を選び，しかもストレスに対しての自覚があまりないのが特徴である。血圧が上がる，脈拍が増えるといったストレス反応によって循環器系に負担がかかり，虚血性心疾患の発症に影響すると考えられている。

16 ○ 燃え尽き症候群とは，H. J. Freudenberger によって提唱された概念であり，極度の身体疲労と感情の枯渇を示す症候群と定義される。教師や，医師，看護師，心理職等，対人援助職の人が陥りやすいことが指摘されている。

17 ○ 病前性格として，エネルギッシュで気が短い，責任感が高く，高い理想を持って仕事に取り組むといった性格傾向を持つ人が多いとされている。

18 × C. Maslach らは，燃え尽き症候群の症状として情緒的消耗感，脱人格化，達成感の減退を指摘している。このうち脱人格化とは，人を人とも思わなくなる状態を指し，他人，特に仕事上で関わる相手に対して関心が持てなくなったり，共感能力が低下したりする状態である。また，倦怠感や頭痛，胃痛の他，いわゆる心身症の症状としてみられる身体症状がみられることも多い。

19 ○ J. Zubin は病気のなりやすさ（脆弱性）と発症を促すストレスの組み合わせによって，精神疾患が発症するというストレス脆弱性モデルを提唱した。発症を防ぐためには，早期の治療，リハビリ，支援によりストレスを避ける工夫，脆弱性を小さくする工夫などが役に立つとされる。

20 × 精神科コンサルテーションとは，一般病棟に入院している患者や家族の問題について，精神科の専門スタッフが身体科のスタッフに対して助言や指導を行うことである。

21 × 守秘義務は重要であるが，チーム医療では他のスタッフとの情報共有も重要である。患者との信頼関係を壊さぬよう注意しつつ，必要な情報共有を行う必要がある。

22 ○ 公認心理師法第 42 条第２項には，クライエントに主治医がいるときには，その主治医の指示を受けなければならないとなっている。

23 × 公認心理師の役割として，家族と医療側のコミュニケーションの橋渡しが含まれる。インフォームド・コンセントにおいても，医療側の判断を患者に分かりやすく説明したり，治療への動機づけを高めたり，患者の気持ちや要望を聞き取り，医療側に伝えるなど，公認心理師が関わることがある。

24 ○ コンサルタントの役割として，他のスタッフが患者や家族とよりよい関係を形成できるようサポートするのに加えて，チーム運営そのものへのサポートの役割も担う。

25 ○ 問題文の記述は２次予防である。２次予防とは，一定の地域社会における有病率を下げることを目的に，疾患のハイリスク群とみなされる人びとに対して早期発見，早期介入を行う活動である。

26 × 問題文の記述は１次予防である。１次予防とは，主に健康な人々を対象として行われる，疾病の発生を未然に防ぐ活動である。企業等の従業員に対して行われるストレスマネジメント研修はその１つに位置づけられる。

27 × 専門医への受診を勧めるのは２次予防である。

❏❏❏　28　うつ病の治療としては，休養の必要性について説明することが必要である。

❏❏❏　29　クライエントに抑うつエピソードが見られる場合，自殺のリスクについてアセスメントすることも重要である。

❏❏❏　30　休職者の職場復帰プログラムを策定することは，３次予防に分類される。

❏❏❏　31　サイコロジカル・ファーストエイドとは，災害に見舞われた人すべてに，一律に行われる支援のことである。

❏❏❏　32　サイコロジカル・ファーストエイドは，被災した人すべてが長く苦しみ続ける可能性があるという観点に立っている。

❏❏❏　33　サイコロジカル・ファーストエイドにおいては，被災者のニーズや心配事を確認し，実際に役立つケアや支援を提供することが重視される。

❏❏❏　34　サイコロジカル・ファーストエイドの活動原則として，「見る」「聞く」「話す」の３つの要素が掲げられている。

❏❏❏　35　サイコロジカル・ファーストエイドにおいては，自傷他害の恐れのある人に対して積極的に支援を行う。

❏❏❏　36　心理的応急処置〈サイコロジカル・ファーストエイド〉では，心理的デブリーフィングを積極的に行う。

❏❏❏　37　心理的応急処置〈サイコロジカル・ファーストエイド〉では，食料，水，情報などの生きていく上での基本的ニーズを満たす手助けをし，それ以上の危害を受けないように守ることが求められる。

❏❏❏　38　心理的応急処置〈サイコロジカル・ファーストエイド〉は，専門家が行うことを原則とする。

28 ○ できるだけ早く身体的，心理的に休養を取ることが重要であり，仕事や学校を休まないまでも，時間の短縮等，可能な範囲で休養することを心がけるように伝える。

29 ○ 記述の通りである。なお，質問紙における希死念慮の項目に未記入/未回答であった場合は，特に注意が必要である。

30 ○ 3次予防は，すでに問題を抱えている人を対象として，再発・悪化・周囲への悪影響を防ぐために行われる活動である。リハビリテーションはここに位置づけられる。厚生労働省のメンタルヘルス指針では職場復帰プログラム策定と，個々人に合わせた職場復帰支援プランによる円滑な支援が示されている。

31 × サイコロジカル・ファーストエイド（以下，PFA）は「危機的な出来事に見舞われて，苦しんだり，助けが必要かもしれない人に，同じ人間として行う，人道的，支持的，かつ実際的な支援」である。この支援は被災者に一律に行われるものではなく，支援を必要としている人に，必要な支援を提供することが求められる。

32 × 「アメリカ国立子どもトラウマティックストレス・ネットワーク，アメリカ国立 PTSD センター『サイコロジカル・ファーストエイド実施の手引き第2版』兵庫県こころのケアセンター訳，2009年3月」の「はじめに」において，「被災した人やその出来事の影響を受ける人々が苦しめられるのは，広範囲にわたる初期反応（身体的，心理的，行動上，スピリチュアルな問題）であるという理解に基づいています。これらの初期反応のなかには，強い苦痛をひきおこすものがあり，ときには適応的な対処行動を妨げる原因となります。共感と気づかいに満ちた災害救援者からの支援は，初期反応の苦しみをやわらげ，被災者の回復を助けます。」とある。

33 ○ PFA の活動内容として，実際に役立つケアや支援を提供する，ただし押し付けない，ニーズや心配事を確認する，などの項目が掲げられている。

34 × PFA の活動原則は，「見る」「聞く」「つなぐ」である。

35 × PFA は専門家だけでなく，幅広い職種の支援者に用いられるように作られている。したがって，自傷他害の恐れのある人に対しては，安易に支援を提供せず，専門医等に紹介すべきであると示されている。

36 × 世界保健機関，戦争トラウマ財団，ワールド・ビジョン・インターナショナル．心理的応急処置（サイコロジカル・ファースト・エイド：PFA）フィールド・ガイド．（2011）世界保健機関：ジュネーブ（訳：（独）国立精神・神経医療研究センター，ケア・宮城，公益財団法人プラン・ジャパン，2012）において，「PFA は『心理的デブリーフィング』とは異なり，必ずしもつらい出来事についての詳しい話し合いを含まない」（p.13）とあり，被災体験を語ったり，感情を表現したりする心理的デブリーフィングは，PFA では推奨されていない。

37 ○ 36.の文献において，「生きていく上での基本的ニーズ（食料，水，情報など）を満たす手助けをする」「それ以上の危害を受けないように守る」（p.13）とある。

38 × 36.の文献において，「専門家にしかできないものではない」「専門家が行うカウンセリングとは異なる」（p.13）とある。

❑❑❑　39　災害派遣精神医療チーム〈DPAT〉の先遣隊を構成する医師は，必ず精神保健指定医でなければならない。

❑❑❑　40　災害派遣精神医療チーム〈DPAT〉において，発災当日から遅くとも48時間以内に所属する都道府県等外の被災地域においても活動できる班を先遣隊という。

❑❑❑　41　災害派遣精神医療チーム〈DPAT〉は，被災地域においての精神医療的な支援活動の主体的な存在であることが求められる。

❑❑❑　42　国内で震度5強以上の地震が発生した場合は，厚生労働省から災害派遣精神医療チーム〈DPAT〉派遣のための待機命令が下される。

❑❑❑　43　発災後のストレス反応などに対する心理教育も，災害派遣精神医療チーム〈DPAT〉の活動内容に含まれている。

❑❑❑　44　中高年の自殺には飲酒問題が関連していることが多い。

❑❑❑　45　令和元年中における自殺の動機は，健康問題よりも経済的問題の方が多い。

❑❑❑　46　ゲートキーパーには，精神医学または心理学の専門性が第一に求められる。

39 ○ 厚生労働省委託事業 DPAT 事務局のマニュアルにおいて，DPAT 各班の構成について，「先遣隊を構成する医師は精神保健指定医でなければならない。先遣隊以外の班を構成する医師は精神保健指定医であることが望ましい。」とある。

40 ○ 厚生労働省委託事業 DPAT 事務局のマニュアルにおいて，「DPAT を構成する班の中で，発災当日から遅くとも 48 時間以内に，所属する都道府県等外の被災地域においても活動できる班を先遣隊とする。」とある。

41 × 厚生労働省委託事業 DPAT 事務局のマニュアルにおいて，DPAT の３原則の中に「名脇役であれ－支援活動の主体は被災地域の支援者である。地域の支援者を支え，その支援活動が円滑に行えるための活動を行う。ただし，被災地域の支援者は被災者でもあることに留意すること。」とある。

42 × 厚生労働省委託事業 DPAT 事務局のマニュアル内，DPAT の「待機・派遣の目安」の箇所に「都道府県等，厚生労働省は，自然災害又は人為災害が発生し，被災地域外からの精神保健医療の支援が必要な可能性がある場合は，DPAT 派遣のための待機を要請する。次の場合には，すべての DPAT 構成機関は，被災の状況にかかわらず，都道府県等，厚生労働省からの要請を待たずに，DPAT 派遣のための待機を行う。」とある。「次の場合」とは，「東京都 23 区で震度５強以上の地震が発生した場合，その他の地域で震度６弱以上の地震が発生した場合，津波警報（大津波）が発表された場合，東海地震注意情報が発表された場合」であり東京都 23 区以外では震度６弱以上である。つまり，問題文の「国内で震度５強以上の地震が発生した場合」は，国内全てを指すため，適切ではない。

43 ○ 活動内容の中にストレス反応等に対する心理教育が含まれている。

44 ○ 中高年の自殺既遂者の９割以上に精神疾患があり，さらに飲酒の問題を抱えているという特徴があることが指摘されている。これは不眠やストレスを解消するために飲酒行動を選択し，その結果抑うつや衝動性が高まり，自殺行動につながっていることを示唆している。

45 × 厚生労働省 令和元年中における自殺の状況 第２章 令和元年中における自殺の概要 ４ 原因・動機別自殺者数 において，「原因・動機が明らかなもののうち，個々の要因別にみると，その原因・動機が「健康問題」にあるものが 9,861 人で最も多く，次いで「経済・生活問題」（3,395 人），「家庭問題」（3,039 人），「勤務問題」（1,949 人）の順となっており，この順位は前年と同じである。」とある。

46 × 厚生労働省 HP によれば，ゲートキーパーとは，専門性の有無にかかわらず，自殺の危険を示すサインに気づき，声を掛け，話を聞き，必要な支援につなげ，見守るという適切な対応を図ることができる人のことである。具体的には，かかりつけの医師，教職員，保健師，看護師，ケアマネージャー，民生委員，児童委員，各種相談窓口担当者等が，ゲートキーパー養成の研修対象として挙げられている。

❑❑❑　47　生きることの促進要因より，生きることの阻害要因が上回ったときに自殺リスクが高くなる。

❑❑❑　48　令和元年中における自殺者数は，女性より男性が多い。

❑❑❑　49　Lewy 小体型認知症の主な症状には，パーキンソン症状が挙げられる。

❑❑❑　50　Alzheimer 型認知症の主な精神症状として，感情失禁が挙げられる。

❑❑❑　51　見当識障害や実行機能障害は，Alzheimer 型認知症の中核症状である。

❑❑❑　52　視空間認知障害や歩行障害は，比較的初期の Alzheimer 型認知症によくみられる。

❑❑❑　53　血管性認知症は，再発しにくいことが知られている。

❑❑❑　54　前頭側頭型認知症は，主な症状として，人格変化，抑制の欠如，社会性の欠如などが挙げられる。

❑❑❑　55　Creutzfeldt-Jakob 病は致死性疾患ではない。

47 ○ 厚生労働省 自殺総合対策大綱 ～誰も自殺に追い込まれることのない社会の実現を目指して～ 平成29年7月25日閣議決定 第3 自殺総合対策の基本方針 ＜生きることの阻害要因を減らし，促進要因を増やす＞ において，「個人においても社会においても，『生きることの促進要因（自殺に対する保護要因）』より『生きることの阻害要因（自殺のリスク要因）』が上回ったときに自殺リスクが高くなる。裏を返せば，『生きることの阻害要因』となる失業や多重債務，生活苦等を同じように抱えていても，全ての人や社会の自殺リスクが同様に高まるわけではない。『生きることの促進要因』となる自己肯定感や信頼できる人間関係，危機回避能力等と比較して，阻害要因が上回れば自殺リスクは高くなり，促進要因が上回れば自殺リスクは高まらない。」とある。

48 ○ 厚生労働省自殺対策推進室 警察庁生活安全局生活安全企画課 令和元年中における自殺の状況 令和2年3月17日 において，令和元年の自殺者数は20,169人で，男性14,078人，女性6,091人となっている。調査を開始した昭和53年以降，自殺者数において女性が男性より多かった年はない。

49 ○ Lewy小体型認知症は，脳幹部や大脳皮質にLewy小体が溜まっていくため，大脳と脳幹の神経細胞の脱落と，側頭葉と後頭葉の委縮が特徴的である。主な症状としては，変動性の認知機能障害，幻視，パーキンソン症状の出現などが挙げられる。

50 × Alzheimer型認知症の主な精神症状としては，物盗られ妄想や意欲の低下，易怒性が挙げられる。感情失禁を主な精神症状とする認知症は，血管性認知症である。

51 ○ 見当識障害は，日時や時間，場所などが分からなくなる，自分の置かれている状況を正しく認識できないといった症状である。実行機能障害とは物事を計画して実行に移すことができないといった症状である。両方とも，Alzheimer型認知症の中核症状の1つである。

52 × 視空間認知障害とは，道に迷う，今まで使えていたものがうまく使えなくなるといった症状であり，初期の Alzheimer 型認知症に見られることの多い症状である。しかし，運動機能障害は Alzheimer 型認知症に特徴的な症状ではなく，最末期にみられるのみである。歩行障害等のパーキソニズムの症状を特徴とするのは，Lewy小体型認知症である。

53 × 血管性認知症の精神症状としては，意欲の低下，自発性の低下，感情失禁，夜間せん妄など，再発することが多く，しかも，その度に階段状に悪化していくことが見られる。

54 ○ 前頭側頭型認知症においては，エピソード記憶や手続き記憶，視空間認知能力は比較的保たれているため，もの忘れのような認知機能障害は最初の頃はあまり目立たない。しかし，人格変化が起こるため，人柄が変わり，自分に対しても他者に対しても無関心になり，感情表出が乏しくなり，意思疎通が難しくなっていく。前頭側頭型認知症のケアの方針としては，⑴無理な制止や強引な誘導を避ける，⑵活動メニューを固定化する，⑶本人の行動パターンに合わせる，⑷反社会的行動が起こりにくいような周囲の配慮などが挙げられる。特に，社会的規範に乏しくなり，万引きや交通ルールの無視などの反社会的行動が起こることがしばしばあるので，あらかじめそのような状況が起こらないような周囲の配慮が必要である。

55 × Creutzfeldt-Jakob 病は，プリオン病の1つである。プリオン病とは，脳に異常なプリオン蛋白が沈着し，脳神経細胞の機能が障害される一群の病気である。Creutzfeldt-Jakob 病は，発病より数か月で記憶障害，妄想，失行が急速に進行することが特徴である。筋硬直，深部腱反射亢進，病的反射陽性などが認められ，さらには起立歩行が不能になり，3～7か月で無動性無言状態になってしまう。その後1～2年で全身衰弱，呼吸麻痺，肺炎などで死亡することが多い。

❑❑❑　56　生活の質（QOL）は，身体的・経済的・心理的側面から測定される。

❑❑❑　57　日常生活動作〈ADL〉が高ければ，QOL も高くなる。

❑❑❑　58　がん患者の QOL は，がんの進行度と相関している。

❑❑❑　59　精神科デイケアにおける公認心理師は，他の専門職スタッフと協働し，チームとして運営に携わる。

❑❑❑　60　公認心理師は，精神科デイケアにおいて，SST や散歩，運動などのプログラムにメンバーとして参加し，利用者と交流することも重要である。

❑❑❑　61　精神科デイケアでの心理支援は，利用者全体が対象となるため，利用者個人を対象とした心理療法は行わない。

❑❑❑　62　精神科デイケアの公認心理師は，プライバシーの観点から，日常の利用者同士のやり取りについて極力介入しない方がよい。

❑❑❑　63　認知症疾患医療センターは，病院とは別に設置することになっている。

❑❑❑　64　依存症者を手助けすることでかえって依存症の回復を遅らせてしまう周囲の人間の行為のことを，イネイブリングという。

56 × 生活の質（QOL）とは，WHO の定義によれば「個人が生活する文化や価値観の中で，目標や期待，基準および関心に関わる自分自身の人生の状況についての認識」である。WHO が作成している WHOQOL 尺度は身体的領域，心理的領域，自立のレベル，社会的関係，環境，精神性／宗教的／信念の６領域にわたって構成されており，生活のあらゆる側面を含んでいる。

57 × 日常生活動作〈ADL〉とは，食事や排せつ，着替えなどの生活動作がどの程度達成できるかどうかの指標である。例えば，高齢者においては，ADL の低下は必ずしも QOL と直接結びつくものではなく，対人関係など他の様々な要因が絡み合って評価されることが指摘されている。

58 × QOL については疾患特異的 QOL も開発されており，がん患者を対象とした QOL については，疾患部位等との相関は見られるものの，疾患の進行度と QOL の低下について相関は見られなかったことが報告されている。

59 ○ デイケアには医師，看護師，精神保健福祉士，作業療法士等，さまざまな職種のスタッフが参加している。公認心理師はそれら多職種のスタッフと連携・協働し，グループの運営がうまくいくように努める必要がある。

60 ○ デイケアは利用者らと過ごす時間が長く，より日常に近い場でもある。公認心理師もプログラムに利用者が取り組んでいる姿を見守るだけではなく，メンバーの一員としてプログラムに参加して利用者と交流することで，メンバー同士の交流を促すことにもつながるといった効果が期待できる。

61 × デイケアの援助の対象は，あくまで利用者個人である。利用者が面接を希望したり，あるいはスタッフが必要と感じた場合には，個人への心理療法を行うことがある。

62 × 利用者同士の会話で，内容によっては利用者が傷ついたり，恐怖を感じたり，不安になったりする場合もある。公認心理師は利用者の安心感が損なわれていないか十分に注意し，場合によっては積極的に介入する必要がある。

63 × 認知症疾患医療センターとは，地域の医療提供体制の中核として認知症の速やかな鑑別診断，診断後のフォロー，症状増悪期の対応，BPSD（周辺症状）や身体合併症に対する急性期医療，BPSD やせん妄予防のための継続した医療・ケア体制を整備するために，地域の病院に設置されている。ここでは医療相談室も設置されており，臨床心理技術者も従事している。

64 ○ 厚生労働省 HP e-ヘルスネット イネイブリング において，「アルコール依存症では，それを取り巻く家族をはじめとする親しい人間が，様々な問題行動に巻き込まれます。早い段階では，依存症者の社会生活が損なわれないように，周囲の人間がアルコール問題を小さくするよう協力・援助してしまいます。例えば『飲酒問題の後始末』『尻拭いをする』などがあります。具体的には，飲酒による借金を肩代わりして支払ったり（親がすることが多い），酔いつぶれているのを迎えに行ったり，酔って散らかしたり壊したものを片づけてきれいにしたり，二日酔いなどで欠勤する時に代わりに会社電話したり，などです。」とある。

15. 福祉心理学

❑❑❑　1　児童相談所での児童虐待相談において，平成26年度以降の5年間で相談の割合が増加傾向にあるのは心理的虐待のみである。

❑❑❑　2　子ども虐待の対応の手引き（平成25年8月改正版，厚生労働省）において，保護者側のリスク要因として「配偶者からの暴力（DV）等不安定な状況にある」が挙げられている。

❑❑❑　3　要保護児童には，非行少年が含まれる。

❑❑❑　4　要保護児童対策地域協議会の存在により，関係機関が役割分担をすることなく，それぞれ独自の支援にあたることができる。

❑❑❑　5　国は，要保護児童対策地域協議会を置き，要保護児童の早期発見に努める。

❑❑❑　6　要保護児童対策地域協議会の構成員には，心理の専門家も含まれる。

❑❑❑　7　要保護児童対策地域協議会では，要保護児童の児童養護施設入所措置を決定する。

1 ○ 厚生労働省 平成30年度 児童相談所での児童虐待相談対応件数<速報値>において，平成30年度の心理的虐待の相談件数は88,389件で全体の55.3%を占めている。次いで，身体的虐待の相談件数は40,256件で25.2%となっている。児童虐待相談対応件数の総数自体が平成26年度以降7万件以上増加しているため，身体的虐待，ネグレクトでも件数自体はこの5年間でも増加しているが，割合が増加しているのは心理的虐待である。

2 × 虐待に至るおそれのある要因・虐待のリスクとして留意すべき点として，保護者側のリスク要因，子どもの側のリスク要因，養育環境のリスク要因，その他の虐待のリスクが高いと想定される場合，が挙げられている。保護者側のリスク要因には，妊娠，出産，育児を通して発生するものや，保護者自身の性格や精神疾患等の精神的に不安定な状態から起因するものがある。「配偶者からの暴力（DV）等不安定な状況にある」は養育環境のリスク要因に含まれる。

3 ○ 厚生労働省 市町村児童家庭相談援助指針 第4章 要保護児童対策地域協議会 第1節 要保護児童対策地域協議会とは 3．対象児童 において「地域協議会の対象児童は，児福法第6条の3に規定する『要保護児童（保護者のない児童又は保護者に監護させることが不適当であると認められる児童）』であり，虐待を受けた子どもに限られず，非行児童なども含まれる。」とされている。

4 × 厚生労働省HP 要保護児童対策地域協議会設置・運営指針 第1章 要保護児童対策地域協議会とは 2．要保護児童対策地域協議会の意義 において，平成16年の児童福祉法改正により，虐待を受けた児童などに対する市区町村の体制強化を促進するため設置できるとされ，その後の法改正で，「協議会を置くよう努めなければならない」と改められた。現在では，全国ほぼ全ての市区町村に設置されており，協議会の活用を基本として行われることとされている。要保護児童対策地域協議会においては，地域の関係機関等が子どもやその家庭に関する情報や考え方を共有し，適切な連携を図り対応していくことで，その機能が発揮されるところであるが，各機関の機能そのものがあるため，支援についての共通認識のもと役割分担を図り，それぞれの機関が責任をもって関わることのできる体制作りが可能であることが意義の1つとして挙げられている。

5 × 要保護児童対策地域協議会を設置するのは地方公共団体である。児童福祉法第25条の2第1項では「地方公共団体は，単独で又は共同して，要保護児童の適切な保護又は要支援児童若しくは特定妊婦への適切な支援を図るため，関係機関，関係団体及び児童の福祉に関連する職務に従事する者その他の関係者により構成される要保護児童対策地域協議会を置くように努めなければならない。」と規定されている。

6 ○ 厚生労働省 児童相談所運営指針 第4章 援助 第2節 要保護児童対策地域協議会の設立 2.構成員 において，保健医療関係者として医師，歯科医師，保健師，助産師，看護師，精神保健福祉士，カウンセラー（臨床心理士等）が挙げられている。

7 × 要保護児童の児童養護施設入所措置を決定するのは児童相談所となっている。そのため，要保護児童対策地域協議会に決定権は存在しない。これは，厚生労働省「児童相談所運営指針」において，「第4章 援助 第4節 児童福祉施設入所措置，指定医療機関委託」において，規定されている。

❑❑❑　8　母子生活支援施設への入所理由は配偶者からの暴力が最も多い。

❑❑❑　9　社会的養護は，子どもの最善の利益のために，社会全体で子どもを育むことを基本理念としている。

❑❑❑　10　社会的養護は，家庭養育優先原則に基づいている。

❑❑❑　11　児童養護施設入所児童の平均入所期間は約８年である。

❑❑❑　12　児童養護施設は，原則として０歳から 20 歳に至るまでの子どもを対象とする。

❑❑❑　13　乳児院は，原則として３歳未満の児童を入所させて養育する施設である。

❑❑❑　14　児童養護施設入所児童の約６割は被虐待経験がある。

❑❑❑　15　特別養子縁組の成立の決定は，家庭裁判所が行う。

❑❑❑　16　特別養子縁組の養親の年齢は，20 歳以上でなければならない。

8 ○ 厚生労働省 令和2年1月 児童養護施設入所児童等調査の概要(平成30年2月1日現在)によると，母子生活支援施設への入所理由は，「配偶者からの暴力」が50.7%と最も多く，次いで「住宅事情による」が16.4%，「経済的理由による」が12.8%となっている。

9 ○ 厚生労働省子ども家庭局家庭福祉課 平成31年1月 社会的養育の推進に向けて において，社会的養護の基本理念として，「子どもの最善の利益のために」「社会全体で子どもを育む」という2点が挙げられている。これは，児童福祉法第1条において「全て児童は，児童の権利に関する条約の精神にのつとり，適切に養育されること，その生活を保障されること，愛され，保護されること，その心身の健やかな成長及び発達並びにその自立が図られることその他の福祉を等しく保障される権利を有する。」と規定されていることや，児童権利条約第3条においては「児童に関するすべての措置をとるに当たっては，児童の最善の利益が主として考慮されるものとする」と規定されていることから明らかである。

10 ○ 家庭での養育が困難又は適当でない場合，養育者の家庭に子どもを迎え入れて養育を行う里親やファミリーホーム（家庭養護）を優先するとともに，児童養護施設，乳児院等の施設についても，できる限り小規模かつ地域分散化された家庭的な養育環境の形態（家庭的養護）に変えていく。

11 × 厚生労働省 令和2年1月 児童養護施設入所児童等調査の概要(平成30年2月1日現在)によると，児童養護施設入所児童の平均入所期間は5.2年となっている。1年未満が14.0%と最も多く，1年以上2年未満が13.7%，2年以上3年未満が11.4%，3年以上4年未満が10.1%，4年以上5年未満が7.9%となっている。また，12年以上入所している児童は7.8%となっている。

12 × 児童養護施設は，乳児を除く18歳に至るまでの子どもを対象としてきたが，特に必要がある場合は乳児からも対象にできる。原則的には1歳〜18歳までの年齢で，虐待や貧困などの理由で親の養育が難しいと判断された子どもたちが生活をしている家に代わる場所となる。

13 × 乳児院は，原則として乳児（1歳未満）を入所させて養育する施設であるが，実際には2歳あるいは3歳まで入所していることも多く，低年齢児を養育するというところに特色がある。

14 ○ 厚生労働省 令和2年1月 児童養護施設入所児童等調査の概要(平成30年2月1日現在)によると，児童養護施設において被虐待体験のある児童は65.6%となっている。児童心理治療施設においては78.1%，児童自立支援施設においては64.5%，乳児院においては40.9%，母子生活支援施設においては57.7%，ファミリーホームにおいては53.0%，自立援助ホームにおいては71.6%となっている。

15 ○ 特別養子縁組とは，子どもの福祉の増進を図るために，養子となる子の実親（生みの親）との法的な親子関係を解消し，実の子と同じ親子関係を結ぶ制度である。養親になることを望む夫婦の請求に対し，⑴実親の同意，⑵養親の年齢，⑶養子の年齢，⑷半年間の監護の4要件を満たす場合に，家庭裁判所の決定を受けることで成立する（民法817条の2以下）。

16 × 養親は25歳以上でなければならない。ただし，養親となる夫婦の一方が25歳以上である場合，もう一方は20歳以上であれば養親となることができる（民法817条の4）。

❏❏❏　17　特別養子縁組の養子は，養親が家庭裁判所に審判を請求するときに20歳未満でなければならない。

❏❏❏　18　里親の委託児童数は定員１～４名である。

❏❏❏　19　児童虐待等の行為により心身に有害な影響を受けた要保護児童のうち，都道府県知事がその養育に関し特に支援が必要と認めた場合に，養育を委託することが可能であるのは，専門里親である。

❏❏❏　20　小規模住居型児童養育事業（ファミリーホーム）の職員は，養育者２名でよい。

❏❏❏　21　虐待通告を受けた際の子どもの安全確認に際しては，子どもを直接目視することを基本とする。

❏❏❏　22　学校において虐待を受けている疑いがある児童生徒を発見した場合は，確証がないときであっても，速やかに児童相談所又は市町村，都道府県の設置する福祉事務所へ通告することとされている。

❏❏❏　23　親子心中は，児童虐待に含まれない。

❏❏❏　24　虐待死による子どもの年齢は，０歳の人数が最も多い。

17 × 特別養子縁組の養子は，養親となる者が家庭裁判所に審判を請求するときに 15 歳未満である必要がある。ただし，15 歳に達する前から養親となる者に監護されていた場合には，18 歳に達する前までは審判を請求することができる（民法 817 条の5）。

18 ○ 里親の委託児童数は１～４名であり，小規模住居型児童養育事業（ファミリーホーム）の委託児童数は５～６名となっている。小規模住居型児童養育事業（ファミリーホーム）は，養育者の住居において行う点で里親と同様であり，里親を大きくした里親型のグループホームである。

19 ○

種類	養育里親		養子縁組里親	親族里親
		専門里親		
対象児童	要保護児童	次に挙げる要保護児童のうち、都道府県知事がその養育に関し特に支援が必要と認めたもの ①児童虐待等の行為により心身に有害な影響を受けた児童 ②非行等の問題を有する児童 ③身体障害、知的障害又は精神障害がある児童	要保護児童	次の要件に該当する要保護児童 ①当該親族里親に扶養義務のある児童 ②児童の両親その他当該児童を現に監護する者が死亡、行方不明、拘禁、入院等の状態となったことにより、これらの者により、養育が期待できないこと

厚生労働省 子ども家庭局 家庭福祉課 里親制度（資料集）令和元年 10月より

20 × 小規模住居型児童養育事業（ファミリーホーム）は 2008 年（平成 20 年）に改正された児童福祉法第６条の３に規定されている。小規模住居型児童養育事業とは，要保護児童の養育に関し相当の経験を有する養育者の住居（ファミリーホーム）において養育を行う事業である。職員配置については，養育者２名（配偶者）＋補助者１名，又は養育者１名＋補助者２名（養育者は，小規模住居型児童養育事業を行う住居に生活の本拠を置く者に限る（それ以外は補助者））となっており，養育者２名では足りない。

21 ○ 児童虐待防止法第８条第３項において，虐待通告を受けた場合には速やかに子どもの安全確認等を行うことが義務づけられている。安全確認は，市区町村職員や児童相談所職員又は市区町村や児童相談所が依頼した者により，子どもを直接目視することにより行うことを基本とする（厚生労働省（平成 25 年８月改正版）子ども虐待対応の手引き）。

22 ○ 記述の通りである。加えて，学校は，児童相談所等の関係機関と日頃からの連携を十分に行い，児童虐待の防止上必要な対応を図ることとされている（文部科学省 平成 22 年 児童虐待防止に向けた学校等における適切な対応の徹底について（通知））。

23 × 厚生労働省 子ども虐待による死亡事例等の検証結果等について 社会保障審議会児童部会児童虐待等要保護事例の検証に関する専門委員会 第 16 次報告 令和２年９月 では，親子心中について，「保護者が子どもを殺害するという態様に照らせば，虐待による死亡」（p.2）としている。そのため，上記資料では虐待事例として心中事例もカウントし，心中による虐待死事例と心中以外による虐待死事例で分けてカウントしている。

24 ○ 23.の資料（p.60）によると，第１次報告（平成 17 年）から第 16 次報告（令和２年）まで一貫して，０歳が最も多い。

❏❏❏　25　虐待で一時保護された子どもの親子関係再構築において，特に子どもが幼い場合は，親の教育方針を最大限に尊重し，子どもをその方針に適応させることを目標とする。

❏❏❏　26　家族再統合における判断基準の１つとして，保護者が子どもの立場に立った見方や配慮ができるかどうかがある。

❏❏❏　27　家族再統合の過程で家族の状況の悪化や再虐待等の可能性が高まった場合，保護者と関係諸機関で話し合いの結果から，交流計画を見直す必要がある。

❏❏❏　28　虐待を受けた子どもの心理的影響をアセスメントするのに，TSCC や PDSS が有効である。

❏❏❏　29　子ども・子育て支援法において，教育・保育給付は，小学校就学前の子どもの保護者に対して行うこととなっている。

25　×　虐待で分離された親や養育能力に課題を抱える親と子どもの交流において，特に子どもが幼く，親に対して安心感を持てない場合は，子どもにとって親が脅威の存在となってしまうことも考えられるため，子どもの気持ちを尊重しつつ，慎重に進める必要がある。

26　○　子ども虐待対応の手引き（平成 25 年8月 改正版） 厚生労働省雇用均等・児童家庭局総務課 5．家庭復帰の際の支援 ⑴家族再統合支援における評価の視点（課題の達成度とリスクアセスメント） において，家族再統合における判断基準として，以下の7つの項目を考慮すべきとされている。

①家庭復帰に向けての合意（子ども・保護者の家庭復帰への意向，すでに行われた虐待は家庭復帰を考慮できるほど回復可能なものか，家庭復帰プログラムへの取り組み状況など）

②子どもの課題の達成度（虐待による認知の歪みや自己イメージの修正，心的外傷・トラウマ等からの回復，自身の体験及び親との関係の整理などに伴う情緒的安定，対人関係の安定など）

③親子の関係性の課題の達成度（段階的親子交流の経過，信頼関係・愛着関係の修復などにともなう親子の間の安心感の醸成など）

④保護者の課題の達成度（虐待の認知，精神的な安定，子どもの立場に立った見方・配慮，養育スキル，衝動のコントロールなどによる安定した養育態度を保持できるなど）

⑤安全・安心を担保し，家族を支える環境の達成度（児童相談所等公的機関との良好な相談関係，公的機関の援助の受け入れ，保育所・学校等との関係，公的機関による確実なモニタリング機能の保持，緊急時の SOS に対しての即時対応体制の確保，経済的安定など，安定した生活環境の保持）

⑥家族を支えるインフォーマルなネットワークにかかわる課題の達成度（ファミリーグループなどの継続的支援とモニタリング，ファミリーグループと公的機関のインフォーマルネットワークの構築）

⑦リスク回避能力（保護者・子ども・ファミリーグループ等の危機場面での適切な対処能力）

27　×　26.の資料に「面会，外出，短期の外泊，長期の外泊などの段階的親子交流の中で子どもや家族の状態の悪化や再虐待等の可能性が高まった場合は，即時に家族と子どもとの話し合い，および関係諸機関での個別ケース検討会議を行い，交流計画の中止や修正を検討する必要がある。家庭復帰ありきで進めるのではなく，常に状況を見極めながら進めることが重要であり，交流計画の変更があり得ることを，開始当初に保護者と子どもに伝えておかなくてはならない。家庭復帰は保護者のために行うのではなく，あくまで子ども主体に考え，子どもにとって安全が確保されることが前提である。」（p.211-212）とあるように，保護者や関係機関などの「大人」だけでなく，子どもの意見を聞くことも重視しなければならない。

28　×　TSCC（Trauma Symptom Checklist for Children）は，8歳から 16 歳の子どもを対象とした自己記入式質問紙であり，トラウマ体験後に生じる反応や心理的症状の評価を目的とした子ども用トラウマ症状チェックリストである。したがって，虐待の心理的影響をアセスメントするのに有効と考えられる。一方，PDSS（Panic Disorder Severity Scale）は，パニック障害の過去1か月の中核的特徴を評価する尺度である。対象者がパニック障害と診断されていれば，対象の主な年齢制限は設けられていない。したがって，一般に虐待の心理的影響をアセスメントするのに必ずしも有効とは言えない。

29　○　子ども・子育て支援法第 20 条において「小学校就学前子どもの保護者は，子どものための教育・保育給付を受けようとするときは，……（中略）……市町村に対し，その小学校就学前子どもごとに，子どものための教育・保育給付を受ける資格を有すること及びその該当する同項各号に掲げる小学校就学前子どもの区分についての認定を申請し，その認定を受けなければならない。」と規定されている。

❏❏❏　30　子ども・子育て会議は，厚生労働省及び文部科学省に置くことになっている。

❏❏❏　31　子ども・子育て支援法において，子ども・子育て支援給付の総合的・計画的実施は国の責務である，と規定されている。

❏❏❏　32　地域子育て支援拠点事業は，都道府県によって実施されている。

❏❏❏　33　病児保育事業は，地域型保育事業の１つである。

❏❏❏　34　医療保護施設とは，生活保護を受けていて身体上又は精神上著しい障害があるために日常生活を営むことが困難な者が，生活扶助を受けることを目的とする施設である。

❏❏❏　35　授産施設とは，生活保護を受けていて，世帯の経済的事情により病院での出産が困難な者が入院できる施設である。

❏❏❏　36　平成 30 年国民生活基礎調査の概況によれば，日本において，全世帯数に対する児童のいる世帯数の割合は，20%以下となっている。

❏❏❏　37　平成 30 年国民生活基礎調査の概況によれば，65 歳以上の単独世帯の世帯主は，男性より女性の方が多い。

❏❏❏　38　平成 30 年国民生活基礎調査の概況によれば，全世帯のうち 65 歳以上の者のいる世帯は約 50%を超えている。

❏❏❏　39　平成 30 年国民生活基礎調査の概況によれば，全世帯のうち高齢者世帯は約４分の１である。

❏❏❏　40　平成 30 年国民生活基礎調査の概況によれば，65 歳以上の者のいる世帯では，単独世帯（一人暮らし）が最も多い。

30　×　子ども・子育て支援法第 72 条において「内閣府に，子ども・子育て会議を置く。」と規定されている。子ども・子育て会議とは，学識経験者，地方公共団体，事業主代表・労働者代表，子育て当事者，子育て支援当事者等が，子育て支援の政策プロセスなどに参画・関与することができる仕組みとして設置されている。

31　×　子ども・子育て支援法第３条において「子どもの健やかな成長のために適切な環境が等しく確保されるよう，子ども及びその保護者に必要な子ども・子育て支援給付及び地域子ども・子育て支援事業を総合的かつ計画的に行うこと」が市町村の責務として挙げられている。

32　×　地域子育て支援拠点事業とは，児童福祉法第６条の３第６項に基づき，市町村が実施する事業である。少子化や核家族化の進行，地域社会の変化など，子どもや子育てをめぐる環境が大きく変化する中で，家庭や地域における子育て機能の低下や子育て中の親の孤独感や不安感の増大等に対応するため，地域において子育て親子の交流等を促進する子育て支援拠点の設置を推進することにより，地域の子育て支援機能の充実を図り，子育ての不安感等を緩和し，子どもの健やかな育ちを支援することを目的としている。

33　×　病児保育事業は，地域型保育事業に含まれない。子ども・子育て支援法第７条第５項において，地域型保育を家庭的保育，小規模保育，居宅訪問型保育，事業所内保育としている。

34　×　生活保護法第 38 条第４項において「医療保護施設は，医療を必要とする要保護者に対して，医療の給付を行うことを目的とする施設とする。」と規定されている。問題文のような目的を持つ施設は救護施設であり，同法第 38 条第２項において「救護施設は，身体上又は精神上著しい障害があるために日常生活を営むことが困難な要保護者を入所させて，生活扶助を行うことを目的とする施設とする。」と規定されている。

35　×　生活保護法第 38 条第５項において「授産施設は，身体上若しくは精神上の理由又は世帯の事情により就業能力の限られている要保護者に対して，就労又は技能の修得のために必要な機会及び便宜を与えて，その自立を助長することを目的とする施設とする。」と規定されている。ここでの「産」とは，生業の意味であり，子どもを産むという意味ではない。

36　×　全世帯数に対する児童のいる世帯数は 22.1%となっている。平成 30 年は児童のいる世帯数は 1126 万７千世帯となった。ちなみに，前年度の児童のいる世帯数は 1173 万４千世帯で，全世帯に対する割合は 23.3%であったため，若干減少している。

37　○　65 歳以上の単独世帯に関して，世帯主の性別を比較すると，男性 32.6%，女性 67.4%と女性の単独世帯の割合の方が多い。

38　×　65 歳以上の者のいる世帯は全世帯に比較すると，48.9%となっている。ちなみに，前年度では 47.2%となっている。

39　○　全世帯のうち高齢者世帯は 27.6%の割合になっており，約４分の１である。また，高齢者世帯の世帯数は 1406 万３千世帯となっている。

40　×　全世帯のうち 65 歳以上の者のいる世帯は 48.9%となっている。世帯構造をみると，65 歳以上の者のいる世帯のうち，夫婦のみの世帯が 32.3%で最も多く，次いで単独世帯 27.4%，親と未婚の子のみの世帯が 20.5%となっている。つまり，夫婦のみ世帯が最も多い。

❑❑❑　41　65 歳以上の障害者への虐待は，障害者虐待防止法の適用が優先される。

❑❑❑　42　医療従事者による高齢者への虐待が生じた場合は，高齢者虐待防止法の対象外である。

❑❑❑　43　互いに自立した 65 歳以上の夫婦間での暴力は，高齢者虐待に含まれる。

❑❑❑　44　65 歳以上の者がセルフ・ネグレクト状態である場合は，高齢者虐待とみなされない。

❑❑❑　45　正常圧水頭症の三大症状は，認知機能障害，歩行障害，尿失禁である。

❑❑❑　46　正常圧水頭症を原因とした認知症は，早期発見し，手術による治療によって症状が改善する可能性が他の認知症よりも高い。

❑❑❑　47　Lewy 小体型認知症の認知機能障害は，進行性である。

❑❑❑　48　血管性認知症には，精神症状がない。

41 × 65 歳以上の障害者については，「高齢者虐待防止法」と「障害者虐待防止法」のいずれの支援対象にもなる。上記の２つの法律の間に優先劣後の関係はないため，障害所管課と連携のうえ，被虐待者の状況に応じて各法律の適切と思われる規定により対応することになる。例えば，高齢者の状況等に鑑み，障害者支援施設への保護が適当な場合は，障害者虐待防止法を利用する等が考えられる。

42 ○ 医療機関における高齢者への虐待については，高齢者虐待防止法の対象外である。仮に医療機関において医療従事者等による高齢者虐待があった場合，高齢者虐待防止法ではなく，医療法の規定に基づき，医療機関の開設者，管理者が適正な管理を行っているか等について都道府県等が検査をし，不適正な場合には指導等を通じて改善を図ることになる。

43 × 高齢者虐待防止法が対象としているのは，「現に養護する者」による虐待のため，この問題のように養護の関係性がない場合，高齢者虐待防止法の対象外となり，基本的には『配偶者からの暴力の防止及び被害者の保護等に関する法律』（平成 13 年法律第 31 号。以下「DV 法」という。）や刑法等が適用される。しかし，通報があった段階では虐待者が『現に養護する者』であるかどうかの判定が難しいケースもあることから，『養護者による高齢者虐待』事案として事実確認等を行ったうえで，DV 法の所管課や関係機関につないでいく等の対応が必要となる。

44 ○ 介護・医療サービスの利用を拒否するなどにより，社会から孤立し，生活行為や心身の健康維持ができなくなっている，いわゆる「セルフ・ネグレクト」状態にある高齢者は，高齢者虐待防止法の対象外である。セルフ・ネグレクト状態にある高齢者は，認知症のほか，精神疾患・障害，アルコール関連の問題を有すると思われる者も多く，それまでの生活歴や疾病・障害の理由から市町村や地域包括支援センター等の関与を拒否することもあるので，必要に応じて高齢者虐待に準じた対応を行えるよう，関係部署・機関の連携体制を構築することが重要である。

45 ○ 正常圧水頭症は，脳脊髄液が脳の周囲や脳室内に貯留して発症する。MRI で特徴的な所見がみられ，手術で治療が可能である。

46 ○ 正常圧水頭症は，いわゆる頭蓋内異常状態になる。髄液が脳室に溜まり周囲の部位を圧迫することにより起き，その状態を理由に認知症の症状を呈するようになることがある。正常圧水頭症を原因とした認知症の場合，正常圧水頭症を適切に治療すると頭蓋内の状態が良好になり，認知症の症状の治療や回復を見込める。

47 ○ Lewy 小体型認知症は，進行性の認知機能障害に加え，多彩な精神症状とパーキンソン症状を示す認知症である。Alzheimer 型認知症と同じように，初期から記憶障害が目立つが，記憶障害は Alzheimer 型認知症より軽い。一方，遂行機能障害や注意障害が目立つことがある。人や動物の幻視症状が特徴であり，うつ状態や妄想などの精神症状も合併しやすい。せん妄との鑑別が重要である。

48 × 血管性認知症は，脳梗塞や脳出血，くも膜下出血などの脳血管障害により生じる認知症である。これらの脳血管障害の再発を起こす度に症状が階段状に悪化，進行する。症状は主に歩行障害，尿失禁の比較的早期からの出現，年齢相応以上の脳室周囲および脳深部白質の変化がみられるとされている。精神症状としては，意欲の低下，自発性の低下，感情失禁，夜間せん妄などがある。

❑❑❑　49　前頭側頭型認知症が進行すると，他者との関係を築くのが困難になることが多い。

❑❑❑　50　認知症の鑑別診断には，MRIやCTのほか，血液検査が行われることもある。

❑❑❑　51　認知症地域支援推進員とは，都道府県単位で実施する事業である。

❑❑❑　52　認知症初期集中支援チームは，医師と看護師の2名体制で実施される。

❑❑❑　53　ミニメンタルステート検査〈MMSE〉は，元々は精神疾患患者の認知機能障害の測定を目的に開発された。

❑❑❑　54　MMSEには，図形模写課題が含まれる。

❑❑❑　55　MMSEの検査時間は，10分程度である。

❑❑❑　56　長谷川式簡易知能評価スケール〈HDS-R〉は，MMSEと異なり，言語性検査が含まれていない。

❑❑❑　57　若年性認知症支援コーディネーターの実施主体は，厚生労働省である。

49　○　前頭側頭型認知症は，徐々に進行する行動の異変や認知機能障害などで気づかれることが多く，Alzheimer 型認知症に比べると幻覚・妄想などは明らかに少なく，記憶障害や視空間認知障害は目立たない。病識の欠如，自発性の低下，周徊や時刻表的生活などの常同行為，模倣行為や反響言語・強迫的音読などの被影響性の亢進，悪びれない万引きや立ち去り行為，状況に合わせた行動調節の困難さなどの明らかに不適切であったり，その場にそぐわなかったりする行動などがある。また，自己および他者の心を読むこと，すなわち他者の心の状態や考え・感情を推測したり共感することが困難になるために，他者との関係を築くことが困難になる。

50　○　認知テストなどによる臨床診断の次に，原因疾患を明らかにするための鑑別診断が行われる。MRI や CT による脳の形態画像のほか，甲状腺機能低下症やビタミン B12 欠乏などは血液検査で明らかになり，薬物で治療が選択されることがある。

51　×　認知症地域支援推進員は，市町村ごとに実施される事業である。主な役割としては，医療・介護等の支援ネットワークの構築，認知症対応力向上のための支援，相談支援･支援体制構築がある。

52　×　認知症初期集中支援チームは，医師（認知症サポート医など）と医療系と介護系職員（保健師・看護師・介護福祉士，社会福祉士，精神保健福祉士等）の計３名以上がチームとなり，早期に認知症の診断が行われ，速やかに適切な医療･介護等が受けられる初期の対応体制が構築されるように実施されるものである。

53　○　MMSE（Mini Mental State Examination）は，元々は精神疾患患者の認知機能障害の測定を目的に 1975 年に M. F. Folstein らによって作成された。現在は，簡便な認知症のスクリーニング・テストとして利用されている。

54　○　検査内容は，「日時の見当識」「場所の見当識」「３語即時再生」「連続７減算」「３語遅延再生」「物品呼称」「復唱」「３段階の命令」「閉眼指示」「作文」「図形模写」の 11 項目からなり，言語性検査（日時・場所の見当識，復唱など）と動作性検査（作文，図形模写など）から構成される。30 点満点中，カットオフ値は 23／24 に設定されている。

55　○　検査時間が 10 分程度であり，実施，採点が簡便であるため，世界中で認知症の診断補助に有用なスクリーニング検査として多く利用されている。

56　×　HDS-R は，1974 年に長谷川和夫らによって開発され，1991 年に HDS-R に改訂された。HDS-R は，「年齢」「日時の見当識」「場所の見当識」「３単語の記銘」「計算（100 から7を2回引く）」「数字の逆唱」「３単語の想起」「５つの物品記銘」「カテゴリー流暢性（野菜の名前を想起する）」の９項目の言語性検査から構成されている。検査時間は 10～15 分程度である。30 点満点中，カットオフ値は 20/21 である。MMSE との違いは動作性検査が含まれていないことである。

57　×　新オレンジプランには「若年性認知症施策の強化」があげられており，若年性認知症支援コーディネーターの配置はその中の１つである。実施主体は都道府県であり，都道府県庁，認知症疾患医療センター，社会福祉協議会・地域包括支援センターなど適切な場所に配置されることになっている。主な役割には，⑴相談窓口，⑵市町村や関係機関との連携体制の構築，⑶地域や関係機関に対する若年性認知症に係る正しい知識の普及がある。

❑❑❑　58　認知症患者の行動や感情の障害の改善を図る支援法の1つに，リアリティ・オリエンテーションがある。

❑❑❑　59　回想法の目的に高齢者や認知症患者の心理的安定がある。

❑❑❑　60　臨床動作法は，認知症高齢者を対象に心身の活性化や健康維持に実施されることもある。

❑❑❑　61　認知症患者のストレスの低減を図る支援法にデブリーフィングがある。

16. 教育・学校心理学

❑❑❑　1　大学に合格するという目的のために勉強をすることは，内発的動機づけの例である。

❑❑❑　2　結果期待と効力期待の両方が高い場合，動機づけは低くなる。

❑❑❑　3　さまざまなことが分かりたいという知的好奇心に基づいて勉強をすることは，内発的動機づけの例である。

58 ○ リアリティ・オリエンテーションは，認知症の人に対して日時や今いる場所がどこなのか，周囲にいる人がだれなのか，周囲でどのようなことが起こっているのかなど見当識を高めることにより行動や感情の障害の改善を図る支援法である。方法としては，24 時間現実見当識法とクラスルーム現実見当識法に分類される。

59 ○ 回想法は，過去の体験を振り返りその過程を通して共感的，受容的に対応することで，高齢者の心理的安定を図る。1960 年代にアメリカの精神科医 R. N. Butler により提唱され，その後に認知症の人にも用いられるようになった。回想法は，一般的回想（レミニッセンス）と人生回顧（ライフレビュー）に分けられる。一般的回想では，回想のきっかけとして五感の刺激となるさまざまなアクティビティや物品を用いる。ライフレビューは，個人の生活史に着目しつつ，これまでの人生を振り返り整理し意味をとらえ直すことで人生の統合を目指す。方法としては，個人回想と集団回想の2通りで行われる。視覚や聴覚，触覚，嗅覚，味覚などの五感を刺激して昔のことを想起しやすくするために，昔の写真や音楽，歌，本，新聞などを用意して活用する。

60 ○ 記述の通りである。臨床動作法は，1960 年代日本で成瀬悟策によって開発された心理療法である。当初は肢体不自由の改善を目的に動作訓練として開発されたが，その後，臨床的な適用範囲を広げて臨床場面において動作法，臨床動作法（動作療法）として広く用いられるようになった。

61 × デブリーフィングとは，災害や精神的ショックを経験した者に行われる，急性期の支援方法のことであり，一般に認知症患者に対して行われるのものではない。災害直後の数日から数週間後に行われる急性期介入であり，ストレス反応の悪化と PTSD を予防するための方法であると主張され，各国に広められたが，PTSD への予防効果は現在では否定されており，かえって悪化する場合も報告されている。

---

1 × 趣味でするスポーツなどのように，生理的な基盤に基づかず，行動それ自体が報酬になることを特徴とした欲求を内発的動機づけと呼ぶ。一方，お金を得るという目標のために仕事をする，大学に入学するために勉強するなどの目標に到達するための道具として特定の行動をすることを特徴とした欲求を外発的動機づけと呼ぶ。問題文は，大学に合格するという「報酬」が目的となっているため，外発的動機づけである。

2 × 結果期待と効力期待の高低の組合せによって，動機づけの状態が決まる。結果期待と効力期待の両方が高い場合に動機づけが最も高くなる。一方，両方ともが低い場合，動機づけが最も低くなる。

3 ○ さまざまなことが分かりたいという知的好奇心があり，勉強すること自体が報酬になるため，内発的動機づけである。

❑❑❑　4　中学生Aは以前から定期試験の点数が悪く学業に対する無力感を形成しており，今回の定期試験でも点数が悪かった。今回の試験の結果に対して，Aが「試験の勉強を怠けたから」と考えることは，自尊感情を低下させる可能性がある原因帰属の仕方である。

❑❑❑　5　中学生Bは以前から定期試験の点数が悪く学業に対する無力感を形成しており，今回の定期試験でも点数が悪かった。今回の試験の結果に対して，Bが「自分が受けた試験はいつも難しいから仕方ない」と考えることは，無力感が早期に収束していく可能性が高い。

❑❑❑　6　自己効力感とは，結果期待が高い状態である。

❑❑❑　7　自己効力感を高める要因として，制御体験，代理体験，言語的説得，情動的喚起の４つが挙げられる。

❑❑❑　8　自己効力感が低い人は，失敗を経験した後，容易な課題を選択することが多い。

4 ○ M. E. P. Seligman と S. F. Maier は，避けられない嫌悪刺激を何度も経験すると，「自分が何をしても状況は変わらない」ことを学習し，逃げたり避けたりすることが可能な事態でも逃避反応が生じなくなることを学習性無力感と呼んだ。M. E. P. Seligman は，この学習性無力感理論に「コントロール不可能の認知」と「原因帰属」を加えて改訂学習性無力感理論を提唱している。「コントロール不可能の認知」とは，ある状況に対して，主観的にコントロールが不可能であると認知する過程である。「原因帰属」とは，コントロール不可能な原因を帰属する過程である。原因帰属の過程は B. Weiner の原因帰属理論を基に，内在性，安定性，全般性の３つの次元から検討される。内在性はコントロール不可能の原因を自分に求めるか（内的），自分以外に求めるか（外的）である。安定性はコントロール不可能の原因が時間的に安定しているか（安定的），安定していないか（不安定的）である。全般性はコントロール不可能の原因を似たような場面に当てはまると捉えるか（全般的），その場面に限定したものと捉えるか（特殊的）である。内在性の内的に帰属した場合，学習性無力感に自尊心の低下が伴う。安定性の安定的に帰属した場合，学習性無力感は長引く。全般性の全般的に帰属した場合，無力感は類似したさまざまな場面に広がる。よって，Aのように内的に帰属した場合，学習性無力感に自尊心の低下が伴う。

5 × 上記 4.の解説参照。Bのように安定的に帰属した場合，学習性無力感が長引く可能性が高い。

6 × 自己効力感は，結果期待と効力期待の２つに分かれる。結果期待は，特定の行動が特定の結果をもたらすだろうという予測，随伴性に関する期待のことである。効力期待は，その人自身が実際に特定の行動を起こせるだろうという信念のことである。この効力期待が高い状態，「やればできる」という感覚を自己効力感と呼ぶ。

7 ○ A. Bandura は，自己効力感を高める要因として，⑴遂行行動の達成〈制御体験〉（成功体験をする），⑵代理的経験（他者の成功を観察する），⑶言語的説得（結果が他者に高く評価される），⑷情動的喚起（何かをするときにリラックスしていると感じ「大丈夫」と安心する）の４つを挙げており，自己効力感を高める最も強力な要因は⑴遂行行動の達成であるとしている。

8 ○ 自己効力感に関連する理論として，達成目標理論がある。これは，人は有能さを求めて達成目標を設定し，行動すると捉える理論であり，マスタリー目標と遂行目標の２つの目標に区別される。マスタリー目標は，自己の能力向上を目指す目標である。失敗を成功の情報源と見なし，困難な課題にも積極的に取り組む傾向がある。一方，遂行目標は，自分の高い能力を示す，もしくは自分の低い能力が露呈しないようにする目標である。課題に対する自己効力感の高低によって，失敗や困難を経験した後の行動に相違が見られる。自己効力感が高い者は，マスタリー目標をもつ者と同様に無力感に陥りにくいのに対し，低い自己効力感をもつ者は，その後の課題選択において容易な課題を選択したり，後続の課題への取り組みをやめてしまったりする等，無力感型の行動パターンに陥りやすい。

❑❑❑　9　M. E. P. Seligmanは，学習性無力感理論に「コントロール不可能の認知」と「自己効力感」を加えることで改訂学習性無力感理論を提唱している。

❑❑❑　10　適性処遇交互作用における処遇とは教師の指導法のことを，適性とは学習者の知能と性格のことを指している。

❑❑❑　11　教師の指導法が優れていても，学習者の適性によって学習成果は異なる。

❑❑❑　12　ピグマリオン効果は自己充足的予言の一種である。

❑❑❑　13　ピグマリオン効果の実験では，教師が意識的だけでなく，無意識的に児童に期待をかけることで成績が向上した。

❑❑❑　14　スクールカウンセラーの役割として，教職員のカウンセリング能力等の向上のための校内研修の実施がある。

❑❑❑　15　UPI学生精神的健康調査には著作権があり，事前に研修を受けた者のみが実施可能である。

9　×　M. E. P. Seligman は学習性無力感理論に「コントロール不可能の認知」と「原因帰属」を加えることで改訂学習性無力感理論を提唱している。「コントロール不可能の認知」とは，ある状況に対して，自分ではコントロールすることが不可能であると認知することである。「原因帰属」は，このコントロール不可能の原因を何に求めるか，に関する過程であり，⑴内在性，⑵安定性，⑶全般性の３つの次元から検討される。⑴内在性は，コントロール不可能の原因を自分自身に求めるか，自分以外に求めるか，⑵安定性は，コントロール不可能の原因が時間的に継続するものか，一時的なものか，⑶全般性は，コントロール不可能の原因を類似する場面全てに当てはまると捉えるか，その場面に限定したものと捉えるか，についてである。コントロール不可能の原因を自分自身に求め，時間的にも継続するもので，類似する場面にも当てはまると捉える場合，無力感には自尊感情の低下が伴い，時間的にも長引き，様々な場面で無力感を感じるようになる。

10　×　適性処遇交互作用とは，教育心理学者の L. J. Cronback によって提唱された，教授の仕方によって得られる学習効果は一様ではないことと，学習者の適性によって異なることを示した概念である。適性処遇交互作用の「処遇」には，教師の指導法に限らず，学習内容や教材，学習環境，評価の仕方，カリキュラムなどが含まれる。適性処遇交互作用の「適性」には，学習者の知能や性格に限らず，認知スタイルや興味・関心，意欲や価値観，年齢などが含まれる。

11　○　教師の教授法が優れていたとしてもその教授法によって，学習成果が表れる学習者もいれば，表れない学習者もいる。学習成果は，その教授法と学習者の適性の組み合わせによって規定される。

12　○　ピグマリオン効果とは，R. Rosenthal が提唱したもので，教師期待効果とも呼ばれる。Rosenthal は，実験者が教師にある特定の児童の学習成績が今後伸びると教師に伝えることで，意識，無意識的に教師がその児童に期待をかけるようになり，期待をかけた児童とそうでない児童で成績の伸びに明らかな違いが生じることを実験で示している。これは自己充足的予言の一種の形態であると考えられている。自己充足的予言は，特に自分に直接関係することについて，事実ではなくても思い込みや期待によって「このようになるだろう」と予測することで，実際にそのような状況を引き起こすような行動をいつの間にか行っており，結果的にその予測と同じような結果を招くことを言う。

13　○　R. Rosenthal の実験では，対象の小学１年生～６年生の児童に知能検査を実施し，約20％の潜在的に能力が高い児童の実名を担任教師に伝える。しかし，実際には，「潜在的に能力が高い児童」とは出席簿からランダムに選ばれただけで知能検査の結果に基づいたものではない。そして，担任教師に偽って伝えられた児童の１年後の知能検査の成績が上昇していた。この実験において，教師は意識的だけではなく，無意識的にもその児童に期待をかけるようになり，教師自身，働きかけの違いに気付いていないことも多い。

14　○　文部科学省（2017）教育相談等に関する調査研究協力者会議 児童生徒の教育相談の充実について～学校教育力を高める組織的な教育相談体制づくり～ において「日常的に児童生徒と接する教職員がカウンセリングに関する知識を習得し，心理面の問題に対処できるよう，校長の学校経営方針に基づき教員に対して基礎的なカウンセリングに関する研修を行うことが望ましい」とされている。

15　×　UPI は，問題を抱えている学生の早期発見，早期支援を目的に実施される。UPI は著作権もなく，自由にコピーして使用可能になっている。その結果をもとに，心理的問題を抱えている学生をリストアップし，その学生に電話連絡等を行い，相談ニーズを尋ねたりする大学の学生相談室も多い。

❑❑❑　16　学習内容を繰り返し声に出して読むことで記憶しようとする方略は，認知的方略の一種である。

❑❑❑　17　学習者自身の学習の進み具合を学習中や学習が終わった後に振り返り，評価をすることを，プランニングという。

❑❑❑　18　学習を行うための机の上の不要な物を片付けることは，自己制御学習の一環である。

❑❑❑　19　30日以上欠席した児童生徒の主たる理由が「病気」である場合，不登校に分類されない。

❑❑❑　20　漠然とした不安を訴え登校しない状態が30日以上続く場合，不登校に該当する。

16 ○ 認知的方略は，学習する内容を効率的・効果的に記憶したり，学習する情報をまとめたり，整理したりするなどの操作を加えることで覚えやすくしたり，理解しやすくすることを目的に行う方略である。ここには，学習内容を繰り返し声に出して読んだり，書いたりすることで記憶しようとするリハーサル方略，学習内容を学習者が覚えやすい形に変換したり，物語を作ったりして記憶の保持や想起を促進する精緻化方略，学習内容を関連する情報ごとに整理したり，まとめたりすることで覚えやすくする体制化方略が挙げられる。

17 × これはセルフ・モニタリングの説明である。プランニングとは，学習目標を達成するためにどの学習内容をどの順番に進めていくのかについて計画を立てることで，プランニングを行った学習内容について，セルフ・モニタリングを行い，その結果によって，プランニングを修正し，また学習を進める中でセルフ・モニタリングを行っていくという循環関係が存在する。プランニングとセルフ・モニタリングを合わせてメタ認知的方略という。

18 ○ 自己制御学習とは，認知的方略，メタ認知的方略に加え，学習環境や利用可能性のある資源，学習者の動機づけを含めた学習方略である。具体的には，⑴計画，⑵遂行，⑶自己省察の３つの段階を循環過程として捉えており，⑴計画は，学習目標達成のためのプランニングの段階，⑵遂行は，上述したような認知的方略を活用しながら実際の学習活動を進める段階，⑶自己省察は，学習活動の進行状況や学習方法が効果的であったかなどのセルフ・モニタリングを行う段階である。その結果，必要であればプランニングの修正を行うため，⑴計画の段階に戻るという循環過程である。また，必要に応じて，学習を行うための机の上の不要な物を片付けておいたり，教材や参考書などを準備したりする環境整備方略，学習を進める中で学習者自身では解決できない問題に直面したときに，先生や友人，両親や兄や姉といった資源となる他者に援助を求める援助要請を行うことも効率的に学習を進める方略の１つとされている。

19 ○ 平成 30 年度児童生徒の問題行動・不登校等生徒指導上の諸問題に関する調査結果について によれば，長期欠席は，「年度間（１年間）に連続又は断続して 30 日以上欠席した児童生徒」を指し，長期欠席の理由分類には，⑴病気，⑵経済的理由，⑶不登校，⑷その他，が挙げられる。つまり，「病気」が主たる理由で長期欠席した児童生徒は不登校に含まれない。

20 ○ 19.の資料では，不登校を以下のように定義している。

「何らかの心理的，情緒的，身体的，あるいは社会的要因・背景により，生徒が登校しないあるいはしたくともできない状況にある者（ただし，「病気」や「経済的な理由」による者を除く）。なお，欠席状態が長期に継続している理由が，学校生活上の影響，あそび・非行，無気力，不安など情緒的混乱，意図的な拒否及びこれらの複合であるもの。

※「不登校」の具体例

㋐ 友人関係又は教職員との関係に課題を抱えているため登校しない（できない）。

㋑ 遊ぶためや非行グループに入っていることなどのため登校しない。

㋒ 無気力で何となく登校しない。迎えに行ったり強く催促したりすると登校するが長続きしない。

㋓ 登校の意志はあるが身体の不調を訴え登校できない。漠然とした不安を訴え登校しないなど，不安を理由に登校しない（できない）。」

❑❑❑　21　学校における一次的援助サービスは，子どもの問題が重篤になることを予防することに焦点を当てる。

❑❑❑　22　学校における三次的援助サービスは，不登校など特別な援助ニーズをもつ子どもへの援助サービスである。

❑❑❑　23　不登校支援において，スクールカウンセラーは，ケース会議のファシリテーターを担うことが期待されている。

❑❑❑　24　学校内ではいじめと認定される行為でも，学校外で起こった場合はいじめと認定されない。

❑❑❑　25　不登校児童への支援の初期においては，まだ登校への拒否感も少ないため，まずは「学校に登校する」ことを目標にする。

❑❑❑　26　文部科学省は，不登校が生じないために，魅力のある学校づくりが重要であるとしている。

❑❑❑　27　生徒指導提要（文部科学省）によれば，生徒指導とは，児童生徒の社会的資質や行動力を高めることを目指して行われる教育活動のことである。

21 × これは二次的援助サービスである。二次的援助サービスは，児童生徒が登校をしぶったり，学習に対する意欲の低下，学級において孤立するなど，学校生活における適応がこれまで通りにはいかなくなってきているなど，今後より学校適応が困難になる可能性が高い一部の子どもの援助ニーズに応じる援助サービスである。一次的援助サービスはすべての子どもを対象に行う心理教育などの発達を促進する，あるいは不登校やいじめなどの問題の発生を未然に予防する援助サービスである。

22 ○ 三次的援助サービスとは，不登校やいじめ，虐待などの問題状況にあるといった特別な援助ニーズをもつ特定の子どもへの援助サービスである。

23 ○ 文部科学省（2017）の教育相談等に関する調査研究協力者会議の「児童生徒の教育相談の充実について～学校の教育力を高める組織的な教育相談体制づくり～」（報告）では，スクールカウンセラーの職務内容として，以下が挙げられている。

⑴児童生徒へのカウンセリング
⑵保護者への助言・援助
⑶児童生徒集団，学級や学校集団に対するアセスメントと助言・援助
⑷児童生徒の困難・ストレスへの対処方法，児童生徒への心の教育に資する全ての児童生徒を対象とした心理教育プログラム等の実施
⑸不登校，いじめや暴力行為等問題行動，子供の貧困，虐待等を学校として認知した場合，自然災害，突発的な事件・事故が発生した際の援助
⑹教職員に対するコンサルテーション
⑺教職員のカウンセリング能力等の向上のための校内研修の実施

このうち⑹の中に，「ケース会議等教育相談に関する会議での教職員への助言・援助」があり，「ケース会議では，SC は話合いを促進する役割（ファシリテーター）を担い，教員が積極的に発言し，課題や解決策を発見していくプロセスを援助することが重要である。」とされている。

24 × いじめ防止対策推進法第２条によると，いじめとは「児童等に対して，当該児童等が在籍する学校に在籍している等当該児童等と一定の人的関係にある他の児童等が行う心理的又は物理的な影響を与える行為（インターネットを通じて行われるものを含む。）であって，当該行為の対象となった児童等が心身の苦痛を感じているもの」である。したがって，起こった場所が学校内であるかどうかは，いじめの認定に影響しない。

25 × 文部科学省 HP「不登校児童生徒への支援の在り方について（通知）」令和元年 10 月 25 日 において，「不登校児童生徒への支援は，『学校に登校する』という結果のみを目標にするのではなく，児童生徒が自らの進路を主体的に捉えて，社会的に自立することを目指す必要がある」とある。

26 ○ 文部科学省 HP「不登校児童生徒への支援の在り方について（通知）」令和元年 10 月 25 日 2 学校等の取組の充実 ⑵不登校が生じないような学校づくり において，「1．魅力あるよりよい学校づくり 児童生徒が不登校になってからの事後的な取組だけでなく，児童生徒が不登校にならない，魅力ある学校づくりを目指すことが重要である」とされている。

27 ○ 生徒指導提要において「生徒指導とは，一人一人の児童生徒の人格を尊重し，個性の伸長を図りながら，社会的資質や行動力を高めることを目指して行われる教育活動のことです。すなわち，生徒指導は，すべての児童生徒のそれぞれの人格のよりよき発達を目指すとともに，学校生活がすべての児童生徒にとって有意義で興味深く，充実したものになることを目指しています。」とある。

❑❑❑　28　生徒指導提要（文部科学省）によれば，生徒指導の際は目前の問題行動への対応にとどめるようにする必要がある。

❑❑❑　29　虐待を受けたことが疑われる児童生徒がいる場合，担任教師がスクールカウンセラーの助言のもとで保護者に対して直接注意や指導を行うなど，まずは学校で解決できる方法を学校長主導で検討する。

❑❑❑　30　学校が虐待の疑いのある児童生徒を発見した場合，公務員の守秘義務の観点から，通告は市町村の教育委員会に対して行うことが定められている。

❑❑❑　31　発達障害は子どもにおける自殺の危険因子に含まれている。

❑❑❑　32　教職員が児童生徒のリストカットなどの自傷行為を発見した場合は，児童相談所に通告して速やかに医療機関を受診させることが義務づけられている。

❑❑❑　33　評価対象が所属する集団のデータを基準値として，その基準値に比べて評価対象がどの程度かによって行う評価を，絶対評価という。

❑❑❑　34　学習指導を実施する前に，学習者がどの程度の知識を持っているかを調べるための評価を，形成的評価という。

❑❑❑　35　学習者個人のある側面に関する情報をもとにして基準を設定し，その基準と比較して別の側面がどの程度であるか，どの程度変化したのかといった評価を行う評価を，個人内評価という。

17．司法・犯罪心理学

❑❑❑　1　少年院に送致すべき年齢の下限は，おおむね 12 歳以上である。

28 × 発達の段階に応じた自己指導能力の育成を図るため，問題行動など目前の問題に対応するだけにとどまらず，各学校段階や各学年段階，また年齢と共に形成されてくる精神性や社会性の程度を考慮し，どの児童生徒にも一定水準の共通した能力が形成されるような計画的な生徒指導が求められている。

29 × 児童虐待への対応の基本は，「一人（一機関）で抱え込まない」「疑わしきは通告と連携」である。学校が単独で，保護者に対して直接注意し指導することは，虐待をより深刻化させる可能性もあるため推奨されない。このような場合は，児童相談所に通告することが義務付けられているため，この対応は適切ではない。

30 × 児童虐待の通告先は市町村，福祉事務所，児童相談所であり，どこを優先するかについて法律上の規定はないため，日頃の連携の状況などに応じて通告者が速やかに判断するべきである。また，この通告は公務員などの守秘義務より優先されることが，児童虐待防止法第6条に明記されている。

31 × 文部科学省「教師が知っておきたい子どもの自殺予防」では，1）自殺未遂，2）心の病，3）安心感の持てない家庭環境，4）独特の性格傾向，5）喪失体験，6）孤立感，7）安全や健康を守れない傾向の7つの危険因子が挙げられている。このうち，2）心の病に関しては，「うつ病，統合失調症，パーソナリティ障害，薬物乱用，摂食障害などが自殺の危険の背後に潜んでいる」となっており，この中にも，発達障害は含まれていない。

32 × そのような規定はない。リストカットなどの自傷行為は，次に起こるかもしれない自殺の危険を示す重大なサインであり，医療機関などにつなげることも大事ではあるが，いきなり医療機関を受診するようにと言われると本人が抵抗を示す可能性もある。本人の同意に基づき，保護者や関係機関と連携して慎重に対応することが求められる。

33 × これは相対評価の説明である。絶対評価とは，ある学習目標を達成できているかどうかを評価するための絶対的な基準を設定して行う評価のことである。

34 × これは診断的評価の説明である。形成的評価とは，ある単元の学習指導の過程で小テストを行うことによって，学習者がその単元をどの程度理解しているのかを把握し，ある学習者には個別指導を行ったり，授業の改善点を見出したりと，その後の指導計画に活用するための評価のことである。

35 ○ 個人内評価は，横断的個人内評価と縦断的個人内評価に分けられる。横断的個人内評価とは，社会や国語，英語といった複数の科目の学力を比較したときに「Aさんは英語よりも国語や社会の方がよくできる」といった評価の方法である。一方，縦断的個人内評価とは，「Aさんの数学の成績が1学期に比べて2学期の方が上がった」というように，過去と現在を比較してどの程度変化したかを評価する方法である。

---

1 ○ 少年院法第4条において，少年院に送致すべき年齢の下限は「おおむね12歳以上」となっている。

❑❑❑　2　被害者が死亡した場合においても，触法少年は児童相談所長に送致されることになる。

❑❑❑　3　触法少年の場合，どのような犯罪をしたとしても刑事責任が問われることはないため，警察官が調査を行うことはできない。

❑❑❑　4　触法少年やぐ犯少年は，原則，家庭裁判所に送致される。

❑❑❑　5　受刑者に対する矯正処遇における特別改善指導には，薬物依存離脱指導，暴力団離脱指導，性犯罪再犯防止指導，被害者の視点を取り入れた教育，交通安全指導，就労支援指導がある。

❑❑❑　6　受刑者に対する矯正処遇における特別改善指導の中で，交通安全指導は，原則全ての受刑者が対象となる。

❑❑❑　7　平成 30 年度の少年による刑法犯の検挙人員が最も多い罪名は，暴行である。

❑❑❑　8　少年院における処遇の中核となるのは矯正教育であり，在院者には，生活指導，職業指導，教科指導，体育指導及び特別活動指導の５つの分野にわたって指導が行われる。

2 ○ 少年法第6条の6第1項において「警察官は，調査の結果，次の各号のいずれかに該当するときは，当該調査に係る書類とともに事件を児童相談所長に送致しなければならない。 1 第3条第1項第2号に掲げる少年に係る事件について，その少年の行為が次に掲げる罪に係る刑罰法令に触れるものであると思料するとき。 イ 故意の犯罪行為により被害者を死亡させた罪 ロ イに掲げるもののほか，死刑又は無期若しくは短期二年以上の懲役若しくは禁錮に当たる罪」とある。この条文にある「第3条第1項第2号に掲げる少年」とは触法少年（犯罪行為をした14歳未満の少年）のことを指す。

3 × 少年法第6条の2第1項において「警察官は，客観的な事情から合理的に判断して，第3条第1項第2号に掲げる少年であると疑うに足りる相当の理由のある者を発見した場合において，必要があるときは，事件について調査をすることができる。」とある。刑事責任が問われることはないため，警察官による事件の「捜査」を行うことはできないが，「調査」はすることができる。

4 × ぐ犯少年とは，虞犯事由があり，少年の性格または環境を考慮すると将来犯罪行為を行うおそれがある20歳未満の少年である。都道府県知事又は児童相談所長は，送致を受けた少年のうち一定の重大な罪に係る刑罰法令に触れる行為を行った触法少年については，原則として，家庭裁判所に送致しなければならず，それ以外の少年については，家庭裁判所の審判に付することが適当であると認めた場合に家庭裁判所に送致するとされている。したがって，全ての触法少年・ぐ犯少年が原則として家庭裁判所に送致される訳ではない。

5 ○ 主に刑が確定した受刑者を収容する刑務所及び少年刑務所において，受刑者に対する矯正処遇として，作業，改善指導及び教科指導を行う。改善指導は更に一般改善指導と特別改善指導に分けられる。この特別改善指導には，薬物依存離脱指導，暴力団離脱指導，性犯罪再犯防止指導，被害者の視点を取り入れた教育，交通安全指導，就労支援指導の合計6つの指導がある。

6 × 交通安全指導は，自動車等の運転により犯罪を犯し，遵法精神や交通安全に関する意識が乏しい受刑者を対象とする。交通規範を遵守することの重要性を認識させるとともに，自らが犯した事故の責任や事故に至った自己の問題性を理解させ，人命尊重の精神を身に付けさせることを目的とする改善指導である。

7 × 法務省「犯罪白書」によれば，平成 30 年度の少年による刑法犯の検挙人員は，総数 30,939 人（男子 26,260 人，女子 4,679 人）であった。罪名別では，圧倒的に窃盗が多く（18,059 人），次いで横領（2,933 人），遺失物横領（2,902 人），傷害（2,477 人），その他（1,526 人），暴行（1,459 人）と続く。犯罪白書には，犯罪，少年非行の動向だけでなく，処遇に関しても記載されているので，しっかりチェックをしておいていただきたい。

8 ○ 記述の通りである。特別活動指導においては，在院者の情操を豊かにし，自主，自律及び協同の精神を養うため，自主的活動，クラブ活動，情操的活動，行事，社会貢献活動等が行われている。

❑❑❑　9　犯因論的リスク要因を考える際，静的リスク要因と動的リスク要因は明確に区別できない。

❑❑❑　10　犯因論的リスク要因において，現在の家庭環境の問題や性別は動的リスク要因である。

❑❑❑　11　少年法において，死刑又は懲役に当たる罪の事件は，原則として全て検察官送致を行うものと規定されている。

❑❑❑　12　裁判員裁判の対象となる事件は，全ての刑事事件である。

❑❑❑　13　裁判員裁判では，有罪か否かを裁判員が判断し，有罪の場合，量刑を裁判官が決める。

❑❑❑　14　観護措置とは，家庭裁判所が調査や審判をするために，少年鑑別所において原則２週間，最大８週間少年の身柄を保全しておく措置のことである。

❑❑❑　15　保護観察に付された少年は，少年鑑別所に送致され，保護観察官や保護司から生活や交友関係などについて指導を受ける。

❑❑❑　16　保護観察対象者の遵守事項を遵守しない場合，少年院仮退院者であれば少年院へ再収容されるなどの措置が取られる。

❑❑❑　17　保護観察対象者の特別遵守事項として，７日間以上の旅行の際は保護観察所長の許可を得るというものがある。

9 ○ リスクアセスメントでは，再犯リスクを高める要因のことを犯因論的リスク要因と呼び，後から変化させることが不可能な要因で犯罪者処遇において改善の目標にならない静的リスク要因と，後から変化させることが可能な要因で改善の目標になる動的リスク要因の２種類に分類される。犯因論的リスク要因には，⑴犯罪経歴，⑵反社会的人格パターン，⑶反社会的認知，⑷不良交友，⑸家庭環境・婚姻状況，⑹学校・職場，⑺余暇・娯楽，⑻物質乱用の８つが挙げられている。

静的リスク要因と動的リスク要因は区別が明瞭にできる場合も多いが，定義の仕方によって変化する場合もある。例えば，家庭環境の問題は，現在の家族と対象者との関係が悪いと定義した場合は，将来家族関係が改善する可能性があるため動的リスク要因になり，過去の家庭環境の問題であれば今後の改善とは無関係であるため静的リスク要因である。

10 × 性別は後から変化させることが不可能な要因であるため静的リスク要因である。現在の家庭環境の問題であれば後から変化させることが可能であるため動的リスク要因である。

11 × 少年法第 20 条第１項において，検察官送致をすることができるのは，死刑，懲役又は禁錮に当たる罪の事件について，調査の結果，犯罪の性質及び情状に照らして刑事処分を相当と認めるとき，同条第２項において，犯罪のときに 16 歳以上の少年が，故意の犯罪行為により被害者を死亡させた罪の事件を起こした場合で，かつ，調査の結果，刑事処分以外の措置が相当でないとき，の２つの場合がある。重大犯罪であっても，法律上は，必ず検察官送致される訳ではない。

12 × 裁判員裁判の対象事件は，一定の重大な犯罪であり，例えば，殺人罪，強盗致死傷罪，現住建造物等放火罪，身代金目的誘拐罪，危険運転致死罪などがある。なお，裁判員裁判は，地方裁判所で行われる刑事事件が対象になり，刑事裁判の控訴審・上告審や民事事件，少年審判等は裁判員裁判の対象にはならない。

13 × 1943 年まで行われていた陪審制度では，有罪かどうかは陪審員が決め，有罪の場合にどのような刑にするかを裁判官が決めるものとされていた。つまり，この問題の内容は，戦前の陪審員制度を指す内容である。これに対して，現行の裁判員制度は，裁判員と裁判官が一緒に有罪か否か，有罪の場合量刑をどうするかを決めるものである。

14 ○ 記述の通りである。

15 × 保護観察とは，少年が保護観察官や保護司の指導・監督を受けながら社会内で更生できると判断された場合の保護処分である。保護観察に付された少年は，決められた約束事を守りながら家庭等で生活し，保護観察官や保護司から生活や交友関係などについて指導を受けることになる。

16 ○ 遵守事項とは，保護観察対象者が保護観察期間中に遵守しなければならない事項である。保護観察対象者に共通して更生保護法第 50 条で定められている一般遵守事項と，個々の対象者の状況に応じて，改善・更生のために必要と認められる範囲内で更生保護法第 51 条に定められる特別遵守事項に分類される。この遵守事項を保護観察対象者が遵守しない場合，保護観察処分少年は警告や少年院への送致，少年院仮退院者であれば少年院への再収容，仮釈放者であれば仮釈放の取消し，保護観察付執行猶予者であれば執行猶予の取消しなどの処分が取られる。

17 × これは，更生保護法第 50 条第１項第５号に定められている一般遵守事項である。

❑❑❑　18　保護観察対象者の一般遵守事項として，保護観察開始時の住居の届け出がある。

❑❑❑　19　少年が再び非行を犯すおそれが強く，社会内での更生が難しい場合，少年院に送致して矯正教育を行う。

❑❑❑　20　反抗挑発症／反抗挑戦性障害は，DSM-5に記載されている。

❑❑❑　21　反社会性パーソナリティ障害の診断には，素行症／素行障害の発症が必要である。

❑❑❑　22　素行症／素行障害と注意欠如多動症／注意欠如多動性障害〈AD/HD〉に関連はない。

❑❑❑　23　個人で用いるために窃盗を繰り返す者は，窃盗症に該当しない。

❑❑❑　24　動機づけ面接では，クライエントが持っていないような変化への動機を与え，リソースを活性化させる。

❑❑❑　25　動機づけ面接には，４つの中核スキルがある。

18 ○ 更生保護法第50条第1項第3号において「保護観察に付されたときは，速やかに，住居を定め，その地を管轄する保護観察所の長にその届出をすること。」と定められている。

19 ○ 少年院送致の説明である。少年院では，再び非行を犯すことのないよう，少年に反省を深めさせるとともに，謝罪の気持ちを持つように促し，あわせて規則正しい生活習慣を身に付けさせ，職業指導をするなど全般的指導を行う。

20 ○ 反抗挑発症／反抗挑戦性障害は，DSM-5の診断基準において「怒りっぽく／易怒的な気分，口論好き／挑発的な行動，または執念深さなどの情緒・行動上の様式が少なくとも6カ月間持続」と記載されている。

21 ○ 反社会性パーソナリティ障害は，B群パーソナリティ障害に分類される。基本的な特徴として，攻撃性や衝動性，無責任性を有する，罪悪感を感じることが出来ない，法や規範を犯して他人の権利を侵害し，それに対する刑罰から学ぶことが出来ない，人の心理を読んで操作するのがうまく，魅力的でさえある，といった特徴が挙げられる。反社会性パーソナリティ障害の診断には，少なくとも18歳以上で，15歳以前に素行症を発症していることが必要である。

22 × アメリカでの調査によると注意欠如多動症／注意欠如多動性障害〈AD/HD〉の子どものうち，40～60%が素行症を合併することが調査から分かっている。また，国立研究開発法人 国立成育医療研究センター「反抗挑戦性障害・素行障害診断治療ガイドライン」によると，AD/HDの30～45%が反抗挑戦性障害を合併し，18～23%が素行障害を合併していた。また，素行障害と診断された子ども診察すると55～85%の子どもがAD/HDを合併していたという調査もある。

23 ○ 窃盗症は，万引き依存症やクレプトマニアとも呼ばれ，強い衝動に突き動かされて万引きを主とする盗みを繰り返す疾患である。DSM-5では，個人で使用するためや金銭目的の窃盗ではないこと，窃盗を行う前の緊張感の高まり，窃盗する際の快感や解放感が特徴的であるとされる。

24 × 動機づけ面接とは，依存症のクライエントや司法臨床などの場面で用いられる心理面接であり，変化に対するその人自身への動機づけとコミットメントを強めるための協働的な会話スタイルのことである。クライエントが語ってくれる会話を通して，面接者の「正したい反射」を抑え，行動変容に伴う「変わりたい，一方で変わりたくない」というクライエントの気持ちや状況を丁寧に引き出し，標的とする行動や変化に関する発言を強化することで，クライエント自らが気づき行動につながる，というプロセスを支える。動機づけ面接では，クライエント自身が本来持っている変化への動機とリソースを活性化することを重視する。

25 ○ 動機づけ面接の中核スキルとして，開かれた質問（Open question），是認（Affirming），聞き返し（Reflecting），要約（Summarizing）の4つが挙げられる。この中核スキルは，4つの頭文字を取ってOARS（オールズ）と呼ばれる。オールズとは船を漕ぐ時に使われる櫂のことを意味し，面接は，面接者とクライエントが協力して目的地に向かって船を漕いで進んでいくというイメージで，どちらかだけが漕いでいても船は回るだけで目的地にたどり着かないという面接の姿を現したものである。

❑❑❑　26　動機づけ面接における「聞き返し」は，語尾を下げて陳述することが重要である。

❑❑❑　27　動機づけ面接は，C. R. Rogersのクライエント中心療法と同じく非指示的なアプローチである。

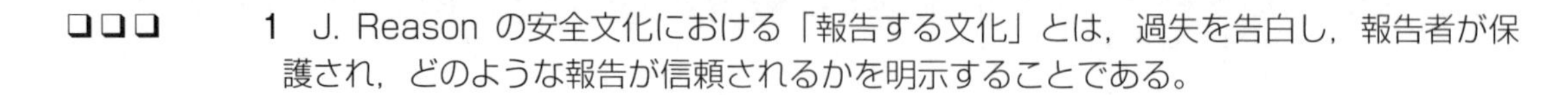

18．産業心理学

❑❑❑　1　J. Reason の安全文化における「報告する文化」とは，過失を告白し，報告者が保護され，どのような報告が信頼されるかを明示することである。

❑❑❑　2　J. Reason の安全文化における「公正な文化」とは，情報提供の有無による報償などが生じないことである。

❑❑❑　3　J. Reason の安全文化における「対話する文化」とは，教訓から仮定，枠組み，行動を変えていけることである。

❑❑❑　4　J. Reason の安全文化に「柔軟な文化」が含まれる。

❑❑❑　5　A. H. Maslow の欲求階層説における「安全と安定の欲求」は，最も低い階層欲求である。

❑❑❑　6　ダイバーシティ・マネジメントとは，違いを重視し，多様な人材のすべての潜在能力を活かすことである。

❑❑❑　7　パワー・ハラスメントは，職務上の地位や優位性を背景に，業務の適正な範囲を超えて，精神的身体的苦痛を与える，又は職場環境を悪化させる行為を指す。

❑❑❑　8　組織風土は，ルールの明文化によって容易に変革できる。

26 ○ 「聞き返し」は動機づけ面接の中核スキルの一つである。面接者が「聞き返し」をすることによって，面接者はクライエントの言葉に共感し，抱えている問題を理解し，クライエントが自ら問題を解決するための動機を引き出し強化していく。また，クライエントも面接者の聞き返しによって，問題が整理され，自らの発言の矛盾に気付き始めたりする。クライエントが話したことの中で，面接者がどの側面について「聞き返し」をするかによって会話の方向性に影響するため，クライエントの考えが深まるか否かを決定づけることになる。ただし，「聞き返し」は「質問をするのではなく，陳述をすることである」，「聞き返しは通常『語尾を下げる』ことである。」（青木治・中村英司編（2017）矯正職員のための動機づけ面接 p.57 公益財団法人矯正協会）とあるように，例えばクライエントの「将来については自分なりに考えています」という発言に対して面接者は「将来についてどう自分なりに考えているの？」と質問するのではなく，「将来について自分なりに考えている↘」と語尾を下げて陳述することが「聞き返し」のポイントである。

27 × C. R. Rogers のクライエント中心療法は「非指示的」なアプローチであるが，動機づけ面接はクライエントの変化の内的な動機を強化する「指示的」なクライエント中心療法である。

---

1 ○ 記述の通りである。厚生労働省の安全文化の定義は，労働災害の一層の減少を図るために，危険性又は有害性等の調査等の実施により，職場から機械設備，作業等による危険をなくしていくことや，職業生活全般を通じた各段階における安全教育の徹底を図ることなどにより「労働者の安全と健康を最優先する企業文化」である。

2 × 公正な文化とは，安全に関する情報提供が奨励され，報償の対象になる，受け入れられる行動とそうでない行動の境界性が明示・理解され，信頼が確立していることである。

3 × 問題文は「学習する文化」の説明である。「対話する文化」は規定されていない。

4 ○ J. Reason の安全文化は，報告する文化，公正な文化，柔軟な文化，学習する文化が含まれる。「柔軟な文化」とは，プレッシャーやスピード，集中度の急激な変化に対応できることである。

5 × A. H. Maslow は，階層の基底層（第１層）を成す「生理学的欲求」と中間第２層の「安全と安定の欲求」，中間第３層の「所属と愛の欲求」，中間第４層の「尊敬の欲求」，最高層（第５層）の「自己実現欲求」から階層構造が成されていると考えた。その中で，第１層から第４層までを「欠乏欲求」と呼び，いずれも下位の欲求が充足されなければ上位の欲求が生じないとしている。欠乏欲求が充足されると，最高層（第５層）の「自己実現欲求」が生じると考える。

6 ○ ダイバーシティは「多様性」を意味する言葉であり，ダイバーシティ・マネジメントとは，違いを重視し，多様な人材のすべての潜在能力を活かすことである。

7 ○ 記述の通りである。

8 × 組織風土とは，「構成員によって明示的あるいは黙示的に知覚され，構成員の考え方や行動，感情に影響を及ぼすと考えられる一連の特性（規範，価値観等）の集合体」と定義される。多くの不文律を含み，変革することは容易ではない。

❑❑❑　9　ワーク・ライフ・バランスとは，労働時間を短縮し，余暇時間を増やすことである。

❑❑❑　10　外発的動機づけは，報酬ではなく行動自体が目的となっている際の動機づけを指す。

❑❑❑　11　ピグマリオン効果とは，物質的な報酬を与えると内発的動機づけが低下することである。

❑❑❑　12　PM 理論の P 機能とは，メンバー間の人間関係を良好に保ち，集団のまとまりを維持する能力が高いリーダーのスタイルである。

❑❑❑　13　リーダーシップ理論は，行動アプローチから始まり特性アプローチへと関心が移行した。

❑❑❑　14　リーダーシップ理論は，リーダーからフォロワーへの視点を研究するものである。

❑❑❑　15　パス－ゴール理論は，リーダーがメンバーの仕事への動機づけや満足感を高めることを強調する理論である。

❑❑❑　16　状況即応モデルにおいては，LPC 得点が高いリーダーほど人間関係を重視すると考えられている。

❑❑❑　17　障害者の就労支援において，支援目標は一般就労での雇用契約に限られる。

9 × ワーク・ライフ・バランスとは，仕事と生活の調和と訳され，仕事と生活が互いにいい影響を与え調和していることである。ワーク・ライフ・バランス憲章では，仕事と生活の調和が実現した社会の姿を「国民一人ひとりがやりがいや充実感を感じながら働き，仕事上の責任を果たすとともに，家庭や地域生活などにおいても，子育て期，中高年期といった人生の各段階に応じて多様な生き方が選択・実現できる社会」と定義し，⑴就労による経済的自立が可能な社会，⑵健康で豊かな生活のための時間が確保できる社会，⑶多様な働き方・生き方が選択できる社会，を目指すべきであるとしている。したがって，単純に時間を調節することを指すものではない。

10 × 報酬ではなく行動自体が目的となっている動機づけは，内発的動機づけである。外発的動機づけは，何らかの行動に対する報酬が目的となっている際の動機づけを指す。

11 × 内発的に動機づけられている状態で，物質的な報酬を与えることで内発的動機づけが低下することは，アンダーマイニング効果と呼ばれる。ピグマリオン効果とは，教師期待効果とも呼ばれ，他者からの期待を受けることで，期待する者から期待される者への働きかけが結果として期待を成就される方向に機能し，学習や作業などの成果を出すことができるという効果のことである。

12 × PM 理論は三隅二不二が 1966 年に提唱した。リーダーシップは，P（Performance）の「目標達成能力」と M（Maintenance）の「集団維持能力」の2つの能力要素で構成されるとし，目標設定や計画立案，メンバーへの指示などにより目標を達成する能力（P）と，メンバー間の人間関係を良好に保ち，集団のまとまりを維持する能力（M）の2つの能力の大小によって，4つのリーダーシップタイプ（PM 型，Pm 型，pM 型，pm 型）を提示し，P と M が共に高い状態（PM 型）のリーダーシップが望ましいとした理論である。

13 × リーダーシップへの最初の関心は，優れたリーダーシップはどのような特性を備えているかを明らかにする特性アプローチであった。しかし，一貫性のある特性が十分に明らかにされなかったため，行動アプローチと呼ばれる観察可能なリーダーの行動に関心が集まるようになった。

14 × 認知論的アプローチでは，それまでのリーダーからフォロワーへの一方向的な視点の研究から，メンバーから見たリーダーシップの評価のメカニズムを明らかにするようになっていった。

15 ○ パス－ゴール理論は，リーダーがメンバーの仕事への動機づけや満足感を高めることを強調する理論である。そのために，リーダーはメンバーの欲求を理解すること，その欲求と組織の目標を関連づけること，リーダーが指示や指導を行うことによって目標に到達できるという道筋を示すことが必要であるという理論である。

16 ○ F. E. Fiedler は，リーダーシップが発揮されるかどうかは，状況によって異なると考え，状況即応モデル（contingency model of leadership）を提唱した。このモデルでは，LPC と呼ばれるリーダーの特性を図る基準を用いる。この LPC 得点が高いほど人間関係を重視するリーダー（関係調整型：PM 理論における M 型に近い）であり，低い場合は作業効率を重視するリーダー（課題達成型：同 P 型に近い）となる。

17 × 障害者の就労支援として，就労移行支援事業，就労継続支援Ａ型事業，就労継続支援Ｂ型事業，就労定着支援事業が挙げられる。この中で，例えば就労継続支援Ａ型事業は最低賃金以上での雇用契約が目標となり，就労継続支援Ｂ型事業は福祉的就労を目指す。この福祉的就労では，一般的な雇用契約を事業主と結ぶことはしない。

❑❑❑　18　障害者の就労後も公的支援が用意されている。

❑❑❑　19　障害者の就労支援の中核は，職業紹介である。

❑❑❑　20　障害者の法定雇用率を定めるのは，障害者雇用促進法である。

❑❑❑　21　地域障害者職業センターは，障害者に対する専門的な職業リハビリテーションを提供する施設である。

❑❑❑　22　事業主は，障害者が職場で働くにあたって，必ず障害者の希望に基づいて支障を改善するための措置をとらなければならない。

❑❑❑　23　合理的配慮の1つとして，知的障害者に文書や図を用いて説明することが挙げられる。

❑❑❑　24　障害者の通勤にあたって，混雑回避のため通勤時間を変更することも，合理的配慮の1つである。

❑❑❑　25　採用試験の際は障害者に対する合理的配慮を考慮しなくて良い。

❑❑❑　26　障害者に対する合理的配慮の提供義務の必要があると認めるときは，労働基準監督署から事業主に対し，助言，指導又は勧告を実施する。

18　○　就労後の支援の代表格としてジョブコーチ支援事業がある。これは障害者雇用促進法第49 条第１項第４号の２に規定されている。ジョブコーチは，対象障害者がその仕事を遂行し，その職場に対応するため，具体的な目標を定め，支援計画に基づいて実施されるもので，障害者本人だけでなく，事業所や障害者の家族も支援の対象とする。ジョブコーチが行う障害者に対する支援は，事業所の上司や同僚による支援にスムーズに移行していくことを目指している。

19　×　障害者雇用促進法では，職業リハビリテーションに関する旨が規定されている。その中では，職業紹介だけでなく，職業指導や適応訓練等が規定されている。例えば，第 11 条では「公共職業安定所は，障害者がその能力に適合する職業に就くことができるようにするため，適性検査を実施し，雇用情報を提供し，障害者に適応した職業指導を行う等必要な措置を講ずるものとする。」とあり，第 13 条では「都道府県は，必要があると認めるときは，求職者である障害者（身体障害者，知的障害者又は精神障害者に限る。次条及び第十五条第二項において同じ。）について，その能力に適合する作業の環境に適応することを容易にすることを目的として，適応訓練を行うものとする。」と規定されている。

20　○　2018 年４月以降からの事業主別の障害者雇用率は民間企業では 2.2%，国や地方公共団体等では 2.5%，都道府県等の教育委員会では 2.4%となっている。また，2021 年３月末までに 0.1%ずつ引き上げられ，民間企業の法定雇用率は 2.3%となることが決められている。

21　○　地域障害者職業センターは，「公共職業安定所等の地域の就労支援機関との密接な連携のもと，障害者に対する専門的な職業リハビリテーションを提供する施設として，全国 47 都道府県（ほか支所５か所）に設置」（厚生労働省 地域障害者職業センターの概要 より）とある。

22　×　事業主には，障害者が職場で働くに当たっての支障を改善するための措置を講ずることが義務づけられているが，当該措置が事業主に対して過重な負担を及ぼすこととなる場合は除かれる。よって，「必ず」という点が不適切である。

23　○　知的障害を持つ方に合わせて，口頭だけでなく分かりやすい文書・絵図を用いて説明することは，合理的配慮の提供義務である。

24　○　記述の通りである。

25　×　募集・採用の配慮として，問題用紙を点訳・音訳すること・試験などで拡大読書器を利用できるようにすること・試験の回答時間を延長すること・回答方法を工夫することなどが必要とされる。

26　×　労働基準監督署ではなく，厚生労働大臣から事業主に対し，助言，指導又は勧告を実施する。

❑❑❑　27　障害者トライアル雇用の雇用期間は，原則3か月間である。

❑❑❑　28　障害者短時間トライアル雇用労働者の当初の1週間の所定労働時間は，20 時間以上40 時間未満である。

❑❑❑　29　障害者トライアル雇用の対象者は，障害者雇用促進法に規定される障害者であることが必要である。

❑❑❑　30　メンタルヘルスケアは，セルフケア，ラインによるケア，事業場内産業保健スタッフ等によるケア，事業場外資源によるケアの4つに大別される。

❑❑❑　31　職場復帰支援プランの作成を検討する項目に，職場復帰の可否についての判断が含まれる。

❑❑❑　32　職場復帰支援プランの作成にあたって検討する項目の一つに，産業医等による医学的見地からみた意見がある。

❑❑❑　33　休業中の労働者の職場復帰については，人事や事業者の考えや指示を優先する。

27 ○ 障害者トライアル雇用の趣旨は，障害者を一定期間雇用することにより，その適性や業務遂行可能性を見極め，求職者及び求人者の相互理解を促進すること等を通じて，障害者の早期就職の実現や雇用機会の創出を図ることを目的とするものである。障害者トライアル雇用期間は，原則3か月間である。ただし，身体障害者（重度障害者を除く。）及び知的障害者（重度障害者を除く。）については対象者と対象事業主との合意により，当該期間を1か月間又は2か月間とすることができる。この場合，期間を3か月に延長することは認められない。また，精神障害者の障害者トライアル雇用期間は3か月以上 12 か月以内とする。ただし，当該期間中において，対象事業主と対象者が合意する場合，当初の障害者トライアル雇用期間を含め最大 12 か月まで延長することができる。

28 × 障害者短時間トライアル雇用労働者の当初の1週間の所定労働時間は，10 時間以上 20 時間未満とし，対象者の職場適応状況や体調等に応じて，同期間中に対象者との合意に基づき，週所定労働時間を 20 時間以上に変更することを目指す。

29 ○ 障害者雇用促進法に規定される障害者とは，「身体障害，知的障害，精神障害（発達障害を含む。第六号において同じ。）その他の心身の機能の障害（以下「障害」と総称する。）があるため，長期にわたり，職業生活に相当の制限を受け，又は職業生活を営むことが著しく困難な者をいう。」（第2条第1項）である。

30 ○ 記述の通りである。4つのケアが継続的かつ計画的に行われることが重要である。

31 × ～メンタルヘルス対策における職場復帰支援～ 改訂 心の健康問題により休業した労働者の職場復帰支援の手引き Return 厚生労働省 独立行政法人労働者健康安全機構 3 職場復帰支援の各ステップ <第3ステップ> 職場復帰の可否の判断及び職場復帰支援プランの作成（p.9-10）において，

ア 情報の収集と評価
イ 職場復帰の可否についての判断
ウ 職場復帰支援プランの作成

の順で行うと記載されている。

したがって，職場復帰の可否についての判断と，職場復帰プランの作成は別物である。

32 ○ 31.の資料（p.10）に，職場復帰支援プランの作成にあたって検討する項目として，

(ア) 職場復帰日
(イ) 管理監督者による就業上の配慮
(ウ) 人事労務管理上の対応等
(エ) 産業医等による医学的見地からみた意見
(オ) フォローアップ
(カ) その他

が挙げられている。

33 × 安全でスムーズな職場復帰を支援するため，職場復帰の可否の最終的な決定の前段階として，必要な情報の収集と評価を行った上で職場復帰ができるかを適切に判断し，職場復帰を支援するための具体的プラン（職場復帰支援プラン）を作成するが，この具体的プランの作成にあたっては，事業場内産業保健スタッフ等を中心に，管理監督者，休職中の労働者の間でよく連携しながら進める。

❑❑❑　34　休職中の労働者の職場復帰における管理監督者による就業上の配慮は，事業者側が策定する事項である。

❑❑❑　35　職場で労働者の躁病の事例に対応する際は，公認心理師などの助言のもと，当該労働者に対して，今の言動を続けるようであれば職場としても困る，と伝えることも検討する。

19. 人体の構造及び疾病

❑❑❑　1　甲状腺ホルモンには臭素原子が含まれるものがある。

❑❑❑　2　副甲状腺ではガストリンが分泌される。

❑❑❑　3　甲状腺ホルモンの分泌は脳下垂体前葉の調節を受ける。

❑❑❑　4　橋本病は慢性的な甲状腺炎である。

❑❑❑　5　バセドウ病は体重減少が症状として現れる。

❑❑❑　6　糖尿病は治癒することが可能である。

❑❑❑　7　Ⅱ型糖尿病はインスリン依存型とも呼ばれる。

❑❑❑　8　適度な飲酒は，糖尿病の発症に抑制的に働くことが，研究で報告されている。

❑❑❑　9　Ⅰ型糖尿病は中高年に発症する人が多い。

❑❑❑　10　Ⅰ型糖尿病患者は比較的肥満体型の人が多い。

34　×　職場復帰支援プランの作成において，管理監督者による就業上の配慮として，業務でのサポートの内容や方法，業務内容や業務量の変更，段階的な就業上の配慮（残業・交替勤務・深夜業務等の制限又は禁止，就業時間短縮など），治療上必要なその他の配慮（診療のための外出許可）などが挙げられている。プランは休職中の労働者の意思等も確認しながら進められる。

35　○　厚生労働省 こころの耳 働く人のメンタルヘルス・ポータルサイト において，職場での躁病の事例の対応の留意点として，

1　本人の言動の理由を確認する。
2　本人の行為について，やみくもに注意しない。
3　本人が自分の状態について，どのように考えているか確認する。
4　今の言動を続けるようであれば，職場としても困ることを伝える。
5　精神科受診を勧める。
6　家族へ職場の状況を説明し，治療への協力を求める。

が挙げられているため，検討すべき事項である。ただし，その際，伝え方には十分注意が必要である。

1　×　臭素が含まれるものはない。甲状腺ホルモンのトリヨードサイロニン（T3）とサイロキシン（チロキシン，T4）にはヨウ素原子が含まれている。

2　×　副甲状腺ではパラソルモンが分泌される。

3　○　間脳視床下部および脳下垂体前葉からの調節を受ける。

4　○　橋本病は慢性的な甲状腺炎，甲状腺ホルモンの分泌低下により，体重増加，眠気，下痢，顔のむくみなどの症状が現れる。

5　○　バセドウ病は，甲状腺機能が亢進することで起こる疾患であり，多汗，暑がり，食欲亢進，体重減少などが症状として現れる。

6　×　糖尿病はひとたび発症すると治癒することはなく，放置すると網膜症・腎症・神経障害などの合併症を引き起こし，末期には失明したり透析治療が必要になることがある。

7　×　Ⅰ型糖尿病はインスリン依存型とも呼ばれ，自己免疫疾患などが原因でインスリン分泌細胞が破壊されるもので，インスリンの自己注射が必要である。一方でⅡ型はインスリン非依存型と呼ばれ，遺伝的要因に過食や運動不足などの生活習慣が重なって発症する。

8　○　厚生労働省 HP e-ヘルスネット アルコールと糖尿病 において，「適度な飲酒は糖尿病の発病に抑制的に働く可能性が推定されています。しかし多量飲酒は発病の危険性を高め，特に肝障害や膵障害が加わるとコントロールが難しい糖尿病になるため，糖尿病患者さんは多量飲酒は避けるべきです。」とあり，適度な飲酒は糖尿病の発病に抑制的に働くことが「20の大規模なコホート研究のメタ解析」で報告されていると記述されている。

9　×　若年期に発症する人が多い。

10　×　比較的やせ型の人が多い。

❏❏❏　11　Ⅰ型糖尿病患者は糖尿病性ケトアシドーシスを引き起こしやすい。

❏❏❏　12　Ⅰ型糖尿病患者はインスリン抵抗性が大きい。

❏❏❏　13　ヒト免疫不全ウイルス〈HIV〉は体内のBリンパ球に潜入する。

❏❏❏　14　肺血栓塞栓症では肺静脈が閉塞される。

❏❏❏　15　肺血栓塞栓症はエコノミークラス症候群とも呼ばれ，航空機の座席のように下肢を動かさない状況で発症リスクが高まる。

❏❏❏　16　肺血栓塞栓症における血栓の殆どは心血管由来である。

❏❏❏　17　肺血栓塞栓症の治療では，まず最初に内科的治療が検討される。

❏❏❏　18　国民は，ギャンブル等依存症問題に関する関心と理解を深め，ギャンブルに講じないよう努めなければならない。

❏❏❏　19　ギャンブル等依存症対策基本法は，ギャンブル等依存症が，多重債務，貧困，虐待，自殺，犯罪等の問題に密接に関連することに鑑み，関連して生ずる問題の根本的な解決に資することを基本理念とする。

❏❏❏　20　ギャンブル等依存症対策基本法における「ギャンブル等依存症」の定義に，競馬や競輪などの公営競技は含まれない。

❏❏❏　21　ギャンブル等依存症である者等の円滑な社会復帰に資するよう，就労の支援その他の支援を推進するために必要な施策を講ずる義務を負っているのは，地方公共団体である。

❏❏❏　22　全人的苦痛とは身体的･精神的･社会的それぞれの苦しみが相互に影響し合うことで，全体としての苦しみが形成されるとする考え方である。

❏❏❏　23　がん患者の治療では身体的治療が優先されるため，生活の質〈QOL〉は治療が終わった後で考慮されるべきものである。

11 ○ 糖尿病性ケトアシドーシスは，インスリンの欠乏によりグルコースの代替として，体内にケトン体が産生されることで体内のpHが酸性に傾くものである。横紋筋融解症や意識喪失が起こる。

12 × インスリン抵抗性とは，インスリンの効きづらさのことである。体内で高血糖の状態が維持されると，インスリンがいくら分泌されても血糖値が下がらなくなる。インスリン抵抗性はⅡ型糖尿病でみられる。

13 × ヒト免疫不全ウイルス〈HIV〉は，一本鎖のRNAを持つレトロウイルスであり，体内のCD4陽性T細胞と呼ばれるリンパ球に潜入する。CD4いわゆるヘルパーT細胞が活性化することでHIVのDNAも活性化し，増殖する。これによりヘルパーT細胞が死ぬため，免疫記憶の低下により免疫力が低下する。

14 × 肺静脈ではなく肺動脈が閉塞される。

15 ○ 長時間，飛行機に乗っているなど一定の姿勢で座ることを強いられる場合，下肢に血液が溜まるため，血栓ができやすくなる。

16 × 下肢などの静脈でできた血栓が心臓血管に移行し，肺動脈を塞栓するケースが多くみられる。

17 ○ 血栓溶解療法や抗凝固療法が奏功しない場合に外科的治療を行う。

18 × ギャンブル等依存症対策基本法第８条（国民の責務）において「国民は，ギャンブル等依存症問題（ギャンブル等依存症及びこれに関連して生ずる多重債務，貧困，虐待，自殺，犯罪等の問題をいう。以下同じ。）に関する関心と理解を深め，ギャンブル等依存症の予防等に必要な注意を払うよう努めなければならない。」とあるが，「ギャンブルに講じないよう努めなければならない」とは規定されていない。

19 ○ 同法第３条（基本理念）第１項第２号において「ギャンブル等依存症対策を講ずるに当たっては，ギャンブル等依存症が，多重債務，貧困，虐待，自殺，犯罪等の問題に密接に関連することに鑑み，ギャンブル等依存症に関連して生ずるこれらの問題の根本的な解決に資するため，これらの問題に関する施策との有機的な連携が図られるよう，必要な配慮がなされるものとすること。」とある。

20 × 同法第２条（定義）において「この法律において『ギャンブル等依存症』とは，ギャンブル等（法律の定めるところにより行われる公営競技，ぱちんこ屋に係る遊技その他の射幸行為をいう。第七条において同じ。）にのめり込むことにより日常生活又は社会生活に支障が生じている状態をいう。」とある。

21 × 国もその義務を負っている。同法第18条（社会復帰の支援）において「国及び地方公共団体は，ギャンブル等依存症である者等の円滑な社会復帰に資するよう，就労の支援その他の支援を推進するために必要な施策を講ずるものとする。」とある。

22 × 全人的苦痛とは，C. Saundersによって提唱されたもので，「苦しみには身体的・精神的・社会的・スピリチュアル（実存的な）の要素があり，これらが互いに影響し合うことで全体としての苦しみを形成する」という概念である。

23 × 生活の質〈QOL〉の改善は病気の治療と並行して行われるものであり，そのために緩和ケアが行われる。

❑❑❑　24　緩和ケアにおいては，患者の不安・恐怖・抑うつなどの感情を共感的に受け止める心理療法が基本となる。

❑❑❑　25　緩和ケアの対象にはすべてのがん患者が含まれる。

❑❑❑　26　患者が亡くなった後の遺族のケアは，緩和ケアに含まれない。

20．精神疾患とその治療

❑❑❑　1　覚醒剤は，精神依存性が強い。

❑❑❑　2　アルコールは，精神依存性が比較的強い。

❑❑❑　3　物質使用障害では，本人は物質使用による有害事象に気づいていないため，物質使用を継続する。

❑❑❑　4　タバコへの渇望や耐性も，物質使用障害に含まれる。

❑❑❑　5　統合失調症の急性期には陰性症状が目立つ。

❑❑❑　6　妄想は統合失調症に特有の症状である。

24 ○ 患者に対して心理療法を行う場合には，支持的心理療法が基本となる。また，ニーズに応じてリラクセーションや認知療法などを適用することもある。

25 ○ 以前は，緩和ケアは終末期に行われるものとされていたが，近年では，がんなどの病気の疑いが生じたときから，すべての患者と家族を対象として提供されるという考えが広まってきている。

26 × 遺族のケアはグリーフケアと呼ばれ，緩和ケアに含まれる。遺族については，死別後，死亡率が上昇したり，うつ病の罹患率が上がり，自殺の危険性が高まるといわれており，これらに対する心理支援は重要である。

---

1 ○ 依存は身体依存と精神依存に分類される。身体依存は，ある物質を摂取し続けることにより，生体にその物質が摂取されていない本来の平衡状態から，その物質が生体にあることが常態化した状態である。加えて，同じ物質を同量用いていると効果が得られなくなる，つまり耐性が生じてくるため，同じ効果を得るためには大量の物質が必要となっていく。身体依存が形成されている状態で，物質の服用を止めた際には，平衡状態が崩れるために離脱症状（禁断症状）が生じる。一方，精神依存は，ある物質の服用による快感を再度体験したいという精神的欲求であり，精神依存だけでは離脱症状は生じない。コカインや大麻，覚醒剤は身体依存性が弱く，精神依存性が強いとされている。

2 × アルコールは，身体依存性，精神依存性どちらも他に比べて強くはない。

3 × 物質使用障害では基本的にその物質により有害事象が起こっていると認識しながらも物質の使用を続けるという特徴がある。DSM-5において，アルコール使用障害では「⑼身体的または精神的問題が，持続的または反復的に起こり悪化しているらしいと知っているにもかかわらず，アルコールの使用を続ける」との記載があり，大麻使用障害やオピオイド使用障害，鎮静薬，睡眠薬，または抗不安薬使用障害，タバコ使用障害などでも同様である。

4 ○ DSM-5の物質関連障害および嗜癖性障害群の中にタバコ使用障害が含まれており，診断基準として「A.⑷渇望，つまりタバコ使用への強い欲求，または衝動」「⑽耐性，以下のいずれかによって定義されるもの：ⓐ期待する効果に達するために，著しく増大した量のタバコが必要 ⓑ同じ量のタバコの持続使用で著しく効果が減弱」との記載がある。

5 × 統合失調症は，前駆期，急性期，消耗期，回復期という段階的な経過をたどることが一般的である。陰性症状とは，感情鈍麻，自閉，会話の貧困さ，自発性の低下など，通常あるものが喪失している症状をさす。陽性症状とは，幻覚，妄想，まとまりのない思考など，明らかに正常ではないとわかる症状をさす。急性期に目立つのは，妄想気分，妄想知覚，妄想着想などの一次妄想，緊迫感，恐怖感を伴った幻聴，拒絶症，無言症，昏迷といった陽性症状である。

6 × 妄想は，思考内容の障害に分類され，不十分な根拠に基づく，誤った強い信念であり，論理的な反証による修正ができないといった特徴をもつ。妄想はその形式あるいは内容によりいくつかの分類がされている。形式による分類では，一次妄想と二次妄想，内容による分類では，関係妄想，微小妄想，誇大妄想などに分類される。このうち一次妄想は統合失調症に特有と考えられているが，その他の妄想については，うつ病や双極性障害，PTSDなど他の精神疾患でもみられる。

❑❑❑　7　統合失調症では，脳を誰かに触られているような体験をすることがある。

❑❑❑　8　統合失調症の発症には複数の影響因が関与する。

❑❑❑　9　我が国における統合失調症の患者のうち，精神科入院患者は５割ほどである。

❑❑❑　10　統合失調症を一度発症するとその後の社会復帰はほとんど困難である。

❑❑❑　11　思考途絶は，統合失調症に特徴的な症状である。

❑❑❑　12　妄想着想は，二次妄想に含まれる。

❑❑❑　13　双極性障害においては，自分が発した言葉から連想される別の言葉へ飛び，脈絡を失うような会話を行う。

❑❑❑　14　双極性障害では，服薬アドヒアランスの低下は生じない。

❑❑❑　15　双極性障害では，抑うつエピソードに対して，抗うつ薬が著効する。

❑❑❑　16　双極性障害においては，躁病エピソードと抑うつエピソードが同時に生じることもある。

❑❑❑　17　双極性障害は，本人が病識に乏しいため，支援につながりにくい。

7 ○ 統合失調症，老年期のうつ病，レビー小体型認知症などでは体感幻覚がみられる。これはセネストパチーともよばれ，五感に対応しない幻覚である。これは身体の中に実際にはいないのにお腹の中を虫が動いている，脳を誰かに触られているなどと体験するような場合である。

8 ○ 統合失調症は，遺伝的要因と環境的要因との相互作用によって発病すると考えられている。ストレス脆弱性モデルやドーパミン仮説，前頭葉機能低下説，病前性格，出立など発症に関するさまざまな仮説や要因が挙げられている。

9 ○ 厚生労働省の患者調査（2014）によれば，日本の精神科入院患者は 53.0%，外来患者は 16.8%を占めている。

10 × 統合失調症は再燃，再発しやすい疾患であるが，症状が緩和して自尊心や自己効力感，社会生活を回復してその人らしい生活が可能（リカバリー）な状態に至ることは多く，一般に 1/3は専門家でもわからない完全なリカバリー，1/3は専門家ならわかるが一般の人にはわからない程度のリカバリー，残りの1/3は何らかの支援を継続的に必要とする不完全寛解状態に至ると考えられている。

11 ○ 思考途絶は思考の進行が急に途切れ，停止することである。面接中にクライエントは突然話すことをやめ，しばらくあとにまた話し出したりする。

12 × 妄想着想は一次妄想に含まれる妄想である。一次妄想とは，突然に不合理な思考が起こり，それは周囲の状況，他者から見て不自然で理解できないものをさす。妄想着想はまったく根拠なく突然着想が浮かび，それがそのまま強く確信される場合である。

13 ○ 双極性障害の躁病エピソードでは問題文のような観念奔逸がしばしばみられる。

14 × 服薬アドヒアランスとは，自身で積極的に治療方針の決定に参加し，自らの意思でそれに従った行動をすることをさす。双極性障害では，病間期に発病前とほぼ同じ状態に戻るため，もう自分の病気は治ったと思い，自分で薬を飲むのをやめてしまうことがしばしばみられる。

15 × 双極性障害への治療は，抑うつ状態，躁状態，平常状態のどの状態でも気分安定薬を投与することが望ましい。双極性障害の抑うつ状態に対して抗うつ薬を投与することは効果がなく，むしろ，アクティベーション症候群，急速交代型への危険性が高まると考えられている。

16 ○ 躁うつ混合状態では，躁病エピソードと抑うつエピソードが同時，あるいは数日で気分エピソードが入れ替わる。易怒性，不安，自殺傾向，無価値感に加え，エネルギーや活動，衝動行為が増加する。

17 ○ 躁状態の際には病識がもてず，本人の爽快感が強いため自発的な治療導入・継続が困難で，取り返しのつかない経済的・社会的損失をこうむる場合もあり，非自発的入院治療が望ましいこともありうる。

❏❏❏　18　DSM-5の抑うつエピソードには，「食欲減退／増加」が挙げられている。

❏❏❏　19　うつ病では，精神運動焦燥がみられる。

❏❏❏　20　思考制止は，双極性障害に特徴的な症状である。

❏❏❏　21　観念奔逸とは，要素性思考の結合や観念同士の連合が弛緩した状態である。

❏❏❏　22　せん妄では幻視がみられる。

❏❏❏　23　疼痛や便秘等の身体的要因は，せん妄の誘発因子である。

❏❏❏　24　適応障害には，明確なストレス因が存在することが特徴である。

❏❏❏　25　自己誘発性嘔吐は，適応障害に特徴的な症状である。

❏❏❏　26　同一性の破綻は，解離性同一性障害に特徴的な症状である。

❏❏❏　27　病識の欠如は適応障害に特徴的なものではない。

❏❏❏　28　周囲の状況がなにか現実でないという感覚の体験は，離人感・現実感消失障害の特徴である。

18 ○ DSM-5において抑うつエピソードでは，①抑うつ気分，②興味・喜びの著しい減退，③有意の体重減少／増加，食欲減退／増加，④不眠あるいは過眠，⑤精神運動焦燥または制止，⑥疲労感，気力の減退，⑦無価値感，罪責感，⑧思考力，集中力の減退，決断困難，⑨反復的な自殺念慮，自殺企図といった症状が挙げられている。
２週間以上にわたって上記の５つ以上の症状に該当（①か②を含む）しており，その原因に物質（薬物・アルコール）や他の身体/精神疾患が考えられず，躁病エピソードが見られない場合に，うつ病の可能性が高いと考えられる。

19 ○ 記述の通りである。上記 18.解説参照。

20 × 思考制止は，考えがなかなか出てこない状態で，思考の進展が遅くなったり，思考活動自体が困難になる。物事の決断や判断ができない。うつ状態，うつ病にみられる。

21 × 問題文は連合弛緩の説明で統合失調症にみられる。観念奔逸では，観念相互の間の意味的連関は一応保たれているが，観念同士の結びつきは不安定で表面的である。本人の心の内に現れる様々な観念や，周囲で起こる出来事や刺激に思考が左右され，結果として飛躍したり，話の筋道から逸れて思考目的がはっきりしなくなる。思考過程においてその進行の速度と，現れる観念の量がともに増大しているのが特徴である。躁状態，躁病にみられる。

22 ○ 幻視は，器質性疾患や薬物の影響でみられることが多く，統合失調症やうつ病では典型的には幻視はみられにくい。せん妄では幻視がみられやすく，情景や人，動物など具体的なものが多い。

23 ○ せん妄の発症要因には，直接因子，誘発因子，準備因子の３つが考えられている。直接因子は，単一でせん妄を起こしうる要因であり，ベンゾジアゼピン系薬剤，オピオイド，アルコール，覚せい剤，等の中枢神経系への活性をもつ物質摂取，依存性薬物からの離脱，脳腫瘍や感染症，頭部外傷等の中枢神経疾患，代謝性疾患，内分泌疾患，循環器疾患等の全身性疾患が挙げられる。誘発因子は，単独ではせん妄を起こさないが，他の要因と重なることでせん妄を惹起しうる要因であり，疼痛，身体拘束，便秘等の身体的要因，不安や抑うつ等の精神的要因，騒音や入院等の環境変化，睡眠障害が挙げられる。準備因子は，せん妄の準備状態となる要因であり，高齢，認知症，せん妄の既往，等が挙げられる。

24 ○ 適応障害では明確なストレス因に伴って，情緒面（抑うつ，不安，怒り，焦燥感）・行動面（遅刻・早退・欠勤，過度の飲酒）の症状がみられる。

25 × 自己誘発性嘔吐は神経性無食欲症，神経性大食症に特徴的な症状である。背景に強い肥満恐怖が存在し，そのため，むちゃ食いをした後に自己誘発性嘔吐（食後の故意による嘔吐）や下剤・利尿薬の乱用，過度の運動，過食以外の食事の不適切な制限といった代償行動を行う。

26 ○ 同一性の破綻とは，自己感覚や意思作用感の明らかな不連続を意味し，感情，行動，意識，記憶，知覚，認知，および／または感覚運動機能の変容を伴うものである。いわゆる多重人格のことで，自分が経験しているという感覚が人格ごとに連続していない状態をいう。

27 ○ 病識の欠如は，統合失調症や双極性障害にみられやすい。

28 ○ これは自分の精神活動や周囲の状況が，何か現実でない，しっくりしないという離人感や現実感消失を繰り返し体験し，そのために社会的・職業的に重大な支障をきたす疾患である。

❑❑❑　29　不眠症に対する認知行動療法の効果は示されていない。

❑❑❑　30　強迫症は男性の有病率が高い。

❑❑❑　31　強迫症の併存症としては，うつ病が最も多い。

❑❑❑　32　強迫症は，遺伝要因の影響が示唆される。

❑❑❑　33　強迫症の主な特徴は特定の対象や状況に対する強迫的な不安である。

❑❑❑　34　神経性無食欲症では，自分が痩せていると認識しつつも，さらに痩せようとする傾向がみられる。

❑❑❑　35　神経性無食欲症の治療は患者との関係構築が重要となるため，1対1での心理的援助が優先される。

❑❑❑　36　神経性無食欲症の食行動の異常として，特定の食べ物のみ摂取する場合がみられる。

❑❑❑　37　神経性無食欲症から神経性大食症への移行がみられる。

29　×　不眠症に対するアプローチは，不眠のための認知行動療法（CBT-Ｉ）などの効果が示されている。CBT-Ｉは睡眠日記，睡眠衛生教育，睡眠スケジューリングの３つで構成される。睡眠日記は睡眠時間を日誌に記入し，客観的に睡眠リズムを捉えることを目的とする。睡眠衛生教育は，質の良い睡眠を得るために，寝る前のカフェインや寝酒を控えること，電灯を消して静かな部屋にするなど，環境調整を目的とする。また，寝る前に漸進的弛緩法などのリラクゼーション法を用いることも行う。睡眠スケジューリングは，夜にベッドで眠れるように寝床でテレビを見たりせず，寝床以外で眠らないようにして，寝床に入っている時間と実際に寝ている時間の差をできるだけ縮めて睡眠の質を高めることを目的とする。

30　×　生涯有病率は約３%で，男女差はないと考えられている。

31　○　強迫症の併存疾患はうつ病が最も多く，40%程度といわれている。その多くは強迫症にまつわる精神的葛藤や疲労に関連して，うつ病を発症すると考えられている。不安障害，パーソナリティ障害（回避性，依存性，強迫性）との併存も多く，最近では強迫症患者の約 20%に自閉スペクトラム症傾向がいるとの報告もある。

32　○　強迫症状の遺伝率は約 40%，近親者の相対危険度も報告されており，強迫症の発症に遺伝が関与することが示唆されている。

33　×　強迫症の特徴は，一定のテーマの考え・イメージ・衝動が一定のパターンで繰り返し起こり（強迫観念），手洗い・確認などの儀式的な行為（強迫行為）を繰り返すことである。これらの症状のために，時間を浪費したりすることで生活上の困難が生じる。

34　×　神経性無食欲症では，体重と体型に関する自己認識の障害が特徴的である。これらはボディイメージの障害とも呼ばれ，他者からどれだけ自分がやせているかを指摘されても納得できない，自身で自分の姿を映した鏡を見てもその痩せを認識できないどころかまだ太っていると認識する，などである。これらによって，より痩せようという食事制限，過度の運動，自己誘発性嘔吐などの排出行動を行う。つまり，自分自身が痩せているという認識をすることが困難な状態である。

35　×　神経性無食欲症の患者には肥満恐怖，ボディイメージの障害といった特徴があるため，どんなに低体重であったとしてもやせることを望み，食事摂取や体重の増加に対して様々な抵抗を示す。つまり，患者自身は体重低下に困っていないため，治療に対して消極的であるか抵抗を示すことが多く，まずは治療者との間において信頼関係の構築を行うことが望ましい。しかし，神経性無食欲症の死亡率は非常に高く，自殺がその半数を占め，残りの半数は身体合併症であるというデータもみられるため，治療には医師，看護師，栄養士，心理師など多職種が連携して援助していくことが必須となる。

36　○　神経性無食欲症における食行動の異常とは，有意に低い体重へと至る極端な食事制限，豆腐や野菜，納豆など特定の食べ物のみの摂取，過食症状，チューイングと呼ばれる食べ物を口に入れて噛むが飲み込まずに吐き出す行動，大量の食べ物を自分の部屋に溜め込む，などである。なお，特定の食べ物にはカロリーの低いものが主に選択される。

37　○　神経性無食欲症は，DSM-5において，摂食制限型と過食・排出型に分類されている。摂食制限型は，過去３か月間にわたって過食あるいは排出行動（自己誘発性嘔吐や緩下剤の乱用等）の繰り返されるエピソードがなく，過食・排出型はそれらの繰り返されるエピソードが存在する。さらに過食時には食べるのをやめることができない，量を抑制できないという感覚がみられる。一方，神経性大食症は，神経性無食欲症の過食・排出型に基本的には体重低下がみられない状態が加わったものであり，本質的には両者は同じ病態である。

❑❑❑　38　ナルコレプシーの主な症状は，カタレプシー，入眠時幻覚，睡眠麻痺，睡眠発作などである。

❑❑❑　39　強迫性パーソナリティ障害では，強迫観念がみられる。

❑❑❑　40　自己愛性パーソナリティ障害では，誇大性，賛美されたい欲求，共感の欠如が特徴的である。

❑❑❑　41　DSM-5の性別違和では，空想遊びにおいて，反対のジェンダーの役割を強く好む。

❑❑❑　42　DSM-5の性別違和では，指定されたジェンダーとは異なる別のジェンダーになりたいという強い欲求がある。

❑❑❑　43　DSM-5の性別違和では，体験または表出するジェンダーと，指定されたジェンダーとの間の著しい不一致が12か月以上続いている必要がある。

❑❑❑　44　ある物質に対して身体依存が形成されている状態で，その物質の服用を止めると離脱症状が生じる。

❑❑❑　45　ベンゾジアゼピン受容体作動薬の副作用に，発熱や発汗がある。

❑❑❑　46　セロトニン症候群には，興奮や錯乱などが含まれる。

38 × ナルコレプシーとは，日中の耐え難い眠気により，突然レム睡眠が出現する疾患であり，主な症状はカタプレキシー，入眠時幻覚，睡眠麻痺，睡眠発作である。カタプレキシーは情動脱力発作ともよばれ，感情の高ぶりに伴って脱力が生じる。また，入眠時幻覚は眠りに陥るときに幻視や幻覚が生じること，睡眠麻痺はいわゆる金縛りのことをさす。また，問題文にあるカタレプシーとは強硬症（強梗症），蝋屈症とも呼ばれ，受動的にとらされた姿勢を保ち続け，自分の意思で変えようとしない状態を指す。用語が紛らわしいので，注意が必要である。

39 × 強迫観念とは，一定のテーマの考え・イメージ・衝動が一定のパターンで繰り返し起こることである。強迫性パーソナリティ障害には，強迫症のような強迫観念，強迫行為はみられない。しかし，過剰な完璧主義のため表面的に似た症状を呈することがある。

40 ○ 記述の通りである。

41 ○ DSM-5の子どもの性別違和の診断基準として，「A.⑶ごっこ遊びや空想遊びにおいては，反対のジェンダーの役割を強く好む」との記載がある。

42 ○ DSM-5の青年および成人の性別違和の診断基準として，「A.⑷反対のジェンダー（または指定されたジェンダーとは異なる別のジェンダー）になりたいという強い欲求」とあり，子どもの性別違和の診断基準には「A⑴反対のジェンダーになりたいという強い欲求，または自分は違うジェンダー（または指定されたジェンダーとは異なる別のジェンダー）であるという主張」との記載がある。

43 × DSM-5の子どもの性別違和の診断基準として，「A.その人が体験し，または表出するジェンダーと，指定されたジェンダーとの間の著しい不一致が，少なくとも6カ月，以下のうちの6つ以上によって示される」とあり，青年および成人の性別違和の診断基準として，「A.その人が体験し，または表出するジェンダーと，指定されたジェンダーとの間の著しい不一致が，少なくとも6カ月，以下のうちの2つ以上によって示される」とある。

44 ○ なお，精神依存のみが形成されている場合にその物質の服用を止めても離脱症状は生じないため，注意が必要である。

45 × ベンゾジアゼピン受容体作動薬は，主に睡眠薬，抗不安薬として使用されている薬剤のことを指している。これらの全てがベンゾジアゼピン受容体作動薬ではないが，現在でもその多くはベンゾジアゼピン受容体作動薬である。副作用として，眠気や倦怠感などの持ち越し，転倒やふらつきといった筋弛緩作用，急な断薬による反跳性不眠，依存，前向性健忘といった記憶障害，せん妄などが挙げられる。

46 ○ セロトニン症候群は，選択的セロトニン再取り込み阻害薬〈SSRI〉などのセロトニン神経系に作用する薬剤によって，セロトニンが過剰になることで自律神経症状，神経症状，精神症状を呈する症候群である。症状は，発熱，発汗，振戦，ミオクローヌス，興奮，錯乱，などである。

❑❑❑　47　抗精神病薬の副作用に，遅発性ジスキネジアやアカシジアなどがある。

❑❑❑　48　賦活症候群は，非定型抗精神病薬の副作用の一つである。

❑❑❑　49　中枢神経刺激薬〈精神刺激薬〉には，アトモキセチンやメチルフェニデートなどがある。

❑❑❑　50　終末期医療で用いられる薬には，副作用としてせん妄を生じるものがある。

❑❑❑　51　選択的セロトニン再取り込み阻害薬〈SSRI〉の副作用に，排尿障害がある。

❑❑❑　52　中枢神経刺激薬の副作用に体重増加がある。

❑❑❑　53　抗精神病薬の副作用に悪性症候群がある。

47　○　抗精神病薬は定型抗精神病薬と非定型抗精神病薬に分類され，主に統合失調症や躁状態を対象とした向精神薬である。副作用として，首や上肢の筋肉のつっぱりや眼球上転を起こす急性ジストニア，舌や口唇，下顎に繰り返し不随意運動を起こす遅発性ジスキネジア，振戦，動作が緩慢になる，小刻み歩行などのパーキンソニズム，足がムズムズしてじっとしていられないアカシジアといった錐体外路症状が挙げられる。他にも悪性症候群，過鎮静，高プロラクチン血症，起立性低血圧などがある。

48　×　賦活症候群は，アクティベーション症候群とも呼ばれており，選択的セロトニン再取り込み阻害薬〈SSRI〉や選択的セロトニン・ノルアドレナリン再取り込み阻害薬〈SNRI〉の投与初期や増量の際に生じうる副作用である。その症状は不安・焦燥，パニック発作，不眠，易刺激性・衝動性亢進などである。特に小児や若年者では衝動性亢進によって自殺の危険性があるため，注意が必要である。

49　○　アトモキセチン（ストラテラ）とは，中枢神経刺激薬〈精神刺激薬〉の一つであり，注意・欠如多動症を対象とした向精神薬である。副作用として，嘔気，食欲減退，傾眠などが生じる。よって，アトモキセチンの副作用が傾眠とする本選択肢の組合せは適切である。メチルフェニデート（リタリン・コンサータ）も中枢神経刺激薬であり，注意・欠如多動症に加えて，過眠症やナルコレプシーなどに対しても用いられる。副作用は嘔気，食欲不振，体重減少，不眠，頭痛などである。

50　○　終末期医療などで用いられるオピオイドは，オピオイドニューロンから分泌される物質のことであり，代表的な物質はエンドルフィンが挙げられる。そのオピオイドが生体のオピオイド受容体に作用することによって，鎮痛作用を生じる。また，オピオイド受容体に作用して鎮痛効果を示すものをオピオイド鎮痛薬やオピオイドと呼ぶことも多い。主な副作用としては，便秘，眠気，悪心・嘔吐，ふらつき，排尿障害，呼吸抑制，せん妄，などが挙げられる。

51　×　選択的セロトニン再取り込み阻害薬〈SSRI〉は抗うつ薬の一つであり，うつ病だけでなくパニック障害，強迫性障害，不安障害，心的外傷後ストレス障害〈PTSD〉などにも用いられる。ただし，双極性障害に対しては抑うつ状態を呈していたとしても，効果がないばかりか賦活症候群や急速交代型へ移行する危険性があるため，注意が必要である。SSRI の副作用は，消化器症状（吐き気，嘔吐，食欲不振，便秘，下痢，頭痛）や賦活症候群などである。排尿障害とは，尿の勢いが弱くなったり途中で途切れたりする排尿困難，無意識のうちに漏れてしまう尿失禁，いわゆるおねしょともいわれる遺尿や排尿の回数，尿量の異常などを総称するものである。これらの排尿障害は，三環系抗うつ薬，セロトニン・ノルアドレナリン再取り込み阻害薬〈SNRI〉，定型抗精神病薬などの副作用で生じる。

52　×　中枢神経刺激薬は，注意欠如多動症／注意欠如多動性障害〈AD/HD〉を対象とした向精神薬である。副作用として，メチルフェニデート徐放錠（コンサータ）では嘔気，食欲不振，体重減少，不眠，頭痛など，アトモキセチン（ストラテラ）では嘔気，食欲減退，傾眠などが生じうる。

53　○　抗精神病薬の服用に伴いやすい副作用は，パーキンソニズム，アカシジア，ジスキネジア，ジストニア，悪性症候群などである。このうち悪性症候群は，急性の発熱，筋強剛などの身体のこわばり，意識障害，頻脈，発汗過多，血圧異常などを伴い，死に至る可能性もある。抗精神病薬でみられやすいが，抗うつ薬，抗不安薬などでも生じうる。

❑❑❑　54　睡眠薬の副作用に身体依存がある。

❑❑❑　55　抗うつ薬の副作用にアカシジアがある。

❑❑❑　56　気分安定薬の副作用に不眠がある。

21．関係行政論（医療）

❑❑❑　1　自殺対策においては，自殺の個人的な側面を第一に考えるべきである。

❑❑❑　2　自殺対策は，精神保健的観点からのみならず自殺の実態に即して実施されるようにしなければならい。

❑❑❑　3　自殺対策基本法には，自殺が未遂に終わった後の事後対応も規定されている。

❑❑❑　4　自殺対策基本法では，自殺者の親族は支援対象に含まれない。

❑❑❑　5　自殺総合対策大綱を定めるのは，厚生労働大臣である。

❑❑❑　6　自殺対策基本法の基本理念では，自殺を個人的な問題の１つと捉えている。

❑❑❑　7　自殺対策は単に精神保健的観点からだけでなく自殺の実態に即して実施されるようにしなければならない。

❑❑❑　8　自殺対策基本法では，自殺未遂者の名誉や生活の平穏への配慮だけでなく，自殺者への配慮も定められている。

54 ○ 抗不安薬と睡眠薬のほとんどがベンゾジアゼピン（BZD）受容体作動薬であり，ベンゾジアゼピンは身体依存が生じやすい。身体依存とは，精神作用物質の反復使用に中枢神経系が適応した結果，当初と同じ効果を得るために物質の摂取量を増やしたり，摂取頻度を高めなければならなくなり（耐性），突然物質摂取を中止すると中枢神経系の均衡が崩れて反跳性現象が出現することである。

55 × アカシジアは錐体外路症状の一つであり，主に抗精神病薬の副作用によって生じる。これは，静座不能ともよばれる身体全体の不全感や不穏感，あるいは焦燥感のためにじっと座っていられず，そわそわと絶えず動かざるを得ないような状態のことをいう。

56 × 気分安定薬の服用に伴いやすい副作用は，腎機能低下や肝障害，悪心，振戦，けいれん，不整脈，眠気，傾眠などである。特に炭酸リチウムを服用する際には，治療濃度と中毒濃度が近いため，血中濃度の測定が必要となる。

---

1 × 自殺対策基本法第２条第２項において「自殺対策は，自殺が個人的な問題としてのみ捉えられるべきものではなく，その背景に様々な社会的な要因があることを踏まえ，社会的な取組として実施されなければならない。」と規定されている。

2 ○ 自殺対策基本法第２条第３項において「自殺対策は，自殺が多様かつ複合的な原因及び背景を有するものであることを踏まえ，単に精神保健的観点からのみならず，自殺の実態に即して実施されるようにしなければならない。」と規定されている。

3 ○ 同法第２条第４項において「自殺対策は，自殺の事前予防，自殺発生の危機への対応及び自殺が発生した後又は自殺が未遂に終わった後の事後対応の各段階に応じた効果的な施策として実施されなければならない。」と規定されている。

4 × 同法第 21 条において「国及び地方公共団体は，自殺又は自殺未遂が自殺者又は自殺未遂者の親族等に及ぼす深刻な心理的影響が緩和されるよう，当該親族等への適切な支援を行うために必要な施策を講ずるものとする。」と規定されている。

5 × 自殺対策基本法第 12 条において「政府は，政府が推進すべき自殺対策の指針として，基本的かつ総合的な自殺対策の大綱（次条及び第 23 条第２項第１号において「自殺総合対策大綱」という。）を定めなければならない。」と規定されている。

6 × 自殺対策基本法第２条第２項において「自殺対策は，自殺が個人的な問題としてのみ捉えられるべきものではなく，その背景に様々な社会的な要因があることを踏まえ，社会的な取組として実施されなければならない。」と規定されている。

7 ○ 自殺対策基本法第２条第３項において「自殺対策は，自殺が多様かつ複合的な原因及び背景を有するものであることを踏まえ，単に精神保健的観点からのみならず，自殺の実態に即して実施されるようにしなければならない。」と規定されている。

8 ○ 自殺対策基本法第９条において「自殺対策の実施に当たっては，自殺者及び自殺未遂者並びにそれらの者の親族等の名誉及び生活の平穏に十分配慮し，いやしくもこれらを不当に侵害することのないようにしなければならない。」と規定されているため，自殺者も自殺未遂者も対象となっている。

❑❑❑　9　措置入院者を入院させている精神科病院の管理者は，入院者の症状を定期的に最寄りの保健所長を経て都道府県知事に報告しなければならない。

❑❑❑　10　医療保護入院の入院届は5日以内に届け出なければならない。

❑❑❑　11　医療保護入院では，精神科病院の管理者は退院後生活環境相談員を選任する義務がある。

❑❑❑　12　医療保護入院では，退院届は保健所長を経て都道府県知事に届ける。

❑❑❑　13　医療保護入院では，指定医以外の診察による入院は行うことができない。

❑❑❑　14　介護認定審査会は都道府県に設置される。

❑❑❑　15　介護保険制度の財政安定化基金の設置は市町村が行う。

22. 関係行政論（教育）

❑❑❑　1　教育支援センターの指導員は，通所の児童生徒の実定員30人に対して少なくとも2人程度を置くことが望ましい。

❑❑❑　2　教育支援センターの指導員には，心理学の専門的知識及び技能を有し，その職務に必要な熱意と識見を有する者を置くこととされている。

❑❑❑　3　教育支援センターにおける各教科等の学習指導に関しては，在籍校と連絡を取りながら実施することとされる。

9 ○ 精神保健福祉法第 38 条の2第1項において「措置入院者を入院させている精神科病院又は指定病院の管理者は，措置入院者の症状その他厚生労働省令で定める事項（以下この項において『報告事項』という。）を，厚生労働省令で定めるところにより，定期に，最寄りの保健所長を経て都道府県知事に報告しなければならない。この場合においては，報告事項のうち厚生労働省令で定める事項については，指定医による診察の結果に基づくものでなければならない。」と規定されている。

10 × 5日ではなく，10 日以内の届出である。精神保健福祉法第 33 条第7項において「精神科病院の管理者は，第1項，第3項又は第4項後段の規定による措置を採ったときは，10 日以内に，その者の症状その他厚生労働省令で定める事項を当該入院について同意をした者の同意書を添え，最寄りの保健所長を経て都道府県知事に届け出なければならない。」と規定されている。

11 ○ 精神保健福祉法第 33 条の4において「医療保護入院者を入院させている精神科病院の管理者は，精神保健福祉士その他厚生労働省令で定める資格を有する者のうちから，厚生労働省令で定めるところにより，退院後生活環境相談員を選任し，その者に医療保護入院者の退院後の生活環境に関し，医療保護入院者及びその家族等からの相談に応じさせ，及びこれらの者を指導させなければならない。」と規定されている。

12 ○ 精神保健福祉法第 33 条の2において「精神科病院の管理者は，前条第1項又は第3項の規定により入院した者（以下『医療保護入院者』という。）を退院させたときは，10 日以内に，その旨及び厚生労働省令で定める事項を最寄りの保健所長を経て都道府県知事に届け出なければならない。」と規定されている。

13 × 精神保健福祉法第 33 条第4項において「第1項又は前項に規定する場合において，精神科病院（厚生労働省令で定める基準に適合すると都道府県知事が認めるものに限る。）の管理者は，緊急その他やむを得ない理由があるときは，指定医に代えて特定医師に診察を行わせることができる。この場合において，診察の結果，精神障害者であり，かつ，医療及び保護のため入院の必要がある者であって当該精神障害のために第 20 条の規定による入院が行われる状態にないと判定されたときは，第1項又は前項の規定にかかわらず，本人の同意がなくても，12 時間を限り，その者を入院させることができる。」と規定されている。

14 × 介護保険法第 14 条において「第 38 条第2項に規定する審査判定業務を行わせるため，市町村に介護認定審査会（以下『認定審査会』という。）を置く。」と規定されている。つまり，都道府県ではなく，市町村である。

15 × 介護保険法第 147 条第1項において「都道府県は，次に掲げる介護保険の財政の安定化に資する事業に必要な費用に充てるため，財政安定化基金を設けるものとする。」と規定されている。つまり，市町村ではなく，都道府県である。

1 × 指導員は，通所の児童生徒の実定員 10 人に対して少なくとも2人程度置くことが望ましい。

2 × 指導員には，相談・指導，学習指導等に必要な知識及び経験又は技能を有し，かつその職務を行うに必要な熱意と識見を有する者を充てるものとされている。

3 ○ 在籍校とも連絡をとり，センター及び児童生徒の実情に応じて実施する。

❑❑❑　4　教育支援センターでは相談・指導が基本となるため，家庭訪問による相談・指導は実施しない方がよい。

❑❑❑　5　教育支援センターでは，保護者に対して，不登校の態様に応じた適切な助言・援助を行う。

❑❑❑　6　知的障害は，通級による指導の対象となる。

❑❑❑　7　懲戒及び体罰に関して，校長及び教員は，教育上必要があると認めるときは，文部科学大臣の定めるところにより，児童，生徒及び学生に懲戒を加えることができる。ただし，正当な理由なく体罰を加えることはできない。

❑❑❑　8　学校教育法において，学校とは，幼稚園，認定こども園，小学校，中学校，義務教育学校，高等学校，中等教育学校，特別支援学校，大学及び高等専門学校とする。

❑❑❑　9　特別支援教育に関して，小学校，中学校，義務教育学校，高等学校及び中等教育学校には，該当する児童及び生徒のために，特別支援学級を置かなければならない。

❑❑❑　10　特別支援教育は，特別支援学級で行われるものを指す。

❑❑❑　11　通級指導の対象には，知的障害が含まれる。

4　×　家庭訪問による相談・指導は，センター，地域，児童生徒の実情に応じて適切に実施することが望ましい。通所困難な児童生徒について，学校や他機関との連携の下，適切な配慮を行うことが望ましい。

5　○　センターは，不登校児童生徒の保護者に対して，不登校の態様に応じた適切な助言・援助を行う。

6　×　知的障害は，特別支援学級の知的クラスへの入級の対象となるため，学校教育法施行規則第140条において通級の対象に含まれていない。

学校教育法施行規則第140条において，「小学校，中学校若しくは義務教育学校又は中等教育学校の前期課程において，次の各号のいずれかに該当する児童又は生徒（特別支援学級の児童及び生徒を除く。）のうち当該障害に応じた特別の指導を行う必要があるものを教育する場合には，文部科学大臣が別に定めるところにより，……（中略）……特別の教育課程によることができる」。

この「特別の教育課程」が通級指導に当たり，その対象は，「1　言語障害者，2　自閉症者，3　情緒障害者，4　弱視者，5　難聴者，6　学習障害者，7　注意欠陥多動性障害者，8　その他障害のある者で，この条の規定により特別の教育課程による教育を行うことが適当なもの」とされる。

7　×　学校教育法第11条において「校長及び教員は，教育上必要があると認めるときは，文部科学大臣の定めるところにより，児童，生徒及び学生に懲戒を加えることができる。ただし，体罰を加えることはできない。」とある。理由の有無にかかわらず，いかなる場合であっても体罰を加えることはできない。

8　×　学校教育法第1条では，「この法律で，学校とは，幼稚園，小学校，中学校，義務教育学校，高等学校，中等教育学校，特別支援学校，大学及び高等専門学校とする。」とある。認定こども園は入っていない。

9　×　学校教育法第81条第2項では，「小学校，中学校，義務教育学校，高等学校及び中等教育学校には，次の各号のいずれかに該当する児童及び生徒のために，特別支援学級を置くことができる。」とある。置かなければならないわけではない。次の各号のいずれかに該当するとは，1　知的障害者，2　肢体不自由者，3　身体虚弱者，4　弱視者，5　難聴者，6　その他障害のある者で，特別支援学級において教育を行うことが適当なもの，の1～6号の児童及び生徒を指している。

10　×　文部科学省HP 特別支援教育 2．特別支援教育の現状 において，特別支援教育の場として，「特別支援学校」「特別支援学級」「通級による指導」「通常の学級」の4種が挙げられている。

11　×　特別支援教育における通級指導については，学校教育法施行規則第140条において「小学校，中学校若しくは義務教育学校又は中等教育学校の前期課程において，次の各号のいずれかに該当する児童又は生徒（特別支援学級の児童及び生徒を除く。）のうち当該障害に応じた特別の指導を行う必要があるものを教育する場合には，…（中略）…特別の教育課程によることができる。一　言語障害者；二　自閉症者；三　情緒障害者；四　弱視者；五　難聴者；六　学習障害者；七　注意欠陥多動性障害者；八　その他障害のある者で，この条の規定により特別の教育課程による教育を行うことが適当なもの」とある。つまり，通級指導の対象に知的障害は含まれていない。

❑❑❑　12　言語障害は，特別支援学校の対象障害種に含まれていない。

❑❑❑　13　特別支援学級においては，通常学級と同様の教育課程を編成しなければならない。

❑❑❑　14　特別支援学校では，知的障害者に対して独自の教科を編成することができる。

❑❑❑　15　いじめ防止対策推進法における「児童等」とは，同じ学校に在籍する児童又は生徒をいう。

❑❑❑　16　いじめ防止対策推進法では，「児童等はいじめを行なわないよう努めなければならない」と定められている。

❑❑❑　17　「いじめ」とは，「一定の人的関係のある者から，心理的，物理的な攻撃を受けたことにより，心身の苦痛を感じているもの」と定義される。

❑❑❑　18　校長及び教員は，児童等がいじめを行っている場合で教育上必要があると認めるときは，当該児童等に懲戒を加えるものとする。

❑❑❑　19　学校は，いじめを行った児童等の保護者に対して，当該児童等の出席停止を命ずる等の措置を速やかに講ずる。

12 ○ 学校教育法第 72 条において「特別支援学校は，視覚障害者，聴覚障害者，知的障害者，肢体不自由者又は病弱者（身体虚弱者を含む。以下同じ。）に対して，幼稚園，小学校，中学校又は高等学校に準ずる教育を施すとともに，障害による学習上又は生活上の困難を克服し自立を図るために必要な知識技能を授けることを目的とする。」と規定されており，特別支援学校の対象障害種に言語障害は含まれていない。

13 × 文部科学省 HP 特別支援教育 5．特別支援教育に関する学習指導要領等 において，教育課程の編成に関して，特別支援学級は，基本的には小学校・中学校の学習指導要領に沿って教育が行われるが，子どもの実態に応じて，特別支援学校の学習指導要領を参考として特別の教育課程も編成ができるとされている。

14 ○ 文部科学省 HP 特別支援教育 5．特別支援教育に関する学習指導要領等 において，教育課程の編成に関して，特別支援学校では，幼稚園，小学校，中学校，高等学校に準ずる教育を行うとともに，障害に基づく種々の困難を改善・克服するために，自立活動という特別な指導領域が設けられているとされている。また，子どもの障害の状態等に応じた弾力的な教育課程が編成できるようになっており，特に知的障害者を教育する特別支援学校については，知的障害の特徴や学習上の特性などを踏まえた独自の教科及びその目標や内容が示されている。

15 × いじめ防止対策推進法第２条第３項に「この法律において『児童等』とは，学校に在籍する児童又は生徒をいう。」とある。この「学校に在籍する」とは「同じ学校に所属していないもの同士」も含まれている。

16 × いじめ防止対策推進法第４条に「児童等は，いじめを行ってはならない。」とある。努力義務ではなく，いじめは禁止されている。

17 × いじめ防止対策推進法第２条において「『いじめ』とは，児童等に対して，当該児童等が在籍する学校に在籍している等当該児童等と一定の人的関係にある他の児童等が行う心理的又は物理的な影響を与える行為（インターネットを通じて行われるものを含む。）であって，当該行為の対象となった児童等が心身の苦痛を感じているものをいう。」と規定されている。「攻撃」ではなく「影響」という文言になっている。

18 ○ いじめ防止対策推進法第 25 条において「校長及び教員は，当該学校に在籍する児童等がいじめを行っている場合であって教育上必要があると認めるときは，学校教育法第 11 条の規定に基づき，適切に，当該児童等に対して懲戒を加えるものとする。」と定められている。

19 × いじめ防止対策推進法第 26 条（出席停止制度の適切な運用等）において，「市町村の教育委員会は，いじめを行った児童等の保護者に対して学校教育法第 35 条第１項（同法第 49 条において準用する場合を含む。）の規定に基づき当該児童等の出席停止を命ずる等，いじめを受けた児童等その他の児童等が安心して教育を受けられるようにするために必要な措置を速やかに講ずるものとする。」とある。つまり，いじめを行った児童生徒に対して出席停止の措置を講ずる場合もある。ここで，注意しておきたいのは，「市町村の教育委員会」が「児童等の保護者」に対して出席停止を命ずる，という点である。「学校」あるいは「学校長」ではなく，また，「児童生徒」に命ずるのでもないことは覚えておこう。

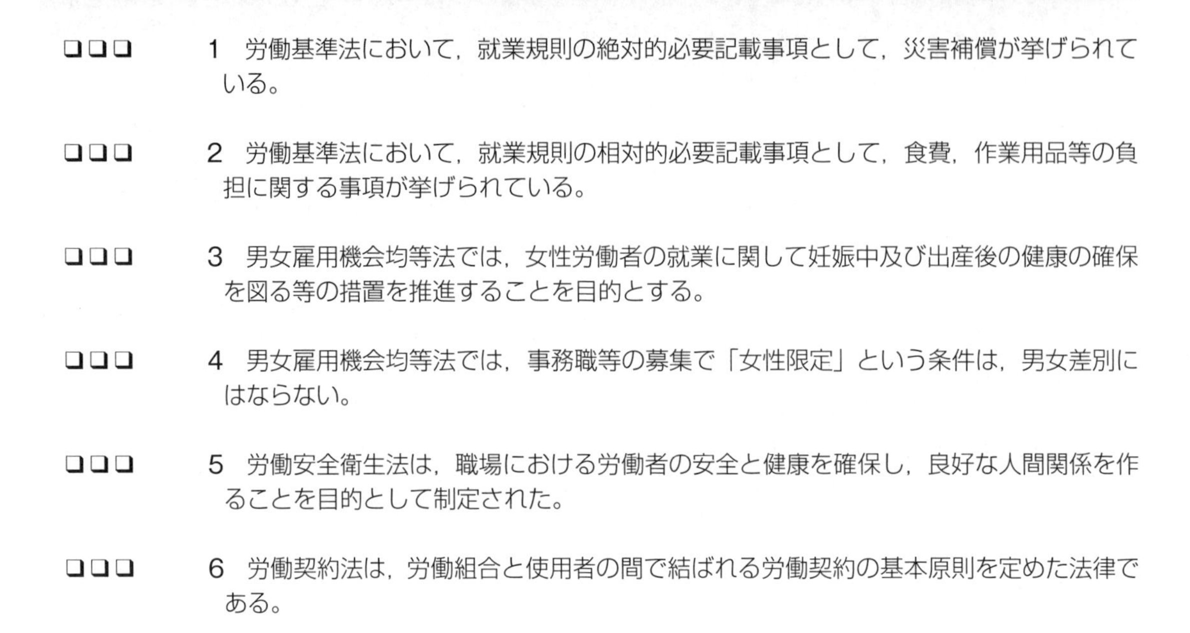

23. 関係行政論（産業）

❑❑❑　1　労働基準法において，就業規則の絶対的必要記載事項として，災害補償が挙げられている。

❑❑❑　2　労働基準法において，就業規則の相対的必要記載事項として，食費，作業用品等の負担に関する事項が挙げられている。

❑❑❑　3　男女雇用機会均等法では，女性労働者の就業に関して妊娠中及び出産後の健康の確保を図る等の措置を推進することを目的とする。

❑❑❑　4　男女雇用機会均等法では，事務職等の募集で「女性限定」という条件は，男女差別にはならない。

❑❑❑　5　労働安全衛生法は，職場における労働者の安全と健康を確保し，良好な人間関係を作ることを目的として制定された。

❑❑❑　6　労働契約法は，労働組合と使用者の間で結ばれる労働契約の基本原則を定めた法律である。

1 × 労働基準法第89条（就業規則作成及び届出の義務）において，「常時10人以上の労働者を使用する使用者は，次に掲げる事項について就業規則を作成し，行政官庁に届け出なければならない。次に掲げる事項を変更した場合においても，同様とする。」とある。この就業規則の記載事項については，絶対的必要記載事項と相対的必要記載事項がある。絶対的必要記載事項とは，絶対に記載しなければならない事項であり，相対的必要記載事項とは，定めをする場合は記載しなければならない事項である。災害補償は，相対的必要記載事項に挙げられている。

■絶対的必要記載事項

①始業及び終業の時刻，休憩時間，休日，休暇並びに交替制の場合には就業時転換に関する事項

②賃金の決定，計算及び支払の方法，賃金の締切り及び支払の時期並びに昇給に関する事項

③退職に関する事項（解雇の事由を含む。）

2 ○ ■相対的必要記載事項

①退職手当に関する事項

②臨時の賃金（賞与），最低賃金額に関する事項

③食費，作業用品等の負担に関する事項

④安全衛生に関する事項

⑤職業訓練に関する事項

⑥災害補償，業務外の傷病扶助に関する事項

⑦表彰，制裁に関する事項

⑧その他全労働者に適用される事項

3 ○ 男女雇用機会均等法第1条において「この法律は，法の下の平等を保障する日本国憲法の理念にのっとり雇用の分野における男女の均等な機会及び待遇の確保を図るとともに，女性労働者の就業に関して妊娠中及び出産後の健康の確保を図る等の措置を推進することを目的とする。」とある。男女雇用機会均等法では，雇用分野における男女の均等な機会及び待遇を図ることとともに女性労働者の就業に関する措置を推進することも目的に含まれている。

4 × 男女雇用機会均等法第5条において「事業主は，労働者の募集及び採用について，その性別にかかわりなく均等な機会を与えなければならない。」とある。つまり，男性に対する差別も禁止されているため，事務職等の募集で「女性限定」という条件は，男女差別に当たる。

5 × 労働安全衛生法第1条において「この法律は，労働基準法（昭和22年法律第49号）と相まって，労働災害の防止のための危害防止基準の確立，責任体制の明確化及び自主的活動の促進の措置を講ずる等その防止に関する総合的計画的な対策を推進することにより職場における労働者の安全と健康を確保するとともに，快適な職場環境の形成を促進することを目的とする。」とある。そのため，良好な人間関係を作ることではなく，快適な職場環境の形成が正しい。

6 × 労働契約法第1条において「この法律は，労働者及び使用者の自主的な交渉の下で，労働契約が合意により成立し，又は変更されるという合意の原則その他労働契約に関する基本的事項を定めることにより，合理的な労働条件の決定又は変更が円滑に行われるようにすることを通じて，労働者の保護を図りつつ，個別の労働関係の安定に資することを目的とする。」とある。つまり，労働組合ではなく，労働者が正しい。

❑❑❑　7　労働者派遣法では，派遣労働者の安全衛生については，派遣元の事業者がその責任を負う。

❑❑❑　8　メンタルヘルス不調を早期に発見し，適切な措置を行うことは三次予防である。

❑❑❑　9　職場の人事権を持つ者は，事業場内メンタルヘルス推進担当者には適さない。

❑❑❑　10　労働者の家族から労働者に関する相談があった際，事業主が窓口となることが望ましい。

❑❑❑　11　メンタルヘルスケアにおけるセルフケアは，労働者自身が一人で行うケアである。

7 ○ 厚生労働省 派遣労働者の労働条件・安全衛生の確保のために ～派遣元・派遣先の責任区分の十分な理解と相互の連携を～〔通達（平成 21 年3月 31 日付け基発第 0331010 号）の内容をわかりやすくしたもの〕において「派遣労働者にも当然に労働基準法，労働安全衛生法等の労働関係法令が適用され，原則として，派遣労働者と労働契約を交わしている派遣元（派遣会社）がその責任を負います」とある。

8 × メンタルヘルスケアにおいては，一次予防，二次予防，三次予防が挙げられる。厚生労働省 独立行政法人労働者健康安全機構 職場における心の健康づくり ～労働者の心の健康の保持増進のための指針～ において「ストレスチェック制度の活用や職場環境等の改善を通じて，メンタルヘルス不調を未然に防止する『一次予防』，メンタルヘルス不調を早期に発見し，適切な措置を行う『二次予防』及びメンタルヘルス不調となった労働者の職場復帰の支援等を行う『三次予防』が円滑に行われるようにする必要がある。」（p.4）とある。よって，この内容は二次予防である。

9 ○ 事業場内産業保健スタッフ等は，セルフケア及びラインによるケアが効果的に実施されるよう，労働者及び管理監督者に対する支援を行うとともに，心の健康づくり計画に基づく具体的なメンタルヘルスケアの実施に関する企画立案，メンタルヘルスに関する個人の健康情報の取扱い，事業場外資源とのネットワークの形成やその窓口となること等，心の健康づくり計画の実施に当たり，中心的な役割を果たすものである。労働者の心の健康の保持増進のための指針 ⑶事業場内産業保健スタッフ等によるケア ④ において，「事業場内メンタルヘルス推進担当者を，事業場内産業保健スタッフ等の中から選任するように努めること。事業場内メンタルヘルス推進担当者としては，衛生管理者等や常勤の保健師等から選任することが望ましいこと。ただし，労働者のメンタルヘルスに関する個人情報を取り扱うことから，労働者について解雇，昇進又は異動に関して直接の権限を持つ監督的地位にある者を選任することは適当でないこと。」（8.の資料のｐ.22）とある。

10 × 労働者のメンタルヘルスの不調に関する気づきと対応は日常的に大切になるが，労働者の家族による気づきや支援の促進も重要となる。それは，労働者に日常的に接している家族は，労働者がメンタルヘルス不調に陥った際に最初に気づくことが少なくないからである。そのため，「事業者は，労働者の家族に対して，ストレスやメンタルヘルスケアに関する基礎知識，事業場のメンタルヘルス相談窓口等の情報を社内報や健康保険組合の広報誌等を通じて提供することが望ましい。また，事業者は，事業場に対して家族から労働者に関する相談があった際には，事業場内産業保健スタッフ等が窓口となって対応する体制を整備するとともに，これを労働者やその家族に周知することが望ましい」（8.の資料のｐ.24）とされている。つまり，労働者の家族から労働者に関する相談があった際，相談の窓口となるのは事業場内産業保健スタッフ等が望ましいとされている。

11 × セルフケア，ラインによるケア，事業場内産業保健スタッフ等によるケア，事業場外資源によるケアの，4つのメンタルヘルスケアが継続的かつ計画的に行われることが重要であるとされる。中でも，セルフケアとは，労働者自身がストレスや心の健康について理解し，自らのストレスを予防，軽減するあるいは対処するものである。ただし，労働者自身がストレスに気づくためには，ストレスに対処するための知識，方法を身につけ，それを実施することが重要となる。そのために，事業者は，労働者に対して，セルフケアに関する教育研修，情報提供を行い，心の健康に関する理解の普及を図るものとされている。つまり，セルフケアは，労働者自身のみで行うものではなく，日常的に労働者と接する職場の管理監督者や事業者も取り組むものである。

❑❑❑　12　事業者は，労働者に対し，心理的な負担の程度を把握するための検査を行わなければならない。

❑❑❑　13　ストレスチェックを受けた者の同意がなければ，その結果を事業者に提供してはならない。

❑❑❑　14　労働安全衛生法における労働者の定義は，労働基準法における定義と異なる。

❑❑❑　15　事業者が労働者を雇い入れた際に安全衛生教育を行うことは，努力義務である。

❑❑❑　16　事業者は労働者に対して，健康診断を行わなければならない。

❑❑❑　17　ストレスチェック制度の対象者は，期間の定めのない労働契約により使用される者であり，それ以外の労働者は含まれない。

❑❑❑　18　ストレスチェック制度の実施者は，事業場の状況を日頃から把握していない者がなることが望ましい。

12 ○ 労働安全衛生法第 66 条の 10 第 1 項において「事業者は，労働者に対し，厚生労働省令で定めるところにより，医師，保健師その他の厚生労働省令で定める者（以下この条において『医師等』という。）による心理的な負担の程度を把握するための検査を行わなければならない。」と規定されている。これがいわゆる「ストレスチェック制度」を指す。

13 ○ 労働安全衛生法第 66 条の 10 第 2 項において「事業者は，前項の規定により行う検査を受けた労働者に対し，厚生労働省令で定めるところにより，当該検査を行つた医師等から当該検査の結果が通知されるようにしなければならない。この場合において，当該医師等は，あらかじめ当該検査を受けた労働者の同意を得ないで，当該労働者の検査の結果を事業者に提供してはならない。」と規定されている。そのため，ストレスチェックを受けた者の同意がないまま，その結果を事業者に提供してはならない。

14 × 同法第 2 条において「この法律において，次の各号に掲げる用語の意義は，それぞれ当該各号に定めるところによる。［中略］ 二 労働者 労働基準法第九条に規定する労働者（同居の親族のみを使用する事業又は事務所に使用される者及び家事使用人を除く。）をいう。」と規定されている。つまり，同法第 2 条において，労働者の定義は，労働基準法の定義に基づくと規定されているため，定義は同一のものである。ちなみに，労働基準法第 9 条において「この法律で『労働者』とは，職業の種類を問わず，事業又は事務所に使用される者で，賃金を支払われる者をいう。」と規定されている。

15 × 労働安全衛生法第 59 条第 1 項において「事業者は，労働者を雇い入れたときは，当該労働者に対し，厚生労働省令で定めるところにより，その従事する業務に関する安全又は衛生のための教育を行なわなければならない。」と規定されている。つまり，事業者は労働者を雇い入れた際に安全衛生教育を行うことは義務である。ちなみに，労働安全衛生法に基づく安全衛生教育とは，「安全管理者，衛生管理者，安全衛生推進者等に対する，必要な知識等の教育」「雇い入れ時，従事する業務に関する安全又は衛生のための，必要な知識等の教育」「作業内容を変更した者に対する，必要な知識等の教育」「危険又は有害な業務に従事する者に対する，必要な知識等の教育」「一定の作業について，新たな職務につくことになった職長等に対する，必要な知識等の教育」「危険又は有害業務に現に就いている者に対する，必要な知識等の教育」が挙げられる。

16 ○ 労働安全衛生法第 66 条第 1 項において「事業者は，労働者に対し，厚生労働省令で定めるところにより，医師による健康診断（第 66 条の 10 第 1 項に規定する検査を除く。以下この条及び次条において同じ。）を行わなければならない。」と規定されている。

17 × 厚生労働省 ストレスチェック制度導入ガイド において，「ストレスチェックの対象者：常時使用する労働者（以下の要件を満たす者） ①期間の定めのない労働契約により使用される者（期間の定めのある労働契約により使用される者であって，当該契約の契約期間が 1 年以上である者並びに契約更新により 1 年以上使用されることが予定されている者及び 1 年以上引き続き使用されている者を含む。）であること。 ②その者の 1 週間の労働時間数が当該事業場において同種の業務に従事する通常の労働者の 1 週間の所定労働時間数の 4 分の 3 以上であること」（p.2）とあり，期間の定めのある労働者も上記の要件を満たしていれば対象者となる。

18 × まずは，実施者として，医師，保健師又は厚生労働大臣が定める研修を修了した歯科医師，看護師，精神保健福祉士もしくは公認心理師が挙げられていることを覚えておきましょう。その上で，17.の資料において，実施者は「事業場の状況を日ごろから把握している者（産業医等）が実施者となることが望ましいです。」（p.3）とある。

❏❏❏　19　ストレスチェック制度で，面接指導が必要とされた労働者は，本人の意思にかかわらず面接指導を受けなければならない。

❏❏❏　20　ストレスチェック制度において，本人の同意により面接指導が必要であるという評価結果を事業者が把握している労働者に対しては，事業者が面接指導の申出を勧奨することができる。

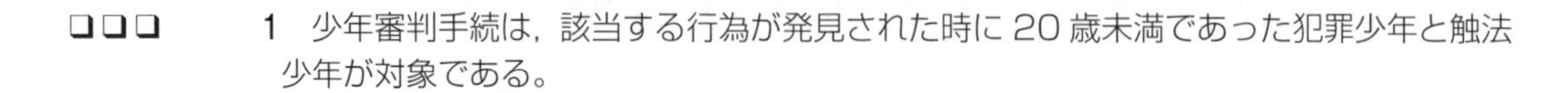

24. 関係行政論（司法）

❏❏❏　1　少年審判手続は，該当する行為が発見された時に20歳未満であった犯罪少年と触法少年が対象である。

❏❏❏　2　少年審判手続において，捜査機関は，少年による事案について，嫌疑の有無や被害の程度，示談の有無を考慮して，事件を家庭裁判所に送致するかどうかを判断する。

❏❏❏　3　少年事件においては，家庭裁判所に送致された事件でも，家庭裁判所の判断で，審判を行わないという処分が下されることがある。

❏❏❏　4　少年事件は成人の事件と異なり，家庭裁判所の調査官が調査を行うため，検察官が審判に関わることはない。

❏❏❏　5　少年事件の審判は非公開であるが，被害者には事件記録の閲覧・謄写や裁判の傍聴が一部認められている。

❏❏❏　6　保護処分の執行を受ける者であって，心身に著しい障害がない犯罪的傾向が進んだ，おおむね16歳以上23歳未満のものは，第3種少年院に収容される。

❏❏❏　7　保護処分の執行を受ける者であって，心身に著しい障害がないおおむね12歳以上23歳未満のものは，第1種少年院に収容される。

❏❏❏　8　保護処分を受ける者であって，おおむね12歳以上26歳未満の女子であるものは，第4種少年院に収容される。

19　×　17.の資料において，「面接指導を受けるかどうかはあくまで勧奨を受けた本人の選択によりますが，制度の実効性を増すためには，事業場において面接指導が必要と判断された労働者ができるだけ面接指導を申し出るような環境づくりが重要です。」（p.11）とある。

20　○　17.の資料において，「本人の同意により面接指導が必要であるという評価結果を事業者把握している労働者に対しては，申出の強要や申出を行わない労働者への不利益取扱いにつながらないように留意しつつ，事業者が申出を勧奨することも可能です。」（p.11）とある。

1　×　対象となるのは，審判による処遇決定時に20歳未満で，なおかつ，犯罪少年（罪を犯した少年），触法少年（14歳に満たないで刑罰法令に触れる行為をした少年），ぐ犯少年（保護者の正当な監督に服しないなどの一定の事由「ぐ犯事由」があり，その性格や環境から見て将来罪を犯すおそれ「ぐ犯性」がある少年）のいずれかに該当する者である（少年法第2条，第3条第1項）。発見時に20歳未満でも，手続中に本人が20歳を超えた場合，手続が中断されて事件は検察官に送致される（同法第19条第2項）。同じ少年法においても，刑の減軽などは犯行時の年齢が基準となっているので，混同しないよう注意が必要である。

2　×　一定の嫌疑がある限り，原則として全ての事件が家庭裁判所の審判手続に送られる（少年法第3条，第6条第1項）。これを「全件送致主義」という。このとき，被害の程度や示談の有無は考慮されない。一方で，嫌疑がないと捜査機関が判断した場合は，事件は家庭裁判所に送致されない。

3　○　家庭裁判所は，調査によって審判に値しないもしくは審判を行うことが不可能と判断したときは，審判を開始しない決定をすることができる（少年法第19条第1項）。

4　×　殺人など一定以上の罪に係る事件で，その事実を認定するために家庭裁判所が必要と認めた場合，審判に検察官が関与することもある（少年法第22条の2）。この措置は，いわゆる「検察官送致」とは異なるので注意が必要である。「検察官送致」とは，審判の結果として家庭裁判所が少年を成人と同様の手続による刑事裁判を受けさせると決定することであり（同法第20条），審判に検察官を関与させることではない。

5　○　被害者等（本人や法定代理人など）は必要があれば事件記録を閲覧・謄写することができ（少年法第5条の2），一定以上の罪に係る事件で，家庭裁判所が許可すれば，裁判を傍聴することもできる（同法第22条の4）。

6　×　第2種少年院の説明である。第3種少年院は，保護処分の執行を受ける者であって，心身に著しい障害があるおおむね12歳以上26歳未満のものが収容される。

7　○　記述の通りである。

8　×　男子と女子で施設そのものの分離は規定していない。旧少年院法では，医療少年院を除いて男子と女子で別々の施設が設けられていた。このときは，正式名称ではないが女子を収容する少年院を女子少年院と呼んでいた。ただし，現行の少年院法第5条第2項においては，「在院者は，性別に従い，互いに分離するものとする。」とあるが，同条第3項に「前2項の規定にかかわらず，適当と認めるときは，居室（在院者が主として休息及び就寝のために使用する場所として少年院の長が指定する室をいう。）外に限り，前2項の別による分離をしないことができる。」とある。また，第4種少年院には，少年院において刑の執行を受ける者が収容される。

❑❑❑　9　保護観察は，施設内処遇にあたる。

❑❑❑　10　保護観察所とは，犯罪の予防を図るため，社会環境の改善に努め，地域住民の活動を促進する。

❑❑❑　11　保護観察の対象には，少年も含まれる。

❑❑❑　12　保護司の役割として，保護観察の実施計画の策定が挙げられる。

❑❑❑　13　少年鑑別所への収容期間は，一律に2週間である。

❑❑❑　14　少年鑑別所では，入所者の処遇を決定するための心理検査や矯正教育が実施される。

❑❑❑　15　少年審判の結果，保護処分が決定された者の一部が少年鑑別所に収容される。

❑❑❑　16　少年鑑別所への入所の必要性を判断するのは，地方裁判所である。

25. 関係行政論（福祉）

❑❑❑　1　配偶者暴力相談支援センターの業務に，被害者の心身の健康を回復させるため，医学的又は心理学的な指導を行うことがある。

9 × 保護観察制度とは，犯罪を行った者または非行のある少年が，社会の中で更生するように保護観察官及び保護司による指導と支援を行うものである。刑務所等の矯正施設で行われる施設内での処遇に対し，施設外，つまり，社会の中で処遇を行うものであることから，保護観察制度は社会内処遇と言われている。

10 ○ 保護観察所の根拠となる法律は，更生保護法と法務省設置法の2つが挙げられる。更生保護法第29条において「保護観察所は，次に掲げる事務をつかさどる。一 この法律及び売春防止法の定めるところにより，保護観察を実施すること。；二 犯罪の予防を図るため，世論を啓発し，社会環境の改善に努め，及び地域住民の活動を促進すること。；三 前二号に掲げるもののほか，この法律その他の法令によりその権限に属させられた事項を処理すること。」と規定されており，保護観察所の事務内容に「犯罪の予防を図るため，社会環境の改善に努め，地域住民の活動を促進する。」と規定されている。

11 ○ 法務省 HP 保護観察所 において，保護観察の対象者は，非行により家庭裁判所から保護観察の処分を受けた少年である「保護観察処分少年」，非行により家庭裁判所から少年院送致の処分を受けその少年院から仮退院となった少年である「少年院仮退院者」，懲役又は禁錮の刑に処せられ仮釈放を許された者である「仮釈放者」，刑の執行猶予とあわせて保護観察付の言渡しを受けた者である「保護観察付執行猶予者」の4種類が挙げられている。

12 × 法務省 HP 保護観察所 において，保護観察官の役割は，「保護観察の実施計画の策定」「対象者の遵守事項違反，再犯その他危機場面での措置」「担当保護司に対する助言や方針の協議」「専門的処遇プログラムの実施」等とされている。また，保護司の役割は，「対象者との日常的な面接による助言，指導」「対象者の家族からの相談に対する助言」「地域の活動や就労先等に関する情報提供や同行」等とされている。つまり，保護観察の実施計画の策定を行うのは保護司ではなく保護観察官である。

13 × 法務省 HP 少年鑑別所 において「少年鑑別所は，⑴家庭裁判所の求めに応じ，鑑別対象者の鑑別を行うこと，⑵観護の措置が執られて少年鑑別所に収容される者等に対し，健全な育成のための支援を含む観護処遇を行うこと，⑶地域社会における非行及び犯罪の防止に関する援助を行うことを業務とする法務省所管の施設」とある。少年鑑別所の収容期間は原則的に2週間とされているものの，事情によって最大8週間まで収容を延期できる。

14 × 少年鑑別所では観護処遇は行うが，矯正教育（生活指導・教科教育・職業訓練）を行う施設は少年院である。少年鑑別所での心理検査や行動観察等を経て，その後の処遇（矯正教育が実施されるかどうか）が決定される。

15 × 時系列が誤っている。少年鑑別所への送致後に少年審判を経て，保護処分，検察官送致等の処分が決定される。

16 × 地方裁判所ではなく，家庭裁判所の裁判官である。

---

1 ○ 配偶者からの暴力の防止及び被害者の保護等に関する法律〈DV 防止法〉第3条第3項第2号において「被害者の心身の健康を回復させるため，医学的又は心理学的な指導その他の必要な指導を行うこと。」と規定されている。

❏❏❏　2　DV防止や被害者保護のための施策の基本方針を定めるのは，法務大臣である。

❏❏❏　3　DV防止法において，保護命令申立者の申立てがあった場合，警察は保護命令の取り消しをすることとされている。

❏❏❏　4　DV防止法において，被害者の自立を支援することが定められている。

❏❏❏　5　DV防止法に規定される電話等禁止命令では，電子メールの送信に関する定めはない。

❏❏❏　6　政府は，障害を理由とする差別の解消の推進に関する施策の基本方針を定めなければならない。

❏❏❏　7　障害者差別解消法は，障害者差別に関する国民の努力義務について規定していない。

❏❏❏　8　障害者差別解消法における合理的配慮の対象は，障害者手帳の所持者に限られる。

❏❏❏　9　障害者差別解消法において，基本方針案の作成は障害者政策委員会の意見を聴取しなければならないとされている。

❏❏❏　10　障害者差別解消法は，人種を理由とする差別の禁止についても規定されている。

❏❏❏　11　児童虐待を行った保護者に対する親権停止は，児童虐待防止法に定められている制度である。

2 × 法務大臣のみではなく，内閣総理大臣，国家公安委員会，厚生労働大臣である。DV 防止法第2条の2第1項において「内閣総理大臣，国家公安委員会，法務大臣及び厚生労働大臣（以下この条及び次条第5項において「主務大臣」という。）は，配偶者からの暴力の防止及び被害者の保護のための施策に関する基本的な方針（以下この条並びに次条第1項及び第3項において「基本方針」という。）を定めなければならない。」と規定されている。

3 × 警察ではなく，裁判所が正しい。DV 防止法第 17 条第1項において「保護命令を発した裁判所は，当該保護命令の申立てをした者の申立てがあった場合には，当該保護命令を取り消さなければならない。第 10 条第1項第1号又は第2項から第4項までの規定による命令にあっては同号の規定による命令が効力を生じた日から起算して3月を経過した後において，同条第1項第2号の規定による命令にあっては当該命令が効力を生じた日から起算して2週間を経過した後において，これらの命令を受けた者が申し立て，当該裁判所がこれらの命令の申立てをした者に異議がないことを確認したときも，同様とする。」と規定されている。

4 ○ DV 防止法第2条において「国及び地方公共団体は，配偶者からの暴力を防止するとともに，被害者の自立を支援することを含め，その適切な保護を図る責務を有する。」と規定されている。

5 × DV 防止法第 10 条第2項第4号において「電話をかけて何も告げず，又は緊急やむを得ない場合を除き，連続して，電話をかけ，ファクシミリ装置を用いて送信し，若しくは電子メールを送信すること。」と規定されている。

6 ○ 障害者差別解消法第6条第1項において「政府は，障害を理由とする差別の解消の推進に関する施策を総合的かつ一体的に実施するため，障害を理由とする差別の解消の推進に関する基本方針（以下『基本方針』という。）を定めなければならない。」と規定されている。

7 × 障害者差別解消法第4条において「国民は，第1条に規定する社会を実現する上で障害を理由とする差別の解消が重要であることに鑑み，障害を理由とする差別の解消の推進に寄与するよう努めなければならない。」と規定されている。

8 × 障害者差別解消法第2条第1号において「障害者 身体障害，知的障害，精神障害（発達障害を含む。）その他の心身の機能の障害（以下『障害』と総称する。）がある者であって，障害及び社会的障壁により継続的に日常生活又は社会生活に相当な制限を受ける状態にあるものをいう。」と規定されている。

9 ○ 障害者差別解消法第6条第4項において「内閣総理大臣は，基本方針の案を作成しようとするときは，あらかじめ，障害者その他の関係者の意見を反映させるために必要な措置を講ずるとともに，障害者政策委員会の意見を聴かなければならない。」と規定されている。

10 × 障害者差別解消法は，障害を理由とする差別を禁止しており，人種を理由とする差別の禁止については規定されていない。

11 × 児童虐待防止法では親権について，同法第 15 条（親権の喪失の制度の適切な運用）において触れられているが，条文の内容の通り，親権の停止は民法（第4章 親権 第3節 親権の喪失 第834 条の2）に定められている制度である。

❑❑❑　12　高齢者虐待の防止および対応は，地域包括支援センターの業務の１つである。

❑❑❑　13　高齢者虐待に関する通報先は，都道府県である。

❑❑❑　14　高齢者虐待防止法で定義される高齢者とは，60歳以上の者である。

❑❑❑　15　高齢者虐待防止法では，身体的虐待，介護・世話の放棄・放任，心理的虐待，性的虐待，経済的虐待の５種類の虐待が規定されている。

❑❑❑　16　高齢者虐待防止法では，被虐待者である高齢者が自ら被害を届け出ることは想定されていない。

❑❑❑　17　指定介護予防支援は，地域包括支援センターの包括的支援事業である。

12 ○　地域包括支援センターの必須事業として，地域支援事業のひとつである包括的支援事業と指定介護予防支援事業がある。包括的支援事業には，介護予防ケアマネジメント事業，総合相談・支援事業，権利擁護事業，包括的・継続的ケアマネジメント支援事業の4つがある。権利擁護事業とは，権利侵害を受けている，または受ける可能性が高いと考えられる高齢者が，地域で安心して尊厳のある生活を行うことができるよう，権利侵害の予防や対応を専門的に行うものである。事業内容としては，高齢者虐待の防止および対応，消費者被害の防止および対応，判断能力を欠く常況にある人への支援などが挙げられる。

13 ×　高齢者虐待防止法第7条第1項において「養護者による高齢者虐待を受けたと思われる高齢者を発見した者は，当該高齢者の生命又は身体に重大な危険が生じている場合は，速やかに，これを市町村に通報しなければならない。」と規定されている。また，同法第21条第1項において「養介護施設従事者等は，当該養介護施設従事者等がその業務に従事している養介護施設又は養介護事業（当該養介護施設の設置者若しくは当該養介護事業を行う者が設置する養介護施設又はこれらの者が行う養介護事業を含む。）において業務に従事する養介護施設従事者等による高齢者虐待を受けたと思われる高齢者を発見した場合は，速やかに，これを市町村に通報しなければならない。」と規定されている。つまり，高齢者虐待に関する通報先は，市町村である。

14 ×　同法第2条第1項において「この法律において『高齢者』とは，65歳以上の者をいう。」と規定されている。

15 ○　養護者による高齢者虐待に関しては，同法第2条第4項第1号において「イ　高齢者の身体に外傷が生じ，又は生じるおそれのある暴行を加えること。；ロ　高齢者を衰弱させるような著しい減食又は長時間の放置，養護者以外の同居人によるイ，ハ又はニに掲げる行為と同様の行為の放置等養護を著しく怠ること。；ハ　高齢者に対する著しい暴言又は著しく拒絶的な対応その他の高齢者に著しい心理的外傷を与える言動を行うこと。；ニ　高齢者にわいせつな行為をすること又は高齢者をしてわいせつな行為をさせること。」とある。また，同法同条同項第2号では「養護者又は高齢者の親族が当該高齢者の財産を不当に処分することその他当該高齢者から不当に財産上の利益を得ること。」と規定されている。また，養介護施設従事者等による高齢者虐待も，養護者による高齢者虐待と同様に定義されている。これらのことから，高齢者虐待とは身体的虐待，介護・世話の放棄・放任，心理的虐待，性的虐待，経済的虐待の5種類が定義されている。

16 ×　同法第21条第4項において「養介護施設従事者等による高齢者虐待を受けた高齢者は，その旨を市町村に届け出ることができる。」と規定されており，被虐待者である高齢者が自ら被害を届け出ることは想定されている。

17 ×　指定介護予防支援とは，地域包括支援センターの包括的支援事業ではなく，指定介護予防支援事業である。指定介護予防支援とは，介護保険における予防給付の対象となる要支援者が介護予防サービス等の適切な利用等をすることができるよう，その心身の状況，その置かれている環境等を勘案し，介護予防支援計画を作成するとともに，当該介護予防サービス計画に基づく指定介護予防サービス等の提供が確保されるよう，介護予防サービス事業者等の関係機関との連絡調整などを行うものである。

❑❑❑　18　配偶者からの暴力の防止及び被害者の保護に関する法律〈DV 防止法〉には，メールの送信の制限が規定されている。

❑❑❑　19　配偶者からの暴力被害を発見した場合，配偶者暴力相談支援センターに通報するよう努めなければならない。

❑❑❑　20　配偶者からの暴力の被害者の一時保護先として，婦人相談所がある。

❑❑❑　21　配偶者からの暴力の防止及び被害者の保護に関する法律〈DV 防止法〉における配偶者からの暴力の被害者の定義に，男性は含まれない。

❑❑❑　22　配偶者暴力相談支援センターは，被害者の心身の健康を回復させるため，福祉的又は心理学的な助言を行う。

❑❑❑　23　医療型児童発達支援は，児童福祉法における障害児通所支援である。

18 ○ 配偶者からの暴力の防止及び被害者の保護に関する法律〈DV 防止法〉第 10 条（保護命令）第2項第4号において「電話をかけて何も告げず，又は緊急やむを得ない場合を除き，連続して，電話をかけ，ファクシミリ装置を用いて送信し，若しくは電子メールを送信すること。」と規定されている。つまり，電子メールの送信も被害者に対してしてはならない行為として規定されている。

19 ○ 同法第6条第1項において「配偶者からの暴力（配偶者又は配偶者であった者からの身体に対する暴力に限る。以下この章において同じ。）を受けている者を発見した者は，その旨を配偶者暴力相談支援センター又は警察官に通報するよう努めなければならない。」と規定されている。つまり，配偶者からの暴力を受けている者を発見した者は，配偶者暴力相談支援センター又は警察官に通報することが努力義務になっている。

20 ○ 配偶者からの暴力の被害者の一時保護に関しては，同法第3条第3項第3号において「被害者（被害者がその家族を同伴する場合にあっては，被害者及びその同伴する家族。次号，第6号，第5条，第8条の3及び第9条において同じ。）の緊急時における安全の確保及び一時保護を行うこと。」と規定されており，また，同法同条第4項にて「前項第3号の一時保護は，婦人相談所が，自ら行い，又は厚生労働大臣が定める基準を満たす者に委託して行うものとする。」と規定されている。つまり，配偶者からの暴力の被害者の一時保護は，婦人相談所や厚生労働大臣が定める基準を満たす委託先が行うものとされている。

21 × 同法第1条第2項において「この法律において『被害者』とは，配偶者からの暴力を受けた者をいう。」と規定されている。つまり，被害者の定義に，性別に関する規定はない。

22 × 配偶者暴力相談支援センターの業務としては，同法第3条第3項第2号において「被害者の心身の健康を回復させるため，医学的又は心理学的な指導その他の必要な指導を行うこと。」と規定されている。つまり，「福祉的」「助言」ではなく，「医学的」「指導その他の必要な指導」と定められている。

23 ○ 障害児通所支援とは，児童福祉法第6条の2の2第1項において「この法律で，障害児通所支援とは，児童発達支援，医療型児童発達支援，放課後等デイサービス，居宅訪問型児童発達支援及び保育所等訪問支援をいい，障害児通所支援事業とは，障害児通所支援を行う事業をいう。」と規定されている。医療型児童発達支援に関しては，同法第6条の2の2第3項において「この法律で，医療型児童発達支援とは，上肢，下肢又は体幹の機能の障害（以下「肢体不自由」という。）のある児童につき，医療型児童発達支援センター又は独立行政法人国立病院機構若しくは国立研究開発法人国立精神・神経医療研究センターの設置する医療機関であつて厚生労働大臣が指定するもの（以下「指定発達支援医療機関」という。）に通わせ，児童発達支援及び治療を行うことをいう。」と規定されている。

第2部

法律問題の特盛226肢

作成：辰巳法律研究所

法律問題の特盛

公認心理師法

目次

第一章　総則（第一条―第三条）

第二章　試験（第四条―第二十七条）

第三章　登録（第二十八条―第三十九条）

第四章　義務等（第四十条―第四十五条）

第五章　罰則（第四十六条―第五十条）

附則

第一章　総則

（目的）

第一条　この法律は、公認心理師の資格を定めて、その業務の適正を図り、もって国民の心の健康の保持増進に寄与することを目的とする。

（定義）

●公認心理師法は
たった 50 条ですが，
危ない危ない。
これで 76 問作りました。

●関係行政論は
苦労しましたが，
150 問作りました。

あわせてナント
226 問の法律系
ドリルです。

＜公認心理師としての職責の自覚＞約９％出題（問題解決能力と生涯学習＆多職種連携・地域連携を含む）
＜公認心理師に関する制度＞約６％出題
あわせて出題可能性約 15%

この二つの分野は「法律」と密接に絡んできます。

公認心理師試験を受験する人の中には，「法律」の無味乾燥さに辟易し，「え～い捨てちゃえ」という凄い決断をする人もいるかもしれません。

あえて言います。もったいない！

実はこれらの「法律に絡む分野」は，法律の基本的法則・一定程度の原理あるいはぶっちゃけ「コツ」をつかんでしまえば簡単に得点できるのです。

それなら勉強したほうが「得」，割と面白い，結構勉強しやすい

さらに，めでたく公認心理師になった暁には，法律関係の正確な知識は，あなたの公認心理師としての身分を守るつよ～い武器に必ずなるのです！

出題可能性が 15%程度もあって，勉強しやすく，そして役に立つ！

では，勉強を始めましょう！

この稿は，辰已法律研究所が作成しました。
辰已法律研究所は司法試験・予備試験の受験指導のトップブランドであり，いわば法律の短答問題に関する専門集団です。その辰已が公認心理師法などの法律分野について短答問題を精力的に分析・作成したわけです。

辰已法律研究所（たつみほうりつけんきゅうじょ） since 1973

―――――――　本稿の取扱い説明書　―――――――

1．理屈っぽいなあ・・・

法律の理屈は独特の妙な理屈っぽさがあり，心理系の勉強をされた方には馴染みにくいところもあるかと思います。しかし，少しだけ我慢してください。

2．何回も同じ肢を聞いてくるなあ・・・

辰已法律研究所は，法律系資格の専門予備校として司法試験・予備試験・司法書士試験・行政書士試験などの法律系短答問題を何百万問も作ってきました。

その経験とノウハウによると，同じ論点について何回も何回も繰り返し解くことで色々な角度からその論点を考えることになり，短答の知識は鉄壁となるのです。それが短答問題征服のコツです。公認心理師における法律系問題についても全く同じこと。ですから，どうぞ同じことについて何回でも解いてください。

3．同じ条文が何回も掲載されていてシツコイなぁ・・・

本稿の解説には煩をいとわずに，その問題に関する「公認心理師法の条文」を何度でも掲げておきました。うるさいなぁ！公認心理師法はたったの50条しかない「短い法律」です。どうか公認心理師法は何度でも読んで頭に叩き込んで下さい。

4．いきなり公認心理師法の全条文を読まされるのぉ！

本稿では，のっけから「公認心理師法」の（ほぼ）全条文を掲げてあります。ちょっと度肝を抜かれるかもしれませんが，公認心理師法は，この資格の骨格をなすものですから「通読」をしておくべきです。この法文は大変短いので，読むだけなら簡単に読み終えます。しかし，ここから「何問でも難問」を作ることができるのです。

とにかくこれを読んでしまうことからスタートしましょう。ただ読むだけでは飽きてしまうでしょうから，重要なタームを虫食いにしておきました。なお，勉強を始めるに当っては，この虫食い箇所がよく分からなくてもあまり気にしないで進んで下さい。しかし，本稿を頑張って読んだ後にどうかもう一度この全条文頁に戻って来てください。そのときは，あなたは虫食い箇所がすらすら出てくるようになっています。

では，どうぞ。「法律のお勉強」のスタートです。

1．公認心理師法

第1章　総則

第1条（目的）

この法律は，公認心理師の資格を定めて，その業務の___を図り，もって___の心の健康の保持増進に___することを目的とする。

第2条（定義）

この法律において「公認心理師」とは，第28条の___を受け，________の名称を用いて，___医療，___，___その他の分野において，_____に関する専門的___及び___をもって，次に掲げる行為を行うことを_とする者をいう。

一　___に関する___を要する者の心理状態を___し，その___を分析すること。

二　心理に関する支援を要する者に対し，その心理に関する___に応じ，___，___その他の援助を行うこと。

三　心理に関する支援を要する者の_____に対し，その相談に応じ，助言，指導その他の援助を行うこと。

四　_の健康に関する___の普及を図るための___及び___の提供を行うこと。

第1章　総則

第1条（目的）

この法律は，公認心理師の資格を定めて，その業務の適正を図り，もって※1国民の※2心の健康の保持増進に寄与することを目的とする。

第2条（定義）

この法律において「公認心理師」とは，第28条の※3登録を受け，※4公認心理師の名称を用いて，※5保健医療，福祉，教育その他の分野において，※6心理学に関する専門的知識及び技術をもって，次に掲げる行為を行うことを※7業とする者をいう。

一　※8心理に関する支援を要する者の※9心理状態を観察し，その※10結果を分析すること。

二　心理に関する支援を要する者に対し，その心理に関する※11相談に応じ，助言，指導その他の援助を行うこと。

三　心理に関する支援を要する者の※12関係者に対し，その相談に応じ，助言，指導その他の援助を行うこと。

四　※13心の健康に関する※14知識の普及を図るための教育及び情報の提供を行うこと。

※1「国民」である。被支援者及びその関係者だけでなく，「国民」全体に対する責務である。
※2「心の健康」である。「身体」の健康ではなく「心の」健康を目指す。
※3「登録」を受けた者だけが公認心理師である。国家試験に受かっただけではまだ公認心理師ではない。
※4「公認心理師の名称を用いて」いなければ本法の対象とはならない。
※5　公認心理師の職責は広い。保健医療，福祉，教育その他の分野が幅広く入る。
※6「心理学に関する専門的知識及び技術」と明確に「心理学」の専門家であることを謳っている。
※7「業」としなければ公認心理師ではない。「業」といえるためには，反復継続の意思で行う必要がある。
※8「心理に関する支援を要する者」の略語として，現任者講習会テキストは「要心理支援者」と呼んでいる。
※9「心理状態の観察」が冒頭にくることに注意。
※10「結果の分析」「観察」だけではなく「結果の分析」をする必要がある。
※11「相談」「助言」「指導」その他の援助である。
※12　被支援者の「関係者」に対する援助も明確に規定されている。
※13　ここでも「心の健康」である。
※14「知識の普及」のための「教育及び情報の提供」は，公認心理師の国民に対する責務である。

第3条（欠格事由）

次の各号のいずれかに該当する者は，公認心理師となることができない。

一　心身の故障により公認心理師の業務を適正に行うことができない者として文部科学省令・厚生労働省令で定めるもの

二　＿＿以上の刑に処せられ，その執行を終わり，又は執行を受けることがなくなった日から起算して2年を経過しない者

三　この法律の規定その他保健医療，福祉又は教育に関する法律の規定であって政令で定めるものにより，＿＿の刑に処せられ，その執行を終わり，又は執行を受けることがなくなった日から起算して＿年を経過しない者

四　第32条第1項第2号又は第2項の規定により登録を取り消され，その取消しの日から起算して2年を経過しない者

第2章　試験

第4条（資格）

公認心理師試験（以下「試験」という。）に合格した者は，公認心理師となる資格を有する。

第5条（試験）

試験は，公認心理師として必要な知識及び技能について行う。

第6条（試験の実施）

試験は，毎年1回以上，文部科学大臣及び厚生労働大臣が行う。

第7条（受験資格）

試験は，次の各号のいずれかに該当する者でなければ，受けることができない。

一　学校教育法（昭和22年法律第26号）に基づく大学（短期大学を除く。以下同じ。）において心理学その他の公認心理師となるために必要な科目として文部科学省令・厚生労働省令で定めるものを修めて卒業し，かつ，同法に基づく大学院において心理学その他の公認心理師となるために必要な科目として文部科学省令・厚生労働省令で定めるものを修めてその課程を修了した者その他その者に準ずるものとして文部科学省令・厚生労働省令で定める者

二　学校教育法に基づく大学において心理学その他の公認心理師となるために必要な科目として文部科学省令・厚生労働省令で定めるものを修めて卒業した者その他その者に準ずるものとして文部科学省令・厚生労働省令で定める者であって，文部科学省令・厚生労働省令で定める施設において文部科学省令・厚生労働省令で定める期間以上第2条第1号から第3号までに掲げる行為の業務に従事したもの

三　文部科学大臣及び厚生労働大臣が前2号に掲げる者と同等以上の知識及び技能を有すると認定した者

第3条（欠格事由）

次の各号のいずれかに該当する者は，公認心理師となることができない。

一　※1心身の故障により公認心理師の業務を適正に行うことができない者として文部科学省令・厚生労働省令で定めるもの

二　※2禁錮以上の刑に処せられ，その執行を終わり，又は執行を受けることがなくなった日から起算して2年を経過しない者

三　この法律の規定その他※3保健医療，福祉又は教育に関する法律の規定であって政令で定めるものにより，罰金の刑に処せられ，その執行を終わり，又は執行を受けることがなくなった日から起算して2年を経過しない者

四　※4第32条第1項第2号又は第2項の規定により登録を取り消され，その取消しの日から起算して2年を経過しない者

※1　令和元年に1号改正。改正前の1号は，「成年被後見人又は被保佐人」となっていた。成年被後見人等を資格・職種・業務等から一律に排除する規定等（欠格条項）を設けている各制度について，心身の故障等の状況を個別的，実質的に審査し，制度ごとに必要な能力の有無を判断する規定（個別審査規定）へと適正化しようとする改正の一環。併せて改正，施行された文部科学省令・厚生労働省令1条は以下の通り。

第1条　公認心理師法第3条第1号の文部科学省令・厚生労働省令で定める者は，精神の機能の障害により公認心理師の業務を適正に行うに当たって必要な認知，判断及び意思疎通を適切に行うことができない者とする。

※2　「禁錮」以上の刑。「罰金」ではない。

※3　例えば，保健師助産師看護師法42条の3第1項「保健師でない者は，保健師又はこれに紛らわしい名称を使用してはならない。」との規定に違反して，同法45条の2第1号で「30万円以下の罰金」に処せられたような場合。

※4　登録の取消し　①虚偽又は不正の事実に基づいて登録を受けた場合，②信用失墜禁止違反，③秘密保持義務違反，④被支援者に主治医がいるときの医師の指示を受ける義務違反の場合である。因みに，①のみ必要的取消しであり，②③④は任意的取消しである。

※第8条から第27条までは，試験実施機関についてなどで，試験に出る可能性は極めて低いので省略しました。

第3章　登録

第28条（登録）
　公認心理師となる資格を有する者が公認心理師となるには，公認心理師＿＿簿に，氏名，生年月日その他＿＿＿＿省令・厚生労働省令で定める事項の登録を受けなければならない。

第29条（公認心理師登録簿）
　公認心理師登録簿は，文部科学省及び厚生労働省に，それぞれ備える。

第30条（公認心理師登録証）
　文部科学大臣及び厚生労働大臣は，公認心理師の登録をしたときは，申請者に第28条に規定する事項を記載した公認心理師登録証（以下この章において「登録証」という。）を交付する。

第31条（登録事項の変更の届出等）　略

第32条（登録の取消し等）
　文部科学大臣及び厚生労働大臣は，公認心理師が次の各号のいずれかに該当する場合には，その登録を取り消さなければならない。
一　第3条各号（第4号を除く。）のいずれかに該当するに至った場合
二　虚偽又は不正の事実に基づいて登録を受けた場合
2　文部科学大臣及び厚生労働大臣は，公認心理師が第40条，第41条又は第42条第2項の規定に違反したときは，その登録を取り消し，又は期間を定めて公認心理師の名称及びその名称中における心理師という文字の使用の停止を命ずることができる。

第33条（登録の消除）　略

第34条（情報の提供）
　文部科学大臣及び厚生労働大臣は，公認心理師の登録に関し，相互に必要な情報の提供を行うものとする。
（中略）

第39条（文部科学省令・厚生労働省令への委任）
　この章に規定するもののほか，公認心理師の登録，指定登録機関その他この章の規定の施行に関し必要な事項は，文部科学省令・厚生労働省令で定める。

（中略）
第3章　登録

第28条（登録）
　公認心理師となる資格を有する者が公認心理師となるには，公認心理師登録簿に，氏名，生年月日その他文部科学省令・厚生労働省令で定める事項の※1登録を受けなければならない。
第32条（登録の取消し等）
　※2文部科学大臣及び厚生労働大臣は，公認心理師が次の各号のいずれかに該当する場合には，その登録を取り消さなければならない。
一　第3条各号（第4号を除く。）のいずれかに該当するに至った場合
二　虚偽又は不正の事実に基づいて登録を受けた場合
2　文部科学大臣及び厚生労働大臣は，公認心理師が第40条，第41条又は第42条第2項の規定に違反したときは，その登録を取り消し，又は期間を定めて公認心理師の名称及びその名称中における心理師という文字の使用の停止を命ずることができる。

※1　「登録」を受けなければ，公認心理師となることはできない。国家試験に受かった者は「公認心理師となる資格を有する者」にすぎない。
※2　公認心理師を管掌するのは，文部科学省と厚生労働省の両方である。

第32条（登録の取消し等）

文部科学大臣及び厚生労働大臣は，公認心理師が次の各号のいずれかに該当する場合には，その登録を取り消さ＿＿＿＿＿＿＿。

一　第3条各号（第四号を除く。）のいずれかに＿＿するに至った場合

二　＿＿又は＿＿の事実に基づいて登録を受けた場合

2　文部科学大臣及び厚生労働大臣は，公認心理師が第＿＿条，第＿＿＿条又は第＿＿＿条第2項の規定に違反したときは，その＿＿を取り消し，又は＿＿を定めて＿＿＿＿＿＿＿＿及びその名称中における＿＿＿という＿＿の使用の＿＿を命ずることができる。

第33条（登録の消除）

文部科学大臣及び厚生労働大臣は，公認心理師の登録がその効力を失ったときは，その登録を＿＿しなければならない。

第34条（情報の提供）

文部科学大臣及び厚生労働大臣は，公認心理師の登録に関し，相互に必要な情報の提供を行うものとする。

第35条（変更登録等の手数料），第36条（指定登録機関の指定等）～第38条（準用）　略

第39条（文部科学省令・厚生労働省令への委任）

この章に規定するもののほか，公認心理師の登録，指定登録機関その他この章の規定の施行に関し必要な事項は，文部科学省令・厚生労働省令で定める。

（中略）

第32条（登録の取消し等）

文部科学大臣及び厚生労働大臣は，公認心理師が次の各号のいずれかに該当する場合には，その登録を※1取り消さなければならない。

一　※2第3条各号（第4号を除く。）のいずれかに該当するに至った場合

二　※3虚偽又は不正の事実に基づいて登録を受けた場合

2　文部科学大臣及び厚生労働大臣は，公認心理師が※4第40条，第41条又は第42条第2項の規定に違反したときは，その登録を取り消し，又は※5期間を定めて公認心理師の名称及びその名称中における※6心理師という文字の使用の停止を命ずる※7ことができる。

第33条（登録の消除）

文部科学大臣及び厚生労働大臣は，公認心理師の登録がその効力を失ったときは，その登録を※8消除しなければならない。

第34条（情報の提供）

文部科学大臣及び厚生労働大臣は，公認心理師の登録に関し，相互に必要な情報の提供を行うものとする。

第39条（文部科学省令・厚生労働省令への委任）

この章に規定するもののほか，公認心理師の登録，指定登録機関その他この章の規定の施行に関し必要な事項は，文部科学省令・厚生労働省令で定める。

※1　必要的取消し。必ず取り消さなければならない。※7参照

※2　禁錮以上の刑に処せられた場合等

※3　「虚偽又は不正の事実」具体例が思い浮かぶか？

※4　40条（信用失墜行為の禁止），41条（秘密保持義務），42条2項（被支援者に当該支援に係る主治医がいる場合の指示を受ける義務）の違反行為

※5　必ず「停止期間を定めて」行う必要がある。期間の定めのない使用停止では「不定期刑」のようなものであり酷である。

※6　心理「師」であり，心理「士」ではない。

※7　任意的取消し及び任意的な名称使用停止命令である。※1参照

※8　「消除」という単語は日常用語では余り使わないが，戸籍とか名簿などの公的文書からその人の記載内容を「消す」ときによく使われる法律用語である。

第4章　義務等

第40条（信用失墜行為の禁止）

公認心理師は，公認心理師の___を傷つけるような行為をしてはならない。

第41条（秘密保持義務）

公認心理師は，________がなく，その___に関して知り得た_の___を漏らしてはならない。公認心理師でなくなった_においても，同様とする。

第42条（連携等）

公認心理師は，その業務を行うに当たっては，その___する者に対し，___医療，福祉，___等が密接な___の下で_____かつ適切に提供されるよう，これらを提供する者その他の_____等との連携を保たなければならない。

2　公認心理師は，その___を行うに当たって___に関する___を要する者に当該支援に係る___の医師があるときは，その指示を受けなければならない。

第43条（資質向上の責務）

公認心理師は，国民の_の健康を取り巻く___の変化による___の内容の変化に___するため，第2条各号に掲げる行為に関する___及び___の向上に努めなければならない。

第44条（名称の使用制限）

公認心理師で___者は，公認心理師という___を使用してはならない。

2　前項に規定するもののほか，公認心理師で___者は，その名称中に_____という文字を用いてはならない。

第45条（経過措置等）　略

第4章　義務等

第40条（信用失墜行為の禁止）

公認心理師は，公認心理師の信用を傷つけるような行為をしてはならない。

第41条（秘密保持義務）

公認心理師は，正当な理由がなく，その業務に関して知り得た人の秘密を漏らしてはならない。公認心理師でなくなった後においても，同様とする。

第42条（連携等）

公認心理師は，その業務を行うに当たっては，その担当する者に対し，保健医療，福祉，教育等が密接な連携の下で総合的かつ適切に提供されるよう，これらを提供する者その他の関係者等との連携を保たなければならない。

2　公認心理師は，その業務を行うに当たって心理に関する支援を要する者に当該支援に係る主治の医師があるときは，その指示を受けなければならない。

第43条（資質向上の責務）

公認心理師は，国民の心の健康を取り巻く環境の変化による業務の内容の変化に適応するため，第2条各号に掲げる行為に関する知識及び技能の向上に努めなければならない。

第44条（名称の使用制限）

公認心理師でない者は，公認心理師という名称を使用してはならない。

2　前項に規定するもののほか，公認心理師でない者は，その名称中に心理師という文字を用いてはならない。

第45条（経過措置等）　略

第5章　罰則

違反に対する罰則規定なし
但し，名称使用禁止などの**行政処分はある**（32条2項）

第46条　第41条の規定に違反した者は，1年以下の懲役又は30万円以下の罰金に処する。

2　前項の罪は，告訴がなければ公訴を提起することができない。

1項違反　罰則規定なし
名称使用禁止などの行政処分も**ない**（32条2項）
2項違反　罰則規定なし
但し，2項違反については，名称使用禁止などの**行政処分はある**（32条2項）

違反に対する罰則規定なし
名称使用禁止などの行政処分も**ない**（32条2項）

第49条　次の各号のいずれかに該当する者は，30万円以下の罰金に処する。

二　第44条第1項又は第2項の規定に違反した者

第4章　義務等

第40条（信用失墜行為の禁止）

公認心理師は，※1公認心理師の信用を傷つけるような行為をしてはならない。

第41条（秘密保持義務）

公認心理師は，※2正当な理由がなく，※3その業務に関して知り得た※4人の※5秘密を漏らしてはならない。※6公認心理師でなくなった後においても，同様とする。

第42条（連携等）

公認心理師は，その業務を行うに当たっては，その担当する者に対し，保健医療，福祉，教育等が密接な連携の下で総合的かつ適切に提供されるよう，これらを提供する者その他の関係者等との※7連携を保たなければならない。

2　公認心理師は，その業務を行うに当たって心理に関する支援を要する者に※8当該支援に係る※9主治の医師があるときは，その指示を受けなければならない。

第43条（資質向上の責務）

公認心理師は，国民の心の健康を取り巻く環境の変化による業務の内容の変化に適応するため，※10第2条各号に掲げる行為に関する知識及び技能の向上に※11努めなければならない。

第44条（名称の使用制限）

公認心理師でない者は，※12公認心理師という名称を使用してはならない。

2　前項に規定するもののほか，公認心理師でない者は，その名称中に※13心理師という文字を用いてはならない。

第45条（経過措置等）　略

※1「公認心理師の信用を傷つける」のはどんな行為か？　具体的に思い浮かぶか？　法外な高額請求とか。職務上に限られるか，職務時間外の行為も含まれるか？
※2「正当な理由」があれば秘密保持義務違反の罪とはならない。では「正当な理由」とは？
※3「業務に関して」でなければＯＫ。
※4「人」の秘密と書かれていることに注意。この「人」にクライエント以外にその周囲の人も含まれるか？
※5「秘密」でなければ秘密保持義務違反の罪にはならない。では「秘密」とは？
※6　一生モノの義務ということである。
※7「連携」義務。公認心理師の職域は広範だから，他のプロと連携していく必要が出てくる。
※8「当該支援に係る」医師である必要がある。
※9　いわゆる主治医のこと。どういう場合に主治医が「あるとき」になるのかは微妙である。
※10　本法の2条各号をもう一度きちんと読んでおこう。
※11　努力義務。もちろんこれに違反しても罰則も行政処分もない。
※12「名称独占」の規定である。罰則もある（49条）。
※13「心理士」だったらどうだろうか？

第5章　罰則

第46条　第41条の規定〔___保持義務〕に違反した者は，1年以下の___又は30万円以下の罰金に処する。
2　前項の罪は，___がなければ公訴を提起することができない。

第47条〔指定試験機関の役員又は職員の秘密保持義務違反に対する罰則〕　略

第48条〔試験事務又は登録事務の停止の命令に違反したときの指定試験機関又は指定登録機関の役員又は職員に対する罰則〕　略

第49条　次の各号のいずれかに該当する者は，30万円以下の___に処する。
一　第32条第2項の規定により公認心理師の名称及びその名称中における心理師という文字の使用の停止を命ぜられた者で，当該停止を命ぜられた___中に，_____の名称を使用し，又はその名称中に___という文字を用いたもの
二　第44条第1項〔_____という名称の使用制限〕又は第2項の規定〔心理_という名称の使用制限〕に違反した者

第50条〔指定試験機関又は指定登録機関の役員又は職員に対する罰則〕　略

第5章　罰則

第46条　第41条の規定〔秘密保持義務〕に違反した者は，1年以下の※1懲役又は30万円以下の罰金に処する。
2　※2前項の罪は，告訴がなければ公訴を提起することができない。

第47条　第16条第1項（第38条において準用する場合を含む。）の規定に違反した者は，1年以下の懲役又は30万円以下の罰金に処する。

第48条　※3第22条第2項（第38条において準用する場合を含む。）の規定による試験事務又は登録事務の停止の命令に違反したときは，その違反行為をした指定試験機関又は指定登録機関の役員又は職員は，1年以下の懲役又は30万円以下の罰金に処する。

第49条　次の各号のいずれかに該当する者は，※430万円以下の罰金に処する。
一　第32条第2項の規定により公認心理師の名称及びその名称中における心理師という文字の使用の停止を命ぜられた者で，当該停止を命ぜられた期間中に，公認心理師の名称を使用し，又はその名称中に心理師という文字を用いたもの
二　第44条第1項又は第2項の規定に違反した者

第50条〔指定試験機関又は指定登録機関の役員又は職員に対する罰則〕　略

※1「懲役」である。因みに，公認心理師法上の刑罰で「禁錮」はない。すべて「懲役」刑。
※2　親告罪であるから，告訴されなければ処罰されない。被害者のプライバシー保護が必要だからである。
※3　公認心理師法は，「秘密漏示」行為については，厳しく臨んでいる。
※4　「罰金」であり，「懲役」はない。名称独占についての違反は，自由刑（懲役とか禁錮）で臨むまでもないという国家の価値判断である。

公認心理師の法的義務と罰則等の規定について
こ・れ・で・も・か，という程，一度は徹底的にやってみましょう！

公認心理師法の規定する罰則については，いろいろな出題パターンが考えられます。とても問題を作りやすいテーマです。

さて，公認心理師法上の公認心理師の法的義務は大きく３つ（プラス１）規定されていることはもうご存知ですね。

①	信用失墜行為の禁止
②	秘密保持義務　➡　この違反にだけ罰則あり
③-１	医師，教員その他の関係者との連携義務
③-２	要支援者に当該支援にかかる主治医があるときその指示を受ける義務
④	資質向上の責務　これだけちょっと異質ですね

このうち，その違反行為に罰則規定があるのは，②の秘密保持義務違反だけです。
と，ここまでは誰でも知っていますね。ところが，これを問題として出されると結構間違えるんですよね。いくつか問題を作り，またその変化形も見ておきましょう。

１　公認心理師が公認心理師の信用を失墜する行為を行った場合については，公認心理師法違反として，１年以下の懲役に処されることがある。

×　公認心理師法40条（信用失墜行為の禁止規定）には罰則はありません。もちろん，通常の刑法犯罪として強制わいせつ罪などで処罰されることはあり得ますが，それは公認心理師法上の罰則ではありません。この問題の肝は，「公認心理師法違反として」という部分ですね。例えば公認心理師が強姦行為を行った場合，それは「公認心理師としての信用失墜行為」といえるでしょうが，公認心理師法上には信用失墜行為違反には罰則がありませんので，同法違反として刑罰を受けることはありません。但し，立件されれば，刑法上の強制性交等罪として処罰されることはあり得ます。ですから，次のような聞き方で，受験生を引っ掛けることも可能です。

変形１－２　公認心理師が，信用を失墜するような刑事事件を起こした場合，公認心理師法上信用失墜行為には罰則がないので，この者が処罰されることはない。

×　刑法上処罰されることはあります。まさか，本試験でここまで引っ掛けてはこないでしょうが，公認心理師法上の罰則と刑法上の罰則とは異なることを理解しておけばこの手の引っ掛け問題はなんなくクリアできます。

変形１－３　公認心理師が，公認心理師の信用を失墜するような行為を行った場合，公認心理師法には罰則がないので，その公認心理師は何の処分も受けることはない。

×　**刑罰はありませんが，行政法上の不利益処分があります。**

公認心理師法32条2項「文部科学大臣及び厚生労働大臣は，公認心理師が第40条〔信用失墜行為の禁止〕，第41条又は第42条第2項の規定に違反したときは，その登録を取り消し，又は期間を定めて公認心理師の名称及びその名称中における心理師という文字の使用の停止を命ずることができる。」

これも，ひっかけとしては出しやすい問題です。登録の取消しは，行政上の処分ですが，これは公認心理師にとっては刑罰に等しい非常にキツイ処分です。しかし，これは「刑罰」ではありません。では「刑罰」とはなんでしょうか？刑罰の定義は，刑法にあります。

刑法　第2章　刑
（刑の種類）
第9条　死刑，懲役，禁錮，罰金，拘留及び科料を主刑とし，没収を付加刑とする。

登録の取消しなどは，行政上の処分であり，ここに規定されている「刑罰」ではありません。刑罰と行政処分の違いが分かっていないと同種の問題で間違う可能性があります。

２　公認心理師が，クライエントに当該支援に係る主治の医師があることを知っていながら，その指示を受けなかった場合，公認心理師法にはこれを罰する規定がないので，その公認心理師は何の処分も受けることはない。

×　**この問題も１－３と同じパターンです。刑罰はありませんが，行政法上の不利益処分があります。**

公認心理師法32条2項「文部科学大臣及び厚生労働大臣は，公認心理師が第40条，第41条又は**第42条第2項の規定〔連携等〕**に違反したときは，その登録を取り消し，又は期間を定めて公認心理師の名称及びその名称中における心理師という文字の使用の停止を命ずることができる。」

３　公認心理師が，その業務に関して知り得た人の秘密を，正当な理由なく他に漏らした場合には１年以下の懲役又は30万円以下の罰金に処せられると同時に，公認心理師としての登録が取り消されてしまうことがある。

○　**間違えようもない問題のようですが，刑事罰と行政処分とは別のものであることをきちんと理解しておかないと「あれっ」と思ってしまうことがあるかもしれません。要注意です。**

４　公認心理師は，その業務を行うに当たって，その担当する者に対し，保健医療，福祉，教育等が密接な連携の下で総合的かつ適切に提供されるよう，これらを提供する者その他の関係者等との連携を保たなければならず，公認心理師が不適切な判断をしてこれらの者と連携をとらなかった場合には，罰則はないが，公認心理師としての登録の取り消し，又は一定期間公認心理師という名称の使用の停止を命ぜられることがある。

×　**え～っ　次の整理表をよく見てください。この問題の前段は公認心理師法42条1項そのままですが，42条1項違反に対しては罰則も行政処分もありません。なんで？と思われるかもしれませんが，**

「関係者」の範囲が相当広範囲に亘る可能性があり，且つ「密接な」連携をとったといえるかなど，この義務規定は相当に曖昧であり，これに刑罰を科するのは無理があり，行政処分も難しいという立法者の判断があったと思われます。それはそうでしょうね。もしこんな曖昧な規定で，公認心理師の登録取消しというような過酷な処分が課されたとしたら，あなたは絶対争うでしょうから，行政訴訟だらけになってしまうかもしれません。

では，ここで一度，公認心理師の法的義務と罰則及び行政処分をきっちりと整理しておきましょう。

<table>
<tr><th>公認心理師の法的義務</th><th>罰　則</th><th colspan="2">行政上の処分</th></tr>
<tr><td>①信用失墜行為の禁止
公認心理師法 40 条　公認心理師は，公認心理師の信用を傷つけるような行為をしてはならない。</td><td>なし</td><td>あり</td><td rowspan="2">32 条　文部科学大臣及び厚生労働大臣は，公認心理師が次の各号のいずれかに該当する場合には，その登録を取り消さなければならない。
一，二（略）
2　文部科学大臣及び厚生労働大臣は，公認心理師が第 40 条，第 41 条又は第 42 条第2項の規定に違反したときは，その登録を取り消し，又は期間を定めて公認心理師の名称及びその名称中における心理師という文字の使用の停止を命ずることができる。</td></tr>
<tr><td>②秘密保持義務
41 条　公認心理師は，正当な理由がなく，その業務に関して知り得た人の秘密を漏らしてはならない。公認心理師でなくなった後においても，同様とする。</td><td>あり
1年以下の懲役又は30 万円以下の罰金（46 条）但し親告罪</td><td>あり</td></tr>
<tr><td>③－1　医師，教員その他の関係者との連携義務
42 条1項　公認心理師は，その業務を行うに当たっては，その担当する者に対し，保健医療，福祉，教育等が密接な連携の下で総合的かつ適切に提供されるよう，これらを提供する者その他の関係者等との連携を保たなければならない。</td><td>なし</td><td>なし</td><td>42 条1項（連携義務違反）は，32 条の行政処分からは除外されている。上記条文をよく読んでください。「第 42 条第2項の規定」と書いてあり，第1項をあえて除外してあるのです。</td></tr>
<tr><td>③－2　要支援者に当該支援に係る主治医があるときその指示を受ける義務
42 条2項　公認心理師は，その業務を行うに当たって心理に関する支援を要する者に当該支援に係る主治の医師があるときは，その指示を受けなければならない。</td><td>なし</td><td>あり</td><td>32 条2項には，「第 42 条第2項」とわざわざ書いてあります。</td></tr>
</table>

ついでに一緒に整理

<table>
<tr><td>○資質向上の責務
43 条　公認心理師は，国民の心の健康を取り巻く環境の変化による業務の内容の変化に適応するため，第2条各号に掲げる行為に関する知識及び技能の向上に努めなければならない。</td><td>なし</td><td>なし</td><td></td></tr>
<tr><td>○名称の使用制限
44 条　公認心理師でない者は，公認心理師という名称を使用してはならない。
2　前項に規定するもののほか，公認心理師でない者は，その名称中に心理師という文字を用いてはならない。</td><td>あり
30 万円以下の罰金（49 条2号）</td><td>なし</td><td></td></tr>
</table>

構成要件の解釈の問題

義務及び義務違反を定める法律の条文には，必ず「これこれの行為をした場合には」などという「要件」が定められています。特に，これは法律家の世界では「構成要件」といわれ，この解釈がいろいろ問題となります。例えば「人を殺した」という条文については，例えば胎児を殺してもまだ「人」ではないから「人を殺した」とはいえないというような「人を殺した」という構成要件についての議論がウンザリするほどあります。

同じことが，公認心理師法の条文についても起こります。つまり，公認心理師法の条文の「構成要件」の解釈問題です。

これについてミスを犯しそうなところをいくつか指摘しておきましょう。

> 5　開業している公認心理師が，被支援者が高血圧で家の近所の内科医にかかっていることを知った場合には，必ずその内科医の指示に従う必要がある。

×　公認心理師法の条文をよく読んでみましょう。

> 42条2項　公認心理師は，その業務を行うに当たって心理に関する支援を要する者に当該支援に係る主治の医師があるときは，その指示を受けなければならない。

「医師の指示」が必要なのは，被支援者に「当該支援に係る主治の医師」がいる場合であり，高血圧かどうかということは，通常は「当該支援に係る」とはいえないでしょう。従ってその治療をしている内科医は含まれないでしょう。

> 変形5－2　クライエントに主治医がいたが，そのことを公認心理師が軽率にも気が付かず，結果的に主治医の指示を受けることなくクライエントについての心理支援業務を行っても，公認心理師法 42条2項に定める「主治医の指示を受ける義務」に反したことになることはない。

×　これは結構難しい問題です。「公認心理師法42条2項　公認心理師は，その業務を行うに当たって心理に関する支援を要する者に当該支援に係る主治の医師があるときは，その指示を受けなければならない。」という規定の「主治の医師があるときは」の解釈の問題となります。「あるときは」と書いてあって「知ったときは」とは書かれていませんので，知っていたかどうかは関係ない，また知ることができたかどうかも関係ない，事実として主治医がいるかどうかだけの問題であると解釈することも不可能ではありませんが，それでは公認心理師に酷でしょう。それなら公認心理師に「必ずクライエントに主治医の有無を聞く」義務を課せばいいようですが，それも状況によっては微妙な場面もあり得るからでしょうか，そういう立法とはなっていません。ではどう解すればよいでしょうか？

実は厚労省のガイドラインが既にあります。「公認心理師は，把握された要支援者の状況から，要支援者に主治の医師があることが合理的に推測される場合には，その有無を確認するものとする。主治の医師の有無の確認をするかどうかの判断については，当該要支援者に主治の医師が存在した場合に，結果として要支援者が不利益を受けることのないよう十分に注意を払い，例えば，支援行為を行う過程で，主治の医師があることが合理的に推測されるに至った場合には，その段階でその有無を確認することが必要である。」つまり，一定の場合には，公認心理師に主治医の確認義務を負わせるというスキームです。よく考えられていますね。これによれば，本肢は×となります。「反したことになる場合」が想定されるので，「反したことになることはない」という記述は誤りとなります。

http://www.mhlw.go.jp/file/06-Seisakujouhou-12200000-Shakaiengokyokushougaihokenfukushibu/0000192943.pdf

6　公認心理師が，その業務に関して知り得たクライエントの秘密に属する事項が書かれている書類を，うっかり電車の網棚に忘れてしまったため，そのクライエントの秘密が人の知るところとなってしまった場合には，1年以下の懲役又は30万円以下の罰金に処せられる。

×　刑罰に関しては「故意犯」つまり知っていてやった，わざとやった場合のみ罰するというのが刑法上の大原則です。これは，秘密保持義務違反の罪という公認心理師法上の刑罰の場合も同様です。従って，過失で秘密を漏示してしまった場合には，刑罰を受けることはありません。それじゃあ甘すぎない？秘密保持義務違反には，刑罰だけでなく，登録の取消しなどの行政処分もあり（32条2項），行政処分については「故意犯の原則」はありませんので過失（うっかり）でも処分を受ける可能性はあります。また，そのうっかりが非常識なものであった場合には，信用失墜行為として，行政処分を受けることもあり得るでしょう。さらに，民法上の不法行為（民法709条）または，クライエントとの契約違反として債務不履行に基づく損害賠償義務を負う可能性も高いでしょう。

変形6－2　カウンセリングを依頼された公認心理師が，クライエントの秘密を故意にではなく，誤って他人に漏らしてしまった場合には，民事上の損害賠償責任を負うことはない。

×　カウンセリングを依頼された公認心理師が，クライエントの秘密を故意ではなく，「誤って」漏らした場合でも，民事上の債務不履行責任または不法行為責任を負い，損害賠償責任を負うことになります。

民事法上は，一般的に，故意（知っていること）の場合だけでなく，過失（不注意によること）の場合でも，民事責任が発生します。契約関係から発生する債務は約束通り実現する（これを「債務を履行する」という。）必要があり，債務を履行しない場合には，「債務不履行」となり，故意または過失があれば，発生した「損害」を賠償する責任を負います。事故のように契約関係がない場合でも，加害者は被害者に対し，発生した損害を賠償する責任が生じますが，これを「不法行為」責任といいます。この場合でも，加害者に故意がある場合だけでなく過失がある場合でも不法行為責任を負います。

変形6－3　公認心理師が，カウンセリング中に知り得たクライエントの秘密を，本人の許可なく書籍に掲載した場合，学術研究のためであれば，守秘義務違反となる余地はない。

×　公認心理師法41条「公認心理師は，正当な理由がなく，その業務に関して知り得た人の秘密を漏らしてはならない。」という規定における「正当な理由」の解釈の問題です。

この点については，刑法134条の医師等の秘密漏示罪についての解釈がここでも当てはまることになるでしょう。秘密を漏示しても「正当な理由」があれば違法性が阻却されます。それはどんな場合でしょうか。⑴法令行為など。この中には，①法令上秘密事項を告知する義務を負う場合（例えば医師が結核予防法に基づき患者を保健所長に届け出なければならない場合など），②訴訟上の証人として証言しなければならない場合。但し，刑事訴訟法及び民事訴訟法は医師，歯科医師，助産師，看護師，弁護士などに証言拒絶権を与えておりその場合は証言を拒絶できます。⑵第三者の利益を保護するための場合，⑶承諾がある場合など，が講学上論じられています。青林書院刊『大コンメンタール第二版第7巻』p346。ちょっと面倒くさいですが，まあそう簡単には「正当な理由」があるとは認められないということが分かっていただけるでしょう。「学術研究のため」というような曖昧な理由では，裁判所はとてもとても「正当な理由」があるとは認めてくれないでしょう。従って，本問については×を正解とします。

7　公認心理師でない者が，同窓会で「私は公認心理師なんですよ」と嘘をいって友人に見栄を張って自慢した場合には，それだけで公認心理師法の名称使用制限違反として処罰される。

×　これは公認心理師法 44 条の「公認心理師でない者は，公認心理師という名称を使用してはならない。」という「名称を使用」という構成要件の解釈の問題です。
　公認心理師法が，名称使用を制限し罰則まで設けているのは（これを名称独占資格といいます），公認心理師の社会的信頼性を担保するためでしょう。では本肢の行為が，公認心理師の社会的信頼性を損なうかというと，そこまではいえず，この程度の行為は，罰則を科さなければならないような「名称使用」には当たらないでしょう。

　どうでしょうか。法律には必ずこの「解釈問題」がついて回ります。公認心理師法については，まだ学説の対立が起こるほどこなれていませんので文献があまりありません。ですから，受験生に判例や学説の知識はありません。ではどうしたらよいでしょうか。条文上明確でない構成要件の解釈については，先ずその規定の立法趣旨を考えてそこから結論を演繹することです。上記７の問題はそうしています。
　では，次の問題はどうでしょうか。

8　公認心理師は，公認心理師の信用を失墜する行為をしてはならないが，それは公認心理師としての勤務時間中の行為に限られ，通勤中に犯した痴漢行為など職務外の行為は含まれない。

×　公認心理師法 40 条は「公認心理師は，公認心理師の信用を傷つけるような行為をしてはならない。」と定めるのみで「信用失墜行為」の具体例はなく，何がこれにあたるかは解釈に委ねられることになります。公認心理師としての「職務上行われた」非違行為がこれに含まれることは当然です。職務外なら関係ないかというと，そうはいかないでしょう。本条文の立法趣旨は，公認心理師という職業の社会的信用を維持することにあります。公認心理師は職務中だけ「公認心理師」なわけではありません。世間は 24 時間彼を「公認心理師の○○」としてみているのです。つまり彼が社会人としての常識ある行動を行うことを求められていると解されるので，私的行為であっても信用失墜行為に含まれることがあると解するのが正しいでしょう。『公認心理師必携テキスト』 p 10－11。

　次は「常識」に従うことです。どんな法律であれ社会的に突飛なことを規定することは余りありません（ゼロではありませんが）。

9　公認心理師がカウンセリング中に知り得たクライエントの秘密を，本人の許可なく公の雑誌に論文として掲載した場合，学術研究のためであれば，公認心理師法上の秘密漏示罪となる余地はない。

×　常識的に考えて，こんなことが許されてよい訳がないでしょう。クライエントとしては，断りなく雑誌になんか載せられては，それが学術的であろうがあるまいが堪らないでしょう。また学術研究のためならＯＫとしたら歯止めがなくなります。「正当理由」があるといえる場合は限定的であるべきです。

法律に関する基礎的な知識があれば2度と間違わない問題類型がありますね。例えば「刑罰」です。

こういう問題が出たとしましょう。

> 質問①
> 刑法上の罰金刑を受けた者は，その執行を終わり，又は執行を受けることがなくなった日から起算して2年経過していなければ，公認心理師になることができない。

答えは×です。公認心理師法3条2号　「禁錮以上の刑」であり，「罰金刑」は含まれません。

公認心理師法3条　次の各号のいずれかに該当する者は，公認心理師となることができない。
一　成年被後見人又は被保佐人
二　禁錮以上の刑に処せられ，その執行を終わり，又は執行を受けることがなくなった日から起算して2年を経過しない者
三，四　（略）

細っけーな，と思われましたか？この問題に類する次の問題はどうですか？

> 質問②
> 公認心理師は，業務上知り得たクライエントの秘密を漏らしてはならず，これに違反した者は1年以下の禁錮又は30万円以下の罰金に処される。

答えは×です。公認心理師法46条「禁錮」ではなく，「懲役」です。

公認心理師法46条　第41条〔秘密保持義務〕の規定に違反した者は，1年以下の懲役又は30万円以下の罰金に処する。

またまた細かいなあ，と思われましたか？

実は，このような問題は，法律を勉強している人であれば常識的に知っている次のことが分かっていれば，1回勉強したらもう間違えません。それは，刑法上の刑罰の種類です。

刑法上の刑罰は，厳しい順に，死刑・懲役・禁錮・罰金・拘留・科料となります。

刑法
第9条　死刑，懲役，禁錮，罰金，拘留及び科料を主刑とし，没収を付加刑とする。
第10条　主刑の軽重は，前条に規定する順序による。ただし，無期の禁錮と有期の懲役とでは禁錮を重い刑とし，有期の禁錮の長期が有期の懲役の長期の二倍を超えるときも，禁錮を重い刑とする。

ん？　ん？　懲役と禁錮はどう違うの？

実は，ここに質問①で，禁錮以上の人間はアウトで罰金を受けた人間はOKなの？　ということが関係してきます。

さて，先ず身体を拘束する，つまり刑務所に入れられるのは，懲役と禁錮と拘留です。懲役と禁錮の違いは，懲役の場合には刑事施設における「所定の作業」（刑法12条2項）が科されている点に

あります。これに対して，罰金と科料は，刑務所には入れないがお金を払わせることでお灸をすえるということです。つまり，平たく言えば，国家の判断としての刑の重さは，基本的に，懲役>禁錮>罰金となります。

例えば，公認心理師の欠格事由が禁錮以上の刑であるのは，刑務所に入るような人間はアウトであるが，まあ罰金なら勘弁してやろうという価値判断をしているということです。

> 公認心理師法３条　次の各号のいずれかに該当する者は，公認心理師となることができない。
> 二　禁錮以上の刑に処せられ，その執行を終わり，又は執行を受けることがなくなった日から起算して２年を経過しない者

これに対して，公認心理師法上の秘密漏示罪が「懲役」であるのは，禁錮では許されないという価値判断があるということです。つまり「重い罪」ということです。これは医師・弁護士なども同じです。

> 刑法第134条　医師，薬剤師，医薬品販売業者，助産師，弁護士，弁護人，公証人又はこれらの職にあった者が，正当な理由がないのに，その業務上取り扱ったことについて知り得た人の秘密を漏らしたときは，６月以下の懲役又は10万円以下の罰金に処する。

（ところで，何で，医師や弁護士は「6月以下」の懲役なのに，公認心理師の秘密漏示罪は「1年以下」の懲役なの？　重いじゃないか！　公認心理師がそれだけ重要な職務を担っていると国家が価値判断しているということで我慢しましょう。）

さあ，もう分かっていただけましたね。刑罰の種類は国家としての価値判断の問題ということなのです。

では，次の問題はどうですか。

> 質問③
> 公認心理師でない者が，公認心理師という名称を使用した場合には，１年以下の禁錮に処せられる。

答えは×です。公認心理師法49条２号。30万円以下の罰金です。公認心理師の名称独占を担保する規定ですが，身体的拘束をするまでのことはないという価値判断があるわけですね。

もうひとつやっておきましょう。

> 質問④
> 公認心理師の名称の使用を停止された者が，停止期間中に名称を使用した場合には，１年以下の懲役または30万円以下の罰金に処せられる。

答えは×です。公認心理師の名称の使用を停止された者が，停止期間中に名称を使用した場合には，30万円以下の罰金に処せられる（公認心理師法49条１号）。ですから「懲役」というところが誤りです。

公認心理師法上の刑罰については，公認心理師法で，自由刑（身体を拘束する刑）があるのは公認心理師の秘密漏示罪（同 46 条 1 項）と試験委員などの秘密漏示罪（47 条）及び指定試験機関の特殊な行為だけであり，且つ自由刑としては「禁錮」ではなく「懲役」です。出題可能性があるのは，公認心理師の秘密漏示罪でしょうから，これだけが「禁錮」ではなく「懲役」だと覚えておけばいいでしょう。

第5章　罰則

第 46 条　第 41 条の規定〔秘密保持義務〕に違反した者は，1 年以下の懲役又は 30 万円以下の**罰金**に処する。

2　前項の罪は，告訴がなければ公訴を提起することができない。

第 47 条　第 16 条第 1 項（第 38 条において準用する場合を含む。）の規定〔試験委員などの秘密保持義務〕に違反した者は，**1 年以下の懲役**又は 30 万円以下の罰金に処する。

第 48 条　第 22 条第 2 項（第 38 条において準用する場合を含む。）の規定による試験事務又は登録事務の停止の命令に違反したときは，その違反行為をした指定試験機関又は指定登録機関の役員又は職員は，**1 年以下の懲役**又は 30 万円以下の罰金に処する。

第 49 条　次の各号のいずれかに該当する者は，30 万円以下の**罰金**に処する。

一　第 32 条第 2 項の規定により公認心理師の名称及びその名称中における心理師という文字の使用の停止を命ぜられた者で，当該停止を命ぜられた期間中に，公認心理師の名称を使用し，又はその名称中に心理師という文字を用いたもの

二　第 44 条第 1 項又は第 2 項の規定に違反した者

2．公認心理師法に関する肢別問題

公認心理師の職責

❑❑❑　1　公認心理師法の目的は，公認心理師の資格を定めて，その業務の適正を図り，もって国民の心の健康及び体の健康の保持に寄与することである。

要心理支援者の安全

❑❑❑　2　公認心理師法は，要心理支援者を自傷行為や自殺などの危険から守ることを公認心理師の重要な責務として規定している。

公認心理師の欠格事由

❑❑❑　3　成年後見を受けている者は，公認心理師となることができない。

❑❑❑　4　家庭裁判所により「補助人」がつけられていても被補助人は公認心理師になることは可能である。

1　×　公認心理師法1条は，「この法律は，公認心理師の資格を定めて，その業務の適正を図り，もって国民の心の健康の保持増進に寄与することを目的とする。」と規定している。保険医療，福祉，教育，司法，産業などの各分野において，一人ひとりが幸福な生活を送ることができるよう，心の面への配慮をすることが公認心理師の役割として期待されている。これに対し，「からだ」すなわち「身」の面への配慮については，公認心理師の業務の直接の範囲ではない。

2　×　公認心理師法には要心理支援者の「安全」に関する文字も規定も存在しない。しかし，規定がないから何の義務もないわけではなく，要心理支援者の安全を確保する必要があることは当然の倫理的義務であると考えられる。この点は，法案の検討過程でも明らかにされている。平成29年5月31日公認心理師カリキュラム等検討会報告書「1．公認心理師としての職責の自覚　1－3．心理に関する支援を要する者等の安全を最優先し，常にその者中心の立場に立つことができる。」と記載されている。公認心理師必携テキスト・GakkenP.13。

3　×　公認心理師法3条1号が改正されたため成年被後見人であることは，直ちに欠格事由とならない。「精神の機能の障害により公認心理師の業務を適正に行うに当たって必要な認知，判断及び意思疎通を適切に行うことができない者」かどうかを個別に検討することになる。

成年後見とは何か，皆さんも何となくは知っていると思われるが，ここでちょっと勉強しておく。民法7条には次のように規定されている。「精神上の障害により事理を弁識する能力を欠く常況にある者については，家庭裁判所は，本人，配偶者，四親等内の親族，未成年後見人，未成年後見監督人，保佐人，保佐監督人，補助人，補助監督人又は検察官の請求により，後見開始の審判をすることができる。」そして，後見開始の決定が為されると，その人は「成年被後見人」となり，後見人の同意がなければ単独では法律行為（例えば自動車を買うとか，土地を買うというような自分の財産処分）ができない。ついでに，被保佐人についての民法規定をみておく。民法11条「精神上の障害により事理を弁識する能力が著しく不十分である者については，家庭裁判所は，本人，配偶者，四親等内の親族，後見人，後見監督人，補助人，補助監督人又は検察官の請求により，保佐開始の審判をすることができる。」条文を読むと，「精神上の障害により事理を弁識する能力が著しく不十分」とあるから，後見開始の「精神上の障害により事理を弁識する能力を欠く常況」より少し軽い状態である。

4　○　民法上の補助人が付されていることは公認心理師の欠格事由ではない。ちなみに補助人制度は1999年（平成11年）の民法改正の際に新たに設けられた制度である。被補助人とは，「精神上の障害により事理を弁識する能力が不十分である者」で，家庭裁判所より補助開始の審判を受けたものをいう（民法15条，16条）。補助人が付けられるのは，後見人や保佐人を付する場合よりも精神障害の程度が軽い場合である。例えば，ある成年者が不動産を所有していた場合に，不動産の売買を一人で行うことは不可能ではないが，必ずしも適切に行えない可能性があるため，他人の援助を受けたほうがよいような場合である（なお，補助開始の審判をするには，本人の同意が必要であり，本人の同意が得られない場合には，周囲の人がどうも危なっかしいと言って本人に補助を開始することを勧めても，本人が嫌だと言えば補助開始はできない。この点，成年後見や保佐とは異なる。）。

❑❑❑　5　未成年者であっても公認心理師になることは可能である。

❑❑❑　6　破産者であって復権を得ない者も公認心理師となることはできる。

❑❑❑　7　無免許運転をして道路交通法により30万円の罰金に処された者は，その執行を終わり，又は執行を受けることがなくなった日から起算して2年経過していなければ，公認心理師になることができない。

❑❑❑　8　禁錮以上の刑ではなく，罰金刑に処されただけの者が公認心理師の欠格者となることはない。

5 ○ 公認心理師法３条「次の各号のいずれかに該当する者は，公認心理師となることができない。 ① 心身の故障により公認心理師の業務を適正に行うことができない者として文部科学省令・厚生労働省令で定めるもの ② 禁錮以上の刑に処せられ，その執行を終わり，又は執行を受けることがなくなった日から起算して２年を経過しない者 ③ この法律の規定その他保健医療，福祉又は教育に関する法律の規定であって政令で定めるものにより，罰金の刑に処せられ，その執行を終わり，又は執行を受けることがなくなった日から起算して２年を経過しない者 ④ 第 32 条第１項第２号又は第２項の規定により登録を取り消され，その取消しの日から起算して２年を経過しない者」

未成年者はそのいずれにもあたらないので，未成年者は公認心理師の「欠格事由」ではない。民法上は，未成年者も単独では法律行為ができないと規定されている（民法第５条 未成年者が法律行為をするには，その法定代理人の同意を得なければならない。ただし，単に権利を得，又は義務を免れる法律行為については，この限りでない。）がＯＫということである。しかし，公認心理師になるには，公認心理師試験に合格する必要がある。そこで，公認心理師試験の「受験資格」の要件（公認心理師法７条）をみれば，基本的には大学卒が要件になっているので，よほどの天才児で 13 歳で大学を卒業し，15 歳で大学院を卒業したというような特殊なケースでもない限り，未成年者が公認心理師試験の受験要件を充たすことは想定できない。そのため，未成年者は実質的には公認心理師になれないでしょうから，未成年者を欠格事由とするまでもない，と考えたかどうかは分かりませんが，もし正面から，未成年者であることは，公認心理師の欠格事由かと聞かれてきたら，公認心理師法上は，欠格事由ではないといわざるを得ないでしょう。こんな問題が出るとは思えないが，公認心理師の欠格事由への注意喚起ということであえて聞いた。

6 ○ 破産は，公認心理師の欠格事由ではない（公認心理師法３条）ので，破産者でも公認心理師になること自体は可能である。逆に，経済的に破綻に追い込まれた人の心理がよく分かるかもしれない。

7 × 公認心理師の欠格事由は「禁錮以上の刑」であり，道交法上の罰金ならＯＫである。

8 × 公認心理師法３条３号は「この法律の規定その他保健医療，福祉又は教育に関する法律の規定であって政令で定めるものにより，罰金の刑に処せられ，その執行を終わり，又は執行を受けることがなくなった日から起算して２年を経過しない者」を欠格者と規定しており，「罰金刑」であっても欠格となることがあり得る。どの法律がこれにあたるかは，公認心理師法施行令が定める。なお，これらの法律で禁錮以上の刑に処せられたときは，公認心理師法３条２号にあたることになるから２号欠格となるものと思われる。下記の「保健医療，福祉又は教育に関する法律」の違反については，公認心理師の業務と関連が深いので，２号に関わらず「罰金刑」でも駄目ということを明記したと理解できる。

「公認心理師法施行令」は関係行政論で論じられるような法律のオンパレードです。

第１条 公認心理師法（以下「法」という。）第３条第３号の保健医療，福祉又は教育に関する法律の規定であって政令で定めるものは，次のとおりとする。 ① 学校教育法（昭和 22 法律第 26 号）の規定 ② 児童福祉法（昭和 22 年法律第 164 号）の規定 ③ 医師法（昭和 23 年法律第 201 号）の規定 ④ 歯科医師法（昭和 23 年法律第 202 号）の規定 ⑤ 保健師助産師看護師法（昭和 23 年法律第 203 号）の規定 ⑥ 医療法（昭和 23 年法律第 205 号）の規定 ⑦ 教育職員免許法（昭和 24 年法律第 147 号）の規定 ⑧ 社会教育法（昭和 24 年法律第 207 号）の規定 ⑨ 身体障害者福祉法（昭和 24 年法律第 283 号）の規定 ⑩ 精神保健及び精神障害者福祉に関する法律（昭和 25 年法律第 123 号）の規定 ⑪ 社会福祉法（昭和 26 年法律第 45 号）の規定 ⑫ 義務教育諸学校における教育の政治的中立の確保に関する臨時措置法（昭和 29 年法律第 157 号）の規定 ⑬ 医薬品，医療機器等の品質，有効性及び安全性の確保等に関する法律（昭和 35 年法律第 145 号）の規定 ⑭ 薬剤師法（昭和 35 年法律第 146 号）の規定 ⑮ 老人福祉法（昭和 38 年法律第 133 号）の規定 ⑯ 社会福祉士及び介護福祉士法（昭和 62 年法律第 30 号）の規定 ⑰ 介護保険法（平成９年法律第 123 号）の規定 ⑱ 精神保健福祉士法（平成９年法律第 131 号）の規定 ⑲ 国立大学法人法（平成 15 年法律第 112 号）の規定 ⑳ 障害者の日常生活及び社会生活を総合的に支援するための法律（平成 17 年法律第 123 号）の規定 ㉑ 就学前の子どもに関する教育，保育等の総合的な提供の推進に関する法律（平成 18 年法律第 77 号）の規定 ㉒ 国家戦略特別区域法（平成 25 年法律第 107 号）第 12 条の5第 15 項及び第 17 項から第 19 項までの規定 ㉓ 民間あっせん機関による養子縁組のあっせんに係る児童の保護等に関する法律（平成 28 年法律第 110 号）の規定

たとえば，保健師助産師看護師法 29 条の「保健師でない者は，保健師又はこれに類似する名称を用いて，第 2 条に規定する業をしてはならない。」という規定に反して，同法 43 条により「2年以下の懲役若しくは 50 万円以下の罰金」に処さられる場合について，懲役となったときは，公認心理師 3 条 2 号の「禁錮以上の刑に処せられ……者」に該当し，罰金となったときは「この法律の規定その他保健医療，福祉又は教育に関する法律の規定であって政令で定めるものにより，罰金の刑に処せられ……者」（公認心理師法３条３号）に該当することになるだろう。

❑❑❑　9　公認心理師となった後，秘密漏示罪で公認心理師の登録を取り消された者は，二度と公認心理師になることはできない。

登録の取消し

❑❑❑　10　公認心理師としての登録を受けている者が，禁錮以上の刑に処せられ，その執行を終わり，又は執行を受けることがなくなった日から起算して2年を経過しない場合には，文部科学大臣及び厚生労働大臣は，その登録を取り消さなければならない。

❑❑❑　11　公認心理師としての登録を受けている者が，公認心理師法の規定により罰金の刑に処せられた場合には，文部科学大臣及び厚生労働大臣は，その登録を取り消さなければならない。

❑❑❑　12　公認心理師になった者が，酒気帯び運転をして道路交通法により1年の懲役となった場合には，その者は公認心理師の登録が必ず取り消される。

登録義務

❑❑❑　13　公認心理師試験に合格していても登録しなければ，「公認心理師」という名称で心理支援等をすることはできない。

名称独占

❑❑❑　14　公認心理師でない者が，「公認心理師」と名乗らなければ「街の心理師」と名乗って心理相談業務をすることはできる。

❑❑❑　15　公認心理師でない者が，同窓会で「私は公認心理師なんですよ」と嘘をいって友人に見栄を張って自慢した場合には，それだけでも公認心理師法の名称使用制限違反として処罰される。

9 × 二度となれないわけではない。公認心理師法3条「次の各号のいずれかに該当する者は，公認心理師となることができない ④ 第32条第1項第2号又は第2項の規定により登録を取り消され，その取消しの日から起算して2年を経過しない者」のみが欠格者であるから，2年を経過すれば公認心理師となることはできる。

10 ○ 公認心理師としての登録を受けている者が，禁錮以上の刑に処せられ，その執行を終わり，又は執行を受けることがなくなった日から起算して2年を経過しない場合には，文部科学大臣及び厚生労働大臣は，その登録を取り消さなければならない（公認心理師法32条1項1号，3条2号）。刑法上，刑罰は，重いほうから，死刑，懲役，禁錮，罰金，拘留，科料をいう（刑法9条）。懲役と禁錮は，自由を侵害する刑（身柄を拘束する刑，自由刑）であり，懲役は所定の作業をするが，禁錮は作業が科されない。

11 ○ 公認心理師としての登録を受けている者が，公認心理師法の規定その他保健医療，福祉又は教育に関する法律の規定であって政令で定めるものにより，罰金の刑に処せられ，その執行を終わり，又は執行を受けることがなくなった日から起算して2年を経過しない場合には，文部科学大臣及び厚生労働大臣は，その登録を取り消さなければならない（公認心理師法32条1項1号，3条3号）。

12 ○ 公認心理師法32条は，「文部科学大臣及び厚生労働大臣は，公認心理師が次の各号のいずれかに該当する場合には，その登録を取り消さなければならない。 ① 第3条各号（第4号を除く。）のいずれかに該当するに至った場合」と定め，3条2号は，「禁錮以上の刑に処せられ，その執行を終わり，又は執行を受けることがなくなった日から起算して2年を経過しない者」と規定している。したがって，道交法により「懲役」を受けた者は公認心理師の登録を取り消されることになる。ご注意ご注意。なお，道交法により「罰金」を受けただけの公認心理師は，登録の取り消しはされない。ただし，本件のように「酒気帯び運転」をして処罰されたことが（マスコミに騒がれたような場合など），「信用失墜行為の禁止」違反として登録の取り消しとなる可能性はある。公認心理師法32条「文部科学大臣及び厚生労働大臣は，公認心理師が次の各号のいずれかに該当する場合には，その登録を取り消さなければならない。2 文部科学大臣及び厚生労働大臣は，公認心理師が第40条（信用失墜行為の禁止），第41条又は第42条第2項の規定に違反したときは，その登録を取り消し，又は期間を定めて公認心理師の名称及びその名称中における心理師という文字の使用の停止を命ずることができる。

【参考】道路交通法117条の2 第117条の2 次の各号のいずれかに該当する者は，5年以下の懲役又は100万円以下の罰金に処する。 ① 第65条（酒気帯び運転等の禁止）第1項の規定に違反して車両等を運転した者で，その運転をした場合において酒に酔つた状態（アルコールの影響により正常な運転ができないおそれがある状態をいう。以下同じ。）にあつたもの ② 第65条（酒気帯び運転等の禁止）第2項の規定に違反した者（当該違反により当該車両等の提供を受けた者が酒に酔つた状態で当該車両等を運転した場合に限る。） ③ 第66条（過労運転等の禁止）の規定に違反した者（麻薬，大麻，あへん，覚せい剤又は毒物及び劇物取締法（昭和25年法律第303号）第3条の3の規定に基づく政令で定める物の影響により正常な運転ができないおそれがある状態で車両等を運転した者に限る。）

13 ○ 登録資格である。なお，「公認心理師」という名称を使いさえしなければ公認心理師の業務を行うことはできる。これを禁ずる規定はない。業務独占資格（例：医師，助産師，看護師，弁護士など）ではないということである。医師，看護師などは，「名称独占」且つ「業務独占」。

14 × できない。公認心理師法44条2項 公認心理師でない者は，その名称中に「心理師」という文字を用いてはならない。心理「士」ならどうか。「街の心理士」なら条文上OKではないかと思われる。しかし，事案の全体からみて公認心理師と間違わせるような態様の中で使用した場合にはNOとなることもあり得るであろう。しかし，まだ処分の例や判例などがないので現状では不明である。

15 × これは公認心理師法44条の「公認心理師でない者は，公認心理師という名称を使用してはならない。」という「名称を使用」という構成要件の解釈の問題である。公認心理師法が，名称使用を制限し罰則まで設けているのは（これを名称独占資格という），公認心理師の社会的正当性を担保するためである。では本肢の行為が，公認心理師の社会的正当性を損なうかというと，そこまではいえず，この程度の行為は，罰則を科さなければならないような「名称使用」には当たらないだろう。

❑❑❑　16　公認心理師でない者が，公認心理師という名称を使用した場合，それを処罰する規定は置かれていないが，使用差し止めを命令されることがある。

❑❑❑　17　公認心理師の名称の使用を停止された者が，停止期間中に名称を使用した場合には，1年以上の懲役または30万円以下の罰金に処せられる。

❑❑❑　18　公認心理師の登録を受けていない者は，原則として，公認心理師の名称を使用すること及び名称中に心理師の文字を用いることも許されない。もっとも，公認心理師法が施行される以前から公認心理師の名称を使用し，または，名称中に心理師の文字を用いていた者は，例外的に公認心理師法の施行後も，公認心理師の名称を使用すること及び名称中に心理師の文字を用いることも許される。

業務独占ではない

❑❑❑　19　公認心理師制度が新たに設けられたが，公認心理師が行う業務についてはすべて，他の資格者でも，また全くの無資格者でも行うことができる。

❑❑❑　20　公認心理師でない者は，公認心理師の職務に関する事項を，業として行うことは許されず，これに反した場合には刑事罰に処せられる。

信用失墜の禁止

❑❑❑　21　公認心理師は，公認心理師の信用を失墜する行為をしてはならないが，それは公認心理師としての勤務時間中の行為に限られ，通勤中に犯した痴漢行為など職務外の行為は含まれない。

❑❑❑　22　公認心理師が公認心理師の信用を失墜するようなわいせつな行為を行った場合については，公認心理師法違反として，1年以下の懲役に処されることがある。

16　×　公認心理師でない者が，公認心理師という名称を使用した場合，またはその名称中に心理師という文字を用いた場合，30 万円以下の罰金に処せられる（公認心理師法 49 条2号）。

17　×　公認心理師の名称の使用を停止された者が，停止期間中に名称を使用した場合には，30 万円以下の罰金に処せられる（公認心理師法 49 条1号）。公認心理師法で，自由刑（からだを拘束する刑）があるのは秘密漏示罪（同 46 条1項）だけであり且つ自由刑としては「禁錮」ではなく「懲役」である。ちなみに，今回の問題で省いたが，公認心理師試験の試験委員などが試験事務に関しての秘密を漏示した場合にも，公認心理師における秘密漏示罪の罪と同様に「懲役」がある。

公認心理師法 16 条　指定試験機関の役員若しくは職員（試験委員を含む。次項において同じ。）又はこれらの職にあった者は，試験事務に関して知り得た秘密を漏らしてはならない。同 47 条　第 16 条第1項（第 38 条において準用する場合を含む。）の規定に違反した者は，1年以下の懲役又は 30 万円以下の罰金に処する。

18　×　公認心理師法が名称独占を規定したことにより，従前から公認心理師や心理師といった名称を用いていた人に不利益を与えることになるため，「この法律の施行の際現に公認心理師という名称を使用している者又はその名称中に心理師の文字を用いている者については，第 44 条第1項又は第2項の規定は，この法律の施行後6月間は，適用しない。」（公認心理師法附則4条）と規定していたが，平成 29 年9月 15 日に施行されてからすでに6ヶ月を経過している。ゆえに，もはやこのような例外は認められない。

19　○　公認心理師資格は，「業務独占資格」ではない。公認心理師以外の者（例えば臨床心理士）が公認心理師がするような心理支援の仕事をすることはできる。但し「公認心理師」という名称ではできない（名称独占）という縛りがある。

20　×　公認心理師は，業務独占資格ではなく，公認心理師以外の者（例えば臨床心理士）が公認心理師がするような心理支援の仕事をすることは自由にできる。これに対して，弁護士などは，業務独占資格であり，次のような規定があり違反すると懲役が科せられる。

弁護士法　第 72 条　弁護士又は弁護士法人でない者は，報酬を得る目的で訴訟事件，非訟事件及び審査請求，再調査の請求，再審査請求等行政庁に対する不服申立事件その他一般の法律事件に関して鑑定，代理，仲裁若しくは和解その他の法律事務を取り扱い，又はこれらの周旋をすることを業とすることができない。ただし，この法律又は他の法律に別段の定めがある場合は，この限りでない。第 77 条　次の各号のいずれかに該当する者は，2年以下の懲役又は 300 万円以下の罰金に処する。③　第 72 条の規定に違反した者

医師法も同様である。

医師法　第 17 条　医師でなければ，医業をなしてはならない。第 31 条　次の各号のいずれかに該当する者は，3年以下の懲役若しくは 100 万円以下の罰金に処し，又はこれを併科する。①　第 17 条の規定に違反した者

但し，注意が必要なのは，公認心理師法は名称独占資格であり，公認心理師でない者が，公認心理師という名称を用いて仕事をすると 30 万円以下の罰金が科せられるということである。

21　×　公認心理師法 40 条には，信用失墜行為の具体例は挙げられていない。職務上行われた非違行為がこれに含まれることは当然であるが，職務外においても公認心理師は社会人としての常識ある行動を行うことが求められていると解されるので，私的行為であっても信用失墜行為に含まれることがあると解される。必携 P.10～11。公認心理師法 40 条　公認心理師は，公認心理師の信用を傷つけるような行為をしてはならない。

22　×　公認心理師法 40 条（信用失墜行為の禁止規定）には罰則はない。もちろん，通常の刑法犯罪として強制わいせつ罪などで処罰されることはあり得るが，それは公認心理師法上の罰則ではない。ただし，信用失墜行為をした場合には，公認心理師の登録を取り消されるという行政上の処分を受けることはあり得るので注意。

公認心理師法 32 条2項　文部科学大臣及び厚生労働大臣は，公認心理師が第 40 条（信用失墜行為の禁止規定），第 41 条（秘密保持義務）又は第 42 条第2項（主治医がいる場合の指示を受ける義務）の規定に違反したときは，その登録を取り消し，又は期間を定めて公認心理師の名称及びその名称中における心理師という文字の使用の停止を命ずることができる。

❑❑❑　23　公認心理師が公認心理師の信用を失墜する行為を行った場合については，期間を定めて公認心理師という名称の使用を停止されることがある。

❑❑❑　24　公認心理師が公認心理師の信用を失墜する行為を行った場合については，「期間を定めずに」公認心理師という名称の使用を停止されることがある。

❑❑❑　25　公認心理師法が定める法的義務のうちその違反に罰則規定があるのは，信用失墜行為の禁止及び秘密保持義務違反である。

連　携

医師の指示

❑❑❑　26　病院に勤務する公認心理師は，公認心理師法上クライエントの主治医の指示を受けなければならないが，私設の心理相談室を開業している公認心理師にはこのような規制はない。

❑❑❑　27　公認心理師は，医師のいわゆる「診療補助職」ではなく，一定の場合に医師の指示を受ける場合があるにとどまる。

23 ○ 公認心理師法 32 条 2 項において，文部科学大臣及び厚生労働大臣は，信用失墜行為を犯した公認心理師について，登録の取り消し，又は期間を定めて公認心理師の名称及びその名称中における「心理師」という文字の使用の停止を命ずることができると定められている。これは，秘密保持義務違反，主治医のいる場合の指示を受ける義務違反でも同様である。

公認心理師法 32 条 2 項　文部科学大臣及び厚生労働大臣は，公認心理師が第 40 条（信用失墜行為の禁止規定），第 41 条（秘密保持義務）又は第 42 条第 2 項（主治医がいる場合の指示を受ける義務）の規定に違反したときは，その登録を取り消し，又は期間を定めて公認心理師の名称及びその名称中における心理師という文字の使用の停止を命ずることができる。

24 × 必ず「期間を定めて」使用を停止をする必要がある。そうでないと，被処分者に酷であり，また登録を取り消してしまうこととの区別がなくなってしまうだろう。

公認心理師法 32 条 2 項　文部科学大臣及び厚生労働大臣は，公認心理師が第 40 条（信用失墜行為の禁止規定），第 41 条（秘密保持義務）又は第 42 条第 2 項（主治医がいる場合の指示を受ける義務）の規定に違反したときは，その登録を取り消し，又は期間を定めて公認心理師の名称及びその名称中における心理師という文字の使用の停止を命ずることができる。

25 × 信用失墜行為の禁止違反には罰則はない。但し，登録の取消しや，一定期間の名称使用停止という恐ろしい行政処分はある。しかし，あくまで行政上の処分であり，「罰則」ではない。

【整理】公認心理師の 3 大義務である，①信用失墜の禁止，②秘密保持義務，③連携義務（これに④資質向上の責務までいれれば 4 大義務）のうち，罰則があるのは②の秘密保持義務だけである。ついでに，公認心理師にとっては刑罰に等しい恐ろしい行政処分としての「登録の取消し及び一定期間の名称の使用停止」があるのは，先の 4 大義務のうち，①と②と③の連携義務のうちの「主治医がいる場合の指示を受ける義務」である。④には罰則も登録取消しなどの行政処分もない。

公認心理師法　第 5 章　罰則　第 46 条　第 41 条の規定（秘密保持義務）に違反した者は，1 年以下の懲役又は 30 万円以下の罰金に処する。　2　前項の罪は，告訴がなければ公訴を提起することができない。第 47 条　第 16 条第 1 項（第 38 条において準用する場合を含む。）の規定に違反した者は，1 年以下の懲役又は 30 万円以下の罰金に処する。第 48 条　第 22 条第 2 項（第 38 条において準用する場合を含む。）の規定による試験事務又は登録事務の停止の命令に違反したときは，その違反行為をした指定試験機関又は指定登録機関の役員又は職員は，1 年以下の懲役又は 30 万円以下の罰金に処する。第 49 条　次の各号のいずれかに該当する者は，30 万円以下の罰金に処する。①　第 32 条第 2 項の規定により公認心理師の名称及びその名称中における心理師という文字の使用の停止を命ぜられた者で，当該停止を命ぜられた期間中に，公認心理師の名称を使用し，又はその名称中に心理師という文字を用いたもの　②　第 44 条第 1 項又は第 2 項の規定に違反した者

26 × 公認心理師法 42 条 2 項は「主治の医師があるとき」と規定するのみであり病院勤務であるかどうかは全く関係ない。

27 ○ 「診療補助職」とは，医療において診療の補助を行う職種をいう。看護師，保健師，助産師，歯科衛生士，臨床検査技師，理学療法士，作業療法士などがある。彼らは，診療の補助を行うのであるから基本的に医師の指示のもとにある。しかし，公認心理師が医師の指示の下におかれるのは，「主治の医師」いわゆる主治医がある場合に限られるので，「診療補助職」ではないとされる。心の専門家が出会う法律**【新版】**P.40。実は，ここは立法に当たって激しいせめぎ合いのあったところであり，厚労省がガイドラインを出しているが，「今後改定される可能性が考えられることから，最新の運用基準を厚生労働省のホームページなどで確認する必要がある。」との指摘がある。必携 P.12。

【参考】厚労省　公認心理師法第 42 条第 2 項に係る主治の医師の指示に関する運用基準「公認心理師は，把握された要支援者の状況から，要支援者に主治の医師があることが合理的に推測される場合には，その有無を確認するものとする。主治の医師の有無の確認をするかどうかの判断については，当該要支援者に主治の医師が存在した場合に，結果として要支援者が不利益を受けることのないよう十分に注意を払い，例えば，支援行為を行う過程で，主治の医師があることが合理的に推測されるに至った場合には，その段階でその有無を確認することが必要である。」つまり，一定の場合には，公認心理師に主治医の確認義務を負わせるというスキームである。http://www.mhlw.go.jp/file/06-Seisakujouhou-12200000-Shakaiengokyokushougaihokenfukushibu/0000192943.pdf

❑❑❑　28　街で開業している公認心理師が，被支援者が高血圧で内科医にかかっていることを知った場合には，必ずその内科医の指示に従う必要がある。

❑❑❑　29　クライエントに主治医がいたが，そのことを公認心理師が軽率にも気が付かず，結果的に主治医の指示を受けることなくクライエントについての心理支援業務を行っても，公認心理師法42条2項に定める「主治医の指示を受ける義務」に反したことにはならない。

❑❑❑　30　公認心理師は，その業務を行うに当たって心理に関する支援を要する者に当該支援に係る主治の医師があるときは，その指示を受けなければならないとされるが，この「主治の医師」が何を指すかについては公認心理師法には何の定義もされていない。

秘密保持義務

❑❑❑　31　公認心理師が，その業務に関して知り得たクライエントの秘密に属する事項が書かれている書類を，うっかり電車の網棚に忘れてしまったためそのクライエントの秘密が人の知るところとなってしまった場合には，1年以下の懲役又は30万円以下の罰金に処せられる。

❑❑❑　32　カウンセリングを依頼された公認心理師が，クライエントの秘密を故意にではなく，誤って他人に漏らしてしまった場合には，民事上の損害賠償責任を負うことはない。

28　×　公認心理師は，業務を行うに当たって心理に関する支援を要する者に当該支援に係る主治の医師があるときは，その指示を受けなければならない。「医師の指示」が必要なのは，被支援者に「当該支援に係る」「主治の医師」がいる場合であり，高血圧かどうかということは，通常は「当該支援に係る」とはいえない。とすると，その治療をしている内科医は含まれない。但し，クライエントが高血圧により脳出血による死の恐怖に苛まれていてその点の心理支援が必要な場合などは指示を受ける必要がある可能性はある。いずれにしても，問題として「必ず」と聞かれれば少なくとも「必ず」ではないと答えることになる。

公認心理師法 42 条　公認心理師は，その業務を行うに当たっては，その担当する者に対し，保健医療，福祉，教育等が密接な連携の下で総合的かつ適切に提供されるよう，これらを提供する者その他の関係者等との連携を保たなければならない。2　公認心理師は，その業務を行うに当たって心理に関する支援を要する者に当該支援に係る主治の医師があるときは，その指示を受けなければならない。

この主治医の指示に関する規定は難しい問題を含んでいる。この点は Gakken「公認心理師必携テキスト」P.11（金沢吉展先生論文）に詳しい記述がある。

29　×　これは結構難しい問題である。「公認心理師法 42 条2項　公認心理師は，その業務を行うに当たって心理に関する支援を要する者に当該支援に係る主治の医師があるときは，その指示を受けなければならない。」という規定の「主治の医師があるときは」の解釈の問題となる。「あるときは」と書いてあって「知ったときは」とは書かれていないので，知っていたかどうかは関係ない，また知ることができたかどうかも関係ない，事実として主治医がいるかどうかだけの問題であると解釈することも不可能ではないが，それでは公認心理師に酷である。公認心理師に「必ずクライエントに主治医の有無を聞く」義務を課せばいいようにも思えるが，それも情況によっては微妙な場面もあり得ることから，そういう立法とはなっていない。この点に関し厚労省のガイドラインが既にあり，「公認心理師は，把握された要支援者の状況から，要支援者に主治の医師があることが合理的に推測される場合には，その有無を確認するものとする。主治の医師の有無の確認をするかどうかの判断については，当該要支援者に主治の医師が存在した場合に，結果として要支援者が不利益を受けることのないよう十分に注意を払い，例えば，支援行為を行う過程で，主治の医師があることが合理的に推測されるに至った場合には，その段階でその有無を確認することが必要である。」としている。つまり，一定の場合には，公認心理師に主治医の確認義務を負わせるというスキームである。これによれば，本肢は×となる。「反したことになる場合」が想定されるので，「反したことにはならない」という記述は誤りとなる。
http://www.mhlw.go.jp/file/06-Seisakujouhou-12200000-Shakaiengokyokushougaihokenfukushibu/0000192943.pdf

この主治医の指示に関する規定は難しい問題を含んでいる。この点は Gakken「公認心理師必携テキスト」P.11（金沢吉展先生論文）に詳しい記述がある。

30　○　「主治の医師」＝主治医の定義は法文上定義規定がないので，今後の解釈に委ねられることになる。

31　×　刑罰に関しては「故意犯」つまり知っていてやった，わざとやった場合のみ罰するというのが刑法上の大原則である。これは，秘密漏示罪という公認心理師法上の刑罰の場合も同様である。したがって，過失で秘密を漏示してしまった場合には，刑罰を受けることはない。ただし，秘密保持義務違反には，刑罰だけでなく，登録の取り消しなどの行政処分はあり（32 条2項），行政処分については「故意犯の原則」はないことから過失でも処分を受ける可能性はある。また，そのうっかりが非常識なものであった場合には，信用失墜行為として，行政処分を受けることもあり得る。さらに，民法上の不法行為（民法 709 条）または，クライエントとの契約違反としての債務不履行として損害賠償義務（民法 415 条）を負う可能性が高いであろう。

32　×　カウンセリングを依頼された公認心理師が，クライエントの秘密を故意ではなく，「誤って」漏らした場合でも，民事上の債務不履行責任または不法行為責任を負い，損害賠償責任を負うことになる。民事上は，一般的に，故意（知っていること）の場合だけでなく，過失（不注意によること）の場合でも，民事責任が発生する。契約関係から発生する債務は約束通り実現する（これを「債務を履行する」という。）必要があり，債務を履行しない場合には，「債務不履行」となり，故意または過失があれば，発生した「損害」を賠償する責任を負う。事故のように契約関係がない場合でも，加害者は被害者に対し，発生した損害を賠償する責任が生じるが，これを「不法行為」責任という。この場合は，故意がなく過失があるにすぎない場合でも不法行為責任を負う。

❑❑❑　33　公認心理師がカウンセリング中に知り得たクライエントの秘密を，本人の許可なく公の雑誌に論文として掲載した場合，学術研究のためであれば，公認心理師法上の秘密漏示罪となる余地はない。

❑❑❑　34　公認心理師がカウンセリング中に知り得たクライエントの秘密を，本人の許可なく公の雑誌に論文として掲載した場合，学術研究のためであれば，公認心理師が民事上の守秘義務違反として損害賠償責任を負うことはない。

❑❑❑　35　クライエントが自分では自分の秘密であると思っていることでも，公認心理師法41条が定める秘密保持義務の対象である「秘密」には属さないものもあり得る。

❑❑❑　36　公認心理師が職務上知り得たクライエントの秘密を，自分の配偶者だけに「誰にも言うなよ」といってしゃべった場合，妻が黙っていれば「漏らした」ことにはならず，公認心理師法上の秘密漏示とはいえず刑罰が科されることはない。

❑❑❑　37　今般の公認心理師法制定に伴い，公認心理師にも，刑事訴訟法上の「業務上知りえた他人の秘密に関する証言拒絶権」が与えられることが明示された。

33　×　これは，公認心理師法 41 条が「正当な理由がなく」人の秘密を漏らしてはならない，と定めているので，「正当な理由」とは何かという解釈問題である。この点については，刑法 134 条の秘密漏示罪についての解釈が当てはまることになる。秘密を漏示しても「正当な理由」があれば違法性が阻却される。具体的には，⑴法令行為など。この中には，①法令上秘密事項を告知する義務を負う場合（例えば医師が結核予防法に基づき患者を保健所長に届け出なければならない場合など），②訴訟上の証人として証言しなければならない場合。但し，刑事訴訟法及び民事訴訟法は医師，歯科医師，助産師，看護師，弁護士などに証言拒絶権を与えておりその場合は証言を拒絶できる。⑵第三者の利益を保護するための場合，⑶承諾がある場合などが論じられている。青林書院刊大コンメンタール第２版第７巻Ｐ.346。簡単には「正当な理由」があるとは認められない。したがって，「学術研究のため」というような曖昧な理由では，裁判所は「正当な理由」とは認めないであろう。したがって，本問については×を正解とする。

公認心理師法 41 条　公認心理師は，正当な理由がなく，その業務に関して知り得た人の秘密を漏らしてはならない。公認心理師でなくなった後においても，同様とする。46 条　第 41 条の規定に違反した者は，１年以下の懲役又は 30 万円以下の罰金に処する。2　前項の罪は，告訴がなければ公訴を提起することができない。

34　×　本問は公認心理師法上の秘密漏示罪について聞いているのではない。民事上の責任を問うている。この点につき，臨床心理士がカウンセリング中に知り得たクライエントの秘密を，本人の許可なく書籍に掲載した事件において，東京地判平７.6.22 は，臨床心理士について，カウンセラーとクライエントの間に「医師と患者との間の治療行為に類似した，いわば心理治療契約ともいうべき契約」が存在し，カウンセラーに契約上の守秘義務違反として慰謝料の支払いを命じた。判例時報 1550 号Ｐ.40。この判例は公認心理師についても妥当すると思われるので，公認心理師が通常のカウンセリングの契約を締結していた場合には，公認心理師法上の秘密保持義務（守秘義務）と同時に，民事契約上の守秘義務を同時に負うことがあることになると考えられる。日本評論社刊「心理臨床の法と倫理」Ｐ.47（出口治男論文）。

35　○　ここでの「秘密」とは，「もっぱら限定された人的領域でのみ知られ，その当事者が，彼の立場上，秘匿されることにつき実質的利益を有し，かつ，本人のみが知っているだけの利益が存すると認められる事柄」との定義がある（必携Ｐ.31）。本人が隠しておきたいと考えるだけでは足りず，それを隠しておくことに客観的・実質的な利益のある事柄が法的な保護の対象となる。なお，この「法的秘密保持」と「職業倫理的な秘密保持」は異なり，後者はクライエントとの関係で前者より広いとの解釈がある。必携Ｐ.30。

なお，何が「秘密」かについては刑法上は秘密漏示罪 134 条について学説の対立がある。「秘密」というためには，「一般には知られていない事項」（特定の小範囲の者にしか知られていない事項）であることが必要であるが，それに加えて，どのような事項であることが必要かについて，以下の学説が対立している。Ａ説（客観説）一般人であれば他人に知られたくない事項であることが必要であるとする説（通説），Ｂ説（主観説）本人が他人に知られたくない事項であることが必要であるとする説，Ｃ説一般人であれば他人に知られたくない事項であり，かつ，本人も他人に知られたくない事項であることが必要であるとする説などである。この論争は公認心理師法の秘密漏示罪についても妥当することになるだろう。

36　×　公認心理師法 41 条の「漏ら」す，という構成要件の解釈の問題である。この点について詳しく論じた文献はまだ見当たらないが，刑法 134 条の秘密漏示罪の解釈が参考になる。そこでは，１人にだけ告げたとしても，かたく他言を禁じて告げたとしても，「漏らした」ことになると解釈されている。１人だけならいい，他言を禁じればいい，ということになれば間違いなく秘密は漏示されるだろうから，常識的に考えてこういう解釈になるだろう。ちなみに，漏示は作為だけでなく不作為（例えば，公認心理師がクライエントの秘密が書かれている書面を机に放置して他人が読むのにまかせるような行為）も含まれると考えられる。

37　×　刑事訴訟法 149 条は次のように定めて，職業上人の秘密を知りうる者に証言拒絶権を与えている。「医師，歯科医師，助産師，看護師，弁護士（外国法事務弁護士を含む。），弁理士，公証人，宗教の職に在る者又はこれらの職に在つた者は，業務上委託を受けたため知り得た事実で他人の秘密に関するものについては，証言を拒むことができる。但し，本人が承諾した場合，証言の拒絶が被告人のためのみにする権利の濫用と認められる場合（被告人が本人である場合を除く。）その他裁判所の規則で定める事由がある場合は，この限りでない。」この規定は公認心理師法制定前からあるので，この中に公認心理師は含まれておらず且つこれを含むとする法規も存在していない。したがって，明示された，という点は誤りである。しかし，解釈上これを認めることは十分可能であろう。必携Ｐ.503。

❑❑❑　38　公認心理師法上の秘密漏示罪は，事態がどんなに社会的に重大であっても，秘密漏示された被害者からの告訴がなければ，検察官は公訴を提起することができない。

❑❑❑　39　公認心理師がある婦人の心理支援の面談中に，彼女が配偶者から暴力を振るわれていることが分かったため，被支援者の承諾なく，そのＤＶ行為について警察官または配偶者暴力相談支援センターに通報しても，公認心理師法上の「秘密漏示罪」になることはない。

❑❑❑　40　父親から児童虐待を受けている子供がいることをその子の母親との面談で知った公認心理師は，母親から絶対に誰にも言わないでくれと頼まれたとしても，福祉事務所又は児童相談所に通告しなければならない。

❑❑❑　41　70歳の高齢者が，同居している息子から何度か罵声を浴びせられていることを職務上知った公認心理師は，虐待のおそれがあるとして，直ちに市町村に通報する義務がある。

38 ○　公認心理師法46条「第41条の規定に違反した者は，1年以下の懲役又は30万円以下の罰金に処する。2　前項の罪は，告訴がなければ公訴を提起することができない。」本問のように「どんなに社会的に重大であっても」とか書かれると，何となく迷ってしまう人もいるが，条文さえしっかり読んでいれば迷うことはない。

39 ○　「公認心理師は，正当な理由がなく，その業務に関して知り得た人の秘密を漏らしてはならない。」（公認心理師法41条前段）と規定され，これに違反した場合には，「1年以下の懲役又は30万円以下の罰金」（公認心理師法46条1項）となる。本問は，公認心理師の負う「秘密保持義務」と他の法律が定める「通告」ないし「通報」義務との優劣の問題であり，配偶者からの暴力の防止及び被害者の保護等に関する法律（通称ＤＶ防止法）には通報努力義務と医師等が通報した場合には守秘義務より通報義務が優先する旨の規定があるから（DV防止法6条3項），漏らしたとしても「正当な理由がな」いとはいえない。したがって，構成要件に当たらず，公認心理師が公認心理師法上の秘密漏示罪に問われることは基本的にない。エッセンシャルズ・有斐閣P.86（中川利彦氏論文）。

ＤＶ防止法6条　配偶者からの暴力（配偶者又は配偶者であった者からの身体に対する暴力に限る。以下この章において同じ。）を受けている者を発見した者は，その旨を配偶者暴力相談支援センター又は警察官に通報するよう努めなければならない。2　医師その他の医療関係者は，その業務を行うに当たり，配偶者からの暴力によって負傷し又は疾病にかかったと認められる者を発見したときは，その旨を配偶者暴力相談支援センター又は警察官に通報することができる。この場合において，その者の意思を尊重するよう努めるものとする。3　刑法（明治40年法律第45号）の秘密漏示罪の規定その他の守秘義務に関する法律の規定は，前2項の規定により通報することを妨げるものと解釈してはならない。

【参考】ＤＶ防止法上の関係各所への通報は，「通報努力義務」であるが，児童虐待防止法6条1項の「通告」義務は，努力義務ではなく速やかに通告する「義務」である。また，高齢者の虐待については，高齢者虐待防止法21条2項・3項では「当該高齢者の生命又は身体に重大な危険が生じている場合」は通報「義務」であるが，そうでない虐待の場合は，通報「努力義務」である。

40 ○　公認心理師の負う「秘密保持義務」と他の法律が定める「通告」ないし「通報」義務との優劣の問題である。児童虐待防止法6条1項は，「児童虐待を受けたと思われる児童を発見した者は，速やかに，これを市町村，……児童相談所に通告しなければならない。」と規定している。これは「義務」であり，「してもしなくても」いいのではない。この場合は，公認心理師としての守秘義務より通告義務が優先することになる。エッセンシャルズP.85。

児童虐待の防止等に関する法律6条　児童虐待を受けたと思われる児童を発見した者は，速やかに，これを市町村，都道府県の設置する福祉事務所若しくは児童相談所又は児童委員を介して市町村，都道府県の設置する福祉事務所若しくは児童相談所に通告しなければならない。2　前項の規定による通告は，児童福祉法（昭和22年法律第164号）第25条第1項の規定による通告とみなして，同法の規定を適用する。3　刑法（明治40年法律第45号）の秘密漏示罪の規定その他の守秘義務に関する法律の規定は，第1項の規定による通告をする義務の遵守を妨げるものと解釈してはならない。

41 ×　まず，通報義務の問題であるが，高齢者虐待につき，通報「義務」が生じるのは「高齢者の生命又は身体に重大な危険を生じている場合」に限られる。エッセンシャルズP.86。次に，公認心理師の負う「秘密保持義務」と他の法律が定める「通告」ないし「通報」義務との相克の問題であるが，通報義務は刑法上の守秘義務に優先するとの規定があるので，公認心理師法上の秘密保持義務（守秘義務）についても同様に解することになるであろう。

高齢者虐待の防止，高齢者の養護者に対する支援等に関する法律7条　養護者による高齢者虐待を受けたと思われる高齢者を発見した者は，当該高齢者の生命又は身体に重大な危険が生じている場合は，速やかに，これを市町村に通報しなければならない。2　前項に定める場合のほか，養護者による高齢者虐待を受けたと思われる高齢者を発見した者は，速やかに，これを市町村に通報するよう努めなければならない。3　刑法（明治40年法律第45号）の秘密漏示罪の規定その他の守秘義務に関する法律の規定は，前2項の規定による通報をすることを妨げるものと解釈してはならない。

❑❑❑　42　公認心理師は，業務上知り得たクライエントの秘密を漏らしてはならないが，業務に全く関係がなく，たまたま知り得たそのクライエントの秘密を他に漏らしても，公認心理師法上の刑事罰を受けることはない。

❑❑❑　43　カウンセリングを依頼された公認心理師が，クライエントの秘密を故意にではなく，誤って漏らしてしまった場合には，刑事罰も民事上の損害賠償責任も負わない。

❑❑❑　44　公認心理師が，カウンセリングによって知ったクライエントの秘密を面白半分で友人に話した場合，検察官は，告訴がなくても，起訴することができる。

❑❑❑　45　公認心理師のクライエントに関する守秘義務は，公認心理師をやめた後でも継続する。

❑❑❑　46　公認心理師がクライエントにカウンセリングをしている過程で，たまたまクライエントの通っているジムが経営破綻していることを知ったとしても，その経営破綻の事実は，公認心理師法が守秘義務を課している秘密とはいえない。

❑❑❑　47　公認心理師による秘密漏示罪の刑罰は，医師による秘密漏示罪よりも重くなっている。

42 ○　公認心理師法 41 条　公認心理師は，正当な理由がなく，「その業務に関して」知り得た人の秘密を漏らしてはならない，と規定されているので，業務に全く関係なく知った個人情報を漏らしたとしても公認心理師法上の秘密漏示罪にはあたらない。もっとも，登録の取り消し等の処分という不利益処分を受けることがあり得る。（公認心理師法 32 条２項）

公認心理師法 41 条　公認心理師は，正当な理由がなく，その業務に関して知り得た人の秘密を漏らしてはならない。公認心理師でなくなった後においても，同様とする。

公認心理師法 32 条　文部科学大臣及び厚生労働大臣は，公認心理師が次の各号のいずれかに該当する場合には，その登録を取り消さなければならない。２　文部科学大臣及び厚生労働大臣は，公認心理師が第 40 条，第 41 条（秘密保持義務）又は第 42 条第２項の規定に違反したときは，その登録を取り消し，又は期間を定めて公認心理師の名称及びその名称中における心理師という文字の使用の停止を命ずることができる。

43 ×　カウンセリングを依頼された公認心理師が誤って（過失で）秘密を漏らした場合には，公認心理師法上の秘密漏示罪は故意犯なのでこの罪で処罰されることはないが，民事上の責任は過失でも負うことになる。クライエントとの契約違反として債務不履行責任または不法行為責任を負う。

【ワンポイントレッスン】民事では，一般的に，故意（知っていること）の場合だけでなく，過失（不注意によること）の場合でも責任が発生する。契約関係から発生する債務は約束通り実現する（これを「債務を履行する」という。）必要があり，債務を履行しない場合には「債務不履行」となり，故意または過失があれば発生した「損害」を賠償する責任を負う。事故のように契約関係がない場合でも，加害者は被害者に対し，発生した損害を賠償する責任が生じるが，これを「不法行為」責任という。この場合でも，加害者に故意または過失が必要である。カウンセリングを依頼された公認心理師が，クライエントの秘密を誤って漏らした場合，公認心理師は，準委任契約に基づく債務不履行責任を負うが，不法行為責任は契約があっても発生するので，併せて不法行為責任も負う。クライエントはどちらの責任でも，選択して請求できる。

44 ×　公認心理師法 46 条２項では，「前項の罪は，告訴がなければ公訴を提起することができない。」と規定されており「親告罪」である。したがって，検察官は告訴がなければ起訴できない。

【ワンポイントレッスン】刑事裁判は，検察官による起訴によって始まる。親告罪とは，告訴がなければ起訴することができない犯罪をいう。告訴とは，被害者による処罰を求める意思表示をいう。告訴がなければ有罪とすることができないのは，裁判によって，かえってプライバシーが侵害されることを防止する趣旨である。

45 ○　公認心理師法 41 条　公認心理師は，正当な理由がなく，その業務に関して知り得た人の秘密を漏らしてはならない。公認心理師でなくなった後においても，同様とする。

したがって，公認心理師であった者は，公認心理師をやめた後であっても守秘義務を負う。

なお，仮にクライエントが死亡していた場合は，守秘義務を負わない。刑法上の医師等の秘密漏示罪における「人」は現存している必要があると解されており，死者の秘密は本罪の秘密ではないからである。青林書院「大コンメンタール刑法第２版第７巻」P.344。

46 ○　公認心理師法上の秘密漏示罪は「人の秘密」を漏示してはならないとしているが，ここにいう「人」とはどこまでを指すのかという解釈問題である。公認心理師法の秘密漏示罪についての判例はまだないため，解釈に委ねられる。注釈刑法における記述によると「ここにいう人とは，本条（刑法 134 条）の主体に業務上の取扱いを託した本人に限るべきである。業務の過程で，本人以外の者の秘密を知ったとしても，例えば，医師が，食中毒の患者を診察し，Ａ店の仕出し弁当が原因であることを知っても，あるいは，弁護士が事実調査の結果依頼人の相手方が詐欺師であることを知っても，本条によってその漏示が禁止されるわけではない（団藤・注釈⑶262 頁）」と解されている。これに従うなら，本問の事実は「人の秘密」ではないことになり正しい。

47 ○　「公認心理師は，正当な理由がなく，その業務に関して知り得た他人の秘密を漏らしてはならない」（公認心理師法 41 条）。これに違反した者は，１年以下の懲役又は 30 万円以下の罰金に処する（同法 46 条１項）。これに対し，医師による秘密漏示罪は，６月以下の懲役又は 10 万円以下の罰金である（刑法 134 条１項）。

❑❑❑　48　公認心理師が，カウンセリングのクライエントである児童が虐待を受けていると認識し，福祉事務所に通告した場合は，秘密漏示罪は成立しない。

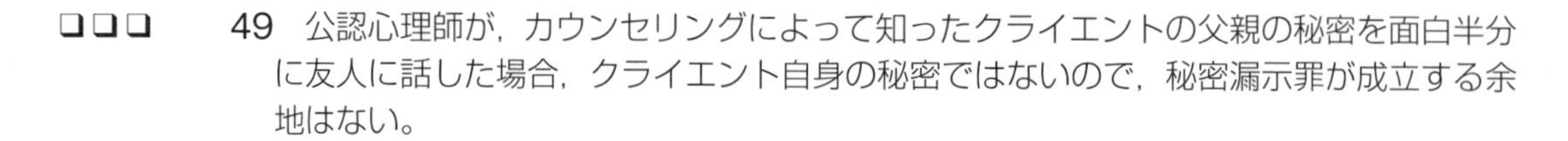

❑❑❑　49　公認心理師が，カウンセリングによって知ったクライエントの父親の秘密を面白半分に友人に話した場合，クライエント自身の秘密ではないので，秘密漏示罪が成立する余地はない。

資質向上の責務

❑❑❑　50　公認心理師は，国民の心の健康を取り巻く環境の変化による業務の内容の変化に適応するため，心理に関する知識及び技能の向上に努めなければならず，これを怠っていると，資質向上義務違反として公認心理師の登録の取り消し処分を受けることがある。

公認心理師の責任

❑❑❑　51　カウンセリングを依頼したクライエントと公認心理師との法律関係は，契約に基づく関係である。

登　録

❑❑❑　52　公認心理師試験に合格した者は，公認心理師となる資格を有し，「届出」をすれば公認心理師となる。

登録関係

❑❑❑　53　公認心理師の登録をした場合，総務大臣ではなく文部科学大臣及び厚生労働大臣が，申請者に「公認心理師登録証」を交付する。

名称使用

❑❑❑　54　公認心理師としての登録を受けていない者が，カウンセリングをする場合，「公認心理師」という名称を使用することはできないが，「心理師」という名称だけなら使用することはできる。

48 ○ 「公認心理師は，正当な理由がなく，その業務に関して知り得た他人の秘密を漏らしてはならない」（公認心理師法 41 条）。正当な理由がある場合には，秘密漏示罪（同法 46 条 1 項）は成立しない。児童虐待を受けたと思われる児童を発見した者が児童福祉事務所や児童相談所に通告することは，正当な理由に当たる（児童虐待の防止等に関する法律 6 条 1 項，3 項）。

49 × 公認心理師法上の秘密漏示罪は「人の秘密」を漏示してはならないとしているが，ここにいう「人」とはどこまでを指すのかという解釈問題である。秘密漏示罪の保護法益はクライエントのプライバシーであるが，クライエントとの信頼関係も保護されていると考えた場合には，クライエント自身の秘密のみならず，クライエントに関係する第三者のプライバシーも保護の対象となることが考えられる。したがって，クライエントの父親の秘密を正当な理由なく漏示した場合には，秘密漏示罪が成立する余地がある。

50 × 公認心理師法 43 条は「公認心理師は，国民の心の健康を取り巻く環境の変化による業務の内容の変化に適応するため，第 2 条各号に掲げる行為に関する知識及び技能の向上に努めなければならない。」と規定しているが，これは努力義務であって罰則や行政処分はない。したがって，公認心理師の登録の取消処分を受けることはない。もしぜんぜん勉強しない怠け者のトンデモ公認心理師がいたとしてもどうしようもないことになります。もし罰則があったらこの業界は大変なことになりそうですね……。公認心理師法第 2 条各号とは「① 心理に関する支援を要する者の心理状態を観察し，その結果を分析すること。② 心理に関する支援を要する者に対し，その心理に関する相談に応じ，助言，指導その他の援助を行うこと。③ 心理に関する支援を要する者の関係者に対し，その相談に応じ，助言，指導その他の援助を行うこと。④ 心の健康に関する知識の普及を図るための教育及び情報の提供を行うこと。」

51 ○ 臨床心理士がカウンセリング中に知り得たクライエントの秘密を，本人の許可なく書籍に掲載した事件において，東京地判平 7.6.22 は，臨床心理士について，カウンセラーとクライエントの間に「医師と患者との間の治療行為に類似した，いわば心理治療契約ともいうべき契約」が存在するとして，カウンセラーに契約上の守秘義務違反に基づく慰謝料の支払いを命じた。判例時報 1550 号 P.40。この判例は公認心理師についても妥当すると考えられるから，公認心理師が通常のカウンセリングの契約を締結していた場合には，公認心理師は公認心理師法上の秘密保持義務（守秘義務）と同時に，民事契約上の守秘義務を同時に負うことになる。日本評論社刊「心理臨床の法と倫理」P.47（出口治男論文）。

52 × 公認心理師試験に合格した者は，公認心理師となる資格を有するのみである（公認心理師法 4 条）。公認心理師となる資格を有する者が公認心理師となるには，公認心理師登録簿に，氏名，生年月日等の「登録」を受けなければならない（公認心理師法 28 条）。

53 ○ 公認心理師に関する所轄官庁は，文部科学省及び厚生労働省である。

公認心理師法 30 条「文部科学大臣及び厚生労働大臣は，公認心理師の登録をしたときは，申請者に第 28 条に規定する事項を記載した公認心理師登録証（以下この章において「登録証」という。）を交付する。」

54 × 公認心理師でない者は，「公認心理師」という名称を使用してはならないし，また，その名称中に心理師という文字を用いてはならない。したがって，公認心理師としての登録を受けていない者が，カウンセリングをする場合，「心理師」という名称を使用することはできない。

公認心理師法 44 条「公認心理師でない者は，公認心理師という名称を使用してはならない。2 前項に規定するもののほか，公認心理師でない者は，その名称中に心理師という文字を用いてはならない。」

公認心理師に対する行政上の制裁

❑❑❑　55　公認心理師の資格を有する者が，虚偽または不正の事実に基づいて登録を受けた場合には，文部科学大臣及び厚生労働大臣は，その登録を取り消すことができるが，裁量で取り消さないこともできる。

❑❑❑　56　公認心理師としての登録を受けている者が，カウンセリングを行うに際して，公認心理師の信用を傷つける行為をした場合には，文部科学大臣及び厚生労働大臣は，必ず公認心理師の登録を取り消さなければならない。

❑❑❑　57　公認心理師が，カウンセリングによって知ったクライエントの秘密を面白半分で友人に話した場合，文部科学大臣及び厚生労働大臣は，公認心理師の名称の使用の停止を命じることができる。

❑❑❑　58　公認心理師が，カウンセリングをするに当たって，クライエントに心理の支援に係る主治医がいる場合に，その指示を受けなかったときは，文部科学大臣及び厚生労働大臣は，期間を定めずに，名称中における心理師という文字の使用の停止を命ずることができる。

55 × 公認心理師法 32 条 1 項の場合は，「必要的取消し」である。文部科学大臣及び厚生労働大臣は，①公認心理師になった後に，公認心理師の欠格事由にあたる事由があった場合，（①−a）公認心理師が，精神の機能の障害により公認心理師の業務を適正に行うに当たって必要な認知，判断及び意思疎通を適切に行うことができない状態になった，（①−b）公認心理師が禁錮以上の刑に処せられた，②公認心理師が虚偽又は不正の事実に基づいて登録を受けたものであることが発覚した場合には必ず取り消さなければならない。これに対して 32 条2項の場合は，登録の取消し又は一定期間の名称使用の停止は「裁量的処分」である。つまり処分するかどうかは，文部科学大臣及び厚生労働大臣の裁量に委ねられることになる。その場合とは，③40 条違反（信用失墜行為の禁止違反），④41 条（秘密保持義務違反），⑤42 条2項違反（主治医の指示を受ける義務違反）の場合である。本問の場合は，上記②の場合であるから，登録の取消しは必要的である。

公認心理師法 32 条　文部科学大臣及び厚生労働大臣は，公認心理師が次の各号のいずれかに該当する場合には，その登録を取り消さなければならない。①　第３条各号（第４号を除く。）のいずれかに該当するに至った場合　②　虚偽又は不正の事実に基づいて登録を受けた場合　2　文部科学大臣及び厚生労働大臣は，公認心理師が第 40 条，第 41 条又は第 42 条第２項の規定に違反したときは，その登録を取り消し，又は期間を定めて公認心理師の名称及びその名称中における心理師という文字の使用の停止を命ずることができる。

56 × 公認心理師が，公認心理師の信用を傷つけるような行為をした場合，文部科学大臣及び厚生労働大臣は，その登録を取り消すことができる（公認心理師法 32 条２項，40 条）。「取り消すことができる」のであって「取り消さなければならない」のではない。公認心理師法 32 条２項の場合の登録の取消しは任意的であり，登録を取り消すか否かは文部科学大臣及び厚生労働大臣の判断に委ねられる。

公認心理師法 32 条　文部科学大臣及び厚生労働大臣は，公認心理師が次の各号のいずれかに該当する場合には，その登録を取り消さなければならない。①　第３条各号（第４号を除く。）のいずれかに該当するに至った場合　②　虚偽又は不正の事実に基づいて登録を受けた場合　2　文部科学大臣及び厚生労働大臣は，公認心理師が第 40 条，第 41 条又は第 42 条第２項の規定に違反したときは，その登録を取り消し，又は期間を定めて公認心理師の名称及びその名称中における心理師という文字の使用の停止を命ずることができる。

57 ○ 公認心理師が，正当な理由がなく，その業務に関して知り得た他人の秘密を洩らした場合，文部科学大臣及び厚生労働大臣は，期間を定めて公認心理師の名称及び名称中における心理師という文字の使用の停止を命じることができる（公認心理師法 32 条２項，41 条）。

58 × 公認心理師が，その業務を行うに当たって心理に関する支援を要する者に当該心理の支援に係る主治医がいる場合に，その指示を受けなかったときは，文部科学大臣及び厚生労働大臣は，「期間を定めて」公認心理師の名称及び（その）名称中における心理師という文字の使用の停止を命ずることができる（公認心理師法 32 条２項，42 条２項）。期間を定めない処分は厳しすぎるので，必ず期間を定めてすることとなっている。

公認心理師法 32 条２項　文部科学大臣及び厚生労働大臣は，公認心理師が第 40 条，第 41 条又は第 42 条第２項の規定に違反したときは，その登録を取り消し，又は期間を定めて公認心理師の名称及びその名称中における心理師という文字の使用の停止を命ずることができる。

3. 関係行政論

先ずブループリントに出てくる５分野の法律と制度を一覧してみましょう。

分野	No.	法律・制度	略称
（1）保健医療分野に関する法律，制度	1	医療法，医療計画制度，診療録，保険診療制度	
	2	高齢者の医療の確保に関する法律	
	3	精神保健及び精神障害者福祉に関する法律	精神保健福祉法
	4	自殺対策基本法	
	5	健康増進法	
	6	地域保健法	
	7	母子保健法	
	8	民法（説明義務，注意義務，過失）	
	9	医療保険制度	
	10	介護保険制度	
	11	医療の質，医療事故防止，院内感染対策	
（2）福祉分野に関する法律，制度	12	児童福祉法	
	13	老人福祉法	
	14	児童虐待の防止等に関する法律	児童虐待防止法
	15	障害者の日常生活及び社会生活を総合的に支援するための法律	障害者総合支援法
	16	障害福祉計画	
	17	発達障害者支援法	
	18	障害を理由とする差別の解消の推進に関する法律	障害者差別解消法
	19	障害者虐待の防止，障害者の養護者に対する支援等に関する法律	障害者虐待防止法
	20	障害者基本法	
	21	高齢者虐待の防止，高齢者の養護者に対する支援等に関する法律	高齢者虐待防止法
	22	配偶者からの暴力の防止及び被害者の保護に関する法律	DV 防止法
	23	生活保護法	
	24	生活困窮者自立支援法	
	25	成年後見制度の利用の促進に関する法律	
	26	配偶者暴力相談センター，児童相談所，福祉事務所，地域包括支援センター	
（3）教育分野に関する法律，制度	27	教育基本法	
	28	学校教育法	
	29	学校保健安全法	
	30	いじめ防止対策推進法	
	31	教育相談所，教育支援センター	

	32	特別支援教育，通級	
(4) 司法・犯罪分野 に関する 法律，制度	33	刑事法，刑事司法制度	
	34	少年司法制度	
	35	心神喪失等の状態で重大な他害行為を行った者の医療及び観察等に関する法律	医療観察法
	36	犯罪被害者等基本法	
	37	更生保護制度	
	38	裁判員裁判	
	39	国際的な子の奪取の民事上の側面に関する条約	ハーグ条約
	40	家庭裁判所	
	41	保護観察所	
	42	刑事施設	
	43	少年鑑別所	
	44	少年院	
	45	児童自立支援施設	
	46	更生保護施設，地域生活定着支援センター，自立援助ホーム，自立更生促進センター	
(5) 産業・労働分野 に関する 法律，制度	47	労働基準法	
	48	労働安全衛生法	
	49	労働契約法	
	50	障害者の雇用の促進等に関する法律	障害者雇用促進法
	51	雇用の分野における男女の均等な機会及び待遇の確保等に関する法律	男女雇用機会均等法
	52	労働者派遣事業の適正な運営の確保及び派遣労働者の保護等に関する法律	労働者派遣法
	53	労働者の心の健康の保持増進のための指針	
	54	心理的負担による精神障害の認定基準	
	55	職場におけるハラスメント防止対策，労働施策の総合的な推進並びに労働者の雇用の安定及び職業生活の充実等に関する法律	労働施策総合推進法

なんと55項目もあります。しかも，その対象範囲は多岐に亘り，且つ各分野は法律と規則，そして決定・通達などで構造的に精緻に組み立てられています。日本の官僚の優秀さに呆然としませんか。と，呑気なことをいっていても，試験には何の役にも立ちません。そこで，対策の出発点として，我らが聖典「ブループリント」を眺めることから始めることにしましょう。

その前に，関係行政論を勉強される際一読されることをお勧めしたい素晴らしい文章を紹介させていただきます。これを読まれたら，きっとこの膨大な科目にチャレンジするモティベーションが湧いてくると思います（本稿の筆者はとても感動しました）。

> このような分野別のさまざまな活動を熟知し，５分野での支援の構造や心理職への役割をしっかりと担うことが重要である。またライフサイクルを見据え途切れのないかかわりを意識し，５分野にとどまらない憲法の理念をふまえながらの横断的かつ俯瞰的な立ち位置をとることや，多職種の連携を大切にすることも，公認心理師には求められている。
> しかしながら，繰り返し述べていることであるが，心理学的支援の本質的意味を自覚し，クライエントの生きていくことを深い意味でささえる心理職であること，そして自らの生を自分で生きるという深いところでの自己決定を徹底して支援することが，または支援できないところにふみとどまり寄り添い続けられることが，公認心理師の本質であり，国民が真に求めている願いでもあると考える。
> 「関係行政論」の科目とは，社会の動向といった広い視野を持ちつつ，また広い視野から，改めて心理臨床活動・心理実践活動をみつめ，その営みの本質を心に刻む，そのようなダイナミックな学びの場であるということが，この科目を担当している私からの結びにおけるメッセージである。ぜひとも各自の臨床実践が深まる機会として，この科目を活用していただければ幸いである。

遠見書房刊「関係行政論」の編者である元永拓郎先生の言葉　同書（第2版）p240-1

法律の略称を覚えているだけでは，その法律の目的や対象を間違ってしまう可能性がありますので，先ずは，ブループリントが略称をあげているものをピックアップしてみましょう。

3	精神保健及び精神障害者福祉に関する法律	精神保健福祉法
14	児童虐待の防止等に関する法律	児童虐待防止法
15	障害者の日常生活及び社会生活を総合的に支援するための法律	障害者総合支援法
18	障害を理由とする差別の解消の推進に関する法律	障害者差別解消法
19	障害者虐待の防止，障害者の養護者に対する支援等に関する法律	障害者虐待防止法
21	高齢者虐待の防止，高齢者の養護者に対する支援等に関する法律	高齢者虐待防止法
22	配偶者からの暴力の防止及び被害者の保護に関する法律	DV 防止法
35	心神喪失等の状態で重大な他害行為を行った者の医療及び観察等に関する法律	医療観察法
39	国際的な子の奪取の民事上の側面に関する条約	ハーグ条約
50	障害者の雇用の促進等に関する法律	障害者雇用促進法
51	雇用の分野における男女の均等な機会及び待遇の確保等に関する法律	男女雇用機会均等法
52	労働者派遣事業の適正な運営の確保及び派遣労働者の保護等に関する法律	労働者派遣法
55	労働施策の総合的な推進並びに労働者の雇用の安定及び職業生活の充実等に関する法律	労働施策総合推進法

この中で略称だけ覚えていると危なそうなのは，例えば，障害者虐待の防止，障害者の養護者に対する支援等に関する法律→障害者虐待防止法，高齢者虐待の防止，高齢者の養護者に対する支援等に関する法律→高齢者虐待防止法ですね。略称からは「養護者に対する支援」という大切な立法目的が抜けてしまっています。
例えば次のような問題はどうですか？

問題　高齢者虐待防止法は，高齢者の虐待防止だけを目的としている。

×　高齢者虐待防止法は略称であって，その正式名称は「高齢者虐待の防止，高齢者の養護者に対する支援等に関する法律」であり，「養護者に対する支援」も立法目的に含まれている。

問題　障害者虐待防止法は，障害者を虐待から守るだけでなく，その障害者の養護者を支援することも目的としている。

○　障害者虐待防止法は略称であって，その正式名称は「障害者の虐待の防止，障害者の養護者に対する支援等に関する法律」であり，「養護者に対する支援」も立法目的に含まれている。

問題　ＤＶ防止法は，配偶者からの暴力を受けないことを目的としているが，虐待を受けている配偶者の保護までは考慮されていない。

×　ＤＶ防止法の正式名称は，「配偶者からの暴力の防止及び被害者の保護に関する法律」であり，被害者の保護も図っている。つまり，配偶者が「被害者」となる場合の保護も含まれる。
ＤＶ防止法　前文　ここに，配偶者からの暴力に係る通報，相談，保護，自立支援等の体制を整備することにより，配偶者からの暴力の防止及び被害者の保護を図るため，この法律を制定する。

問題　ＤＶ防止法は，被害者を配偶者からの虐待から守ることを目的としているが，ここに配偶者からの虐待にはネグレクトも含むことが明文で規定されている。

×　ＤＶ防止法の正式名称は「配偶者からの『暴力』の防止及び被害者の保護に関する法律」であり，「虐待」ではない。
ＤＶ防止法１条１項　この法律において「配偶者からの暴力」とは，配偶者からの身体に対する暴力（身体に対する不法な攻撃であって生命又は身体に危害を及ぼすものをいう。以下同じ。）又はこれに準ずる心身に有害な影響を及ぼす言動（以下この項及び第28条の２において「身体に対する暴力等」と総称する。）をいい……。
これによれば，ネグレクトが「これに準ずる心身に有害な影響を及ぼす言動」に当たる場合もあり得るかもしれないが，明文ではない。

次に，ブループリント掲載法規の，第１条だけをピックアップしましたので，これも眺めておきます。受験生がこんな表を作っている暇はないでしょうから代わりに作っておきました。ほとんどの法律では「第１条」にその法律の立法が高らかに謳いあげられ且つ多くのポイントが明記されていますが，あれっというものがありますよ。ここからいろいろな問題が作れます。

4. 関係行政法令の目的のまとめ一覧表

	略称	正式名称	目　的	コメント
1	医療法	医療法	医療を受ける者による医療に関する適切な選択を支援するために必要な事項，医療の安全を確保するために必要な事項，病院，診療所及び助産所の開設及び管理に関し必要な事項並びにこれらの施設の整備並びに医療提供施設相互間の機能の分担及び業務の連携を推進するために必要な事項を定めること等により，医療を受ける者の利益の保護及び良質かつ適切な医療を効率的に提供する体制の確保を図り，もって国民の健康の保持に寄与すること（1条）	フリーアクセス（自由に医療機関を選択できること）を担保する。 「医師」について定めるのは「医師法」であり，医「療」法ではない。
2	高齢者医療確保法	高齢者の医療の確保に関する法律	国民の高齢期における適切な医療の確保を図るため，医療費の適正化を推進するための計画の作成及び保険者による健康診査等の実施に関する措置を講ずるとともに，高齢者の医療について，国民の共同連帯の理念等に基づき，前期高齢者に係る保険者間の費用負担の調整，後期高齢者に対する適切な医療の給付等を行うために必要な制度を設け，もって国民保健の向上及び高齢者の福祉の増進を図ること（1条）	「適正化」である。 前期高齢者と後期高齢者を区別して扱っている。
3	精神保健福祉法	精神保健及び精神障害者福祉に関する法律	精神障害者の医療及び保護を行い，障害者の日常生活及び社会生活を総合的に支援するための法律（平成 17 年法律第 123 号）と相まってその社会復帰の促進及びその自立と社会経済活動への参加の促進のために必要な援助を行い，並びにその発生の予防その他国民の精神的健康の保持及び増進に努めることによって，精神障害者の福祉の増進及び国民の精神保健の向上を図ること（1条）	社会復帰だけでなく，社会経済活動への参加の促進も目的に入っている。
4	自殺対策基本法	自殺対策基本法	近年，我が国において自殺による死亡者数が高い水準で推移している状況にあり，誰も自殺に追い込まれることのない社会の実現を目指して，これに対処していくことが重要な課題となっていることに鑑み，自殺対策に関し，基本理念を定め，及び国，地方公共団体等の責務を明らかにするとともに，自殺対策の基本となる事項を定めること等により，自殺対策を総合的に推進して，自殺の防止を図り，あわせて自殺者の親族等の支援の充実を図り，もって国民が健康で生きがいを持って暮らすことのできる社会の実現に寄与すること（1条）	自殺者の親族等の支援の充実も謳っている。
5	健康増進法	健康増進法	我が国における急速な高齢化の進展及び疾病構造の変化に伴い，国民の健康の増進の重要性が著しく増大していることにかんがみ，国民の健康の増進の総合的な推進に関し基本的な事項を定めるとともに，国民の栄養の改善その他の国民の健康の増進を図るための措置を講じ，もって国民保健の向上を図ること（1条）	「健康日本 21」の法的整備 栄養の改善って何か古くないですか。
6	地域保健法	地域保健法	地域保健対策の推進に関する基本指針，保健所の設置その他地域保健対策の推進に関し基本となる事項を定めることにより，母子保健法（昭和 40 年法律第 141 号）その他の地域保健対策に関する法律による対策が地域において総合的に推進されることを確保し，もって地域住民の健康の保持及び増進に寄与すること（1条）	地域保健法の肝は「保健所」その仕事は多岐に亘る。
7	母子保健法	母子保健法	母性並びに乳児及び幼児の健康の保持及び増進を図るため，母子保健に関する原理を明らかにするとともに，母性並びに乳児及び幼児に対する保健指導，健康診査，医療その他の措置を講じ，もって国民保健の向上に寄与すること（1条）	母子＝母性並びに乳児及び幼児

8	児童福祉法	児童福祉法	全て児童は，児童の権利に関する条約の精神にのっとり，適切に養育されること，その生活を保障されること，愛され，保護されること，その心身の健やかな成長及び発達並びにその自立が図られることその他の福祉を等しく保障される権利を有すること，及び国及び地方公共団体は，児童の保護者とともに，児童を心身ともに健やかに育成する責任があることを確認し，その責任の具体的内容を定めることをもって，児童の権利の実現を通じて児童の福祉の保障を図ること（1条・2条3項等参照）	児童には「愛され」る権利がある。
9	老人福祉法	老人福祉法	老人の福祉に関する原理を明らかにするとともに，老人に対し，その心身の健康の保持及び生活の安定のために必要な措置を講じ，もって老人の福祉を図ること（1条）	
10	児童虐待防止法	児童虐待の防止等に関する法律	児童虐待が児童の人権を著しく侵害し，その心身の成長及び人格の形成に重大な影響を与えるとともに，我が国における将来の世代の育成にも懸念を及ぼすことにかんがみ，児童に対する虐待の禁止，児童虐待の予防及び早期発見その他の児童虐待の防止に関する国及び地方公共団体の責務，児童虐待を受けた児童の保護及び自立の支援のための措置等を定めることにより，児童虐待の防止等に関する施策を促進し，もって児童の権利利益の擁護に資すること（1条）	児童虐待は，「将来の世代の育成」にも懸念を及ぼす。
11	障害者総合支援法	障害者の日常生活及び社会生活を総合的に支援するための法律	障害者基本法（昭和45年法律第84号）の基本的な理念にのっとり，身体障害者福祉法（昭和24年法律第283号），知的障害者福祉法（昭和35年法律第37号），精神保健及び精神障害者福祉に関する法律（昭和25年法律第123号），児童福祉法（昭和22年法律第164号）その他障害者及び障害児の福祉に関する法律と相まって，障害者及び障害児が基本的人権を享有する個人としての尊厳にふさわしい日常生活又は社会生活を営むことができるよう，必要な障害福祉サービスに係る給付，地域生活支援事業その他の支援を総合的に行い，もって障害者及び障害児の福祉の増進を図るとともに，障害の有無にかかわらず国民が相互に人格と個性を尊重し安心して暮らすことのできる地域社会の実現に寄与すること（1条）	障害「者」と障害「児」の福祉
12	発達障害者支援法	発達障害者支援法	発達障害者の心理機能の適正な発達及び円滑な社会生活の促進のために発達障害の症状の発現後できるだけ早期に発達支援を行うとともに，切れ目なく発達障害者の支援を行うことが特に重要であることに鑑み，障害者基本法（昭和45年法律第84号）の基本的な理念にのっとり，発達障害者が基本的人権を享有する個人としての尊厳にふさわしい日常生活又は社会生活を営むことができるよう，発達障害を早期に発見し，発達支援を行うことに関する国及び地方公共団体の責務を明らかにするとともに，学校教育における発達障害者への支援，発達障害者の就労の支援，発達障害者支援センターの指定等について定めることにより，発達障害者の自立及び社会参加のためのその生活全般にわたる支援を図り，もって全ての国民が，障害の有無によって分け隔てられることなく，相互に人格と個性を尊重し合いながら共生する社会の実現に資すること（1条）	本法での「発達障害」という概念は2条が定義しているが，そこには医学領域で発達障害の概念に含まれる「知的障害」は含まれていない。関係行政論P.22。

13	障害者差別解消法	障害を理由とする差別の解消の推進に関する法律	障害者基本法（昭和45年法律第84号）の基本的な理念にのっとり，全ての障害者が，障害者でない者と等しく，基本的人権を享有する個人としてその尊厳が重んぜられ，その尊厳にふさわしい生活を保障される権利を有することを踏まえ，障害を理由とする差別の解消の推進に関する基本的な事項，行政機関等及び事業者における障害を理由とする差別を解消するための措置等を定めることにより，障害を理由とする差別の解消を推進し，もって全ての国民が，障害の有無によって分け隔てられることなく，相互に人格と個性を尊重し合いながら共生する社会の実現に資すること（1条）	「共生する社会」を目指す
14	障害者虐待防止法	障害者虐待の防止，障害者の養護者に対する支援等に関する法律	障害者に対する虐待が障害者の尊厳を害するものであり，障害者の自立及び社会参加にとって障害者に対する虐待を防止することが極めて重要であること等に鑑み，障害者に対する虐待の禁止，障害者虐待の予防及び早期発見その他の障害者虐待の防止等に関する国等の責務，障害者虐待を受けた障害者に対する保護及び自立の支援のための措置，養護者の負担の軽減を図ること等の養護者に対する養護者による障害者虐待の防止に資する支援（以下「養護者に対する支援」という。）のための措置等を定めることにより，障害者虐待の防止，養護者に対する支援等に関する施策を促進し，もって障害者の権利利益の擁護に資すること（1条）	被虐待障害者に対して＝保護，自立支援 養護者に対して＝障害者虐待の防止に資する支援
15	障害者基本法	障害者基本法	全ての国民が，障害の有無にかかわらず，等しく基本的人権を享有するかけがえのない個人として尊重されるものであるとの理念にのっとり，全ての国民が，障害の有無によって分け隔てられることなく，相互に人格と個性を尊重し合いながら共生する社会を実現するため，障害者の自立及び社会参加の支援等のための施策に関し，基本原則を定め，及び国，地方公共団体等の責務を明らかにするとともに，障害者の自立及び社会参加の支援等のための施策の基本となる事項を定めること等により，障害者の自立及び社会参加の支援等のための施策を総合的かつ計画的に推進すること（1条）	「障害者」とは，身体障害，知的障害，精神障害（発達障害を含む。）その他の心身の機能の障害がある者であって，障害及び社会的障壁により継続的に日常生活又は社会生活に相当な制限を受ける状態にあるもの（2条） ①障害者の自立の支援，②障害者の社会参加の支援，「共生する社会」を目指す
16	身体障害者福祉法	身体障害者福祉法	障害者の日常生活及び社会生活を総合的に支援するための法律（平成17年法律第123号）と相まって，身体障害者の自立と社会経済活動への参加を促進するため，身体障害者を援助し，及び必要に応じて保護し，もって身体障害者の福祉の増進を図ること（1条）	この法律において，「身体障害者」とは，別表に掲げる身体上の障害がある18歳以上の者であって，都道府県知事から身体障害者手帳の交付を受けたものをいう。（4条）
17	知的障害者福祉法	知的障害者福祉法	障害者の日常生活及び社会生活を総合的に支援するための法律（平成17年法律第123号）と相まって，知的障害者の自立と社会経済活動への参加を促進するため，知的障害者を援助するとともに必要な保護を行い，もって知的障害者の福祉を図ること（1条）	

18	高齢者虐待防止法	高齢者虐待の防止，高齢者の養護者に対する支援等に関する法律	高齢者に対する虐待が深刻な状況にあり，高齢者の尊厳の保持にとって高齢者に対する虐待を防止することが極めて重要であること等にかんがみ，高齢者虐待の防止等に関する国等の責務，高齢者虐待を受けた高齢者に対する保護のための措置，養護者の負担の軽減を図ること等の養護者に対する養護者による高齢者虐待の防止に資する支援（以下「養護者に対する支援」という。）のための措置等を定めることにより，高齢者虐待の防止，養護者に対する支援等に関する施策を促進し，もって高齢者の権利利益の擁護に資すること（１条）	養護者に対する支援＝養護者の負担の軽減を図ること等の養護者に対する養護者による高齢者虐待の防止に資する支援，つまり虐待させないための支援。
19	ＤＶ防止法	配偶者からの暴力の防止及び被害者の保護等に関する法律	ここに，配偶者からの暴力に係る通報，相談，保護，自立支援等の体制を整備することにより，配偶者からの暴力の防止及び被害者の保護を図るため，この法律を制定する（前文）	被害者の「自立」支援も目的に入っている。
20	生活保護法	生活保護法	日本国憲法第25条に規定する理念に基き，国が生活に困窮するすべての国民に対し，その困窮の程度に応じ，必要な保護を行い，その最低限度の生活を保障するとともに，その自立を助長すること（１条）	
21	生活困窮者自立支援法	生活困窮者自立支援法	生活困窮者自立相談支援事業の実施，生活困窮者住居確保給付金の支給その他の生活困窮者に対する自立の支援に関する措置を講ずることにより，生活困窮者の自立の促進を図ること（１条）	
22	教育基本法	教育基本法	教育は，人格の完成を目指し，平和で民主的な国家及び社会の形成者として必要な資質を備えた心身ともに健康な国民の育成を期して行われなければならない。（１条）	「平和で民主的な国家及び社会の形成者として必要な資質」という視点
23	学校教育法	学校教育法	この法律で，学校とは，幼稚園，小学校，中学校，義務教育学校，高等学校，中等教育学校，特別支援学校，大学及び高等専門学校とする（１条参照）。	教育基本法は，教育の理念を定め，学校教育法は，学校のことを定める。
24	学校保健安全法	学校保健安全法	学校における児童生徒等及び職員の健康の保持増進を図るため，学校における保健管理に関し必要な事項を定めるとともに，学校における教育活動が安全な環境において実施され，児童生徒等の安全の確保が図られるよう，学校における安全管理に関し必要な事項を定め，もって学校教育の円滑な実施とその成果の確保に資すること（１条）	「職員」の健康も入っている。
25	いじめ防止対策推進法	いじめ防止対策推進法	いじめが，いじめを受けた児童等の教育を受ける権利を著しく侵害し，その心身の健全な成長及び人格の形成に重大な影響を与えるのみならず，その生命又は身体に重大な危険を生じさせるおそれがあるものであることに鑑み，児童等の尊厳を保持するため，いじめの防止等（いじめの防止，いじめの早期発見及びいじめへの対処をいう。以下同じ。）のための対策に関し，基本理念を定め，国及び地方公共団体等の責務を明らかにし，並びにいじめの防止等のための対策に関する基本的な方針の策定について定めるとともに，いじめの防止等のための対策の基本となる事項を定めることにより，いじめの防止等のための対策を総合的かつ効果的に推進すること（１条）	
26	刑法	刑法	刑法に目的規定はなく，１条はいきなり刑法の適用範囲を規定している。	

27	少年法	少年法	少年の健全な育成を期し，非行のある少年に対して性格の矯正及び環境の調整に関する保護処分を行うとともに，少年の刑事事件について特別の措置を講ずること（1条）	この法律で「少年」とは，20歳に満たない者をいい，「成人」とは，満20歳以上の者をいう（2条1項）。
28	医療観察法	心神喪失等の状態で重大な他害行為を行った者の医療及び観察等に関する法律	心神喪失等の状態で重大な他害行為（他人に害を及ぼす行為をいう。以下同じ。）を行った者に対し，その適切な処遇を決定するための手続等を定めることにより，継続的かつ適切な医療並びにその確保のために必要な観察及び指導を行うことによって，その病状の改善及びこれに伴う同様の行為の再発の防止を図り，もってその社会復帰を促進すること（1条）	心神喪失：刑法39条1項（心神喪失者の行為は，罰しない）。「等」＝同2項（心神耗弱者の行為は，その刑を減軽する）。
29	犯罪被害者等基本法	犯罪被害者等基本法	犯罪被害者等のための施策に関し，基本理念を定め，並びに国，地方公共団体及び国民の責務を明らかにするとともに，犯罪被害者等のための施策の基本となる事項を定めること等により，犯罪被害者等のための施策を総合的かつ計画的に推進し，もって犯罪被害者等の権利利益の保護を図ること（1条）	この法律において「犯罪被害者等」とは，犯罪等により害を被った者及びその家族又は遺族をいう（2条2項）。
30	ハーグ条約	国際的な子の奪取の民事上の側面に関する条約	いずれかの締約国に不法に連れ去られ，又はいずれかの締約国において不法に留置されている子の迅速な返還を確保すること（1条a）	
			一の締約国の法令に基づく監護の権利及び接触の権利が他の締約国において効果的に尊重されることを確保すること（1条b）	
31	労働基準法	労働基準法	憲法の勤労条件の基準法定の要請を受けて，労働関係の基本原則と労働条件の最低基準を設定し，これらを罰則と専門的行政監督の仕組みによって遵守させ，もって，労働者の保護を図ること	
32	労働安全衛生法	労働安全衛生法	労働基準法（昭和22年法律第49号）と相まって，労働災害の防止のための危害防止基準の確立，責任体制の明確化及び自主的活動の促進の措置を講ずる等その防止に関する総合的計画的な対策を推進することにより職場における労働者の安全と健康を確保するとともに，快適な職場環境の形成を促進すること（1条）	「快適な職場環境の形成」も事業者の責務
33	労働契約法	労働契約法	労働者及び使用者の自主的な交渉の下で，労働契約が合意により成立し，又は変更されるという合意の原則その他労働契約に関する基本的事項を定めることにより，合理的な労働条件の決定又は変更が円滑に行われるようにすることを通じて，労働者の保護を図りつつ，個別の労働関係の安定に資すること（1条）	
34	障害者雇用促進法	障害者の雇用の促進等に関する法律	障害者の雇用義務等に基づく雇用の促進等のための措置，雇用の分野における障害者と障害者でない者との均等な機会及び待遇の確保並びに障害者がその有する能力を有効に発揮することができるようにするための措置，職業リハビリテーションの措置その他障害者がその能力に適合する職業に就くこと等を通じてその職業生活において自立することを促進するための措置を総合的に講じ，もって障害者の職業の安定を図ること（1条）	職業リハビリテーション＝障害者に対して職業指導，職業訓練，職業紹介その他この法律に定める措置を講じ，その職業生活における自立を図ることをいう（2条7号）。

35	男女雇用機会均等法	雇用の分野における男女の均等な機会及び待遇の確保等に関する法律	法の下の平等を保障する日本国憲法の理念にのっとり雇用の分野における男女の均等な機会及び待遇の確保を図るとともに，女性労働者の就業に関して妊娠中及び出産後の健康の確保を図る等の措置を推進すること（1条）	
36	労働者派遣法	労働者派遣事業の適正な運営の確保及び派遣労働者の保護等に関する法律	職業安定法（昭和22年法律第141号）と相まって労働力の需給の適正な調整を図るため労働者派遣事業の適正な運営の確保に関する措置を講ずるとともに，派遣労働者の保護等を図り，もって派遣労働者の雇用の安定その他福祉の増進に資すること（1条）	
37	職業安定法	職業安定法	労働施策の総合的な推進並びに労働者の雇用の安定及び職業生活の充実等に関する法律(昭和41年法律第132号)と相まって，公共に奉仕する公共職業安定所その他の職業安定機関が関係行政庁又は関係団体の協力を得て職業紹介事業等を行うこと，職業安定機関以外の者の行う職業紹介事業等が労働力の需要供給の適正かつ円滑な調整に果たすべき役割に鑑みその適正な運営を確保すること等により，各人にその有する能力に適合する職業に就く機会を与え，及び産業に必要な労働力を充足し，もって職業の安定を図るとともに，経済及び社会の発展に寄与すること（1条）	
38	労働施策総合推進法	労働施策の総合的な推進並びに労働者の雇用の安定及び職業生活の充実等に関する法律	国が，少子高齢化による人口構造の変化等の経済社会情勢の変化に対応して，労働に関し，その政策全般にわたり，必要な施策を総合的に講ずることにより，労働市場の機能が適切に発揮され，労働者の多様な事情に応じた雇用の安定及び職業生活の充実並びに労働生産性の向上を促進して，労働者がその有する能力を有効に発揮することができるようにし，これを通じて，労働者の職業の安定と経済的社会的地位の向上とを図るとともに，経済及び社会の発展並びに完全雇用の達成に資すること（1条1項）	女性の職業生活における活躍の推進に関する法律等の一部を改正する法律（令和元年6月5日公布）によりハラスメント対策の強化が図られた。

5．関係行政論に関する肢別問題

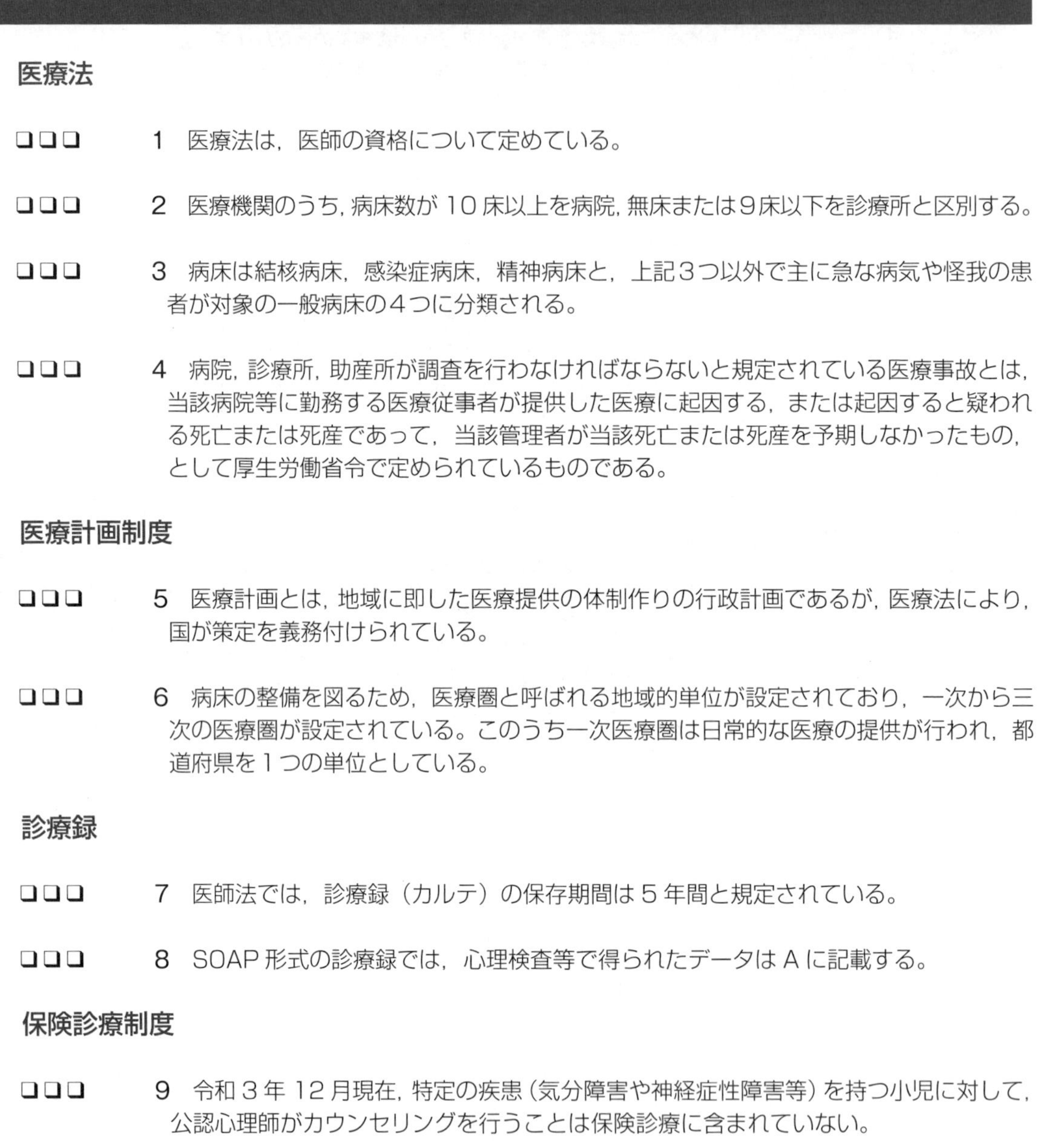

●保健医療分野

医療法

❑❑❑　1　医療法は，医師の資格について定めている。

❑❑❑　2　医療機関のうち，病床数が 10 床以上を病院，無床または９床以下を診療所と区別する。

❑❑❑　3　病床は結核病床，感染症病床，精神病床と，上記３つ以外で主に急な病気や怪我の患者が対象の一般病床の４つに分類される。

❑❑❑　4　病院，診療所，助産所が調査を行わなければならないと規定されている医療事故とは，当該病院等に勤務する医療従事者が提供した医療に起因する，または起因すると疑われる死亡または死産であって，当該管理者が当該死亡または死産を予期しなかったもの，として厚生労働省令で定められているものである。

医療計画制度

❑❑❑　5　医療計画とは，地域に即した医療提供の体制作りの行政計画であるが，医療法により，国が策定を義務付けられている。

❑❑❑　6　病床の整備を図るため，医療圏と呼ばれる地域的単位が設定されており，一次から三次の医療圏が設定されている。このうち一次医療圏は日常的な医療の提供が行われ，都道府県を１つの単位としている。

診療録

❑❑❑　7　医師法では，診療録（カルテ）の保存期間は５年間と規定されている。

❑❑❑　8　SOAP 形式の診療録では，心理検査等で得られたデータは A に記載する。

保険診療制度

❑❑❑　9　令和３年 12 月現在，特定の疾患（気分障害や神経症性障害等）を持つ小児に対して，公認心理師がカウンセリングを行うことは保険診療に含まれていない。

❑❑❑　10　令和３年 12 月現在，「登校拒否の者」と「虐待を受けていると疑われる者」は小児特定疾患カウンセリングの対象に含まれている。

1　×　医師の資格などについて定めているのは「医師法」であり，これはいわば医師という医療を行う「人」について規制しているのに対して，医療法は，病院などのいわば「医療を行う『場所』」（遠見書房・関係行政論（以下「関係行政論」）P.67（大御均））を規制するものである。Gakken 必携（以下「必携」）P.505（野村和彦）。

2　×　20 床以上が病院，無床または 19 床以下が診療所と区別されている。

3　×　結核病床，感染症病床，精神病床の３つ以外で加齢や病気によって長期にわたって療養を必要とする患者を入院させるための病床として，療養病床がある。そのため病床の分類は全部で５つとなる。なお，一般病床は先述の３つの病床に療養病床を含めた４つの病床以外の患者が対象となる。療養病床はさらに「医療療養病床」と「介護療養病床」の２つに分類される。このうち「介護療養病床」は 2024 年度をもって廃止され，介護療養病床の対象患者の受け入れは新たに創設される介護医療院が担うとされている。

4　○　調査結果は当該病院等の管理者が，遅滞なく，厚生労働大臣が指定する医療事故調査・支援センターに報告しなければならないとされている。

5　×　策定を義務付けられているのは「国」ではなく「都道府県」である。

医療法 30 条の４　都道府県は，基本方針に即して，かつ，地域の実情に応じて，当該都道府県における医療提供体制の確保を図るための計画（以下「医療計画」という。）を定めるものとする。

第７次からは計画期間は６年であり３年毎に見直される。関係行政論P.69（大御均）。

6　×　一次医療圏は市町村を単位としている。なお二次医療圏は入院を含めた一般的な医療を提供しており，複数の市町村を単位としている。三次医療圏は最先端，高度な技術を提供し，基本的に１つの都道府県を単位としている。

7　○　医師法で定められている。しかし，５年間をどこの時点から基準にするかは厳密に定められていないため，厚生労働省令第 15 号第９条「ただし，患者の診療録にあつては，その完結の日から５年間とする」を根拠として，診療が完結した日から起算する場合がほとんどである。しかし医療訴訟によって診療録の開示請求が行われる場合もあり（この権利は不法行為から 20 年で時効消滅），日本医師会による職業倫理指針では電子媒体等を用いたカルテの永久保存が推奨されている。

8　×　2019 年試験問題でも同様の問題が出題された。SOAP 形式の診療録では，S（Subjective，主観的情報）・O（Objective，客観的情報）・A（Assessment，見立て・評価）・P（Plan，治療方針・計画）に構造化して記録をしていく。心理検査等で得られたデータは客観的情報になるため，O の部分に記載するのが適切である。

9　×令和２年度の診療報酬改定により，医師の指示に基づいて公認心理師が小児に対してカウンセリングを行った場合も保険診療として算出されることとなった。小児特定疾患カウンセリングの対象となる疾患は，気分障害，神経症性障害，ストレス関連障害，身体表現性障害，生理的障害及び身体的要因に関連した行動症候群，心理的発達の障害，小児期または青年期に通常発症する行動及び情緒の障害とされている。厚生労働省　令和２年度診療報酬改定について　第２改定の概要　「1.個別改訂項目について」p.170-171 参照。

10　○　令和２年度の診療報酬改定により，「登校拒否の者」が対象であることに加え，「家族又は同居者から虐待を受けている又はその疑いがある者」も対象に含まれるとされた。被虐待の疑いであっても対象となる点に留意。厚生労働省　令和２年度診療報酬改定について　第２改定の概要　「1.個別改訂項目について」p.170-171 参照。

高齢者の医療の確保に関する法律
〈高齢者医療確保法〉

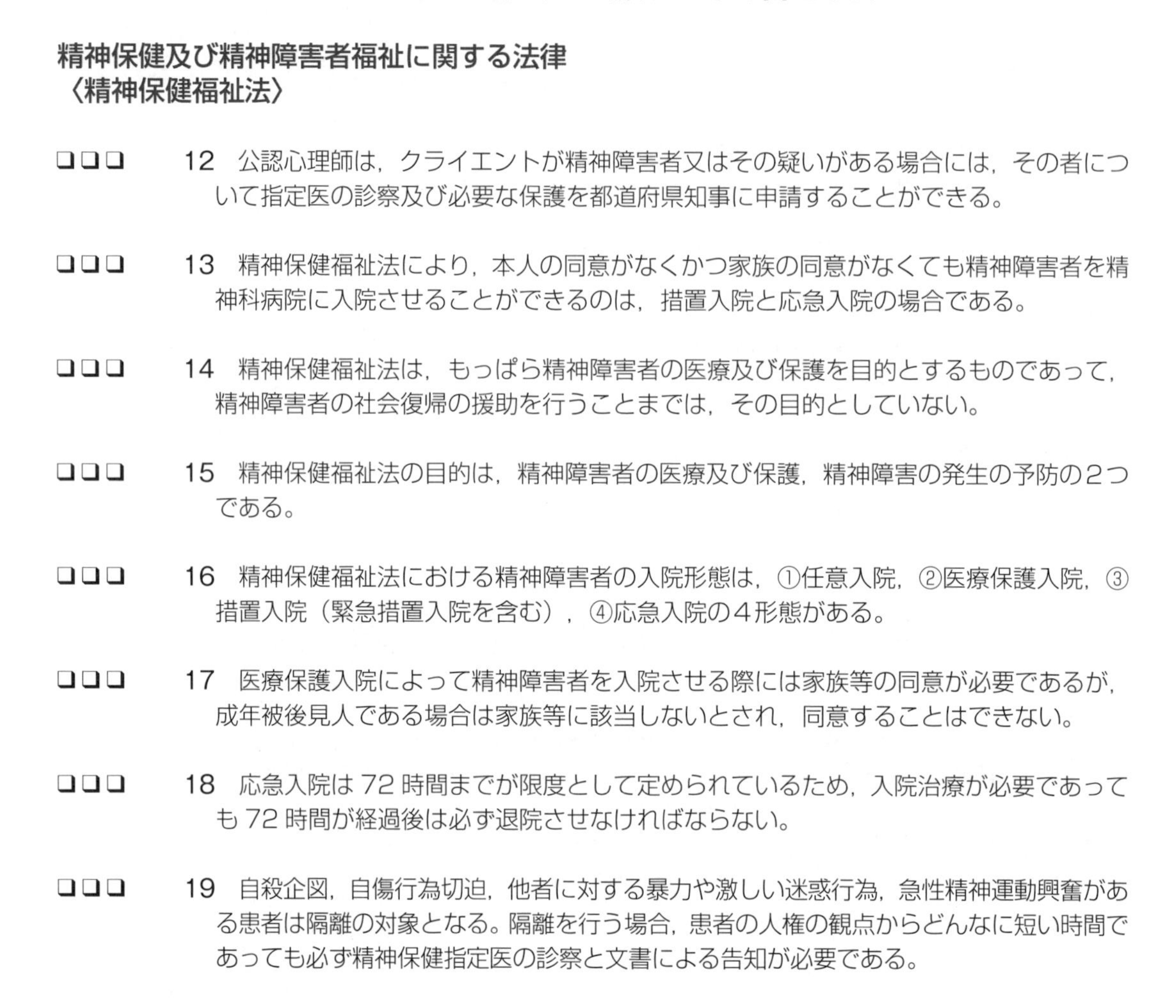

□□□　11　2008年に施行された後期高齢者医療制度では，65歳以上で寝たきり等一定の障害があると認定されたものを除き，75歳以上がその対象となる。

精神保健及び精神障害者福祉に関する法律
〈精神保健福祉法〉

□□□　12　公認心理師は，クライエントが精神障害者又はその疑いがある場合には，その者について指定医の診察及び必要な保護を都道府県知事に申請することができる。

□□□　13　精神保健福祉法により，本人の同意がなくかつ家族の同意がなくても精神障害者を精神科病院に入院させることができるのは，措置入院と応急入院の場合である。

□□□　14　精神保健福祉法は，もっぱら精神障害者の医療及び保護を目的とするものであって，精神障害者の社会復帰の援助を行うことまでは，その目的としていない。

□□□　15　精神保健福祉法の目的は，精神障害者の医療及び保護，精神障害の発生の予防の2つである。

□□□　16　精神保健福祉法における精神障害者の入院形態は，①任意入院，②医療保護入院，③措置入院（緊急措置入院を含む），④応急入院の4形態がある。

□□□　17　医療保護入院によって精神障害者を入院させる際には家族等の同意が必要であるが，成年被後見人である場合は家族等に該当しないとされ，同意することはできない。

□□□　18　応急入院は72時間までが限度として定められているため，入院治療が必要であっても72時間が経過後は必ず退院させなければならない。

□□□　19　自殺企図，自傷行為切迫，他者に対する暴力や激しい迷惑行為，急性精神運動興奮がある患者は隔離の対象となる。隔離を行う場合，患者の人権の観点からどんなに短い時間であっても必ず精神保健指定医の診察と文書による告知が必要である。

11　○　75歳以上になると，現在加入している国民健康保険や健康保険から移行となり，都道府県単位で後期高齢者だけの独立した医療制度に組み入れられる。

12　○　精神障害者又はその疑いのある者を知った者は，誰でも，その者について指定医の診察及び必要な保護を都道府県知事に申請することができる。
精神保健福祉法22条　精神障害者又はその疑いのある者を知つた者は，誰でも，その者について指定医の診察及び必要な保護を都道府県知事に申請することができる。2　前項の申請をするには，次の事項を記載した申請書を最寄りの保健所長を経て都道府県知事に提出しなければならない。①　申請者の住所，氏名及び生年月日　②　本人の現在場所，居住地，氏名，性別及び生年月日　③　症状の概要　④　現に本人の保護の任に当たっている者があるときはその者の住所及び氏名。

13　○　法が定める入院には4つの形態がある。必携P.508。①任意入院（精神保健福祉法20条）：本人の同意に基づく入院でありこれが原則型である。②措置入院（同法29条）：これは各種の厳格な要件に基づき，本人の同意も家族の同意も不要である。ポイントは「自傷他害のおそれ」と「指定医2名以上の診察の結果の一致」である。③医療保護入院（同法33条）：本人の同意がなくとも家族等の同意があれば入院させられる。④応急入院（同法33条の7）：急速を要する場合に且つ家族の同意が得られない場合に72時間を限度とする入院である。公認心理師は精神障害者と接する機会も多いであろうからこの4つがあることは知っておいた方が関係者との連携に役立つ。

14　×　精神保健福祉法は，社会復帰の促進及びその自立と社会経済活動への参加の促進のために必要な援助を行うことまでをその目的としている。
精神保健福祉法は，①精神障害者の医療及び保護を行い，②障害者の日常生活及び社会生活を総合的に支援するための法律と相まってその社会復帰の促進及びその自立と社会経済活動への参加の促進のために必要な援助を行い，並びに③その発生の予防その他国民の精神的健康の保持及び増進に努めることによって，精神障害者の福祉の増進及び国民の精神保健の向上を図ることを目的としている（同法1条）。必携P.515。

15　×　これに併せて，精神障害者の社会復帰の促進及びその自立と社会経済活動への参加の促進も目的として定められている。

16　○　資料によって4形態，5形態と分類は分かれるが，任意，医療保護，措置（緊急措置を含む），応急の4つがあり，この順で緊急度が上がると覚えておくとよい（現任者テキストでは4形態とされている）。

17　×　家族等とは，「当該精神障害者の配偶者，親権を行う者，扶養義務者及び後見人又は保佐人」とされている。家族等に該当しない者の例としてこれまで「成年被後見人又は被保佐人」が挙げられていたが，精神保健福祉法の改正により「例えば，成年被後見人等であるものの，家族関係等は把握しており，また，他者の話を理解し回答する能力も有している者は，医療保護入院の同意・不同意の判断を行うことができる者に当たる場合もあると考えられる」とされた。成年被後見人が判断能力を有しているかの判断は，成年後見人又は保佐人の意見を参考にすることが考えられている。成年被後見人等の権利の制限に係る措置の適正化等を図るための関係法律の整備に関する法律の施行に伴う医療保護入院における家族等の同意に関する Q&A
https://www.nisseikyo.or.jp/images/news/gyousei/2019/191209/191209-02.pdf

18　×　72時間の期間内に家族等に同意を得るなどして医療保護入院に切り替えることで入院治療を継続することができる。

19　×　12時間を超えない隔離については指定医の診察がなくても，医師であれば行うことができる。12時間以上の場合は精神保健指定医の診察を行い，隔離の開始に際しては文書での告知を行い，隔離を継続する場合は毎日の医師診察が必要となる。

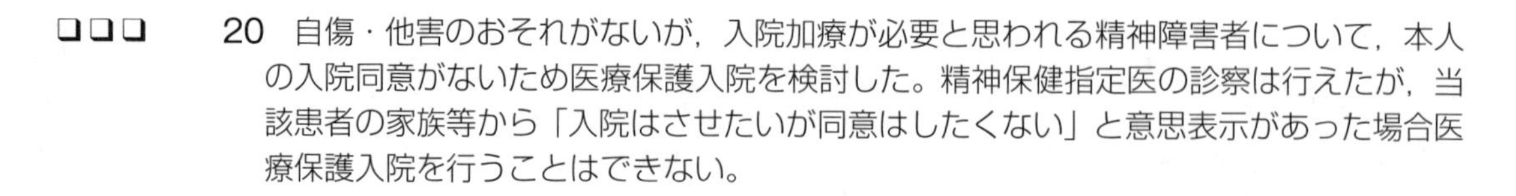
❑❑❑　20　自傷・他害のおそれがないが，入院加療が必要と思われる精神障害者について，本人の入院同意がないため医療保護入院を検討した。精神保健指定医の診察は行えたが，当該患者の家族等から「入院はさせたいが同意はしたくない」と意思表示があった場合医療保護入院を行うことはできない。

自殺対策基本法

❑❑❑　21　自殺対策基本法は，自殺する本人だけでなく，自殺者の親族等の支援の充実をも図ることを目的としている。

❑❑❑　22　自殺対策基本法の目的として，自殺対策に関する基本理念の制定と，国及び地方公共団体の責務が明らかにされている。

❑❑❑　23　自殺対策基本法では，事業主に対して雇用している労働者の心の健康の保持を図る努力義務が課せられている。

❑❑❑　24　自殺の原因・動機として明らかになっているものの中で，最も高い割合は経済・生活問題である。

❑❑❑　25　自殺者の性差として，女性より男性の方が多い。

❑❑❑　26　自殺対策基本計画の策定が義務づけられているのは都道府県である。

健康増進法

❑❑❑　27　健康増進法では，国民に対して自らの健康状態を自覚するとともに，健康の増進についての努力義務が規定されている。

地域保健法

❑❑❑　28　保健所は保健に関してきわめて広範な業務を行うが，これを規定するのは，地域保健法である。

❑❑❑　29　健康日本21は地域保健法に基づいている。

母子保健法

❑❑❑　30　母子保健法では，市町村に対して母子健康包括支援センター（子育て世代包括支援センター）の設置が義務づけられている。

民法（説明義務，注意義務，過失）

❑❑❑　31　民法において，親権喪失については規定されているが，親権停止については規定されていない。

❑❑❑　32　令和4年4月1日から施行される民法の改正によって，18歳以上から親の同意を得ずに様々な契約をすること，居所地や進学や就職などを自らの意思で決定することができるようになった。

20 ○ 家族等の同意による医療保護入院は行えず，さらに家族から「同意はしない」という意思表示が行われているため，首長同意による医療保護入院も行えない。その上で入院治療の必要性があれば応急入院（精神保健指定医による診察が条件であり，72 時間を限度に本人の同意なく入院させることができる非自発的入院形態）を検討することもある。

21 ○ 自殺対策基本法１条 この法律は，近年，我が国において自殺による死亡者数が高い水準で推移している状況にあり，誰も自殺に追い込まれることのない社会の実現を目指して，これに対処していくことが重要な課題となっていることに鑑み，自殺対策に関し，基本理念を定め，及び国，地方公共団体等の責務を明らかにするとともに，自殺対策の基本となる事項を定めること等により，自殺対策を総合的に推進して，自殺の防止を図り，あわせて自殺者の親族等の支援の充実を図り，もって国民が健康で生きがいを持って暮らすことのできる社会の実現に寄与することを目的とする。

22 ○ １条参照。

23 ○ 国及び地方公共団体が実施する自殺対策への協力とともに，４条に記載されている。

24 × 健康問題が 10,195 人で最も多い。次いで経済・生活問題（3,216 人），家庭問題（3,128 人），勤務問題（1,918 人）の健康問題となっている。令和２年中における自殺の状況 https://www.npa.go.jp/safetylife/seianki/jisatsu/R03/R02_jisatuno_joukyou.pdf

25 ○ 男性の自殺者数は女性の約 2.0 倍となっている。上記 24 参照。

26 × 13 条参照。都道府県，市区町村ごとに自殺対策基本計画を策定することが義務づけられている。

27 ○ ２条参照。

28 ○ 地域保健法１条 この法律は，地域保健対策の推進に関する基本指針，保健所の設置その他地域保健対策の推進に関し基本となる事項を定めることにより，母子保健法（昭和 40 年法律第 141 号）その他の地域保健対策に関する法律による対策が地域において総合的に推進されることを確保し，もつて地域住民の健康の保持及び増進に寄与することを目的とする。

地域保健法６条 保健所は，次に掲げる事項につき，企画，調整，指導及びこれらに必要な事業を行う。 ① 地域保健に関する思想の普及及び向上に関する事項 ② 人口動態統計その他地域保健に係る統計に関する事項 ③ 栄養の改善及び食品衛生に関する事項 ④ 住宅，水道，下水道，廃棄物の処理，清掃その他の環境の衛生に関する事項 ⑤ 医事及び薬事に関する事項 ⑥ 保健師に関する事項 ⑦ 公共医療事業の向上及び増進に関する事項 ⑧ 母性及び乳幼児並びに老人の保健に関する事項 ⑨ 歯科保健に関する事項 ⑩ 精神保健に関する事項 ⑪ 治療方法が確立していない疾病その他の特殊の疾病により長期に療養を必要とする者の保健に関する事項 ⑫ エイズ，結核，性病，伝染病その他の疾病の予防に関する事項 ⑬ 衛生上の試験及び検査に関する事項 ⑭ その他地域住民の健康の保持及び増進に関する事項

29 × 地域保健法ではなく，健康増進法に基づいている。健康日本 21 は「21 世紀における国民健康づくり運動」が正式名称であり，2013 年〜2022 年では健康日本 21（第２次）が行われている。

30 × 設置は努力義務となっている。

31 × 2011 年の改正によって親権を一定期間停止する措置も規定されるようになった。2018 年，2019 年の試験で民法における親権停止（喪失）の問題が出題されているため注意。

32 ○ 法務省ＨＰ参照。問題文のように 18 歳以上でできることが増える一方，飲酒喫煙，公営競技（競馬，競輪等）など，20 歳以上という年齢制限が維持されるものもある。また，女性の婚姻年齢が現行の 16 歳以上から 18 歳に引き上げられたことも確認しておけるとよい。

医療保険制度

❏❏❏　33　日本の医療保険制度の特色は国民皆保険が達成されていることにあり，すべての国民は「公的医療保険」に入っている。

❏❏❏　34　医療保険による支払いが行われる場合は，秘密保持の例外状況としてクライエントなどの情報を他者に洩らすことが認められる。

❏❏❏　35　診療報酬は基準とともに３年ごとに改訂される。

介護保険制度

❏❏❏　36　介護保険制度は 65 歳から加入の義務が生じる。

❏❏❏　37　介護保険を受給できるのは 65 歳以上で，要介護状態・要支援状態と認定された被保険者であり，40 歳以上 65 歳未満の被保険者は介護保険を受給できない。

医療の質，医療事故防止，院内感染対策

❏❏❏　38　医療現場等において，１つのエラーが別のエラーを誘発し，そのエラーがまた別のエラーを誘発し，最終的に重大な事故につながるという事故モデルがある。これをスイス・チーズ・モデルという。

❏❏❏　39　医療現場での事故モデルにおけるインシデントとは，日常診療の場で誤った医療行為などが患者に実施される前に発見されたものと，誤った医療行為などが実施され，結果として患者に影響を及ぼすに至らなかったものが含まれる。

❏❏❏　40　院内感染対策として，WHO が定める手指衛生ガイドラインでは，患者に触れる前，患者に触れた後，患者周辺の物品に触れた後，の３つを挙げ，「手指衛生の３つの瞬間」としている。

●福祉分野

児童福祉法

❏❏❏　1　保護を要する児童を発見した公認心理師は，これを市町村，福祉事務所若しくは児童相談所へ通告しなければならない。

❏❏❏　2　罪を犯した満 14 歳以上の児童を発見した公認心理師は，少年が刑事処罰を受ける可能性があるときはその権利を保護するために，どこにもこのことを通告してはならない。

33 ○ 我が国の医療保険制度の特徴は，国民皆保険制度であり，国民すべてがなんらかの医療保険に加入している点にある。①国民健康保険のほか，②大企業の従業員が加入するいわゆる組合健保，③中小企業従業員などの協会けんぽ，④公務員の共済組合，⑤75歳以上の者の後期高齢者医療制度の5つがある。この⑤の根拠法律が，「高齢者の医療の確保に関する法律」である。必携P.510。

34 ○ 現任者改訂版P.24。

35 × 2年ごとの改訂が行われる。最新の改訂は2018（平成30）年である。現任者P.52。なお，介護保険における介護報酬の基準額の改定は3年に1回行われる。

36 × 加入の義務は40歳から生じる。介護保険＝65歳以上と覚えていると足元を掬われる可能性がある。

37 × 介護保険を受給できるのは問題文にある1号被保険者（65歳以上）と，16の特定疾病によって要介護状態・要支援状態と認定された2号被保険者（40歳以上65歳未満）である。16の特定疾病とは，「末期がん」，「関節リウマチ」，「筋萎縮性側索硬化症」，「後縦靱帯骨化症」，「骨折を伴う骨粗鬆症」，「初老期における認知症」，「進行性核上性麻痺，大脳皮質基底核変性症及びパーキンソン病」，「脊髄小脳変性症」，「脊柱管狭窄症」，「早老症」，「多系統萎縮症」，「糖尿病性神経障害，糖尿病性腎症及び糖尿病性網膜症」，「脳血管疾患」，「閉塞性動脈硬化症」，「慢性閉塞性肺疾患」，「変形性関節症（両側の膝関節又は股関節に著しい変形を伴う）」である。

38 × これはスノーボール・モデルに関する説明である。雪玉が坂道を転がり落ちながら大きくなるように，様々な種類のエラーが重なり，連鎖することで大きな事故につながるというものである。スイス・チーズ・モデルとは，J. Reasonによって提唱された事故モデルであり，薄く切ったスイス・チーズにはいくつかの穴（潜在的な抜け穴）が開いているが，穴の開き方が異なるチーズを何枚も重ねるように視点の異なる防護策を複数設けることで貫通する（重大な事故が起こる）危険性を低くすることができるというものである。

39 ○ 前者をヒヤリ・ハット，後者をインシデントとする場合もある。事故モデルの1つであるハインリッヒの法則では，1件の重大な事故・災害の裏には，29件の軽微な事故・災害があり，その背景には300件のインシデントがあるとしている。医療現場におけるアクシデントとは，「医療事故」とも呼ばれ，直接患者に影響があったミスを指す。

40 × 正しくは「手指衛生の5つの瞬間」である。5つの瞬間とは，順番に患者に触れる前，清潔／無菌操作の前，体液に曝露した可能性がある場合，患者に触れた後，患者周辺の物品に触れた後，とされている。

---

1 ○ 児童福祉法25条　要保護児童を発見した者は，これを市町村，都道府県の設置する福祉事務所若しくは児童相談所又は児童委員を介して市町村，都道府県の設置する福祉事務所若しくは児童相談所に通告しなければならない。ただし，罪を犯した満14歳以上の児童については，この限りでない。この場合においては，これを家庭裁判所に通告しなければならない。2　刑法の秘密漏示罪の規定その他の守秘義務に関する法律の規定は，前項の規定による通告をすることを妨げるものと解釈してはならない。

この2項の規定により，公認心理師は，この通告をしても秘密漏示罪になることはない。

2 × 罪を犯した満14歳以上の児童を発見した者は，家庭裁判所に通告しなければならない。

児童福祉法25条　要保護児童を発見した者は，これを市町村，都道府県の設置する福祉事務所若しくは児童相談所又は児童委員を介して市町村，都道府県の設置する福祉事務所若しくは児童相談所に通告しなければならない。ただし，罪を犯した満14歳以上の児童については，この限りでない。この場合においては，これを家庭裁判所に通告しなければならない。2　刑法の秘密漏示罪の規定その他の守秘義務に関する法律の規定は，前項の規定による通告をすることを妨げるものと解釈してはならない。必携P.513。

❑❑❑　3　教育カウンセラーを勤める公認心理師は，児童虐待を発見しやすい立場にあることを自覚し，児童虐待の早期発見に努めなければならず，万一児童虐待を発見したら速やかに，これを市町村，福祉事務所若しくは児童相談所に通告しなければならない。

❑❑❑　4　児童虐待を通告する電話番号は，全国共通で 189 番である。

❑❑❑　5　国及び地方公共団体には，児童の保護者とともに児童を心身ともに健やかに育成する責任がある，とされている。

❑❑❑　6　児童福祉法において，児童とは満 20 歳に満たないものと定義している。

❑❑❑　7　児童福祉法に定められた児童福祉施設のうち児童心理治療施設とは，心理的問題を抱え日常生活の多岐にわたり支障をきたしている児童に，医療的な観点から生活支援を基盤とした心理治療を中心として，学校教育との緊密な連携による総合的な治療・支援を行う施設である。

❑❑❑　8　児童福祉法に定められた児童福祉施設のうち児童養護施設は，保護者のいない児童，虐待を受けている児童など，環境上養護を必要とする児童を対象とした入所施設である。

❑❑❑　9　児童養護施設への入所措置は児童相談所長が決定する。

老人福祉法

❑❑❑　10　老人を仕事に従事させることや機会を与えることは，老人福祉法の理念として掲げられていない。

児童虐待の防止等に関する法律〈児童虐待防止法〉

❑❑❑　11　厚生労働省の発表によると，2019（令和元）年度中に対応した児童虐待相談件数は 19 万件を超え，集計を開始して以来過去最多を更新した。

❑❑❑　12　2019（令和元）年度の児童虐待相談件数によれば，虐待相談の相談経路のうち最も多いのは「近隣・知人からの通報」である。

❑❑❑　13　虐待内容別で見た時，児童虐待の中で最も割合が高いのは心理的虐待である。

❑❑❑　14　親権者がしつけのためにその児童に体罰を加えることは，児童虐待防止法によって禁止されている。

❑❑❑　15　児童虐待を受けたと思われる児童を発見した近隣住民は，速やかに「市区町村」，「福祉事務所」または「児童相談所」に通告するように努める努力義務が課せられる。

❑❑❑　16　児童虐待についての通告は，その児童が虐待を受けているという確証がなくても，児童虐待を受けたと思われる児童を発見した場合は通告しなくてはならない。

3 ○ 児童虐待の防止等に関する法律５条 学校，児童福祉施設，病院その他児童の福祉に業務上関係のある団体及び学校の教職員，児童福祉施設の職員，医師，歯科医師，保健師，助産師，看護師，弁護士その他児童の福祉に職務上関係のある者は，児童虐待を発見しやすい立場にあることを自覚し，児童虐待の早期発見に努めなければならない。

（児童虐待に係る通告）第６条 児童虐待を受けたと思われる児童を発見した者は，速やかに，これを市町村，都道府県の設置する福祉事務所若しくは児童相談所又は児童委員を介して市町村，都道府県の設置する福祉事務所若しくは児童相談所に通告しなければならない。２ 前項の規定による通告は，児童福祉法（昭和22年法律第164号）第25条第１項の規定による通告とみなして，同法の規定を適用する。３ 刑法（明治40年法律第45号）の秘密漏示罪の規定その他の守秘義務に関する法律の規定は，第１項の規定による通告をする義務の遵守を妨げるものと解釈してはならない。

なお，この通告をしても，公認心理師は，秘密漏示罪には問われない。必携Ｐ.515。

4 ○ 平成27年7月1日から「これまで，児童相談所全国共通ダイヤルは10桁の番号（0570-064-000）でしたが，覚えやすい3桁の番号にして，子どもたちや保護者のＳＯＳの声をいちはやくキャッチするため，平成27年7月1日（水）から「189」（いちはやく）という3桁の番号になります。」（厚労省ＨＰから）覚えておこう。

5 ○ ２条３項参照。

6 × 児童福祉法における児童とは，満18歳に満たないものとされている。

7 ○ 情緒障害児短期治療施設から名称が変更された。令和元年現在全国に51箇所ある。児童心理治療施設ネットワーク参照。

8 ○ 1948年以前は孤児院という名称で呼ばれていたが，現在孤児の割合は少なく，親はいるが養育が不可能であったり，保護者等から虐待を受けるなど，環境上養護を必要とする児童の割合が増えている。

9 × 児童相談所長が判断を行い，その判断に基づいて都道府県知事が決定する。

10 × 「老人は，その希望と能力とに応じ，適当な仕事に従事する機会その他社会的活動に参加する機会を与えられるものとする。」とする基本理念が掲げられている。

11 ○ 前年度（2018年度）は159,838件であったが，前年度より33,943件増え193,780件と発表された。対前年比でいうと+21.2%の増加であった。

12 × 平成23年度までは「近隣・知人からの通報」が20%前後と最も多かったが，24年度から「警察等からの通報」の割合が増加し，2019（令和元）年度では，「警察等からの通報」の割合が49.8%（96,473件）となった。次いで「近隣・知人からの通報」が13.0%（25,285件），

13 ○ 2019（令和元）年度の児童虐待相談件数によると，56.3%が心理的虐待であり，次いで身体的虐待（25.4%），ネグレクト（17.2%），性的虐待（1.1%）であった。心理的虐待は割合にして3%，件数にして20,727件の増加であった。

14 ○ 14条2項。

15 × 努力義務ではなく通告する義務が課せられる。通告義務は市民，対人援助職等の区別なく，すべての国民に課せられていることに注意。また通告を行う場合は守秘義務の例外として扱われ，守秘義務は通告の義務を妨げないとされる。つまり通告の義務が優先されることは常に頭においておきたい。

16 ○ 平成16年の改正により，「虐待を受けた児童」から「児童虐待を受けたと思われる児童」に改められた。

障害者の日常生活及び社会生活を総合的に支援するための法律〈障害者総合支援法〉

❑❑❑　17　障害者総合支援法は，平成24年にそれまでの障害者自立支援法の内容を充実させて改正されたものであり，障害者の定義に難病等を追加し，重度訪問介護の対象者の拡大，ケアホームのグループホームへの一元化などが盛り込まれた。

❑❑❑　18　対象となる障害は，「身体障害者，知的障害者，精神障害者（発達障害も含む）」である。

❑❑❑　19　障害者総合支援法における地域移行支援とは，障害者支援施設や精神科病院に入所又は入院している障害者を対象に，その人が生活を送りやすい新たな地域を探すなどの支援を行うことをいう。

❑❑❑　20　障害者総合支援法における地域移行支援は，厳密に支援期間は決まっていない。

障害福祉計画

❑❑❑　21　障害福祉計画とは，障害者総合支援法に基づき，障害福祉サービスや相談支援事業等を円滑に実施するために，都道府県，市町村に義務づけられた計画を指す。

発達障害者支援法

❑❑❑　22　発達障害者支援法における発達障害とは，自閉症，アスペルガー障害その他の広汎性発達障害，学習障害，注意欠陥多動性障害その他これに類する脳機能の障害であってその症状が通常低年齢において発現するものとして政令で定めるものをいう。

❑❑❑　23　発達障害者が申請可能な手帳は，発達障害者保健福祉手帳であり，知的障害を伴う場合は療育手帳も申請可能である。

障害を理由とする差別の解消の推進に関する法律〈障害者差別解消法〉

❑❑❑　24　合理的配慮の提供は，行政機関，民間機関に関わらず行わなければならない義務として規定されている。

❑❑❑　25　合理的配慮をどのように設定するかにおいては，障害者本人と管理する者との間で取り決められるものであり，心理師が関わることはない。

障害者虐待の防止，障害者の養護者に対する支援等に関する法律〈障害者虐待防止法〉

❑❑❑　26　障害者虐待防止法における使用者による虐待には，児童虐待の４類型に「経済的虐待」を加えた５つの類型が規定されている。

❑❑❑　27　この法における障害者虐待とは，障害者に対する虐待で，養護者によるものと，障害者福祉施設従事者によるものの２つであると定義されている。

17 ○ 厚生労働省HPから 標記法律については，平成24年3月に閣法として閣議決定され，同年4月に衆議院にて修正・可決，同年6月に参議院にて可決・成立，同月27日に公布され，平成25年4月1日に施行されました。

本法律では，平成25年4月1日から，「障害者自立支援法」を「障害者総合支援法」とするとともに，障害者の定義に難病等を追加し，平成26年4月1日から，重度訪問介護の対象者の拡大，ケアホームのグループホームへの一元化などが実施されている。関係行政論P.120（米山明）。

18 × 難病等による障害者も含まれる。

19 × 地域移行支援とは，障害者支援施設や精神科病院に入所又は入院しており，退所・退院にあたって支援を必要としている障害者に，入所・入院中から新しい生活の準備等の支援を行うことで，地域生活への円滑な移行を目指すものである。

20 × 支援期間は6か月と定められている。

21 ○ 88条，89条参照。

22 ○ 2条参照。法制上の発達障害の定義については一度確認しておこう。

23 × 発達障害者も精神障害者と同様，申請できる手帳は精神障害者保健福祉手帳である。知的障害を伴う場合は療育手帳も申請が可能である。

24 × 民間の場合は努力義務となっている。また，合理的配慮は「障害者から何らかの助けを求める意思の表明があった場合に，提供側に過度な負担になり過ぎない範囲で社会的障壁を取り除くために必要な便宜」とされており，提供側に大きな負担を課すものではないことに留意。

25 × 公認心理師が行えることとして，「障害者が求めているニーズの把握」，「具体的方法の提案」や提供者との調整等の行為が考えられる。

26 ○ 障害者虐待の防止，障害者の養護者に対する支援等に関する法律2条8項 この法律において「使用者による障害者虐待」とは，使用者が当該事業所に使用される障害者について行う次のいずれかに該当する行為をいう。 ① 障害者の身体に外傷が生じ，若しくは生じるおそれのある暴行を加え，又は正当な理由なく障害者の身体を拘束すること。（身体的虐待） ② 障害者にわいせつな行為をすること又は障害者をしてわいせつな行為をさせること。（性的虐待） ③ 障害者に対する著しい暴言，著しく拒絶的な対応又は不当な差別的言動その他の障害者に著しい心理的外傷を与える言動を行うこと。（心理的虐待） ④ 障害者を衰弱させるような著しい減食又は長時間の放置，当該事業所に使用される他の労働者による前三号に掲げる行為と同様の行為の放置その他これらに準ずる行為を行うこと。（ネグレクト） ⑤ 障害者の財産を不当に処分することその他障害者から不当に財産上の利益を得ること。（経済的虐待）

27 × 正式名称で覚えていたとしても足元を掬われかねない問題。障害者虐待とは，障害者に対する虐待で，①養護者によるもの，②障害者福祉施設従事者によるもの，③使用者によるもの，の3つが定義されている。

❑❑❑　28　障害者虐待を疑う事例があった場合，通報義務が生じる。通報先は都道府県障害者権利擁護センター，市町村障害者虐待防止センターである。

障害者基本法

❑❑❑　29　社会的障壁とは，障害者が日常生活又は社会生活を営む上で障壁となるような社会における事物，制度，慣行，観念その他一切のものをいう。

❑❑❑　30　10月3日から9日までを障害者週間として設定している。

高齢者虐待の防止，高齢者の養護者に対する支援等に関する法律〈高齢者虐待防止法〉

❑❑❑　31　高齢者虐待防止法にいう高齢者とは70歳以上をいう。

❑❑❑　32　高齢者虐待防止法は，高齢者の虐待防止だけでなく高齢者の養護者に対する支援も目的としている。

❑❑❑　33　高齢者虐待の分類として，身体的虐待，心理的虐待，ネグレクト，経済的虐待の４類型が挙げられている。

❑❑❑　34　高齢者虐待は，養護者からの虐待だけでなく，施設従事者等からの虐待も含まれている。

❑❑❑　35　高齢者に虐待をされているという自覚がない場合は，高齢者虐待には当たらないとされている。

❑❑❑　36　高齢者虐待を目撃した市民は，通報の努力義務があり，これは緊急性によらない。

❑❑❑　37　高齢者虐待の通報は，虐待発見時の市町村あるいは地域包括支援センターとされている。

配偶者からの暴力の防止及び被害者の保護に関する法律〈DV防止法〉

❑❑❑　38　配偶者からの暴力における「配偶者」には，離婚，別居状態の者も含まれている。一方で事実婚など婚姻関係がない者は含まれていない。

❑❑❑　39　交際相手からの暴力については，同居して生活を共にしていたとしてもDV防止法の対象にはならない。

❑❑❑　40　保護命令とは，配偶者から暴力を受けた被害者からの申立てによって，裁判所から配偶者に対して発する命令のことをいう。保護命令の対象となる暴力は「配偶者からの身体に対する暴力，又は生命等に対する脅迫」「精神的暴力」のどちらも含まれている。

❑❑❑　41　保護命令における電話等禁止命令では，面会の要求，行動の監視，乱暴な言動，電話は禁止となっているが，電子メールによる連絡は禁止されていない。

28 ○ 児童虐待と同様，疑惑の時点で通報義務が生じる。特に障害児虐待は，一般の虐待よりも発生が多いとされており，虐待の発生や疑惑を早期発見することが望まれている。

29 ○ 2条2項。

30 × 12月3日から9日である。

31 × 高齢者虐待防止法において「高齢者」とは，65歳以上の者をいう（同法2条1項）。また，高齢者虐待防止法において「高齢者虐待」とは，養護者による高齢者虐待及び養介護施設従事者等による高齢者虐待をいう（同法2条3項）。必携P.515。

32 ○ 高齢者虐待防止法は略称であって，その正式名称は，「高齢者虐待の防止，高齢者の養護者に対する支援等に関する法律」である。

33 × 高齢者虐待であっても，性的虐待は分類に含まれる。身体的虐待，心理的虐待，ネグレクト，性的虐待は，各虐待防止法の類型において共通である点を覚えておきたい。

34 ○ 障害者虐待と同様，法令名には含まれていない施設従事者等からの虐待についても理解しておくこと。

35 × 虐待者，高齢者の双方に虐待の自覚がなかったとしても，客観的に権利が侵害されている場合は虐待となる。

36 × 緊急の場合は通報の義務が課せられる，という点に注意。施設従事者等の場合は緊急性によらず，高齢者虐待を目撃した場合はすべてに通報義務が課せられている。

37 ○ 地域包括支援センターの役割の一つとして，高齢者の権利擁護の実現が挙げられている。これは高齢者に対する詐欺，悪徳商法などの消費者被害への対応。高齢者虐待の早期発見や防止に努めることが業務として考えられており，高齢者虐待の発見時の通報先となっている。

38 × どちらも含まれる。婚姻関係の有無は関係ないと規定されている。離婚した場合でもDV防止法の対象に含むことが規定されており，離婚することが配偶者暴力を完全に解消する唯一の方法でないことが読み取れる。

39 × 配偶者からの暴力の防止及び被害者の保護に関する法律，と正式名称で覚えていても危ない。DV防止法で定めている「配偶者」とは，婚姻の届出をしている配偶者，事実上婚姻関係と同様の事情にある者とされている。しかし平成25年の改正により，「生活の本拠を共にする交際（婚姻関係における共同生活に類する共同生活を営んでいないものを除く。）をする関係にある相手からの暴力」も同法が準用されるとされた。よって，DV防止法の対象となりうる。

40 × DV，つまり「暴力」は，身体に対する暴力又はこれに準ずる心身に有害な影響を及ぼす言動を指しているが，保護命令の対象となる暴力においては，「配偶者からの身体に対する暴力，又は生命等に対する脅迫」のみが対象とされている点に注意。現行法では「精神的暴力」は保護命令の対象となる暴力には含まれない。

41 × 電子メールも禁止される事項に含まれている。SNSについては明記されていないが，ストーカー規正法改正法（平成28年）では，SNSによるいやがらせも対象となったため今後適用が広がることも考えられる。

生活保護法

❑❑❑　42　生活保護は，収入が厚生労働大臣が定める最低生活費に満たない者に，最低生活費を支給するというものである。

生活困窮者自立支援法

❑❑❑　43　生活困窮者自立支援法は，国民皆保険と生活保護との間に存在するセーフティネットとして制定された。

❑❑❑　44　生活困窮者自立支援制度では，生活困窮者の子どもへの学習支援は含まれていない。

❑❑❑　45　生活困窮者自立支援制度では，生活困窮者への医療費支援も含まれている。

❑❑❑　46　成年後見制度の利用の促進に関する法律における基本方針の一つとして，成年後見制度のうち利用が少ない保佐及び補助の制度の利用促進が挙げられている。

配偶者暴力相談センター，児童相談所，福祉事務所，地域包括支援センター

❑❑❑　47　配偶者暴力相談センターは，都道府県に設置している婦人相談所がその機能を果たしているが，都道府県によっては女性相談センターや福祉事務所などが指定されることもある。

❑❑❑　48　児童福祉法において，都道府県は児童相談所を設置しなくてはならないとされている。

❑❑❑　49　地域包括支援センターは，市町村又は地域支援事業（包括的支援事業）の実施を市町村から委託を受けた者が設置者となる。

❑❑❑　50　地域包括支援センターで配置するとしている３職種とは，保健師・心理士（心理師）・主任介護支援専門員（主任ケアマネージャー）等であり，３職種によるチームアプローチが求められる。

❑❑❑　51　児童相談所を設置しているのは，都道府県，政令指定都市，一部の中核市である。

●教育分野

教育基本法

❑❑❑　1　教育基本法において，教育が目指すものは，人格の完成とされている。

学校教育法

❑❑❑　2　学校教育法における学校とは，幼稚園，小学校，中学校，義務教育学校，高等学校，中等教育学校，大学及び高等専門学校と定義されている。

❑❑❑　3　校長及び教員は，教育上必要があると認めるとき学校教育法施行規則によって，児童・生徒及び学生に懲戒を加えることができるとされている。しかし体罰を加えることは一切認められていない。

42 × 誤解されやすい内容である。最低生活費から収入を差し引いた差額が保護費として支給されるのが生活保護である。

43 ○ 支援が行われなければ生活保護に移行することが想定される者や，生活保護から脱した者への支援が考えられている。

44 × 家計相談支援，就労準備支援，子どもの学習支援，住居確保給付金の支給などが制度として制定されている。

45 × 上記 44 の解説参照。生活保護法では医療扶助という保護が規定されているが，生活保護の前段階である生活困窮者自立支援制度では，医療費の支援は行われない。

46 ○ 同法第 11 条の1に，「成年後見制度を利用し又は利用しようとする者の能力に応じたきめ細やかな対応を可能とする観点から，成年後見制度のうち利用が少ない保佐及び補助の制度の利用を促進するための方策について検討を加え，必要な措置を講ずること。」とある。公認心理師の欠格事由のうち「成年被後見人又は被保佐人」が改正されたことと併せて，同法律についても一度目を通しておくとよい。

47 ○ 都道府県によって指定される機関が異なる。

48 ○ 都道府県には設置の義務がある。

49 ○ 地域包括支援センターは，市町村が設置主体となり，保健師・社会福祉士・主任介護支援専門員等を配置して，3職種のチームアプローチにより，住民の健康の保持及び生活の安定のために必要な援助を行うことにより，その保健医療の向上及び福祉の増進を包括的に支援することを目的とする施設である（介護保険法 115 条の 46 第1項）。市町村以外の委託事業者が設置者となることもある。介護保険法によって設置されていることも覚えておくとよい。

50 × 心理士（心理師）ではなく，社会福祉士等である。地域の特色によっては心理士（心理師）が関わることも十分に想定される。

51 ○ 2021 年現在，横須賀市，金沢市，明石市の3つの中核市が児童相談所をそれぞれ設置しており，2022年4月には奈良市が中核市で4番目の設置を目指している。

---

1 ○ 1条参照。

2 × 特別支援学校が抜けている。学校教育法は1条で学校とは何かを定義づけているため，一読しておくといいだろう。設置要件や学校教育制度についても書かれている。

3 ○ 学校教育法 11 条に規定。必要があると認めるときは懲戒を加えることができるとされている。懲戒は，学校教育法施行規則に定める退学・停学・訓告の他は以下の例が考えられるとされている。

・放課後等に教室に残留させる。
・授業中，教室内に起立させる。
・学習課題や清掃活動を課す。
・学校当番を多く割り当てる。
・立ち歩きの多い児童生徒を叱って席につかせる。
・練習に遅刻した生徒を試合に出さずに見学させる。

文部科学省　学校教育法第 11 条に規定する児童生徒の懲戒・体罰等に関する参考事例参照。

❑❑❑　4　懲戒のうち校長が行うものとして，退学，停学及び訓告があるが，私立の小学校に通う児童に対しては，退学も停学も行うことはできないとされている。

❑❑❑　5　日本国では義務教育は9年間とされている。義務教育とは，普通教育を受けなければならないとする，子どもに課せられた義務のことである。

スクールカウンセラー

❑❑❑　6　文部科学省初等中等教育局長決定によれば，公認心理師は，実績を踏まえ，スクールカウンセラーに選考される。

学校保健安全法

❑❑❑　7　学校保健安全法で定められているのは，学校に在学している児童，生徒の健康増進と，学校における安全を確保するための安全管理であり，職員の健康増進等については定められていない。

いじめ防止対策推進法

❑❑❑　8　いじめ防止対策推進法において「いじめ」には，インターネットを通じて行われるものは含まれない。

❑❑❑　9　いじめ防止対策推進法でのいじめの定義とは，「自分より弱い者に対して一方的に，身体的・心理的な攻撃を継続的に加え，相手が深刻な苦痛を感じているもの」とされている。

❑❑❑　10　校長及び教員は，当該学校に在籍する児童等がいじめを行っている場合であって教育上必要があると認めるときは，適切に，当該児童等に対して懲戒を加えることができる。

教育相談所，教育支援センター

❑❑❑　11　適応指導教室は不登校が長期化した児童生徒に対し，その学校復帰を支援するために相談，指導に携わる施設であり，2015年から正式名称を教育支援センターとした。

特別支援教育，通級

❑❑❑　12　特別支援学級の主な対象は，視覚障害，肢体不自由，自閉症・情緒障害，聴覚障害，病弱・身体虚弱，知的障害，言語障害とされている。

❑❑❑　13　通級による指導は，通常の学級に在籍していながら個別的な特別支援教育を受けることができる制度であり，小中学校，高等学校及び中等教育学校の後期課程で実施されている。

4　×　退学処分は，「公立の小学校，中学校又は特別支援学校に在学する学齢児童又は学齢生徒には行うことができない」とされており，停学は「学齢児童又は学齢生徒に対しては，行うことができない」とされている。私立の小学校に通う児童の場合，必要があると判断すれば退学処分を懲戒として行うことはできる。

5　×　16条。子どもは学校に行くのが義務なので行かなければならない，のではない。義務教育とは，保護者がその子どもに普通教育を受けさせなければならない義務があることを指している。子どもには教育を受ける権利があるとされている。

6　○　平成 30 年4月1日付文部科学省初等中等教育局長決定のスクールカウンセラー等活用事業実施要領3⑴は，次の各号のいずれかに該当する者から，実績も踏まえ，都道府県又は指定都市が選考し，スクールカウンセラーとして認めた者とする，としている。1．公認心理師　2．公益財団法人日本臨床心理士資格認定協会の認定に係る臨床心理士　3．精神科医　以下省略

http://www.mext.go.jp/a_menu/shotou/seitoshidou/1341500.htm

7　×　職員の健康増進も含まれている。

8　×　いじめ防止対策推進法において「いじめ」には，インターネットを通じて行われるものも含まれる。

いじめ防止対策推進法において「いじめ」とは，児童等に対して，当該児童等が在籍する学校に在籍している等当該児童等と一定の人的関係にある他の児童等が行う心理的又は物理的な影響を与える行為（インターネットを通じて行われるものを含む。）であって，当該行為の対象となった児童等が心身の苦痛を感じているものをいう（同法2条1項）。また，同法 19 条は，インターネットを通じて行われるいじめに対する対策の推進について規定している。必携P.523～524。

9　×　この定義は平成 18 年以前の文部科学省による定義である。平成 18 年以降，文部科学省はいじめの新定義として，「当該児童生徒が，一定の人間関係のある者から，心理的，物理的な攻撃を受けたことにより，精神的な苦痛を感じているもの」とし，力関係の有無，一回性・継続性，苦痛の度合いについての文言を削除した。併せて「なお，起こった場所は学校の内外を問わない」とも付記されている点も覚えておきたい。

いじめ防止対策推進法におけるいじめの定義では，「児童等（学校に在籍する児童又は生徒）に対して，当該児童等が在籍する学校に在籍している等当該児童等と一定の人的関係にある他の児童等が行う心理的又は物理的な影響を与える行為（インターネットを通じて行われるものを含む。）であって，当該行為の対象となった児童等が心身の苦痛を感じているものをいう。」とされ，インターネットを通じた攻撃もいじめに含まれることになった。文部科学省の定義も平成 25 年以降，この定義に沿うように変更された。

10　○　学校教育法にも懲戒についての文言が同様に規定されている。体罰は理由があっても認められない。なお，懲戒には退学・停学・訓告処分といった法的処分も含まれるが，処分を行えない対象もあるため重ねて確認を。（学校教育法肢別問題3，4の解説を参照）

11　○　今でも適応指導教室という名称になじみがある場合もあるため，名称が変更された同一の施設であると理解しておくとよい。2015（平成 27）年における全国の適応指導教室はおよそ 1300 か所あるとされ，教育支援センターでの出席が在籍学校での出席として扱われることがほとんどである。

12　○　学校教育法では，知的障害者，肢体不自由者，身体虚弱者，弱視者，難聴者，その他障害のある者で，特別支援学級において教育を行うことが適当なものとされているが，内閣府による令和元年版障害者白書では問題文記載のものが対象として明記されている。

13　○　2018 年より高等学校及び中等教育学校の後期課程でも通級指導が実施されるようになった。

●司法・犯罪分野

刑事法

❑❑❑　1　刑事法はその分野によって実体法，手続法，行刑法，刑事学などに分類できる。具体的に犯罪の要件や刑罰を定めた法律である刑法は，実体法に含まれる。

少年司法制度

❑❑❑　2　少年法は，非行のある少年に対して性格の矯正及び少年の刑事事件について刑罰を講ずることを目的とする。

❑❑❑　3　少年法の規定する家庭裁判所の審判に付すべき少年とは①犯罪少年，②触法少年，③虞犯少年である。

❑❑❑　4　家庭裁判所は，犯罪などをした子どもについて処分を決定するが，少年院送致では子どもは少年院に収容され自由に出入りすることはできないが，児童自立支援施設に送致する場合は，子どもは一定のルールの下に家庭に一時帰宅することもできる。

❑❑❑　5　14歳以上の非行少年への処遇の場合，検察官に送致されることがある。

❑❑❑　6　正当な理由がないにもかかわらず家庭に寄りつかないことは，虞犯少年の要件には当てはまらない。

❑❑❑　7　令和3年5月21日，少年法等の一部を改正する法律が成立し，令和4年4月から施行されることとなった。改正少年法における「少年」の定義はこれまでの20歳未満から，18歳未満に変更され，18歳，19歳は少年法の保護する対象から外れることとなった。

❑❑❑　8　令和4年4月施行の改正少年法において新たに定められた「特定少年」への対応の特例として，起訴された場合の実名報道が可能になる点や，家庭裁判所から検察官へ原則逆送致する事件の対象が拡大された，が挙げられる。

心神喪失等の状態で重大な他害行為を行った者の医療及び観察等に関する法律〈医療観察法〉

❑❑❑　9　医療観察法の対象となるのは，心神喪失等の状態で重大な他害行為を行った者である。重大な他害行為として，殺人，放火，強盗，強制性交等，強制わいせつ，傷害に当たる行為が想定されている。

❑❑❑　10　医療観察法における入院処遇において，入院期間の上限は原則3年間と規定されている。

1　○　刑法は実体法に分類される。刑法の他には爆発物取締罰則，暴力行為等処罰ニ関スル法律などの特別刑法，各種法律の罰則規定が実体法に含まれる。

2　×　少年法は，少年の刑事事件について刑罰を講ずることを目的としていない。少年法1条は，この法律は，少年の健全な育成を期し，非行のある少年に対して性格の矯正及び環境の調整に関する保護処分を行うとともに，少年の刑事事件について特別の措置を講ずることを目的とする，と規定している。少年に対しては，保護主義に則った取扱いがされるべきことを規定しており，刑事事件になる場合にも特別な措置が採られるが，刑罰を科すことを目的とはしていない。必携P.529。関係行政論P.194（渡邉悟）。

3　○　（審判に付すべき少年）第3条　次に掲げる少年は，これを家庭裁判所の審判に付する。　①　罪を犯した少年（犯罪少年）　②　14歳に満たないで刑罰法令に触れる行為をした少年（触法少年）　③　次に掲げる事由があつて，その性格又は環境に照して，将来，罪を犯し，又は刑罰法令に触れる行為をする虞のある少年（虞犯少年）　イ　保護者の正当な監督に服しない性癖のあること。　ロ　正当の理由がなく家庭に寄り附かないこと。　ハ　犯罪性のある人若しくは不道徳な人と交際し，又はいかがわしい場所に出入すること。　ニ　自己又は他人の徳性を害する行為をする性癖のあること。

4　○　児童福祉法44条　児童自立支援施設は，不良行為をなし，又はなすおそれのある児童及び家庭環境その他の環境上の理由により生活指導等を要する児童を入所させ，又は保護者の下から通わせて，個々の児童の状況に応じて必要な指導を行い，その自立を支援し，あわせて退所した者について相談その他の援助を行うことを目的とする施設とする。

少年院法3条　少年院は，次に掲げる者を収容し，これらの者に対し矯正教育その他の必要な処遇を行う施設とする。　①　保護処分の執行を受ける者　②　少年院において懲役又は禁錮の刑（国際受刑者移送法第16条第1項各号の共助刑を含む。以下単に「刑」という。）の執行を受ける者

5　○　検察官送致（逆送）についての問題である。14歳以上は場合によっては検察官送致をされることがあり，特に16歳以上で重大事件（被害者を故意に死亡させた場合）は家庭裁判所によって検察官へ送致（原則逆送制度）され，刑事処分が原則となる。

6　×　少年法3条。虞犯証年とは，将来罪を犯し，または刑罰法令に触れる行為をするおそれがある少年であり，次の事由にあたる者。①保護者の正当な監督に服しない性癖がある少年，②正当な理由がないのに家庭に寄りつかない少年，③犯罪性のある人もしくは不道徳な人と交際し，またはいかがわしい場所に出入りする少年，④自己または他人の徳性を害する行為をする性癖のある少年。

7　×　改正少年法においても「少年」は20歳未満という定義は変わっておらず，18歳，19歳は引き続き少年法の保護する対象となっている。また令和3年2月の閣議でこの18歳，19歳の少年を「特定少年」と新たに位置付け，対応の特例が設けられるとされた。同じタイミングで施行される改正民法の「成人年齢を18歳以上とする」との混同に注意。

8　○　「特定少年」への対応の特例として，①家庭裁判所から検察官に原則逆送致する事件の対象の拡大（殺人や傷害致死に加え，新たに，強盗や強制性交，放火などが追加），②起訴された場合実名などの報道が可能となる。などが変更点である。なお家庭裁判所への送致が原則であることは変更されていない点にも留意したい。

9　○　傷害については，軽微なものは対象とならないこともある。

10　×　入院期間の上限については規定されていない。地域社会における処遇を受けている期間（通院処遇を受けている期間）は，裁判所において退院許可決定又は通院決定を受けた日から原則3年間とされている。保護観察所又は対象者本人等からの申立てに応じて，裁判所において処遇終了決定がなされた場合には，期間内であっても処遇は終了となる。一方，3年を経過する時点で，なお通院処遇が必要と認められる場合には，裁判所の決定により，合計して2年を超えない範囲で通院期間を延長することが可能となっている。

❑❑❑　11　医療観察法によって入院決定を受け，指定入院医療機関に入院している期間中は，精神保健福祉法の入院等に関する規定は適用されない。

犯罪被害者等基本法

❑❑❑　12　犯罪被害者等のための施策は，犯罪被害者等が被害を受けたときから再び平穏な生活を営むことができるようになるまでの間，必要な支援等を途切れることなく受けることができるよう，講ずるものとされている。

❑❑❑　13　犯罪被害者等とは，犯罪等により害を被った者及びその家族又は遺族をいう。

更生保護制度

❑❑❑　14　更生保護法で規定されている保護観察対象者が遵守すべき一般遵守事項では，2，3日程度の旅行であれば，あらかじめ保護観察所長に届けなくてもよいとされている。

❑❑❑　15　保護観察所の長は，保護観察処分少年が，遵守事項を遵守しなかったと認めるときは，当該保護観察処分少年に対し，直ちに少年院等への送致の申請をすることができる。

裁判員裁判

❑❑❑　16　裁判員裁判に参加した裁判員には守秘義務が課されており，裁判員としての役目が終わった後も守らなくてはならないとされている。

❑❑❑　17　裁判員裁判は，地方裁判所で行われる民事事件が対象となる。

国際的な子の奪取の民事上の側面に関する条約〈ハーグ条約〉

❑❑❑　18　ハーグ条約が適用される子どもとは，16歳未満を指す。

❑❑❑　19　ハーグ条約が効力を発揮するのは，日本人と外国人の間の国際結婚・離婚に伴う子どもの連れ去り等に限られており，日本人同士の場合は対象とはならない。

家庭裁判所，保護観察所，刑事施設，少年鑑別所，少年院，児童自立支援施設

❑❑❑　20　家庭裁判所の審判によって矯正教育が必要と判断された場合は少年院送致となるが，少年院はおおむね14歳以上の少年の受け入れを行っている。

❑❑❑　21　少年鑑別所は，鑑別及び観護処遇を行う施設であって，地域社会における非行及び犯罪の防止の拠点としての役割までは有していない。

❑❑❑　22　懲役又は禁錮の判決を受けた16歳未満の少年の場合，16歳になるまで少年刑務所等の刑事施設に収容されることはなく，少年院において矯正教育を授けることとなる。

11　○　なお，通院決定又は退院決定を受けて，地域社会における処遇を受けている期間中は原則として，この法律と精神保健福祉法の双方が適用されるとされている。法務省　医療観察制度 Q&A　http://www.moj.go.jp/hogo1/soumu/hogo_hogo11-01.html#02

12　○　その犯罪が事件化した（刑事司法機関に事件が係属した）とき，加害者に審判・処遇が決定されたとき等様々なタイミングが考えられるが，重要な点として，「犯罪被害者が被害を受けたとき」から「再び平穏な生活を営むことができるようになるまで」とされていることに注目したい。

13　○　これはそのまま覚えておきたい。実際に被害を受けた者だけでなく，その家族や遺族にも切れ目のない必要な支援を行うこととしている。

14　○　一般遵守事項の１つとして，「転居又は７日以上の旅行をするときは，あらかじめ，保護観察所の長の許可を受けること。」と規定されている。なお，保護観察対象者の改善更生のために問題性に合わせて定められる特別遵守事項の中には，７日未満の旅行であってもあらかじめ保護観察官又は保護司に申告することが求められることもある。

15　×　保護観察所の長は，保護観察処分少年が，遵守事項を遵守しなかったと認めるときは，当該保護観察処分少年に対し，これを遵守するよう警告を発することができる（更生保護法 67 条１項）。
　また，保護観察所の長は，前項の警告を受けた保護観察処分少年が，なお遵守事項を遵守せず，その程度が重いと認めるときは，少年法第 26 条の４第１項の決定（少年院等への送致）の申請をすることができる（同法 67 条２項）。関係行政論Ｐ.206（渡邉悟）。

16　○　裁判員法９条２項により守秘義務が課され，守秘義務違反については同法 108 条の「裁判員等による秘密漏示罪」が定められている。守秘義務違反を行った場合，「裁判員又は補充裁判員が，評議の秘密その他の職務上知り得た秘密を漏らしたときは，６月以下の懲役又は 50 万円以下の罰金に処する」と規定されており，厳しい処分が課されるとされている。

17　×　裁判員裁判は，地方裁判所で行われる「刑事」事件が対象となる。刑事裁判の控訴審・上告審や民事事件，少年審判等は裁判員裁判の対象にはならないとされている。

18　○　16 歳未満の子どもに適用される。

19　×　日本人と外国人の間の国際結婚の後に発生する不和や離婚に伴う子どもの連れ去り等に限らず，日本人同士の場合も対象となる，とされている。外務省　ハーグ条約　https://www.mofa.go.jp/mofaj/gaiko/hague/index.html

20　×　おおむね 12 歳以上である。

21　×　少年鑑別所は，地域社会における非行及び犯罪の防止の拠点としての役割も有している。
　少年鑑別所は，「法務少年支援センター」として，非行・犯罪の防止に関する専門的な知識や技術を幅広く活用して，一般の方々や関係機関・団体からの依頼に応じ，地域社会における非行及び犯罪の防止に向けた様々な活動を行っている。少年鑑別所法 131 条は，「少年鑑別所の長は，地域社会における非行及び犯罪の防止に寄与するため，非行及び犯罪に関する各般の問題について，少年，保護者その他の者からの相談のうち，専門的知識及び技術を必要とするものに応じ，必要な情報の提供，助言その他の援助を行うとともに，非行及び犯罪の防止に関する機関又は団体の求めに応じ，技術的助言その他の必要な援助を行うものとする」と規定している。関係行政論Ｐ.201（渡邉悟）。

22　○　少年法 56 条３項。「懲役又は禁錮の言渡しを受けた 16 歳に満たない少年に対しては，刑法第 12 条第２項又は第 13 条第２項の規定にかかわらず，16 歳に達するまでの間，少年院において，その刑を執行することができる。この場合において，その少年には，矯正教育を授ける。」とされている。

更生保護施設，地域生活定着支援センター，自立援助ホーム，自立更生促進センター

❑❑❑　23　更生保護施設とは，刑務所や少年院を出た者，執行猶予中の者等のうち，家族や公的機関などからの援助が受けられず，社会生活がうまく営めない者を保護し支援する公的施設である。

❑❑❑　24　自立援助ホームは，義務教育が終了した15歳から20歳未満の家庭がない児童や，家庭にいることができない児童が入所して，自立を目指す施設である。よって大学等に在籍中であっても，20歳になれば退所せねばならないとされている。

●産業・労働分野

憲　法

❑❑❑　1　労働基本権の内容は，団結権及び団体交渉権であり，争議権は含まれない。

労働基準法

❑❑❑　2　労働基準法の他，労働安全衛生法，労働関係調整法を合わせて労働三法と呼ぶ。

❑❑❑　3　労働基準法では，労働者についても定義がされている。労働者に当たらない例として，個人事業主，法人・団体等の代表者又は執行機関たる者，同居の親族，インターンシップ等の実習生等が挙げられている。

労働安全衛生法

❑❑❑　4　一定規模の事業者は，労働者に対し，厚生労働省令で定めるところにより，医師，保健師その他の厚生労働省令で定める者による心理的な負担の程度を把握するための検査（ストレスチェック）を行わなければならないが，労働者はこのストレスチェック検査を受ける義務は負わない。

❑❑❑　5　事業者は，時間外労働が1か月あたり50時間を超え，かつ，疲労の蓄積が認められる労働者について，医師による面接指導を行わなければならない。

❑❑❑　6　労働安全衛生法において，事業者はすべての業種において，常時50人以上の労働者を使用する事業場について1人以上の産業医を，常時1000人以上の労働者を使用する事業所においては2人以上の産業医を選任しなければならないとされている。

労働契約法

❑❑❑　7　安全配慮義務とは，労働者自身が負う義務であり，労働者自身の生命，身体の安全を確保しつつ労働ができるよう，必要な配慮をすることを指している。

23　×　法務省の管轄下のもと，非営利民間組織が運営する民間の施設である。

24　×　後半部分が不適切。平成 29 年より，法改正に伴い 22 歳の年度末までの間にある大学等就学中の者を対象に追加するとされた。

1　×　労働基本権の内容は，①団結権，②団体交渉権，③団体行動権すなわち争議権である。
憲法 28 条　勤労者の団結する権利及び団体交渉その他の団体行動をする権利は，これを保障する。

2　×　労働安全衛生法ではなく，労働組合法である。労働組合法の中には，労働三権についての規定があるため概要だけでも目を通しておくとよい。

3　○　この他に労働者に当たらない例として，非常勤の消防団員，受刑者等が挙げられている。

4　○　事業者はストレスチェック検査を行う義務を負うが，労働者にストレスチェックを受ける義務はない。しかし，メンタルヘルス不調で治療中のため受検の負担が大きいなどの特別な理由がない限り，全ての労働者がストレスチェックを受けることが望ましい。平成 27 年5月1日 都道府県労働局長宛の厚生労働省労働基準局長の「労働安全衛生法の一部を改正する法律の施行に伴う厚生労働省関係省令の整備に関する省令等の施行について（心理的な負担の程度を把握するための検査等関係）」

5　×　事業者は，時間外労働が１か月あたり 80 時間を超え，かつ，疲労の蓄積が認められる労働者について，医師による面接指導を行わなければならない。
事業者は，その労働時間の状況その他の事項が労働者の健康の保持を考慮して厚生労働省令で定める要件に該当する労働者に対し，厚生労働省令で定めるところにより，医師による面接指導（問診その他の方法により心身の状況を把握し，これに応じて面接により必要な指導を行うことをいう。）を行わなければならない（労働安全衛生法 66 条の8）。労働安全衛生規則 52 条の2は，法第 66 条の8第１項の厚生労働省令で定める要件は，休憩時間を除き１週間当たり 40 時間を超えて労働させた場合におけるその超えた時間が１月当たり 80 時間を超え，かつ，疲労の蓄積が認められる者であることとする，と規定している。

6　×　２人以上の産業医を選任する基準は労働者が常時 3000 人を超える事業場とされている。

7　×　労働者の義務ではなく，使用者が労働者に対して負う義務である。また安全配慮義務は身体面への安全対策だけでなく，「メンタルヘルス対策も使用者の安全配慮義務に当然含まれると解釈されています」ともされている。東京労働相談情報センター「使用者の安全配慮義務」https://www.kenkou-hataraku.metro.tokyo.lg.jp/mental/line_care/law/abor.html

障害者の雇用の促進等に関する法律〈障害者雇用促進法〉

❏❏❏　8　雇用した者が障害者であることを明かしておらず，事業主が必要な注意を払ってもその雇用者が障害者であることを知り得なかった場合でも，合理的配慮を提供しなかったとして提供義務違反に問われることがある。

❏❏❏　9　障害者の法的雇用率の算定基礎の対象は，身体障害者，知的障害者，精神障害者である。

❏❏❏　10　事業者が講じるべき合理的配慮は，障害者が採用となった時から行われるものとされており，採用以前の試験では合理的配慮の提供は義務とされていない。

雇用の分野における男女の均等な機会及び待遇の確保等に関する法律〈男女雇用機会均等法〉

❏❏❏　11　男女雇用機会均等法の現行法（令和２年時点）では，男性に対するセクシャルハラスメントの禁止はまだ明文化されていない。

労働者派遣事業の適正な運営の確保及び派遣労働者の保護等に関する法律〈労働者派遣法〉

❏❏❏　12　労働者派遣法では，同一の業務への派遣の契約期間として，一部の例外を除いて原則１年，最長で５年と規定されている。

労働者の心の健康の保持増進のための指針

❏❏❏　13　労働者の心の健康の保持増進のための指針で掲げられている，４つのメンタルヘルスケアの１つである「ラインによるケア」において，「ライン」とは労働者の状況を日常的に把握している管理監督者のことを指す。

心理的負荷による精神障害の認定基準

❏❏❏　14　平成 23 年に厚生労働省が定めた心理的負荷による精神障害の認定基準において，対象となる疾病は，ICD10 第Ⅴ章「精神および行動の障害」に分類される精神障害であって，器質性のもの及び有害物質に起因するものを除くものとされている。

❏❏❏　15　業務による心理的負荷(ストレス)の評価基準のひとつである「極度の長時間労働」は，発病日直前の１か月間におおむね月 240 時間以上の労働時間と明示されている。

職場におけるハラスメント防止対策，労働施策の総合的な推進並びに労働者の雇用の安定及び職業生活の充実等に関する法律<労働施策総合推進法>

❏❏❏　16　令和２年６月より改正労働施策総合推進法が施行され，事業主の義務としてパワーハラスメントとセクシャルハラスメントの防止措置を講じることが規定された。

❏❏❏　17　部下から上司に対して行われるいじめ・嫌がらせは立場の優位性が逆転しているためパワーハラスメントには該当しない。

❏❏❏　18　労働施策総合推進法の目的として，労働者の多様な事情に応じた雇用の安定の促進も含まれている。

8 × 厚生労働省　合理的配慮指針に，上記の場合は合理的配慮提供義務違反に問われることはないとされている。https://www.mhlw.go.jp/file/04-Houdouhappyou-11704000-Shokugyouanteikyokukoureishougaikoyoutaisakubu-shougaishakoyoutaisakuka/0000078976.pdf

9 ○ 2018年に精神障害者も法定雇用率算定基礎の対象に加えられた。

10 × 36条の2。「事業主は，労働者の募集及び採用について，障害者と障害者でない者との均等な機会の確保の支障となっている事情を改善するため，労働者の募集及び採用に当たり障害者からの申出により当該障害者の障害の特性に配慮した必要な措置を講じなければならない。ただし，事業主に対して過重な負担を及ぼすこととなるときは，この限りでない。」とある。よって採用試験においても，合理的配慮を講じる必要がある。

11 × 2007年の改正によって，間接差別の禁止，妊娠，出産などを理由にした不利益な取扱いの禁止，男女双方に対する差別を禁止するとともに，セクハラの被害者が女性に限定されなくなった。さらに，事業者に対して①セクハラには厳正に対処する等の方針の明確化およびその周知・啓発，②相談に応じ適切に対応するための体制の整備，③セクハラに係る事後の迅速かつ適切な対応などが課せられた。関係行政論（元永拓郎　遠見書房）P.218参照。

12 × 労働者派遣法と労働契約法の違いを理解していないと混乱する問題。労働者派遣法では，同一業務への派遣は最長で3年となっている。これを超えて働こうとする場合は，40条の2第4項に「意見聴取期間に，過半数労働組合等の意見を聴かなければならない。」とされており，その上で別の課などへの異動が必要となる。なお，問題文にある一部の例外は，派遣会社に無期雇用されている，60歳以上，産前産後休業・育児休業・介護休業等で休業している人の代替，期限がはっきりしている有期プロジェクト，日数限定業務とされている。

13 ○ 労働者の心の健康の保持増進のための指針　10定義において，「日常的に労働者と接する，職場の管理監督者（上司その他労働者を指揮命令する者）をいう。」とされている。 https://www.mhlw.go.jp/hourei/doc/kouji/K151130K0020.pdf

14 ○ 器質性のもの及び有害物質に起因するものとは，コードでいうF0，F1であり，これらは心理的負荷による精神障害の認定基準では対象とされない。また特に対象疾病のうち業務に関連して発病する可能性のある精神障害として，主としてF2からF4に分類される精神障害が挙げられている。

15 × 1か月間におおむね月160時間以上が正解。平成23年の改正により，明確な時間数が示されるようになった。上記の基準のほか，発病日直前の3週間におおむね月120時間以上の労働時間ともされている。週に40時間以上，と覚えておくとよい。

16 × 同法の改正によって防止措置を講じることが義務化されたのはパワーハラスメントについてのみである（第9章）。セクシャルハラスメント等への防止対策については，“望ましい取り組み”として積極的な対応が求められているのみであり義務化はされていない。中小事業主の場合は令和4年4月から義務となり，それまでは努力義務とされている。

17 × 同法30条の2に「職場において行われる優越的な関係を背景とした……」とあり，これがパワーハラスメントの定義とされている。厚生労働省の指針では，これに当てはまる行為の主な例として「同僚又は部下による行為で，当該行為を行う者が業務上必要な知識や豊富な経験を有しており，当該者の協力を得なければ業務の円滑な遂行を行うことが困難であるもの」と「同僚又は部下からの集団による行為で，これに抵抗又は拒絶することが困難であるもの」を挙げている。よって，部下からの行為であってもパワハラに該当する可能性がある。

18 ○ 労働施策総合推進法はパワハラ防止法という名称で使われることが多いがそれだけ覚えていると足元を掬われかねない。正式名称及び目的について書かれた第1条を確認しておくとよい。

読者プレゼントのお知らせ

by 辰巳法律研究所

本書をお買い求め下さった方に，読者プレゼントを用意しました。
タイトルは，「**公認心理師試験 ブループリント準拠・過去本試験出題分布表**」
（令和４年版最新ブループリント<ここが変わった・ここが危ない>）

SAMPLE

公認心理師試験 ブループリント準拠・過去本試験出題分布表･･･○●の数は問題の数を表します。

大項目	中項目	2018年（平成30年）版 小項目（キーワードの例）	2018/9/9		2018/12/16		2019年（平成31年）版 小項目（キーワードの例）	2019/8/4	
			知識	事例	知識	事例		知識	事例
1 公認心理師としての職責の自覚	(1) 公認心理師の役割	公認心理師法	○○○		○○	●	公認心理師法	○○○○	●
		公認心理師の定義	○				公認心理師の定義	○	
		多職種連携，地域連携	○			●			
	(2) 公認心理師の法的義務及び倫理	信用失墜行為の禁止，秘密保持義務，関係者等との連携等，資質向上の責務	○○○○	●●	○×7		信用失墜行為の禁止、秘密保持義務、関係者等との連携等、資質向上の責務	○×6	●
		倫理的ジレンマ			○		倫理的ジレンマ		
		多重関係	○		○		多重関係		
	(3) 心理に関する支援を要する者（以下「要支援者」という。）等の安全の確保と要支援者の視点	リスクアセスメント					リスクアセスメント		
		危機介入					危機介入		
		自殺の予防				●●●	自殺の予防	○○○	
	(4) 情報の適切な取扱い	秘密保持義務，個人情報保護法関連5法，専門家間の情報共有，業務に関する記録の適切な保管，インフォームド・コンセント，プライバシー保護	○○○	[illegible]		●●	秘密保持義務、個人情報保護法関連5法、専門家間の情報共有、業務に関する記録の適切な保管、インフォームド・コンセント、プライバシー保護	○○○	●
	(5) 保健医療、福祉、教育その他の分野における公認心理師の具体的な業務	心理検査					心理検査		
		心理療法					心理療法		
		チーム医療					チーム医療		●
		虐待への対応					虐待への対応	○	
		スクールカウンセリン					スクールカウンセリング	○	●●
2 問題解決能力と生涯学習	(1) 自己課題発見と解決能力								
	(2) 生涯学習への準備	心理職の成長モデル					心理職の成長モデル	○	
		スーパービジョン	○		○		スーパービジョン	○	
3 多職種連携・地域連携	多職種連携・地域連携の意義及びチームにおける公認心理師の役割	保健医療，福祉，介護，教育との連携	○				保健医療、福祉、介護、教育との連携	○	●
		家族との連携				●	家族との連携		
		自己責任と自分の限界					自己責任と自分の限界	○	
		支援に関わる専門職と組織					支援に関わる専門職と組織		
	(1) 心理学・臨床心理学の成り立ち	構成主義	○		○		要素主義、ゲシュタルト心理学、精神分析学、行動主義、新行動主義	○	
		ゲシュタルト心理学、精神分析学、行動主義、新行動主義	○○○		○○○				
		認知心理学、認知神経科学	○○				認知心理学、認知神経科学	○	
		科学者－実践モデル<scientist－practitioner model>					科学者－実践モデル<scientist－practitioner model>		
		生物心理社会モデル［biopsychosocial model<BPS>］					生物心理社会モデル［biopsychosocial model<BPS>］	○○	●

最新版
制作中！

本書購入者への Web ダウンロードサービス

公認心理師試験 ブループリント準拠・過去本試験出題分布表（令和４年版最新ブループリント<ここが変わった・ここが危ない>）を，ご応募いただいた方全員に無料でプレゼントいたします（PDF ダウンロード形式）。奮ってご応募ください。

応募＆DL 可能期間

※令和３年 12 月時点で令和４年版ブループリントは未発表です。これが発表され次第分析し資料を完成させます。ダウンロードはその後からできるようになります。

2022 年２月１日（予定）
～2022 年７月 31 日

応募方法

下記の URL を開いてください。
簡単なアンケートにご回答のうえ
ご応募ください。

https://bit.ly/3BS9kN7

京都コムニタス（きょうと・こむにたす）
https://www.sinri-com.com/
京都コムニタスは従来，臨床心理士指定大学院やその他の心理系，医療系，看護大学院，医学部や看護大学，大学編入などへの受験指導，臨床心理士試験対策を行ってきた。17年間にわたっての合格実績は，京都コムニタスの誇りである。第1回公認心理師試験が行われた2018年にどこよりも早く講座を立ち上げ，GWと7月末に全国模試を行い，1万人以上の申込みを受けた。第2回以降の公認心理師試験でも同様に合格に資する講座・模試を提供。辰已法律研究所と提携し，全国の公認心理師試験受験生に京都コムニタスのコンテンツを広く届け，過去問を詳細に解説した書籍「公認心理師過去問詳解」や辰已法律研究所との共著である「肢別ドリル」も非常に多くの受験生の方に好評である。

辰已法律研究所（たつみほうりつけんきゅうじょ）
https://sinri-store.com/
1973年創立。司法試験・予備試験・司法書士試験・行政書士試験・社会保険労務士試験など法律系の国家試験の予備校として長年の実績がある。公認心理師制度のスタートにあたって，公認心理師試験分野へ進出した。2018年から京都コムニタスと提携してWeb講座を行うほか，公認心理師試験対策全国模擬試験を実施している。2022年対策講座も展開中。

公認心理師試験　これ1冊で！　最後の肢別ドリル　第3版

平成30年6月29日　初　版　第1刷発行
令和2年 6月15日　改訂版　第1刷発行
令和4年 1月15日　第3版　第1刷発行

著　者　京都コムニタス
　　　　辰已法律研究所
発行者　後藤　守男
発行所　辰已法律研究所
〒169-0075
東京都新宿区高田馬場4-3-6
Tel. 03-3360-3371（代表）

印刷・製本　壮光舎印刷㈱

ISBN978-4-86466-548-3

第5回公認心理師突破！頑張りましょう・いまから・ここから

2018年	36,103名受験	28,574名合格	合格率79.1%	合格基準138点
2019年	16,949名受験	7,864名合格	合格率46.4%	合格基準138点
2020年	13,629名受験	7,282名合格	合格率53.4%	合格基準138点
2021年	21,055名受験	12,329名合格	合格率58.6%	合格基準143点

第4回公認心理師試験では、これまでの合格基準点であった138点(230点満点の6割)が143点に変更されました。何か割り切れない思いを抱かれた受験生の方もいらっしゃったと思います。そして、第5回試験に向けて、不安を抱かれた方も。

しかし、第5回試験に向けて、やるべきことは変わりません。

「合格基準は、総得点の 60%程度以上を基準とし、問題の難易度で補正するという考え方を基に決定することとしている。」(日本心理研修センターホームページより)とされている試験で、確実に60%"程度"以上の得点を取るためには、勉強する段階で「7割を取れる実力」を目指すはずだからです。

恐れることはありません。いたずらに焦る必要もありません。必要な範囲の知識を・必要なレベルで且つ実践で使えるように着実に獲得していけば、60%"程度"の壁は、必ず、超えられます。

京都コムニタスでは公認心理師試験元年の2018年から、本試験で7割を超えるためのプログラムを提供し続けてきました(https://sinri-store.com/kouza/kouza100/kouza_dvd/kouza_all/)

当パンフレットが紹介しているのは、【あなた自身が60%"程度"の壁を超えるためのプログラム】です。
どうぞ有効にご利用いただき、断固 60%"程度"の壁を超えて下さい。

頑張れGルート受験生！

2022年試験は、Gルート(現認者講習会ルート)受験者にとっては、公認心理師試験の最後のチャンスになります。Gルートの方は、このラストチャンスを・必ず・ものにしましょう！

頑張れC・D・E・Fルート受験生！

2022年試験こそ必勝を期する試験です。必死のGルート受験生に負けずに頑張りましょう！

Gルート・ラストチャンス
絶対合格 Gルートケアパック を設けました！

もちろんGルート以外の方でも、どなたでも当パックをご利用になれます。

Gルートケアパック❶ 100時間講義と全模試6回の完璧パック

試験対策講座 講義 全一括 100h ＋ 模試6回 全一括 608問

2022試験対策講座
全講義100時間フル

※対策講義の詳細はP.4-6

2022試験対策
模試6回フル
全608問

※模擬試験の詳細はP.8-9

ブループリント科目フル対応！

聴きまくり・解きまくる
圧倒的な対策を

Gルート［ケアパック］❶❷の申込み特典

有益な模試問題＆解説を無料で進呈

特典❶過去2年分の全国模試の問題&解説
特典❷過去2年分の事例模試の問題&解説
をpdfダウンロード方式でプレゼントします。

詳細はお申込み者に、後日お知らせします。

講義 全100時間		模試 全6回608問		各講座定価の合計価格	パック割引価格	講座コード
			基本問題模試の「解説講義」にパターンが3通りあり，価格が異なります。			
試験対策講100hをWeb受講	プラス	❶プレ模試1回&❷基本問題模試2回&❸事例模試1回&❹全国模試2回	❷-1 解説講義DVD視聴の場合	¥236,500	**¥224,700**	E2057E
			❷-2 解説講義Web視聴の場合	¥234,600	**¥222,900**	E2056E
			❷-3 解説講義無しの場合	¥231,700	**¥220,100**	E2055E
試験対策講100hをDVD受講	プラス	❶プレ模試1回&❷基本問題模試2回&❸事例模試1回&❹全国模試2回	❷-1 解説講義DVD視聴の場合	¥261,500	**¥248,400**	E2060R
			❷-2 解説講義Web視聴の場合	¥259,600	**¥246,600**	E2059E
			❷-3 解説講義無しの場合	¥256,700	**¥243,900**	E2058R

※注 Gルート ケアパックには全国模試が含まれており、定員管理のため辰已法律研究所のWEBのみでのお申込みとなり、代理店の取扱いはありません。
※注 2022年版のプレ模試、基本問題模試と2020・2021年試験対策版は同一内容です。

Gルートケアパック❷ 100時間講義と全国模試2回のミドルパック

試験対策講座 講義 全一括 100h ＋ 全国模試 2回 308問

2022試験対策講座
全講義100時間フル

2022試験対策
全国2回フル
全308問

試験対策講座100時間一括	全国模試2回	定価の合計金額	パック割引価格	講座コード
WEB受講	通学部又は通信部 通学部の日程はp12をご参照下さい。	¥212,000	**¥201,400**	E2063E
DVD受講		¥237,000	**¥225,200**	E2063R

※注 Gルート ケアパックには全国模試が含まれており、定員管理のため辰已法律研究所のWEBのみでのお申込みとなり、代理店の取扱いはありません。

こちらもお勧め 試験対策講座100時間

試験対策講座 講義 全一括 100h

試験対策講義の詳細はp4-6

100時間一括	科目別合計金額	一括割引価格 辰已価格	一括割引価格 代理店価格	講座コード
WEB受講	¥295,000	**¥197,500**		E2013E
DVD受講	¥320,000	**¥222,500**	¥211,375	E2013R

※注 WEB受講については、配信管理の都合上、代理店での取扱いはありません。辰已法律研究所でのお申込みとなります(申込方法はP13)

2022年試験・早期スタートで制覇！

京都コムニタス
2022公認心理師試験合格戦略

このプログラムの効果は、過去4回の試験で多くの合格者が実証しています。
INPUTと**OUTPUT**をガッチリ組み合わせた構成がきわめて効率的・効果的です。

INPUT

試験範囲全24分野
完全網羅

知識インプット講義
2時間
＋
講義範囲の**演習問題25問を素材とした講義**2時間
これを
25コマ＝100時間

全**100**時間

2022年 公認心理師試験対策講座100時間

国試出題範囲24分野に完全対応しています。

心理査定 8h	心理的 アセスメント ①②	福祉/司法 /産業 12h	福祉心理学 /司法・犯罪心理学 /産業・組織心理学
心理学的 支援法8h	心理学的支援法 ①②	概論4h	心理学・臨床心理学概論
教育 /障害者8h	障害者（児）心理学 教育・学校心理学	心理学 研究法系4h	心理学研究法 /心理学実験 /心理学統計法
公認心理 師法系 12h	公認心理師の職責 関係行政論 （医療）（福祉）（教育） （司法）（産業）	心理学基礎 ・応用領域系 28h	神経・生理心理学 /人体の構造と機能及び疾病 /知覚・認知心理学 /学習・言語心理学 /感情・人格心理学 /社会・集団・家族心理学 /発達心理学①②
健康・医療 /精神疾患 12h	健康・医療心理学 精神疾患と その治療①②	事例対策編 4h	事例対策

※詳細はP4

×

Output

試験範囲全24分野
完全網羅

あらゆる角度から
万全の

全**608**問

解き切る

2022年試験対策 Output体系

↑スマホで申込

● **プレ模試 1回** 90分50問 **11/1**発送開始
（会場受験無し・通信Web受験のみ）

送付されてくる問題冊子に指定時間通り解答し、Webで解答を入力→その時点での全国受験者中の個人成績をWeb上直ちに閲覧可能です。

● **基本問題模試100問×2回** 第**1**回**11/1** 発送開始 第**2**回**11/22** 発送開始
（会場受験無し・通信Web受験のみ）

送付されてくる問題冊子に指定時間通り解答し、Webで解答を入力するとその時点での全国受験者中の個人成績をWeb上直ちに閲覧可能です。解説講義付き有り。

● **事例模試1回** 100分50問 **2022/5/11発送開始**
（会場受験無し・通信Web受験のみ）

送付されてくる問題冊子に指定時間通り解答し、Webで解答を入力するとその時点での全国受験者中の個人成績をWeb上直ちに閲覧可能です。

● **全国公開模試2回** **❶2022年4月中旬～5/上旬実施** **❷2022年5月下旬～6月中旬実施**

●会場受験：東京・大阪・京都・名古屋・福岡の各都市/本試験仕様の会場運営
●通信受験：Web上で解答する方式 or マークシート郵送方式

※注 プレ模試、基本問題模試は基礎問題という性質上2020・2021年試験対策版と同一内容です。

2021 10月		試験対策講座100時間			
11月	プレ模試	初回動画配信開始 &DVD発送開始日 2021.11.1～順次配信・発送	基本問題模試	事例模試	
12月	通信受験のみ	[知識インプット講義2h＋演習問題25問解説講義2h]×25コマ	通信受験のみ	通信受験のみ	
2022 1月	好評受付中	合計講義100時間&演習650問	好評受付中	好評受付中	
2月		なお、当講座においてはお手許に印刷物をお届けします。(Pdfダウンロード方式では学習に不便なので印刷物をお手許にお届けする方式をとっています。)	第1回 2021/11/1 発送開始		
3月	2021 11/1 発送開始		第2回 2021/11/22 発送開始	2022 5/11 発送開始	
4月		❶知識インプット講義レジュメ ❷演習問題冊子&解説書			
5月		※当講座の演習は、全て自己採点方式であり、採点の集計・個人成績表はありません。			
6月					
7月					

2022公認心理師試験説明会
❶第4回公認心理師試験の総括 0.5h
❷第4回公認心理師試験の傾向と今後の対策 1h
京都コムニタス主任講師 吉山宜秀他
YouTube 11/15配信開始！
http://bit.ly/3qBZmKp

全国模試 第1回 4月/5月

◆会場受験：❶東京❷大阪❸名古屋❹福岡
※京都の会場受験は2回目のみです。1回目は通信受験か大阪会場でご受験下さい。
◆通信受験

全国模試 第2回 5月/6月

◆会場受験：❶東京❷大阪❸京都❹名古屋❺福岡
◆通信受験

公認心理師本試験 7月に実施

もちろんGルート以外の方でも、どなたでもご受講いただけます。

Gルート ケアパック❶ 講義100時間&模試6回608問の完璧パック

講義 全100時間		模試 全6回608問	基本問題模試の「解説講義」にパターンが3通りあり,価格が異なります。	各講座定価の合計価格	パック割引価格	講座コード
試験対策講100hをWeb受講	プラス	❶プレ模試1回&❷基本問題模試2回&❸事例模試1回&❹全国模試2回	❷-1 解説講義DVD視聴の場合	¥236,500	¥224,700	E2057E
			❷-2 解説講義Web視聴の場合	¥234,600	¥222,900	E2056E
			❷-3 解説講義無しの場合	¥231,700	¥220,100	E2055E
試験対策講100hをDVD受講	プラス	❶プレ模試1回&❷基本問題模試2回&❸事例模試1回&❹全国模試2回	❷-1 解説講義DVD視聴の場合	¥261,500	¥248,400	E2060R
			❷-2 解説講義Web視聴の場合	¥259,600	¥246,600	E2059E
			❷-3 解説講義無しの場合	¥256,700	¥243,900	E2058R

※注 Gルート ケアパックには全国模試が含まれており、定員管理のため辰已法律研究所のWEBのみでのお申込みとなり、代理店の取扱いはありません。
※注 2022年版のプレ模試、基本問題模試と2020・2021年試験対策版は同一内容です。

Gルートケアパック❷ 講義100時間&全国模試2回308問

試験対策講座100時間一括	全国模試2回	定価の合計金額	パック割引価格	講座コード
WEB受講	通学部又は通信部 通学部の日程はp12をご参照下さい。	¥212,000	¥201,400	E2063E
DVD受講		¥237,000	¥225,200	E2063R

※注 Gルート ケアパックには全国模試が含まれており、定員管理のため辰已法律研究所のWEBのみでのお申込みとなり、代理店の取扱いはありません。

試験範囲 全24分野 試験対策講義100時間一括

100時間一括	科目別合計金額	一括割引価格 辰已価格	一括割引価格 代理店価格
WEB受講 講座コード E2013E	¥295,000	¥197,500	
DVD受講 講座コード E2013R	¥320,000	¥222,500	¥211,375

※試験対策講座のSet申込&科目別申込はP5-6
※Web受講は動画配信システムの都合上Web上での申込に限らせて頂き代理店扱いなし

模擬試験全6回パック全608問

❶プレ模試1回 & ❷基本問題模試2回 & ❸事例模試1回 & ❹全国模試2回

基本問題模試の「解説講義」にパターンが3通りあり,価格が異なります。	定価の合計価格	パックの割引価格	講座コード
❷-1 解説講義DVD視聴	¥41,000	¥39,000	E2061R
❷-2 解説講義Web視聴	¥39,000	¥37,100	E2061E
❷-3 解説講義無しの場合	¥36,000	¥34,200	E2061T

※模試ごとの詳細は、プレ模試／事例模試 P.8、基本問題模試 P.9、全国模試 P.10をご覧ください。
※注 プレ模試、基本問題模試は基礎の性質上2020・2021年試験対策版と同一内容です。

苦手分野克服SET　弱点は絶対に残さない・徹底的にやる

人気セット　心理学未修者用セット

●心理学未修者
●他学部から臨床心理士指定大学院に進学された方などにお薦めの
【基礎・応用心理学ひとまとめ】Set

- 心理的アセスメント ①4h ②4h
- 心理学概論／臨床心理学概論 4h
- 知覚・認知心理学 4h
- 感情・人格心理学 4h
- 心理学的支援法 ①4h ②4h
- 心理学研究法／心理学実験／心理学統計法 4h
- 学習・言語心理学 4h
- 社会・集団・家族心理学4h
- 発達心理学 ①4h ②4h

講義48h 演習問題300問

医療系科目セット

- 健康・医療心理学 4h
- 精神疾患とその治療①4h ②4h
- 神経・生理心理学／人体の構造と機能及び疾病 4h

講義16h 演習問題100問

●出題比率の高い、健康・医療心理学／精神疾患とその治療及び、
●苦手な方の多い、神経生理心理学／人体の構造と機能及び疾病
を組み合わせた効率重視セット

苦手を潰す　法律系科目セット

心理系大学院修了後間もない等、心理学に自信のある方にお薦め

- 公認心理師の職責 4h
- 関係行政論①医療・福祉 4h
- 関係行政論②教育/司法/産業 4h

講義12h 演習問題85問

点を稼ぐ　事例系科目セット

これは便利！高配点の事例問題に出題されやすい科目を集めました。事例対策の決定版Setです。

- 教育・学校心理学 4h
- 健康・医療心理学 4h
- 福祉心理学 4h
- 司法・犯罪心理学 4h
- 産業・組織心理学 4h
- 精神疾患とその治療①4h ②4h
- 事例対策 4h

講義32h 演習問題200問

※事例系科目セットと医療系科目セットの[精神疾患とその治療①4h ②4h]は同一内容です。

苦手分野克服セット	Web受講			DVD受講			
	受講料(税込)		講座コード	受講料(税込)			講座コード
	科目別合計価格	セット割引価格		科目別合計価格	セット割引価格	代理店価格	
❶心理学未修者用セット 48時間	¥141,600	¥118,600	E2014E	¥153,600	¥130,600	¥124,070	E2014R
❷医療系科目セット 16時間	¥47,200	¥39,500	E2015E	¥51,200	¥43,500	¥41,325	E2015R
❸法律系科目セット 12時間	¥35,400	¥29,600	E2016E	¥38,400	¥32,600	¥30,970	E2016R
❹事例系科目セット 32時間	¥94,400	¥79,100	E2017E	¥102,400	¥87,100	¥82,745	E2017R

Input 試験対策講座100時間 全一括申込み

100時間一括	科目別合計金額	一括割引価格		講座コード
		辰已価格	代理店価格	
WEB受講	¥295,000	¥197,500		E2013E
DVD受講	¥320,000	¥222,500	¥211,375	E2013R

試験範囲全24分野を完全制覇
「聴いて・解いて・聴く」

※試験対策講座のSet申込＆科目別申込は P5/P6

※Web受講は動画配信システムの都合上Web上での申込に限らせて頂き代理店での販売はありません。

●科目別の申込も可能です。科目別受講料はp6の表をご覧下さい。

科目別の受講料は次ページをご覧ください。

※お申込は発送日の前後を問わず、随時受け付けます

※Webでの講義受講は動画配信システム管理の都合上辰已法律研究所のWEBサイトでの申込に限らせて頂きますので代理店での販売はありません。ご注意ください。

2022公認心理師試験対策講座 **科目別申込**			コマ数	講義時間	演習問題数	収録	WEB受講 受講料(税込)	WEB受講 申込講座	DVD受講 受講料(税込)		DVD受講 申込講座	DVD発送 Web配信 開始日
							辰已価格	コード	辰已価格	代理店価格	コード	
1	心理査定	心理的アセスメント①	1	8	25	★	23,600	E2018E	25,600	24,320	E2018R	12/15(水)
2		心理的アセスメント②	1		25							
3	心理学的支援法	心理学的支援法①	2	8	50	★	23,600	E2019E	25,600	24,320	E2019R	2/15(火)
4		心理学的支援法②										
5	教育／障害者	障害者(児)心理学	1	4	25		11,800	E2020E	12,800	12,160	E2020R	11/1(月)
6		教育・学校心理学	1	4	25	★	11,800	E2021E	12,800	12,160	E2021R	1/20(木)
7	公認心理師法系	公認心理師の職責	1	4	25		11,800	E2022E	12,800	12,160	E2022R	11/1(月)
8		関係行政論①(医療・福祉)	2	8	30		23,600	E2023E	25,600	24,320	E2023R	2/15(火)
9		関係行政論② (教育・司法・産業)			30	★						
10	健康・医療／精神疾患	健康・医療心理学	1	4	25		11,800	E2024E	12,800	12,160	E2024R	11/1(月)
11		精神疾患とその治療①	2	8	50	★	23,600	E2025E	25,600	24,320	E2025R	2/15(火)
12		精神疾患とその治療②										
13	福祉／司法／産業	福祉心理学	1	4	25	★	11,800	E2026E	12,800	12,160	E2026R	2/15(火)
14		司法・犯罪心理学	1	4	25		11,800	E2027E	12,800	12,160	E2027R	11/1(月)
15		産業・組織心理学	1	4	25		11,800	E2028E	12,800	12,160	E2028R	11/1(月)
16	事例対策	事例対策	1	4	40	★	11,800	E2029E	12,800	12,160	E2029R	2/15(火)
17	心理学／臨床心理学概論	心理学概論／臨床心理学概論	1	4	25	★	11,800	E2030E	12,800	12,160	E2030R	2/15(火)
18	心理学研究法系	心理学研究法／心理学実験 心理学統計法	1	4	25		11,800	E2031E	12,800	12,160	E2031R	11/1(月)
19	心理学基礎／応用領域系	神経・生理心理学／ 人体の構造と機能及び疾病	1	4	25	★	11,800	E2032E	12,800	12,160	E2032R	2/15(火)
20		知覚・認知心理学	1	4	25		11,800	E2033E	12,800	12,160	E2033R	11/1(月)
21		学習・言語心理学	1	4	25	★	11,800	E2034E	12,800	12,160	E2034R	12/15(水)
22		感情・人格心理学	1	4	25		11,800	E2035E	12,800	12,160	E2035R	11/1(月)
23		社会・集団・家族心理学	1	4	25	★	11,800	E2036E	12,800	12,160	E2036R	12/15(水)
24		発達心理学①	2	8	50	★	23,600	E2037E	25,600	24,320	E2037R	1/20(木)
25		発達心理学②										

※お申込は発送日の前後を問わず、随時受け付けます。

★印は2022年版の新規収録です。それ以外は、2021年版と同一内容ですので、既に2021年版をご購入の方はご注意下さい。

2021年合格者CIさん
からのメール

講座はわかりやすく、何度も繰り返して、ギリギリまで見られるのが良かったです。
模試はしっかり理解して覚えていないと点数がとりにくいので、勉強方法を見直すきっかけとなりました。解説が丁寧でわかりやすかったです。
模試や直前チェックから試験に出ていたので、当日はおかげでより多くとれました！さすが、分析力がすごい、コムニタスさんにしてよかったと思いました。

2022試験対策
京都コムニタスOutput体系

❶プレ模試1回 ❷事例模試1回 ❸基本問題模試2回 ❹全国模試2回

試験対策講座100時間の説明はp4

●プレ模試 WEB受験 11/1Start～7月

通信受験
会場受験なし

全50問90分試験をいつでも自宅で

本試験の傾向を徹底分析して50問にギュッと凝縮しました。本格的な勉強のスタートにあたって、先ずこのプレ模試でざっくりとご自分の弱点科目や苦手分野をつかんでください！知識問題40問・事例問題10問
ご自身の傾向分析後、2022 公認心理師試験対策講座の受講パターン（全科目一括、セット受講、科目別受講）をご検討ください。

●出題数
知識問題：40問
事例問題：10問

●WEBでの解答方式です。
解答入力後すぐにあなたの得点、全体平均点、順位、偏差値を閲覧できます。さらに･･･
全国の受験生の肢別解答率が閲覧できます。
そのデータは解答入力者が増えるに従ってリアルタイムに変化していきます。

※プレ模試は、2022年版と2020･2021年版はほぼ同一内容となりますので、2020･2021年版を既にご購入の方は、2022年版を購入される必要はありません。

肢別解答率

解答No	あなた	正答	配点	正解率	肢1	肢2	肢3	肢4	肢5
問1	2	2	3	72.2	15.2	72.2	5.0	3.6	3.1
問2	3	3	3	85.3	4.8	0.7	85.3	6.7	1.7
問3	4	4	3	72.9	2.4	2.4	6.9	72.9	14.5
問4	3	3	3	87.4	5.0	1.4	87.4	4.8	0.2
問5	3	3	3	73.6	16.4	1.4	73.6	5.2	2.4

画像イメージです

※肢別解答率からは色々な事がわかります。正解率が高ければ簡単な問題，低ければ難しい問題です。正解率の高い問題を間違えると致命傷になります。逆に，正解率の低い問題ならば，間違っても大きな痛手にはなりません。要は，いつも多数派に属しているかどうかが重要です。復習する際も，優先順位としては自分が間違えた問題のうち，正解率の高いものから知識を正確にしていきましょう。

◆申込締切：第5回本試験の11日前
◆Web解答／成績閲覧期間
2021/11/10～第5回本試験前日

受験料（税込）		講座コード
辰已価格	代理店価格	
¥3,600	¥3,420	E2001T

スマホなら下の
QRコードから申込可能

※お得な**全模試6回**608問**一括割引**（¥34,200～）はp12

●事例模試 WEB受験 5月Start～7月

通信受験
会場受験なし

事例問題だけ攻める
全50問100分試験をいつでも自宅で

教材作成責任者　京都コムニタス主任講師
吉山宜秀からメッセージ

事例問題は、事例を読み取る力だけでなく、検査や支援、精神疾患、初期対応や緊急対応など、幅広い知識が問われる総合問題になっています。
配点が高く、重要度の高い事例問題だけを集中的に解答し、試験の実践力を修得してください。

公認心理師本試験は全154問で構成され、そのうち単純知識問題が116問、事例問題が38問あります。
単純知識問題は116問解いて116点満点のところ、事例問題は38問解いて114点と高配点です。
事例問題は1問3点のため、得点できるかどうかで合格を大きく左右します。
この模試で事例問題に慣れ、得点源にしてください。

●出題数
事例問題：50問

●WEBでの解答方式です。
解答入力後すぐにあなたの得点、全体平均点、順位、偏差値を閲覧できます。さらに･･･
全国の受験生の肢別解答率が閲覧できます。
そのデータは解答入力者が増えるに従ってリアルタイムに変化していきます。

注意：解答の提出はWebでのみ行っていただきますので、解答を提出し自分の成績を閲覧するには、Webとの接続環境があることが前提となります。紙のマークシートの提出はありませんので、ご注意ください。

◆申込締切：第5回本試験の11日前

◆発送期間：2022年5月11日（水）～第5回試験9日前

◆Web解答／成績閲覧期間：
2022/5/12～第5回本試験前日

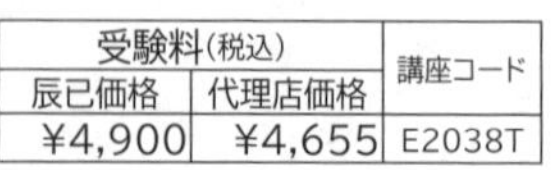

受験料（税込）		講座コード
辰已価格	代理店価格	
¥4,900	¥4,655	E2038T

スマホなら下の
QRコードから申込可能

※お得な**全模試6回**608問**一括割引**（¥34,200～）はp12

●基本問題模試 100問×2回 11月Start～7月

通信受験
会場受験なし

第4回本試験での合格率を比較すると、
全体では58,6%ですが、心理系大学院を出ているDルート受験者は、67.3%(D1)、68.6%(D2)、大学＆大学院のEルート受験者は85.5%でした。
一方、現任者(Gルート)受験者の合格率は55.7%という結果で、かなり差がついています。

ここからわかることは、やはり心理学の勉強がこの試験の合格に有利に働くということです。
だからといって、既に仕事をお持ちの方が、大学・大学院に入り直すというのは無理な話です。
そこで、心理系の基本的な知識をいかに効率的に習得するかということが公認心理師対策として最大のポイントとなります。

膨大な試験範囲のどこから手をつけるか、重要度の高いキーワードは何か、心理学を勉強してきた方なら迷わない基本的／基礎的な理解・知識とは何か、これらが合格のために重要であることは多くの方が感じていると思われます。

当＜基本問題模試＞は、
心理学の基本／基礎知識を
解きながら身に付ける
という実戦的なコンセプトで
作成されています。

重要なキーワードがどのような形で問われるのかを実際の問題で確認しながら、答えられないところを重点的にチェックしていただきます。
これで短期間で急速に[基本的な得点力]をアップできます。

100問×2回＝200問で
試験範囲をALLカバー！
出題順が[分野別]なのでgood！

出題の順番は科目ごとに配列してありますから科目毎に知識を得やすく、勉強しやすくなっています。

当基本問題模試の出題の仕方	分野A	分野B	分野C	分野D	分野E
一般の模試出題	分野B	分野D	分野A	分野E	分野C

※200問の問題配列は図の上のようにしているので、1回分だけでも全範囲を学習できます。

※基本問題模試は、基本的問題という問題の性質上、2022年版と2021・2020年版はほぼ同一内容となりますので、2021年版以前のものを既にご購入の方は、2022年版を購入される必要はありません。

解く 問題を解くことを通して知識を身に付けていただきます。わからないところは△などのマークをつけて進めてください。

読む 解き終わって解説書を読むときは、間違ったところ、記憶があいまいだったところを先にチェックし、その後できるだけ全ての解説に目を通してください。

聴く オプション **Point解説講義**

京都コムニタス主任講師　吉山宜秀先生によるPoint解説講義付コースも設定しました。100問×2回の中で特に重要な問題や知識にスポットをあて、スピード解説していきます。自分だけで100問を解き、読み込んでいくには相当な時間がかかると思いますが、このPoint解説講義を先に聞いてから学習すれば、メリハリのきいた学習も可能となります。

・Point解説講義①(120分):基本問題模試100第1回に対応
・Point解説講義②(120分):基本問題模試100第2回に対応

学習方法は自在に
❶まとめて時間どおり(1回100分)解いてから復習する方法
❷1問解く毎にその問題の解説を見ながら復習する方法
あなたの学習スタイルにあわせてカスタマイズし下さい。
なお、間違った問題の間違った肢だけを読むのではなく全ての肢の解説に目を通し、周辺知識を増やしていただくことが効果的です。

基本問題模試2回		受験料(税込) 辰已価格	代理店価格	講座コード
2回一括	DVD解説有	¥18,000	¥17,100	E2004R
	WEB解説有	¥16,000		E2004E
	解説講義無	¥13,000	¥12,350	E2004T
1回目のみ	DVD解説有	¥9,800	¥9,310	E2002R
	WEB解説有	¥8,800		E2002E
	解説講義無	¥7,000	¥6,650	E2002T
2回目のみ	DVD解説有	¥9,800	¥9,310	E2003R
	WEB解説有	¥8,800		E2003E
	解説講義無	¥7,000	¥6,650	E2003T

※お得な**全模試6回**608問**一括割引**(¥34,200～)はp12

※Webでの講義受講は動画配信システム管理の都合上辰已法律研究所のWEBサイトでの申込に限らせて頂きますので代理店での販売はありません。ご注意ください。

◆申込締切:第5回本試験の11日前
◆教材発送期間
・第1回:2021年11月1日～第5回本試験9日前
・第2回:2021年11月22日～第5回本試験9日前
◆Web解答／成績閲覧期間
・第1回: 2021年11月10日～第5回本試験前日
・第2回: 2021年11月23日～第5回本試験前日

スマホなら右記QRコードからも申込可能

全国模試

第1回 4月/5月
第2回 5月/6月

会場受験　通信受験

①ブループリント　②2018～2021年本試験　③試験委員の研究履歴
④隣接資格の国家試験　その総合的分析を踏まえて、2022問題を徹底予想！

当全国模試は、毎年1回目と2回目でコンセプトを変えて出題し好評を得ています。

第1回 2022年3・4月実施は **基礎**

押さえておきたいキーワードを、各分野から満遍なく出題します。
苦手分野が一目瞭然になるように設計されていますので
→追い込みの学習目標が明確になります。

第2回 2022年5・6月実施は **実戦**

本試験を完全に想定した実戦問題をメリハリをつけて出題。
自分のレベルを全国規模で判定し、本試験合格に向けて直前の追い込みに活用できます。

当模試の3つの評判

❶ 良く当たる

2021年本試験出題論点

2021全国公開模試出題論点

2021事例模試出題論点

2021プレ模試出題論点

2021年も2020年に続き、
当全国模試はこれだけの的中を
出しています！2022年も！

◎＝ズバリこの問題を解いていた人ならば本試験のこの問題は解けたであろうというレベルの的中
○＝この問題を解いていた人ならば本試験の問題を解くとき相当参考になったであろうというレベルの的中

	2021本試験出題	出題内容	2021模試出題	的中度
1	1	公認心理師法	1-31	◎
2	8	幼児の行動学習	1-93	○
3	13	DSM-5、神経発達症群	2-54	○
4	14	DSM-5、PTSD群	1-12	◎
5	15	TEACCH	1-69	○
6	19	産後うつ病	プレ-45	○
7	20	職場復帰支援	1-21	◎
8	21	児童養護施設に関する知識	2-56	◎
9	32	成年後見制度	2-64	○
10	33	労基法における時間外労働	2-133	◎

❷ 問題がよく練られている

	2021本試験出題	出題内容	2021模試出題	的中度
11	34	SV	1-129	◎
12	35	※ACP	1-150	◎
13	45	犯罪被害者等基本法	2-18	○
14	46	インフォームド・コンセントを取得する際の留意点	2-34	○
15	49	いじめ防止対策推進法	2-81	○
16	52	セクハラの防止対策	1-120	◎
17	52		2-42	○
18	52		2-73	○
19	54	マインドフルネスに基づくCBT	1-131	◎
20	66	症状から状態像のアセスメント、うつ、Dem	1-46	◎
21	67	心理的効果、アンダーマイニング効果	基②-69	○
22	68	アクティブ・ラーニング	2-41	◎
23	69	保護観察における初回面接	2-35	○
24	78	秘密保持義務違反の是非	1-52	○
25	83	剰余・交絡変数の統制方法	1-85	◎
26	83		2-12	○
27	92	サクセスフルエイジングの促進要因	2-127	○
28	93	ICF	2-38	○
29	94	Batesonの二重拘束理論	2-109	○
30	104	統合失調症の特徴的な症状	1-25	○
31	104		2-142	○
32	107	児童福祉法	2-7	○
33	108	少年法	2-130	◎
34	109	個人情報開示の例外	1-52	○
35	113	インフォームド・コンセント	2-34	○
36	114	アウトリーチ	2-104	○

❸ 解説書が詳しく丁寧

	2021本試験出題	出題内容	2021模試出題	的中度
37	116	災害支援者のストレス対策	2-122	○
38	120	医療観察法	1-113	◎
39	121	うつ病で減退するもの	2-92	○
40	124	知覚の特徴	2-9	○
41	125	心理学研究の倫理	1-29	◎
42	126	アルコール依存症	2-52	○
43	129	心理検査結果報告での注意点	基①-54	○
44	130	多様な働き方・生き方が選択できる社会	1-24	○
45	131	学校教育	1-36	◎
46	132	ケースフォーミュレーション	1-53	◎
47	135	パニック発作の症状	1-70	◎
48	135		1-152	◎
49	137	応用行動分析、ABC理論	2-82	○
50	138	心理検査からのアセスメント	1-130	○
51	140	認知症が疑われる人の今後の見通し	1-56	◎
52	140		2-21	○
53	143	災害護身的ストレスへの対応	1-158	◎
54	151	生活リズムの乱れがある大学生への助言	2-113	◎

※1＝2021年全国模試1回目、プレ＝プレ模試、基①＝基本問題模試1回目

2021年本試験的中一覧を公開します。
http://bit.ly/3rMdZea

全国模試

❶ 良く当たる

❷ 問題がよく練られている

2021本試験
問1 公認心理師法について、正しいものを1つ選べ。
① 公認心理師登録証は、厚生労働大臣及び総務大臣が交付する。
② 公認心理師が信用失墜行為を行った場合は、登録の取消しの対象となる。
③ 公認心理師登録証は、公認心理師試験に合格することで自動的に交付
④
⑤

2021全国模試[1回目]午前 問31
問31 公認心理師の取消しの事由に当てはまらないものを1つ選べ。
① 信用失墜行為を行った。
② 虚偽の事実によって登録を受けていた。
③ 成年被後見人になった。
④ 主治医の指示を受けなかった。
⑤ クライエントとカウンセリング関係以外の関係になった。

2021本試験
問14 DSM-5の心的外傷およびストレス因関連障害群に分類される障害として、正しいものを1つ選べ。
① 適応障害
② ためこみ症
③ 病気不安症
④ 強迫症／強迫性障害
⑤ 分離不安症／分離不安障害

2021全国模試[1回目]午前問12
問12 DSM-5について、正しいものを1つ選べ。
① 精神疾患と身体疾患の診断基準である。
② 広汎性発達障害は神経発達障害群に含まれる。
③ 分離不安障害は心的外傷及びストレス因関連障害群に含まれる。
④ 双極性障害とうつ病は気分障害群に含まれる。

問120 心神喪失等の状態で重大な他害行為を行った者の医療及び観察等に関する法律〈医療観察法〉について、誤っているものを1つ選べ。
① 通院期間は、最長5年以内である。
② 社会復帰調整官は、保護観察所に置かれる。
③ 精神保健観察は、社会復帰調整官が担当する。
④ 入院施設からの退院は、入院施設の管理者が決定する。
⑤ 心神喪失等の状態で放火を行った者は、医療及び観察等の対象となる。

全国模試①午後 問113
問113 心神喪失等の状態で重大な他害行為を行った者の医療及び観察等に関する法律〈医療観察法〉に規定される内容として、正しいものを1つ選べ。
① 処遇事件に関する管轄は、対象者の住所や行為地の家庭裁判所の管轄に属する。
② 精神保健審判員に関する規定はあるが、精神保健参与員に関する規定はない。
③ 対象者の社会復帰を目的とする。
④ 重大な他害行為とは、殺人、放火、強盗、強制性交等、強制わいせつ、暴行である。
⑤

2021年
ズバリ的中の一部

2021本試験
問20 職場復帰支援について
を1つ選べ。
① 産業医と主治医は、同一
② 模擬出勤や通勤訓練は、正式な職場復帰決定前に開始する。
③ 傷病手当金については、職場復帰の見通しが立つまで説明しない。
④ 職場復帰は、以前とは異なる部署に配置転換させることが原則である。
⑤ 産業保健スタッフと主治医の連携においては、当該労働者の同意は不要である。

全国模試 [1回目] 午前問21
問21 休業した労働者への職場復帰支援について、正しいものを1つ選べ。
① 省略 ② 省略
③ 職場復帰とは原則的に元の職場ではなく、適切な部署へ配置転換させることが原則である。
④ 省略 ⑤ 省略

なった。症状は徐々に悪化し、睡眠中に大声を上げ、暴れるなどの行動がみられる。「家の中に知らない子どもがいる」と訴えることもある。Bに付き添われ、Aは総合病院を受診し、認知症の診断を受けた。
Aに今後起こ
切なものを1
① 反響言語
② 歩行障害
③ けいれん発
④ 食行動の異
⑤ 反社会的な

全国模試①午前 問56
問56 認知症について、適切な
① 血管性認知症は、歩行障害と
出現する。
② Creutzfeldt-Jakob病は
年以内の死亡例が多い。
③ Lewy小体型認知症は、運動機能
ない。
④ Alzheimer型認知症は、巣症状はみられない。
⑤ 若年性認知症で最も多いのは、Lewy小体型認知症である。

2021本試験
問131 学校教育に関する法規等の説明として、誤っているものを1つ選べ。
① 学校教育法は、認定こども園での教育目標や教育課程等について示している。
② 学習指導要領は、各学校段階における教育
③
④

全国模試①午前 問36
問36 学校教育法第1条に規定される学校として、誤っているものを1つ選べ。
① 義務教育学校
② 認定こども園
③ 幼稚園
④ 特別支援学校
⑤ 中等教育学校

2021.10.27㈬ 受付開始

全国模試単体 受験料		解説講義	受験料（税込）		講座コード
			辰已価格	代理店価格	
通信受験のみ	2回一括	なし	¥14,500	※注1	E2043T
	1回目のみ		¥8,000		E2041T
	2回目のみ		¥8,000		E2042T
会場受験のみ	2回一括		¥14,500		E2046T
	1回目のみ		¥8,000		E2044T
	2回目のみ		¥8,000		E2045T
通信＆会場受験	1回目 通信・2回目 会場		¥14,500		E2047T
	1回目 会場・2回目 通信		¥14,500		E2048T

※注1 全国模試については、定員管理等のため辰已法律研究所のWEBのみでのお申込みとなり、代理店の取扱いはありません。

※お得な**全模試6回608問一括割引**（¥34,200～）はp12

全国模試 第1回4月/5月 第2回5月/6月

会場受験　通信受験

※全国模試には当日申込はありません。定員管理の為事前にWebでのお申込が必ず必要です。

会場受験 東京・大阪・名古屋・京都・福岡

問題内容・運営すべて本試験仕様。
本試験感覚を体感して下さい。

●試験時間
午前10:00～12:00/午後13:30～15:30

●配布物
・本試験仕様の問題冊子
・詳細な解説書冊子
・総合成績表閲覧画面URL

●受講料はP11をご覧ください。

※全国模試の会場受験について

本試験を体感するために会場受験を希望される方が多く、ソーシャルディスタンスに十分留意する形にて、会場受験を実施することに致します。

但し、新型コロナウイルス感染拡大状況によっては、会場受験実施を取り止め、お申込みいただいた方は全員通信受験とさせていただく可能性もあります点、ご了承ください。会場受験をお考えの方は、その点をご了承の上、お申込みいただきますようお願い申し上げます(会場受験と通信受験の受験料は同額のため、差額は発生致しません)。

通学受験		東京	大阪	京都	名古屋	福岡
1回目	1	4/16(土)	5/8(日)		5/1(日)	4/17(日)
	2	4/17(日)				
	3	5/8(日)				
2回目	1	5/28(土)	6/5(日)	6/11(土)	6/12(日)	6/4(土)
	2	5/29(日)				

●東京会場
・第1回 全日程:【辰已法律研究所東京本校】JR・地下鉄東西線・西武新宿線「高田馬場駅」徒歩5分
　5/8(日)はもう1か所⇒【飯田橋レインボービル】各線「飯田橋駅」徒歩5分
・第2回【辰已法律研究所 東京本校】JR・地下鉄東西線・西武新宿線「高田馬場駅」徒歩5分
　【飯田橋レインボービル】各線「飯田橋駅」西口徒歩5分
●大阪会場:【大阪私学会館】JR東西線「大阪城北詰駅」<3番出口>徒歩2分
●京都会場:【京都経済センター】地下鉄烏丸線「四条駅」北改札出てすぐ
●名古屋会場:【名古屋大原学園4号館】「名古屋駅」ユニモール地下街12番・14番 出口すぐ
●福岡会場:【第三博多偕成ビル】「博多駅」<筑紫口>徒歩6分

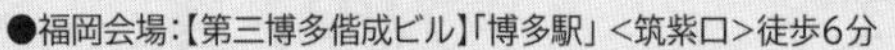

会場詳細/MAP

通信受験

←当全国模試を含むWebでのお申込みはこちらから

●申込期限
・第1回 一次〆切:2022年4月10日(日)
・第2回 一次〆切:2022年5月22日(日)
・第1～2回最終申込み〆切:本試験日11日前

●解答提出期限
・WEB入力方式
　第1～2回:本試験日前日まで解答の入力及び成績判定可
・マークシート提出方式
　第1回:2022年5月6日(金) 辰已法律研究所必着
　第2回:2022年6月9日(木) 辰已法律研究所必着

●教材発送
・第1回 一次発送:2022年4月15日(金)(※4/10(日)までお申込分)。以後、随時発送。
・第2回 一次発送:2022年5月27日(金)(※5/22(日)までお申込分)。以後、随時発送。
・第1～2回最終発送:本試験日9日前

●解答の方法は2つからいずれか選択 ※受験料金は同一です。
❶Web入力方式
❷マークシートを辰已法律研究所に郵送する方式

❶→試験終了後指定されたURLに自分の解答を入力すると、入力後直ちに自分の点数・正答率・受験生全体の正答率などのDataを閲覧できて便利な方式です。但し、Webへの環境が必要です。
❷→Webとの接続環境にない方や慣れていない方は、紙のマークシートにマークしこれを辰已に郵送して頂きます。到着後採点の上辰已から成績表を郵送しますので、試験終了後若干の日数がかかることをご了承下さい(答案用紙の郵送料は各自でご負担下さい)。

●成績表発送
・第1回マークシート提出者への個人成績表発送
　2022年5月16日(月)
・第2回マークシート提出者への個人成績表発送
　2022年6月20日(月)
※Web入力方式で解答提出の場合、そのままオンラインでご自分の成績をすぐにチェックできます。

問題冊子・解説冊子を、当方から事前に発送します(Pdfダウンロード方式ではありません)　受講料はP11をご覧ください。

京都コムニタスの模試一括 全6回 608問

全国模試 2回308問 ＋ **プレ模試** 1回50問 ＋ **事例模試** 1回50問 ＋ **基本問題模試** 2回200問

2021.10.27㈬ 受付開始

	模試全6回の一括申込 3パターンの受講料金	パック割引価格	講座コード
❶	全国模試2回一括＋プレ模試1回＋事例模試1回＋基本問題模試2回一括WEB解説講義付	¥37,100	E2061E
❷	全国模試2回一括＋プレ模試1回＋事例模試1回＋基本問題模試2回一括DVD解説講義付	¥39,000	E2061R
❸	全国模試2回一括＋プレ模試1回＋事例模試1回＋基本問題模試2回一括解説講義無	¥34,200	E2061T

お申込方法

1. Webでのお申込 PC又はスマホ

❶クレジットカード決済　❷コンビニ決済
❸携帯電話キャリア決済 等

https://sinri-store.com/

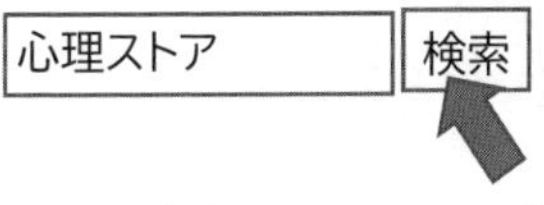

スマホの場合QRコードからも可能です→

2. ☎でヤマト運輸デリバリーサービス（代金引換）のお申込

❶現金支払い ❷クレジットカード決済
❸デビットカード決済

ヤマト運輸のデリバリーサービスをご利用いただけます。
お支払いは、直接ヤマト便の配達員にして頂きます。
上限は30万円です。

※講座料金のほかに①別途ヤマト便所定の代引き手数料及び②辰已事務手数料500円がかかります。

●ご注文はお電話で：辰已法律研究所デリバリーサービス係
0120-656-989
/平日・土曜（日・火・祝を除く）12:00-18:00

3.代理店（大手書店・大学生協）での申込

❶現金支払い ❷クレジットカード決済
❸デビットカード決済
※❷と❸は代理店によっては使用できない場合があります。

書店：紀伊国屋・ジュンク堂・有隣堂・くまざわ等　各店舗に事前にお問合せ下さい。

大学生協：大学事業連合に加盟している大学生協で取り扱われますが、事前に各生協にお問合せ下さい。　全国代理店一覧QRコード→

https://bit.ly/383MAfB

4. 辰已法律研究所（東京本校・大阪本校）の窓口申込

❶現金支払い ❷クレジットカード決済
❸デビットカード決済　❹教育ローン（最大60回迄）

●**東京本校**　東京都新宿区高田馬場4-3-6
☎03-3360-3371（代表）
営業時間　12:00～18:00
毎週火曜定休

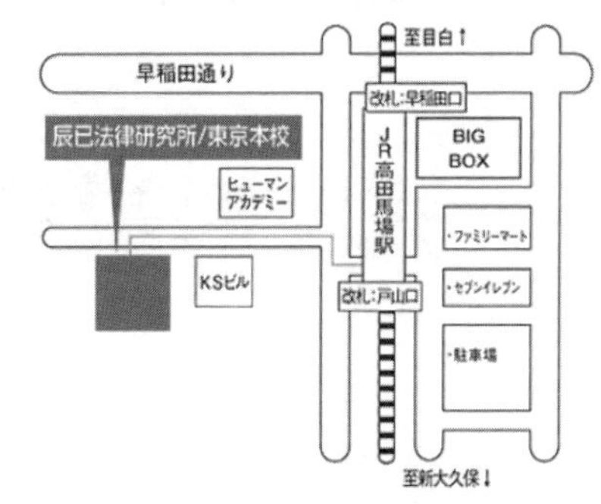

●**大阪本校**　大阪府大阪市北区堂山町1-5
三共梅田ビル8F
☎06-6311-0400（代表）
営業時間　平日13:00～18:00
／土・日曜 9:00～17:00
毎週火曜定休

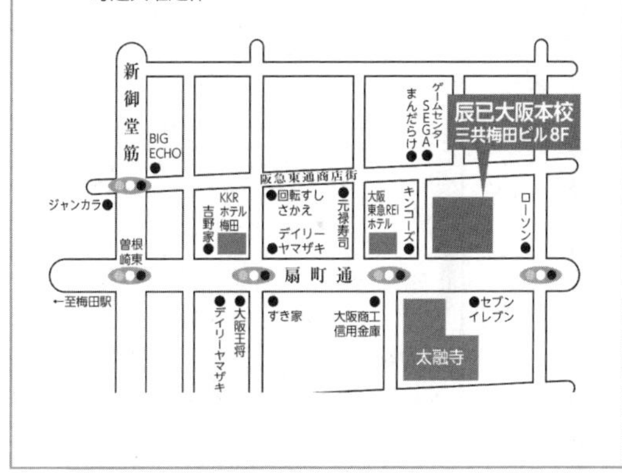

●**お申込等についてのお願い**

1 受講料には消費税が含まれています（辰已事務局受付価格。書店・生協によっては、消費税による端数の処理が異なり、価格が1円単位で異なる場合があります）。尚、税率変更の際は、差額をご負担いただく場合がございます。予めご了承ください。

2 受講申込み後、解約の必要が生じた場合には、受付にお申し出下さい。講座開始前の返金金額は、パック料金、割引き料金、代理店（生協含む）での申込み金額から、解約手数料を差し引いた金額です。解約手数料は講座受講料の20%を原則とし、上限を50,000円とさせていただきます。講座開始後の返金金額は、受講料から受講済み部分に相当する受講料及び解約金を差し引いた金額です。受講済み部分に相当する受講料は、パック料金、割引き料金、代理店（生協含む）での申込み金額を基礎に、通学講座では時の経過分、通信講座では発送終了分として算出させていただきます。解約手数料は講座受講料の20%を原則とし、上限を50,000円とさせていただきます。なお、教育ローンをご利用の場合には、返金金額より、ローン会社に当社が支払わなければならないキャンセル手数料相当額を控除させていただきます。

3 通学部講座について：コロナ感染症予防のためのソーシャルディスタンス確保の為、教室定員を設定させていただき定員管理は全てWEB上で行いますので、通学部のお申込みは全て辰已法律研究所のWEB窓口からのみのお申込みとなり、代理店での取扱いはありませんのでご注意下さい。また、満席になりますとお申し込みをお受けできませんので、お申込みはお早めにお願いいたします。

4 地震・火災・講師の急病等、やむをえず休講・代講をする場合があります。予めご了承ください。その際のご連絡はHP掲載及びご登録のメールに配信いたします。

5 郵便振替・銀行振込・現金書留の場合：通信部のお申込は申込締切日の1週間前、通学部は開講日の1週間前までの必着でお願い致します。但し、通信講座についてご事情があれば随時ご相談に応じますのでお問い合わせ下さい。☏通信部フリーダイヤル0120-656-989
生協・提携書店での通信講座をお申込みの場合、申込書控えを辰已法律研究所迄ご郵送ください。